国学新读本

孔子家语

杨朝明　注说

河南大学出版社

国学新读本编辑委员会

总策划　马小泉

主　编　李振宏

编　委　(以姓氏笔画为序)

马小泉　王　健　朱绍侯　刘小敏
李中华　李振宏　苏凤捷　何晓明
张云鹏　张富祥　宋会群　杨天宇
杨寄林　杨朝明　赵国华　郑慧生
姜建设　袁喜生　曹　峰　曹础基
曾振宇　戚良德　龚留柱　熊铁基

目 录

序 ································ 李振宏（1）
《孔子家语》通说 ····························（1）

卷第一 ····································（80）
  相鲁第一 ······························（80）
  始诛第二 ······························（86）
  王言解第三 ····························（89）
  大婚解第四 ····························（93）
  儒行解第五 ····························（96）
  问礼第六 ·····························（104）
  五仪解第七 ···························（107）

卷第二 ···································（116）
  致思第八 ·····························（116）
  三恕第九 ·····························（130）
  好生第十 ·····························（136）

卷第三 ···································（145）
  观周第十一 ···························（145）

弟子行第十二 …………………………………（149）
贤君第十三 ……………………………………（159）
辩政第十四 ……………………………………（166）

卷第四 …………………………………………（172）
六本第十五 ……………………………………（172）
辩物第十六 ……………………………………（182）
哀公问政第十七 ………………………………（189）

卷第五 …………………………………………（194）
颜回第十八 ……………………………………（194）
子路初见第十九 ………………………………（199）
在厄第二十 ……………………………………（205）
入官第二十一 …………………………………（209）
困誓第二十二 …………………………………（213）
五帝德第二十三 ………………………………（219）

卷第六 …………………………………………（225）
五帝第二十四 …………………………………（225）
执辔第二十五 …………………………………（228）
本命解第二十六 ………………………………（236）
论礼第二十七 …………………………………（240）

卷第七 …………………………………………（247）
观乡射第二十八 ………………………………（247）
郊问第二十九 …………………………………（251）
五刑解第三十 …………………………………（253）
刑政第三十一 …………………………………（258）
礼运第三十二 …………………………………（261）

卷第八 …………………………………………（273）

  冠颂第三十三 ……………………………（273）

  庙制第三十四 ……………………………（276）

  辩乐解第三十五 …………………………（278）

  问玉第三十六 ……………………………（284）

  屈节解第三十七 …………………………（287）

卷第九 …………………………………………（295）

  七十二弟子解第三十八 …………………（295）

  本姓解第三十九 …………………………（309）

  终记解第四十 ……………………………（313）

  正论解第四十一 …………………………（317）

卷第十 …………………………………………（337）

  曲礼子贡问第四十二 ……………………（337）

  曲礼子夏问第四十三 ……………………（350）

  曲礼公西赤问第四十四 …………………（364）

参考文献 ………………………………………（369）

后　记 …………………………………………（371）

序

最近一些年来,一股"国学热"的思潮强劲涌动,在文化学界以至于整个社会上,引起了强烈反响。为什么在这样一个社会的大变革时代,在从传统社会向现代社会的转型期,最为传统的国学,却能引起国人的极大兴趣,这的确是一个值得思考和研究的问题。

"国学"作为一个学术文化概念,产生于近代。从渊源上讲,"国学"概念的产生,与"国粹"有些关联,并且是从对抗西学侵入的角度提出来的。今天,中华民族早已是一个独立于世界民族之林的自立自强的民族,全球经济一体化所带来的世界文化的汇合与交融,也早已是历史发展的必然趋势,而在这样的历史大势中,却会有"国学热"的产生,乍一看来,确有不可思议之处。但实际上,国学的当代走红,则与我们今天所处的历史时代有着一定的关系。

随着改革开放的迅速推进,随着市场经济的强劲发展,传统道德受到了强烈冲击,传统文化与现代文化观念的碰撞也日益强烈。于是,如何看待传统文化的问题,就严峻地提到了国人的面前。传统文化的出路何在,它从何而来,要走向何方,如何对之进行价值重估,一切关心文化问题,有着强烈历史责任感的人们,无不把关注的目光投向中国的传统学术。当然,也不排除一些对改革开放和市场经济所带来的冲击无法理解和接受,对现代经济发展对传统道德的亵渎强烈抗议的人们,自然而然地发出向传统文化复归而倡导国学的呼声。总之,不论是出于积极的思考,还是抱着一种向后看的心态,对国学的重视则成了最近十多年来一种普遍的文化选择。

于是,对待"国学热"就需要有一个分析的态度。对于任何一个民族的发展来说,传统文化都是其牢固的根基,是其一切历史的出发点,摒弃传统、甚至全盘否定传统文化,都是幼稚可笑的,不可取的。但一遇到问题就求助于传统,甚至一味狂热地提倡向传统复归,也是走不通的,过去那句常说的"倒退是没有出路的"话,虽说不是什么至理名言,却也还是有些道理的。这些年来,一些地方出现的中小学生、甚至幼儿园小朋友的读经热,就是一种值得注意的倾向。国学,毕竟是一种学术,需要有一定的文化基础,有一定的分析批判能力,才能对之进行识读、鉴别而决定其取舍。所以,严格地说,对于国学,尤其是经学,在当代中国,需要的是研究以及在此基础上的批判继承,而不是再像传统社会中那样采取唱诗班的方式,对青少年一代进行无分析地灌输。因此,如何弘扬传统文化,就是一个需要思考的问题。

正是基于以上考虑,为着弘扬优秀传统文化的需要,也为着对社会上盲目崇尚读经的风气有所引导,我们组织了这套"国学新读本"丛书,选择一些在中国传统文化中影响较大的国学典籍,对之进行简明扼要的注释,然后在读本前边,用较大篇幅解读该典籍的基本思想文化内涵,评述其在中国文化史上的地位和影响,并对如何阅读该典籍做出读书方法上的引导。通过这样一个较为翔实的导读内容,以批判分析的态度,给青年人的国学典籍阅读提供一个健康的思想导向。根据这样的宗旨,这套丛书,在大的结构上,每本都分为通说和简注两个部分,通说是导读的性质,简注在于疏通文字,希望这样的安排,能够为青年朋友和一般社会读者提供一个国学入门的向导。果能如此,也就实现了撰著者和出版者的愿望。

　　国学所以是国学,就在于它是我们祖国优秀民族文化和民族精神的载体。在这些国学典籍中,包含着民族文化的基因,蕴藏着民族精神的范型。衷心期待这套丛书能够成为广大读者学习国学精华,体认民族精神,继承祖国优秀文化遗产的良师益友。

李振宏

2008 年 2 月 28 日

《孔子家语》通说

有一位中国记者,他曾经多次访问韩国,从而记下了韩国的风俗、历史和人文景观。有一次,韩国的祭祀孔子给了他极大的震撼,作为一位中国人,他居然在外国"参加了一生中唯一的一次祭孔仪式",于是,他谈了自己对于相关问题的思考:

> 孔子的话其实并不算多,也并不复杂,但是为什么两千多年来的天下人,读来读去,却总是读出了无以复计的变数呢?①

这句话实际代表了现在不少人对孔子研究材料及相关问题的看法。其实,这里彰显出了一个突出的问题:长期以来,由于疑古思潮的影响,人们认为研究孔子的可靠资料只有《论语》,其他有关孔子言语的"子曰"之类的记载多难据信。更为严重的是,即使《论语》也被蒙上了一层迷雾,最为极端的看法,是有人"只相信第4章的前20节是可靠的",认为"其余都是孔子的学生们在240年的时间内逐步加上的"②。而《论语》是语录体著作,孔子学说又是

---

① 方毓强:《发现韩国:一名中国记者的人文观察》,上海:上海文化出版社,2002年。
② 程钢:《西方学者的先秦思想史研究》,载黄留珠、魏全瑞主编:《周秦汉唐文化研究》第一辑第279页,西安:三秦出版社,2002年。

不折不扣的"博大精深"体系,在缺少其他材料可以参酌的情况下,面对所剩少量的孔子的话,不读出许许多多的"变数"才怪呢!

事实上,古籍中保存下来了众多的孔子言语,这些材料大多不会是空穴来风。与这些材料相比,还有一部更为重要的著作,它专门记录了孔子的言语事迹,而且内容丰富,具体生动,首尾完备。但是,该书却长期遭受冷落,被许许多多人视为"伪书"弃而不用,至为可惜!值得欣慰的是,因为地下新的出土文献的旁证,这部宝贵的典籍终于得以重见天日。有学者对该书进行了很好的研究,发现其中的记载是那样的珍贵,认为该书属于"孟子以前遗物,绝非后人伪造所成",从而"轰然打破"了原来的"成见"。① 与包括《论语》在内的众多文献相比,该书完全称得上"孔子研究第一书"。

这部神奇的著作就是《孔子家语》。

一 《孔子家语》的基本情况

孔子与中国社会历史文化的关系极其密切,世界上恐怕再也找不到第二个人,像中国的孔子那样,千百年来受到无数人的关注。《孔子家语》记录了孔子的言语事迹,可是,就是这样一部重要的著作,却为什么如此命运多舛?要搞清楚这一问题,应当首先了解《孔子家语》的本来面貌,了解《孔子家语》的材料来源,了解《孔子家语》的流传与成书过程。

(一)《孔子家语》的基本内容

《孔子家语》又名《孔氏家语》,或简称《家语》,是一部记录孔

---

① 庞朴:《话说"五至三无"》,《文史哲》2004年第1期。

子及孔门弟子思想言行的著作。这部著作汇集了大量孔子的言论,再现了孔子与弟子、孔子与时人谈论问题的许多场景,此外,还有经过整理的孔子的家世、生平、事迹以及孔子弟子的材料。

现在流行的《孔子家语》本子一般称为"今本《孔子家语》"、"今本《家语》",或直称为"《孔子家语》",是由汉代的孔安国根据旧有材料写定的。今本《孔子家语》共十卷四十四篇,与《汉书·艺文志》的著录不同,这是因为当时流传着不少有关的材料,在分卷上,孔安国整理的本子与其他的《家语》本子可能有所不同;在内容上,其他本子中也可能有孔安国没能够看到的《家语》材料。

我们先从纵向上看今本《家语》的篇章结构。今本《家语》共四十四篇,被分为十卷,这十卷分别包括若干篇,由于它们经过了孔安国整理、王肃作注,所以,同一卷内的各篇有相关的主题或者中心思想,我们可以将其简单罗列如下。

第一卷:《相鲁》、《始诛》、《王言解》、《大婚解》、《儒行解》、《问礼》、《五仪解》。其中的《相鲁》、《始诛》记述了孔子执政于鲁国期间的政绩,显示了孔子卓越的政治才能。而《王言解》、《大婚解》则体现了孔子心目中的理想政治,记述了孔子关于为君、为政的言论。《儒行解》讲述了孔子心目中真正的"儒"应该具备什么样的品质。《问礼》讲述了孔子关于礼制的一些论述。《五仪解》则保留了孔子关于区别人才的五种级别的言论。综合上面的这些论述,我们可以总结第一卷的主要内容是孔子围绕从政这一中心,分析了从政者应该要具备的政治理想、学问、修为等方面的一系列条件,然后才能做到"学而优则仕"。

第二卷:《致思》、《三恕》、《好生》。其中,《致思》篇的"致思"就是"深思"的意思,这一篇通过孔子对几个弟子志向的教导,说明了君子应该具有的方方面面的修为。而《三恕》更是讲作为君子需要追求的修身目标。《好生》篇的主要内容正如其篇题所展示的,说的是为政者必须要行仁政、修身、勤政、爱民。很显然,这三篇都以君子的修身为中心,最后的落脚点也都没有离开从政,一方面体现了儒家是修己的学问,另一方面体现了儒家问学时刻不忘为政。

第三卷:《观周》、《弟子行》、《贤君》、《辩政》。其中《观周》讲述了孔子游学于洛邑的一些故事。《弟子行》讲述子贡、孔子对孔门主要弟子的评价。《贤君》围绕有关贤臣、贤君的一系列问题展开论述,与《辩政》有相关之处。总的来说,这一卷的中心是如何修身成为一个贤臣,以及如何从政。

第四卷:《六本》、《辩物》、《哀公问政》。其中,《六本》围绕君子修身处世的六大根本展开论述。《辩物》则主要记载孔子关于各种事物的论断,表现了孔子的博学多闻、好古敏求以及敏锐的洞察力,当然其中也贯穿着礼治和教化思想。《哀公问政》通过两个故事(哀公问政于孔子、孔子与宰我谈鬼神)表现了孔子对于当时政治的一些看法和观点,两个故事分别围绕为政以德和神道设教展开,同时又相互联系,两者合而为一构成了孔子既重现实中的德政又重鬼神祭祀的思想。这一卷的中心在于以从政为目的,谈论君子修身与学问要共同进步。

第五卷:《颜回》、《子路初见》、《在厄》、《入官》、《困誓》、《五帝德》。其中《颜回》记载的是颜回与他人交谈言论,充分体现了颜回的仁德之心。《子路初见》杂记孔子与弟子等的对话,体现儒家修己安人的求学与从政的关系。《在厄》主要记载孔子遇到险恶处境的时候的言行。《入官》记载了子张向孔子询问如何入仕为官的事,该篇后记载有"子张既闻孔子斯言,遂退而记之"一句,说明此篇应该是子张记录并流传下来的。《困誓》讲述了孔子与弟子在身处困境之中时的言行,其中关于子贡倦于学、子路问孝、子贡问为人下其实都涉及困乏、困境中的表现,试想,孔子与弟子勤于修身、周游列国都是为了有朝一日能够从政,然而这种愿望始终没有达成,他们的经历与郭店楚简《穷达以时》所体现的主旨有很大关联。《五帝德》借孔子与宰我谈论上古先王的传说和故事,记载了上古五帝的事迹和德行,说明了儒家思想是有渊源的。本卷内容看似关联不大,实际上,颜回和子路分别代表了对孔子思想领会的不同深度的学生,所以他们在同孔子经历困厄局面的时候会有不同的表现。最后本卷联系上古帝王事迹,说明了孔子儒学的思想渊源有自,而且志向高远,这样就有助于后人理解孔子为何在困厄时会有如此表现了。

第六卷:《五帝》、《执辔》、《本命解》、《论礼》。其中,《五帝》一开始就说"昔丘也闻诸老聃",说明了这里的《五帝》与前面的《五帝德》是不同的,本篇重在说明五帝的事迹,并与五行等起源甚早的理论相联系,而《五帝德》的中心思想如同其篇题,意在说明上古先王的仁德,所以这两篇分属两卷。《执辔》共由两部分组成,前一部分是孔子回答闵子骞问政的话,后一部分是子夏谈《易》的大段论述,这两部分应该是没有关联的,大概出于孔安国的整理工作的需要(这个问题我们后面还会谈到,这里暂不详说),不过,两者在这里还是构成了对比,从而通过一个侧面显示出孔子更看重治世之学的特点。《本命解》记载的是孔子与哀公谈论性命之道的内容,子贡说:"夫子之言性与天道,不可得而闻也"(《论语·公冶长》),从这一篇的记载可以知道,孔子确实曾谈到性命学说,而且,这一点还可以与郭店楚简《性自命出》和今本《中庸》对照,具有很高的学术价值,有助于理解子贡言语及孔子学说。《论礼》也分为两部分,前一部分讲述礼的功用与实质,后一部分讲述治国修身,这两部分似乎与《执辔》一样,也存在孔安国整理上的问题,不过从一个侧面说,后半部分其实也可以看做是孔子在讲述治国、修身时应该遵守的秩序和规范,也可以算是一种"礼",

而且后者中的"五至"、"三无"与上博竹书中的《民之父母》有很大关联,可以对读。这一卷的中心思想与前面相比,看似不太集中,其实这一卷主要的论述中心就在于孔子思想中的很多高深方面,例如性命学说,这些方面更多是形上的,但是它们在孔子的思想中始终与从政紧密联系,万变不离其宗。

第七卷:《观乡射》、《郊问》、《五刑解》、《刑政》、《礼运》。其中《观乡射》记载了孔子观看三种不同的礼之后与弟子等的问对。《郊问》中记载了孔子关于郊祭的相关论述。在《五刑解》中,孔子先谈上古先王之道与刑罚的关系,说明了礼的作用在于维护秩序,而后说明了"刑不上于大夫,礼不下于庶人"的道理。《刑政》记载了孔子和弟子仲弓关于刑罚与政教问题的讨论。《礼运》顾名思义,就是关于礼的使用方面的论述,这一篇从礼的起源到礼的内涵无不涉及,尤其是其中保存有孔子"大同"社会的政治理想,更是十分精到。这一卷很显然是围绕礼来讲的,礼代表了秩序,因此对于执政者来讲礼是必须要学习和掌握的。

第八卷:《冠颂》、《庙制》、《辩乐解》、《问玉》、《屈节解》。《冠颂》主要记载古代冠礼的沿革和内涵。《庙制》记载了祭祀制度中的设立祭庙的制度以及其沿革、内涵。《辩乐解》记载了孔子有关乐的方面的一些论述和事迹,体现了早期儒家重视乐教的特点。《问玉》分为子贡问玉、论六经之教、论述礼治三个部分,在第一个部分中,孔子把玉所具有的特性与君子的仁德相联系,而第二个部分则是孔子对六经之教的不同功用所作的阐述,第三个部分中孔子论述了以礼治世的道理,可见玉和君子所具有的仁德相关,这种仁德又可以通过六经教化而得来,同样的六经之教对于以礼治国也是有很大意义的。《屈节解》则是通过孔子有条件地改变自己以适应社会的行为,来说明屈小节以求保全大节的精神,也就是《论语·子张》中所说的"大德不逾闲,小德出入可也"。这一卷是对礼的具体内容、学习方法、教化作用的阐述,最后通过《屈节解》说明礼的运用要灵活的道理。

第九卷:《七十二弟子解》、《本姓解》、《终记解》、《正论解》。《七十二弟子解》记载了七十余位出于孔子之门的杰出人才。《本姓解》主要记载孔子祖先的事迹。《终记解》主要叙述了孔子去世前的言行。《正论解》保存了孔子关于行政要"正"的论述,该篇是对孔子政治思想的总结。本卷对孔子生前、卒后的相关情况进行记述,其中以记述孔子弟子为先,补充了孔子的相关重要言论,从而使得早期儒家的基本情况更加全面,可以说这是孔子以及早期儒家的相关资料汇编。

第十卷:《曲礼子贡问》、《曲礼子夏问》、《曲礼公西赤问》。这三篇主要记载了孔子对弟子询问的关于各种琐碎的礼仪方面的问题的回答。

通过上面的简单分析,我们可以发现这样两个规律:第一,每一卷都有一个相对集中的议题;第二,基本上每一卷的每一篇都不忘记着眼于修身、做人、从政,因为这是孔子和早期儒者毕生努力的方向。

前面我们从纵向上了解了今本《家语》的篇章结构,下面,我们从全书的内容上再来看今本《家语》的主要内容和其包含的学术信息,分类介绍如下。

第一,关于孔子的生平事迹

一般认为,司马迁《史记》中的《孔子世家》是最早的"孔子传记",叙述孔子生平事迹首尾,对所能够看到的相关材料进行了分析排比与加工,给我们留下了较为完整的孔子事迹的记录。然而,就具体内容而言,关于孔子生平的不少细节,《孔子家语》的记述要详细得多。在《孔子家语》中,《相鲁》篇依次记录了孔子在为中都宰、司空、大司寇等不同职位上的经历,记述了孔子执政于鲁国期间的政绩。《始诛》篇记述了有关孔子"诛"少正卯的事情,记述了有关孔子处理父子争讼的事情等。《观周》篇专题记述了孔子到当时文化中心洛邑参观访问的情况。《在厄》篇记述了孔子及其弟子在周游列国途中被围困在陈蔡时的情况,记述了他们在困苦境遇中的表现。《终纪》篇记载孔子临终前的事迹、孔子去世后弟子们埋葬孔子以及为孔子服丧等情况。

孔子的生平事迹还分散在其他各篇中,例如,《致思》篇记述孔子和弟子颜回、子路、子贡、子羔、曾子等人的言行,其中的言论就出于孔子与弟子们游于农山,命弟子们"于斯致思",是谈论志向的时候所为。《礼运》篇记录了孔子著名的"大同"社会理想,十分引人注目。此乃孔子为鲁大司寇时,曾以宾(即"傧")的身份参加鲁国蜡祭,这是一项重大的祭祀活动,由此引发了孔子对于礼的议论。另外的许多篇章,具体展现了孔子的风采,如《辩物》篇主要记载孔子关于各种事物的论断、谈话,表现了孔子的博学多闻、好古敏求以及敏锐的洞察力。《辩乐》篇记载孔子跟师襄子学琴的情况,纠正子路学习音乐中的重大错误,与宾牟贾讨论《武》乐,并且从中发表他对音乐的见解,阐述音乐的教化功能以及《武》乐所体现的深层含义,表现了孔子的乐教思想,体现了孔子在音乐方面的高深造诣。《困誓》篇多记艰难、窘迫情景下孔子的言辞、议论,表现了孔子的智慧,真实反映了孔子为实现政治理想而不畏挫折和危难,始终矢志不移,孜孜不倦的探索精神。

有许多篇章是孔子与弟子在讨论问题。如《王言》篇是孔子与曾子的对话,《入官》篇是孔子与子张的对话,《五帝德》篇是孔子与宰我的对话,《五刑》篇是孔子与冉有的对话,《执辔》中有孔子与子夏等的对话,《刑政》是孔子与仲弓的对话等等。有的是出于孔子与当时的公卿大夫讨论问题,如《冠颂》篇是孟懿子和孔子之间关于冠礼的对话;《五帝》主要是孔子向季康子解说古代帝王法五行称帝、易服改号。有的是鲁国国君向孔子请教问题,如《大婚》、《儒行》、《问礼》、《五仪》、《哀公问政》、《本命》等篇,还有的不仅记载鲁国国君与孔子的问对,还有与齐国、宋国等国国君的讨论,如《贤君》篇的记述主要论述了贤君贤臣的标准,讨论如何为政治国等问题,《辩政》篇则记述孔子关于辨明政治的问题,其中有对齐君、鲁君、叶公问政的不同回答。

第二,反映孔子思想的言论

孔子思想的内容极其丰富而深刻,在《孔子家语》中,几乎每一篇都在不同方面体现了孔子的思想。孔子关注芸芸众生,关注天下国家,在长期的教学生涯中,在他几十年的生活实践中,对社会人生有很深的体悟,不论与自己的弟子、与各国的大夫还是国君,孔子都有内容丰富的对话。《孔子家语》中各篇记载的这些对话,有的属于专题讨论,有的属于随时议论;有的是孔子与一人的问对,有的是孔子与多人的探讨;有的是孔子对同类问题回答的聚合,有的是一个主题不同方面的阐释。

孔子是思想家,孔子首先是政治思想家。他思考的是社会的治乱问题,可以想象,如果孔子不是处在春秋末年的乱世,如果不是当时的礼崩乐坏、天下无道,孔子就不用进行那样多的思考,就不会有那么深刻的论说。孔子结合具体的时代环境,结合那时的历史实际,进行了许许多多的论述,这些都从不同方面体现了孔子的思想。例如,《王言》篇通过孔子与弟子曾子的对话,记述了孔子的王道言论,是有关孔子政治理想的重要文献。在论述中,孔子"祖述尧舜,宪章文武",他借助前代帝王事迹,描绘了自己心目中的理想政治面貌,并将前代王者之道提炼为"内修七教,外行三至"。在《大婚解》篇中,孔子立足于春秋宗法社会,认为天子、诸侯等贵族的婚姻不仅是氏族的内部事务,而且还是国家政治生活中的重要事件。孔子与哀公的谈话中着力阐述了"大婚"对国家政治生活的重大影响。从论述的逻辑上看,孔子由人道逐步深入而论及大婚:人道—政—爱人—礼—敬—大婚。从这里不难看出,孔子思考问题的终点仍然是如何治理社会、管理民众等等。

《孔子家语》虽然各自成篇,但都是孔子思想体系中的重要组成部分,都是孔子思想链条中的具体环节。孔子主张仁政礼治,希望恢复"郁郁乎文哉"①的周公礼乐之治,为此,孔子十分注重对于社会人心的教化,主张通过对邦国的教化,使人心思治,自觉地遵守礼制,使大道运行,天下大同,人心和顺。在《家语》中,《礼运》篇表达了孔子的社会政治理想,其中,孔子论述"讲信修睦"、"人不独亲其亲,不独子其子,使老有所终,壮有所用,幼有所长,矜寡孤独废疾者皆有所养",这与《论语》等书所记孔子的"博施济众"、"老者安之,朋友信之,少者怀之"的社会理想都是一致的。

如何达到天下大同,孔子这方面的论述很多。《礼运》篇之外,其他各篇都从不同的角度体现了孔子的王道教化思想。例如《五帝德》篇,孔子向弟子介绍了古代帝王黄帝、颛顼、帝喾、帝尧、帝舜及大禹的德行和事迹,《王言》篇论述了古代的"明王之道",这与《礼运》所体现的孔子对"大道之行"的禹、汤、文、武、成王、周公时代的向往,共同构成了孔子政治思想的理想模式。要达到这样的理想,在孔子看来,必须实行教化,教化的手段很多,如用古代的经书("六经")进行教化就是一个重要的手段。在《问玉》篇中,专论王道教化,他通论六经之教,指出把握的分寸,认为只要趋益除弊,就能充分理解六经。这段材料对于研究孔子与六经的关系,研究孔子的经书教化思想有重要价值。

关于社会的教化与管理,孔子还有许多的专论。如《观乡射》篇,该篇由三部分组成,三者所论虽非一事,却都是孔子观礼后对

---

① 《论语·八佾》。

礼义的阐发，体现了孔子"一以贯之"的教化思想，即通过礼乐教化，实现"王道荡荡"的政治理想。又如《刑政》篇，通过孔子与弟子仲弓的对话，谈论了刑罚与政教问题。孔子政治思想的特征是"德主刑辅"，孔子主张德政，但也不排斥刑罚，认为"为政以德"是政治的根本，刑罚是德政的必要补充。如其中记孔子说："太上以德教民，而以礼齐之。其次以政焉导民，以刑禁之，刑不刑也。化之弗变，导之弗从，伤义以败俗，于是乎用刑矣。"在这里，刑之用乃以德为前提，刑只适用于愚顽不化、不守法度的人。这样的论述十分精到！

除了孔子的许多专论，还有的篇章对孔子相关的政治思想言论进行了归纳或聚集，同样具有重要价值，如《正论解》篇就是如此。何谓"正论"？我们认为，这里的所谓"正论"可包含有两层意思：第一，正者，政也，指社会政治。所以本篇是关于治理天下国家的大道理；第二，正者，正名也，即合乎礼制。这里的"正名"不是名实之间的逻辑关系，而是指规范了社会等级与秩序的社会关系。孔子的论述紧紧围绕"礼"展开，把"礼"作为上自国君、下到平民言行的标准，而合乎礼便是仁，以仁治国就是德政，劳民伤财只会葬送国家。围绕着德政问题，孔子论述了实行德政的方法、途径以及目的。这包括君臣纲常、选贤举能、礼乐教化、爱民敬老、天下统一等。作为政治思想家，孔子向往三代"先王之道"，他认为要实行王道就要实行德政，政策上以德为主，同时又要"宽猛相济"，这样才能"政是以和"。

在《正论解》篇中，孔子认为，实行德政要求国君从自身做起，"孝悌发诸朝廷，行于道路，至于州巷，放于蒐狩，循于军旅，则众感以义，死之而弗敢犯"，这同时也是对民众进行的礼乐教化。孔子认为"惟器与名，不可以假人"，而器与名是礼的最直接的表现形式，"礼"就成为治理国家的具体战略和正名的标准和凭借。要保持和维护社会的稳定,实现天下大治,就必须"为国以礼",只有这样才可以"王天下"。在形式上,本篇与《家语》其他各篇有所不同,其他一般是通过直接描写孔子与诸侯国君、孔门弟子的对话或者行为表现孔子思想,而本篇大多数章节是先叙述历史事件或人物言行,然后再叙述孔子对这些历史事件或人物的评价,以此来表现孔子的思想。

第三,弟子们的言行事迹

孔子与其弟子是一个整体,他们共同组成了最早的儒家学派。孔子"述而不作","信而好古",而他对于先王之道的阐发及相关论述,主要是在教学实践中进行,孔子大量的言论事迹都是通过孔子弟子整理流传下来。从某种意义上说,对孔子弟子的研究就是对孔子研究的一部分。

以前,我们研究孔子弟子,主要依据《史记·仲尼弟子列传》,再参照《论语》等相关文献的零星记载。其实,研究孔子弟子的基本材料应当以《孔子家语》为主,这不仅仅是因为《孔子家语》内容丰富,记述更为详尽,更为重要的是,这些材料时间更早,更为可靠。

在《孔子家语》中,大量的孔子与其弟子的往复问对是对孔子弟子研究的重要材料,与之相同,其中还有关于孔子弟子记载的专篇,这就是其中的《弟子行》和《七十二弟子解》。

《弟子行》记载了孔子弟子子贡与卫将军文子的对话,卫将军文子向子贡询问孔子弟子的情况,于是,子贡据其所知,对孔子几位主要弟子的行状加以介绍。卫国将军文子询问时,子贡开始以不知相推辞,后在文子的一再请求下,谈了自己耳闻目睹的一些状况。子贡的评价涉及十二位孔子弟子,他们分别是颜回、冉雍、仲由、冉求、公西赤、曾参、颛孙师、卜商、澹台灭明、言偃、南宫括、高柴。后来,子贡以其对卫将军文子所言俱告孔子,由此引发了孔子对于如何知人识人问题的谈论。孔子还评价诸多古人包括伯夷、叔齐、赵文子、随武子、铜鞮伯华、蘧伯玉、柳下惠、晏平仲、老子、介子山等的品行,进一步论证了知人识人不能仅仅通过表面现象。本篇是孔子人才思想的重要论述,是研究孔子弟子十分重要的材料。

《七十二弟子解》虽然以"七十二弟子"名篇,但实际记述了七十六位有影响的孔门弟子。作为儒家学派的重要成员,孔门弟子在社会思想上大体一致,但由于性格、经历的不同,他们又各有自己的特点,在思想上也表现了一定的差异。本篇是关于孔子弟子的最早记载,远远早于《史记·仲尼弟子列传》,其中对孔门弟子进行了或详或略的介绍,是研究孔门弟子的基本资料。

值得注意的是,《七十二弟子解》的记载出现较早,因而,比之《仲尼弟子列传》具有更高的价值。孔子向弟子们传道、授业,传习《诗》《书》《礼》《乐》《易》《春秋》,他的弟子可以分为德行、言语、政事、文学四科,各有专长。德行:颜渊、闵子骞、冉伯牛、仲弓。政事:冉有、季路。言语:宰我、子贡。文学:子游、子夏。《史记·仲尼弟子列传》记孔子说弟子"受业身通者七十有七人",这些都是"异能之士"。这十位优秀弟子被孔子格外看重,《家语·七十二弟子解》和《史记·仲尼弟子列传》都首载这十位弟子,只是顺序稍异。此外,《七十二弟子解》所载孔门弟子与《史记·仲尼弟子列传》所载情况有许多不同,对比这些记载,将《史记》与《家语》相互参照研究,可以发现孔子弟子的许多新的信息。

第四,追溯孔子的家世

孔子家世的研究与孔子思想研究有重要关联。在《孔子家语》中,《本姓解》篇专门记述孔子的家世,该篇可分为两部分,前两节为第一部分,直接叙述孔子的家世,最后一节为第二部分,记齐国太史对孔子的评价。两部分都涉及孔子的身世,故以"本姓"

名篇。该篇的记述原原本本,可与《史记》相互补充。

其他篇章有的也涉及孔子的家世。例如《观周》篇便保留了孔子先祖世系等一些珍贵材料,如其中记曰:"孔子,圣人之后也,灭于宋,其祖弗父何始有国而授厉公,及正考父,佐戴、武、宣,三命兹益恭。故其鼎铭曰:'一命而偻,再命而伛,三命而俯,循墙而走,亦莫余敢侮。饘于是,粥于是,以糊其口。'其恭俭也若此。"这些材料可与《左传》、《史记》等参照阅读。

第五,关于古代礼制的论述

孔子重视礼治,《孔子家语》关于礼制方面的内容记述很多。由于礼的内容非常广泛,可以说,该书中的许许多多的篇章都与那时的礼制有一定关联。除此之外,该书还有不少专门记述礼制的篇章,对研究周代礼制非常重要。

《曲礼子贡问》记载了孔子日常生活中有关礼仪的所见、所闻及所辩、所叹。因古代典礼中的动作规范以及待人接物的礼节称为曲礼(即礼的细节),而本篇首章又记子贡所问,故以"曲礼子贡问"名篇。本篇通过记述孔子平时按礼行事的情形,表现了他"非礼勿视、非礼勿听、非礼勿言、非礼勿动"的"以礼立身"的人生信条。所记之事虽然零碎,却有着不可低估的价值。

《曲礼子夏问》由27章组成,所记多为孔子解答弟子或他人问礼之事,也很琐碎,多属曲礼范畴,又因以子夏问为首章,因以名为"曲礼子夏问"。本篇绝大部分为有关丧礼的讨论。面对丧礼中出现的林林总总的情况,孔门弟子有疑则问,而孔子或含蓄婉转,或直陈己见。对烦琐仪节所蕴涵的深层礼义的发掘,对古今礼仪礼制差异所反映的不同内涵的阐释,表现了孔子这位深通于礼的文化大师的精神世界。

《曲礼公西赤问》集中记载了孔子对丧葬、祭祀礼仪的见解和具体处理方式,这些事情都属于曲礼的范围,又因所记第一件事为公西赤所问,故以"曲礼公西赤问"名篇。本篇共叙述了七件事情:第一,去职的大夫死后以何等礼仪葬祭;第二,嫡子死,立谁为继嗣;第三,孔子如何葬母;第四,陪葬是否应用木偶;第五,孔子如何对待祥祭颜渊的祭肉;第六,孔子为何祭祀时没有做到"济济漆漆";第七,祭祀时间怎么安排。

《孔子家语》中的这些篇章有许多记载又散见于《礼记》等书,亦有不少章节不见于他书。由于《礼记》为汉儒汇编而成,其重点在于转述孔子的言论,因此,即使见于《礼记》等书的材料,其具体语境也往往被当作枝叶而任加删削。相形之下,《家语》所记则首尾完具,直接明了。无论是否见于他书,《家语》的材料都可与其他文献互相参证,从而可以考察孔子与早期儒家的思想,尤其是礼的思想,也为我们重新研究一些悬而未决的公案提供了条件。

(二)《孔子家语》的材料来源

《孔子家语》这样丰富的内容,其材料来自哪里?这些材料是如何保存下来的?这是关心《孔子家语》的人首先想到的问题。

我们现在看到的《孔子家语》本子,本来附有汉代孔安国的序文,根据这个《孔安国序》的叙述,《家语》记录的是当时公卿士大夫与孔子及孔门弟子交谈问对的情况,与《论语》、《孝经》同时,后来弟子们取其中"正实而切事者",也就是孔子可能并非偶尔谈及,在体现孔子思想上具有典型意义,而且是切合某些事件的、具体的言谈,选录为《论语》,其余的就集录为《孔子家语》。根据我们的研究,孔安国的说法应该是没有问题的。

孔子在世的时候,长期从事教育活动。那时,在与孔子的交流过程中,孔子弟子都有随时记录和整理孔子言语的习惯,比如,在《论语·卫灵公》中有这样的记载:

　　子张问行。子曰:"言忠信,行笃敬,虽蛮貊之邦,行矣。

言不忠信,行不笃敬,虽州里,行乎哉?立则见其参于前也,在舆则见其倚于衡也,夫然后行。"子张书诸绅。

孔子弟子子张向孔子请教君子应该如何行世的问题,孔子的回答从言行两方面提出了具体要求,然后又要求子张不论是站立还是坐车,不论在做什么事情,都要时刻让"言忠信"、"行笃敬"这两条要求浮现在眼前。面对孔子这样十分精到的论述,子张担心忘记,将孔子的言语记录在衣服的带子上。

其实,孔子弟子对孔子的言论都会及时进行记录和整理。《孔子家语》中这样的例子很多,比如《入官》有"子张既闻孔子斯言,遂退而记之",子张回去以后把孔子的话记录了下来。再如《论礼》有"子夏蹶然而起,负墙而立,曰:'弟子敢不志之?'"在听了孔子的话后,子夏激动地表示要记录下来。其实,有时候,孔子也会要求自己的学生把一些重要的见闻记录下来,比如《正论解》有"子贡以告孔子,子曰:'小子识之:苛政猛于暴虎。'"同篇还有"孔子闻之,曰:'弟子志之:季氏之妇可谓不过矣。'"

在上引材料中,"退而记之"的"记"很明显是"记录"的意思。至于"志"、"识",其实也都有"记"的意思。《周礼·地官司徒》中有"师氏",其职掌中有"掌国中、失之事",将合理、不合理的事情加以记载,以"教国子弟"。有学者认为,我们现在所看到的《左传》《国语》中的历史记载,就像教材类的短文,很多就是这样得来的。[1] 孔子之时,礼崩乐坏,这样的制度已经废弛,孔子与弟子很可能会对一些事物进行记录,不然,就不会有那么多相关材料留存下来。因此,前引材料中的"志"、"识",可能不只是简单的记在心里。

---

[1] 参看张岩:《从部落文明到礼乐制度》,上海:上海三联书店,2004年,第407-433页。

《庄子·天下》篇有"旧法世传之史尚多有之"之语,说的是有关古人治理天下之道的记录。《礼记·礼运》篇中则记孔子曰:"大道之行也,与三代之英,丘未之逮也,而有志焉。"其中的"志",在《孔子家语》的《礼运》篇中作"记"。《礼运》篇中,不论"记"还是"志",都有"记载"、"记录"、"志书"之义,朱彬《礼记训纂》引刘台拱解此字曰:"识也,识记之书。"

在与孔子的交流中,孔子的弟子们学到了很多的东西,可以想见,不少弟子都有自己整理和保存着的有关记录。那么,这些材料是什么时候汇聚起来的?又是怎样汇聚起来的?

与今本《孔子家语》并行的有三个"序":一是汉代孔安国《家语》"后序";二是孔安国的后人所撰写的"后序",其中收有孔安国的孙子孔衍关于《家语》的"奏言";三是三国时期魏国人王肃的序。后来一般笼统地称之为《家语》"三序"。《家语》的"三序"涉及《家语》成书与流传的许多情况,是我们今天了解该书成书过程的基本材料。

在孔安国的序文中已经明确说到了两点:第一,这些材料本来是出于孔子弟子所记;第二,《孔子家语》与《论语》等时代相同,真实可靠性一致。

关于《论语》的成书时代,学术界有过许多较好的研究,综合学术界的研究,结合新出土的材料进行探讨,《论语》应该是孔子的孙子子思主持编纂而成①,在这种研究的基础上,进而我们推断,《孔子家语》的编纂,也一定与子思有重要的联系。有一个细节值得注意,那就是孔子去世后,孔子的众弟子们似乎难以承受失去孔子所带来的迷惘,他们曾经因为同门中的有若"似孔子",而

---

① 杨朝明:《新出竹书与〈论语〉成书问题再认识》,《中国哲学史》2003年第3期。收入黄怀信等主编:《儒家文献研究》,济南:齐鲁书社,2004年。

推举他代替老师。但好像没过多久,因为有若毕竟不是老师而遭到否定。这一事实也透露了孔子弟子在孔子去世后的分化,同时显示出编纂孔子遗言已经被提上议事日程。据分析,此时最有资格、有能力,又有号召力的就是孔子的孙子子思,《孔子家语》出于子思的领纂当无问题。①

这里牵涉到一个重要问题,就是《孔子家语》为什么被称为"家语"?《孔子家语》的最初形态如何?有学者认为,《孔子家语》的名称是后来才有的,我们认为未必如此。

《家语》孔安国序谈到了孙卿入秦所带书籍,其中没有说到"孔子家语"的名字,而称为"孔子之言及诸国事、七十二弟子之言";再说到秦始皇焚书时,才又冠以"孔子家语"之名。于是有人认为本来没有"孔子家语"之名,后来,该书曾经流散,几经周折,直到最后,孔安国重新得到,分门别类,撰集成四十四篇的《家语》。在王序中,也没有说先秦已有《家语》;子襄壁藏诸书有《家语》,清朝学者孙志祖引徐鲲说指出:"此'家语'二字后人妄加也。"今也有人认为,王序两次讲到孔安国"集录孔氏家语"、"又撰孔子家语",可见王肃也认为《家语》是由孔安国编成的,"家语"的名字可能与他有关。

其实,这样的推断是难以讲通的。荀子入秦所带书籍不止一种,孔安国序文没有提及《孔子家语》的书名非常正常,这与战国时期《家语》已经成书的说法并不抵触。《家语》孔序和孔衍《家语》奏言都说孔安国和《家语》有密切关系,这当然没有问题,但如果说孔安国之前并没有《家语》一书,则难以成立。孔安国所编撰的《家语》其实在汉代一直没有流行,但《汉书·艺文志》将《家语》

---

① 杨朝明:《孔门师徒与原始儒家学派的构成》,载杨朝明著:《出土文献与儒家学术研究》,台北:台湾古籍出版社,2007年。

列为《论语》十二家之一,这实际上间接证明了《家语》孔序的说法,即认定了孔安国以前已经有《孔子家语》的存在。

《孔子家语》的名字,我们认为《史记·孔子世家》已经透露了端倪。按照司马迁的描述,孔子去世后,"孔子家"成为诸生演习讲礼的场所,成为弟子后学缅怀、追思恩师的场所。其中记载说:

> 鲁世世相传以岁时奉祠孔子冢,而诸儒亦讲礼乡饮、大射于孔子冢。孔子冢大一顷,故所居堂,弟子内,后世因庙。

有学者指出,其中的"冢"应为"家"之误,这里的三处"孔子冢"都应当作"孔子家"。① 这与后面所说的"诸生以时习礼其家"正相对应,因为乡饮、大射之礼也不能在"冢"上举行。因此这段话的意思是说,鲁国这个地方世世代代都按一定的时间去孔子的家中祭祀孔子,而且,鲁国的儒生也在孔子家学习礼制,孔子的家占地有一顷之大,孔门弟子住进了孔子故居的房间内,后来就用孔子的家作为祭祀孔子的庙了。

可以想象,弟子后学住进孔子原来的居堂中,除了按时举行礼仪,他们还将各自整理保存的孔子的"讲课记录"汇聚到一起。显然,孔子的逝世,弟子后学失去了恩师,也失去了自己精神的寄托,因此,他们便汇聚孔子言论,集中孔子学说,在孔子裔孙子思的主持下,共同编辑了《孔子家语》。

《说文解字》说:"语,论也。"《广雅》说:"语,言也。""孔子家语"应该就是"孔子家"的论说集或言论集,也是在"孔子家"中编辑而成的论说集、言论集,不难理解,《孔子家语》与《论语》在内容、性质上完全相同。

---

① 韩兆琦《史记笺证》(第 3272 页,江西人民出版社,2004 年)曰:"按:句中'冢'字应作'家'"。引阎若璩曰:"'诸儒讲礼乡饮大射于孔子家',误写作'冢',此'家'字与赞曰'以时习礼其家'合。"又引郭嵩焘曰:"此'冢'字应作'家'。"此外,王叔岷《史记斠证》等也有此说。

(三)《孔子家语》的早期流传

孔子弟子将各自记录整理的有关孔子的材料汇聚"集录"在一起,这应当就是《孔子家语》的原型。很明显,在以后的日子里,这个较为完全的"集录"本会有不少儒家弟子后学进行传抄,从而流行开来。

在《孔子家语》的孔序中,孔安国较为清楚地描述了《孔子家语》的流传情况,其中几个比较重要的环节如下:

第一,战国之世,孟子、荀卿守习儒学,《孔子家语》可能传本不一。《孔子家语》后序曰:"孔子既没而微言绝,七十二弟子终而大义乖,六国之世,儒道分散,游说之士各以巧意而为枝叶,唯孟轲、荀卿守其所习。"也就是说,孔子以及孔门弟子相继去世后,到了战国时期,儒学思想散乱而被人随意曲解、利用,这时候仅有孟子和荀子严守儒家的思想。

战国时期,儒学有一个发展与传播的过程。孔安国所言"儒道分散",仅仅在《韩非子·显学》篇所说孔子去世后"儒分为八"的事实中也可以看出端倪。可以想象,在各家各派争为正统、自以为"真孔"的过程中,大家所拿起的最为重要的武器还是孔子的言论。到战国中期,孟轲、荀卿"守其所习",关于孟子的著作,我们今天可以见到并且认为可信的材料只有《孟子》七篇,其中与《孔子家语》的关联显然不及《荀子》。在《荀子》一书中,很多的内容都与《孔子家语》一致,这多少表露了《荀子》在批评各家为"俗儒"、"贱儒"的时候,它所掌握的标准或者所拿着的重要武器之一,就是《孔子家语》。

第二,荀卿入秦,以"孔子之语及诸国事、七十二弟子之言,凡百余篇"献秦昭王,《家语》由此传入秦国。由于《家语》与诸子同列,故后来始皇焚书时得以幸免。

在孔安国看来,先秦时期虽然有不少《家语》材料在流传,可能也一定会有不少人在传习《家语》,但荀卿毕竟"守其所习",而且,将《孔子家语》传到秦国并且使之流传到汉朝,都是荀卿的功劳。这样,就保证了《家语》材料的"纯正",避免了"游说之士各以巧意而为枝叶"的影响。

第三,汉初刘邦灭秦后,"悉敛得之,皆载于二尺竹简,多有古文字",后为吕后取而藏之。吕氏被诛亡以后,《孔子家语》散入民间,遂出现了《家语》的多种本子。《后序》还说,这时候有些人随意增损《家语》中的话,于是同是一事,记载却有不同。

孔安国所言"悉敛得之",说明汉朝灭秦时所得到的《孔子家语》是一个全本。他还说到这些材料"皆载于二尺竹简,多有古文字",这些描述,非亲见者所难以言之。孔安国见到这些竹简是没有问题的,因为从汉朝到吕后再到他本人,这些材料一直是在流传着的。

第四,景帝末年募求天下书,那时,京师的士大夫都送书到官府,这期间得吕氏所传《家语》,不过,这些材料"与诸国事及七十子之辞"混乱地放在一处,后来又没有得到妥善保管,和其他的典籍如《曲礼》等散乱在一起了。

这里透露出来的信息十分重要。景帝末年募求图书时,官府中一定集中了不少的《孔子家语》的材料,也就是说,在景帝时,皇家图书馆(秘府)已经有了《孔子家语》一书。当然,这部《家语》(或者这些《家语》材料)还存在着不少问题,因为这些可能已经不单纯是《家语》的竹简,而是与其他相关记载混杂堆放的。

(四) 孔安国写定《孔子家语》

在西汉皇家的秘府中,《孔子家语》虽有收藏,但因为与其他材料混乱地存放在一起,由当时的"掌书"负责掌管起来而已,因此,一定会严重影响到该书的利用。正因如此,后来才出现了两个问题:第一,官家图书中的《孔子家语》后来没有流传下来;第二,孔安国才想方设法重新整理了《孔子家语》。

据《汉书·艺文志》,西汉秘府中的《孔子家语》有二十七卷,虽然这些材料后来还可能有人使用,但因为该书存在一定的问题,所以当孔安国的孙子孔衍奏请将孔安国整理后的《家语》立于学官时,刘向本人也是同意的。再到后来,曾经收藏在秘府中的这个《家语》还可能被整理传抄过,不过,最终可能还是不及孔安国整理的本子而归于亡佚。

汉武帝元封年间(前110—前105年),孔安国在京师为官。作为孔子的后裔,他了解到《孔子家语》在秘府中的状况,很担心记载先人言论的典籍会就此湮没无闻,于是,他寻得这些材料,抄录整理,"撰集"而成为四十四篇的《孔子家语》。这便是我们今天所看到的《家语》本子。

孔安国叙述自己"撰集"《家语》的经过说:

> 因诸公卿大夫,私以人事募求其副,悉得之,乃以事类相次,撰集为四十四篇。又有曾子《问礼》一篇,自别属《曾子问》,故不复录。其诸弟子书所称引孔子之言者,本不存乎《家语》,亦以其已自有所传也,是以皆不取也,将来君子不可不鉴。

孔安国通过私人关系(即所谓"人事")取得了《孔子家语》的副本,从而进行了整理。孔安国搜求材料,他明确说是"悉得之",看来,这些《家语》材料应该是比较完备的。在这样的基础上,他按照事情的类别进行编次,共分为四十四篇。从今本《家语》的各篇看,其中各篇之间既有内在的逻辑联系,同时也有重新编次的痕迹。比如,本书以《相鲁》为第一篇,从孔子仕鲁开始;接着是《始诛》,写孔子为大司寇时的事情;第三篇《王言》乃是孔子与曾子的对话,这不仅仅是因为子思为曾子弟子,就像《论语》中曾子的地位显得非常特殊一样,《孔子家语》因为子思师事曾子,而格外重视曾子的言论,更重要的是,孔子倡言王道,该篇所谓"王言",乃是记述的孔子的"王"天下之言。在前三篇之后,第一卷中的各篇都是孔子回答诸侯国国君主要是鲁哀公的谈话;然后,各篇才记述孔子与弟子们的论说。后面依照内容的不同而有所区分,如在第八卷中,将冠礼、庙制、音乐等归在一起,显然有一定的考虑。在基本排列完有关材料后,第九卷将孔子弟子、孔子家世、孔子临终情况分别单篇叙述,又将孔子的一些零散言论作为"正论"作为一卷。最后一卷三篇都是孔子关于弟子询问曲礼的回答。

孔安国对原来的材料进行编次时,毕竟有些材料不好归属,所以在今本《家语》中不难看到两篇看来不属同篇的材料被归到了一起。例如《执辔》篇,本来应当属于两个部分:前两节为第一部分,记述孔子回答闵子骞问政的问题;后两节为第二部分,记述子夏与孔子谈论《易》之理等问题。前者属于孔子谈论治国问题,后者虽然与治国不无关联,但主要是子夏谈论《易》理的内容。这一篇都见于《大戴礼记》,而《大戴礼记》将这一篇分别属于不同两篇,第一部分名《盛德》,第二部分名《易本命》。

《问玉》篇也有杂凑的嫌疑,本篇可以分为三个部分:第一部分记子贡向孔子问玉的事情,第二部分是孔子专论经书教化的内容,第三部分主要论述礼治问题。在《礼记》中,《问玉》的内容也属于不同的篇章。

孔安国对《孔子家语》重新编次,当然已经与最初时期《孔子家语》的次序不同。但是,不论孔安国的编次如何,他都是尽力使这些材料的顺序符合一定的逻辑。毫无疑问,孔安国的编次是对《家语》的再加工,但可以肯定的是,孔安国一定会尽力保存《家语》材料之真,也就是说,尽管他进行了重新编次,《孔子家语》材料的真实性却并不受到影响。

还有一点,孔安国说到吕氏被诛亡后,《孔子家语》散在民间,从而使《家语》出现了同是一事,却记载迥异的现象,这显然是"好事者或各以其意增损其言"所造成的。这应当是孔安国在整理编次《家语》时发现的问题。我们推测,他在"录副"的时候就一定会有所考虑,有所去取抉择。很显然,孔安国不仅为我们保留了孔子与早期儒学研究的宝贵材料,而且进行了认真的分析梳理,他对于《孔子家语》的整理功不可没!

二 《孔子家语》的真伪之争

谈《孔子家语》,不能不谈《孔子家语》的真伪之争。长期以来,《家语》被视为"伪书"的典型和代表,严重影响了该书的研究和利用。

《孔子家语》"伪书"说的形成,与其成书与流传问题紧密相连。关于《家语》的成书,我们前面进行了初步的梳理,对于认识《家语》的本来面目会有一定帮助。今本《孔子家语》经孔安国写定后经历了一个家传的过程,后来,三国时期魏国的王肃得到该书,并为此书作注,使该书开始流行。然而,由于今本《家语》之外可能还有原来官府的所谓《家语》本子存在,而且,经过孔安国的整理,舍弃了其中有关的一些材料,比如他曾经提到的"曾子《问礼》一篇"、"诸弟子书所称引孔子之言"等等,这些材料被人作为《家语》进行使用,从而影响到了后代学者对今本《家语》的认识。于是,后来有人认为《家语》存在严重问题,再到后来,《家语》居然成了"伪书",人们不是以为孔安国"作伪",就是认为王肃"作伪"。清代以后,在疑古思潮的严重影响下,《孔子家语》作为"赝品",在有的学者心目中已经简直不值一提,而以《家语》为真,认为应当认真对待该书的声音,几乎完全被疑古的大潮所淹没。

(一)《孔子家语》的孔氏家传

西汉中期,孔安国虽然为官于朝,按照他的孙子孔衍所说,他也是以经学闻名、恪守儒家伦理道德的典范,但是,他写定《孔子家语》,主观目的在于保存"先人之典",毕竟带有"私"的性质,所以,尽管他在编次《孔子家语》上下了很大工夫,但从孔安国写定,直到三国时期的王肃之时,在三四百年的时间里,《家语》却是一直作为家传图书存在着。

汉朝时期,今本《孔子家语》仅仅作为家传本流传,一个最重要的证据便是它不像被编入《礼记》、《大戴礼记》等书中的材料那样,动辄就避汉讳,不像《礼记》、《大戴礼记》那样带有明显的汉朝人编辑的痕迹。

《四库全书》中所收录的《孔子家语》,本属于御题影宋钞本,乃毛晋汲古阁收藏的本子。在该版本的后面,不仅有孔安国《孔子家语》的《后序》,而且有孔安国的后人所撰写的《后序》,这两篇序文将孔安国以后《家语》在汉代的家传情况介绍得比较详细。

需要辨明的是,不少学者误解了孔安国后人所撰写的《后序》,认为其中的记载自相矛盾,由此怀疑该序文的可靠性。人们的误解主要是关于《孔子家语》是否出于孔壁,有关情况序文中是这样说的:

> 子襄以好经书,博学,畏秦法峻急,乃壁藏其家语《孝经》、《尚书》及《论语》于夫子之旧堂壁中。……天汉后,鲁恭王坏夫子故宅,得壁中《诗》《书》,悉以归子国。子国乃考论古今文字,撰众师之义,为《古文论语训》十一篇、《孝经传》二篇、《尚书传》五十八篇,皆所得壁中科斗本也。又集录《孔氏家语》为四十四篇。

意思就是孔子后裔孔腾(字子襄)喜好儒家经典,又很博学,害怕秦国挟书之律的严酷,于是在孔子故宅的屋壁中收藏了孔子家中关于典籍的论说,其中有《孝经》、《尚书》及《论语》等。后来,汉景帝天汉年间,鲁地诸侯鲁恭王为了扩建宫殿,毁坏了孔子故宅,得到了《诗》《书》等典籍,这些典籍都被孔安国收藏起来,并考释古文字,根据经师们的说法,编订成《古文论语训》十一篇、《孝经传》二篇、《尚书传》五十八篇,这些都是根据孔子故宅中得到的蝌蚪文(战国古文字)所编写的。此外,孔安国还集录了《孔氏家语》四十四篇。

序文在下面引述孔衍奏言的时候又说:

> 时鲁共王坏孔子故宅,得古文科斗《尚书》、《孝经》、《论语》,世人莫有能言者,安国为改今文,读而训传其义。又撰次《孔子家语》。

同前面一样,孔衍奏言说鲁壁中得到的是《尚书》、《孝经》、《论语》,这些书当时没有人能够看懂,而孔安国将其隶定下来,并考训其文义作了传文。

然而,当人们看到序文中"乃壁藏其家语《孝经》、《尚书》及《论语》于夫子之旧堂壁中"的时候,就以为"家语"就是《孔子家语》,其实,这正如我们前面已经说到的,乃是"孔子家的言语论说书籍"的一个泛称,此处所言的"家语"正是如此,它包括了被壁藏的"《孝经》、《尚书》及《论语》"之类的所有材料。序文中并没有说子襄壁藏的书籍中有《孔子家语》。这与《汉书·艺文志》、《汉书·鲁恭王传》等材料中的相关记载完全一致。

孔安国曾经整理孔壁藏书,但在两篇序文中,都同样没有说他整理的书籍包括《孔子家语》。孔安国的序文明确叙述《家语》的流传过程,丝毫没有说它与孔壁有什么联系,在孔安国后人的序文中,也同样都将孔安国整理孔壁藏书与"集录"或"撰次"《孔子家语》分开来说。

孔安国后人的序文到底出于何人之手,由于材料缺乏,已经很难知晓,但其中所叙述的有关情况是值得给以充分重视的。该篇序文首先叙述从孔子到孔安国十二世的孔氏世系,又全文引述孔安国的孙子孔衍给汉成帝的上书。无论是序文的介绍还是孔衍的上书,都称孔安国整理《孔子家语》以后,该书并没有献出来呈交朝廷。

据介绍,孔安国整理《家语》后,由于遇到了巫蛊事件,未能来得及呈献。不久,孔安国被调离京师,后来去世,此事就被搁置下来,这便是孔安国后人序文中所说的"寝不施行"。后来,汉成帝诏光禄大夫刘向校定众书,忽视了孔安国校订的各书,遂使这些书籍仍然无法得到重视,其中自然包括了《孔子家语》。所以,孔衍希望朝廷能够听从他的建议,将这些重要的典籍材料另行记录,加以重视和保存。因此,他在奏言中也表达了自己的意见,他说:"光禄大夫向,以其为时所未施行,故《尚书》则不记于《别录》,《论语》则不使名家也。臣窃惜之。且百家章句,无不毕记,况孔子家古文正实而疑之哉!"意思是说光禄大夫刘向因为孔安国整理的图书没有立于学官,没有行世,所以不把《尚书》和《论语》记录在《别录》中,更不使这些书能够得到闻名于世的机会,所以他十分惋惜。而且他看到百家之学都得到了刘向著录,唯独"孔子家古文"这样真正重要、翔实的文献却被怀疑了。可以想见,孔衍是多么希望朝廷能够重视这批经过孔安国整理的古文献。

孔衍所说的"孔子家古文",既包括孔壁藏书,也包括《孔子家语》。孔安国在序文中曾经说到,他所抄录而来的《孔子家语》,本来"皆载于二尺竹简,多有古文字"。尤其《孔子家语》的材料,虽然孔安国整理的《孔子家语》"未施行",但像戴德、戴圣所编辑的《礼记》、《大戴礼记》却收录了《孔子家语》的材料,于是,人们反而不知道《家语》而仅仅知道他们编辑的书籍了。这正如孔衍所说:"今见其已在《礼记》者,则便除《家语》之本篇,是为灭其原而存其末也",也就是说,因为看到了《礼记》中存在与《家语》相同的篇章,就把《家语》舍弃了,这种做法难道不是消灭最根本的典籍,而保存衍生出来的末流材料吗?因此,孔衍视戴德、戴圣为"皆近世小儒",并在奏言中对他们加以指责,批评他们"以《曲礼》不足,而乃取《孔子家语》杂乱者,及子思、孟轲、荀卿之书以裨益之",意思是戴德、戴圣不仅取《孔子家语》来编辑他们的《礼记》,同时还使用了"子思、孟轲、荀卿之书"来改编和增加他们著作的内容,孔衍对戴德、戴圣等人的鄙视可见一斑。

可惜的是,孔衍的奏言虽然得到了汉成帝的允许,但还没有来得及最终研究确定,汉成帝就一命呜呼。与之同时,掌管校书的刘向也因病去世,其最终结果还是"遂不果立"。

认真品味两篇序文,综观整个过程,不难看出,无论孔安国还是孔衍,他们都是希望《孔子家语》能够设立学官,流行于世,但是,由于非常巧合的种种变故,《家语》在汉代始终都是以家学的形式流传着。孔安国本人也说过,他本来是想将自己整理的古文典籍一同献上朝廷,只是由于"会国有巫蛊事,经籍道息,用不复以闻。传之子孙,以贻后代"①,也就是说,既然遇上了有巫蛊事件,国家整理经籍的思想停息中止了,所以也就没有必要再上奏朝廷,干脆把它传给自己的子孙,遗留给后代。

孔安国之后,《孔子家语》传于其孙孔衍,孔衍希望朝廷"记录别见"未成,《家语》自然继续家传。孔衍之后,有人作了包括孔衍"奏言"的《孔子家语》后序,此人显然也是《孔子家语》的传承之人。那么,这篇序文出于何人呢?在序文中,作者直接引述了孔衍

---

① 孔安国:《尚书序》。

的"奏言",而孔衍的"奏言"只提到刘向,其中也并没有补述刘歆等人如何看待《家语》。根据序文的语气、表述,不难推测此人距离孔衍不远,他即使不是孔衍的同一辈人,也是他不远的后辈。

直到三国时期的孔猛之时,《孔子家语》家传的历史才由于被献给王肃而结束。《孔子家语》的王肃序文说:"孔子二十二世孙有孔猛者,家有其先人之书,昔相从学,顷还家,方取以来。"按照这个说法,在王肃注解《家语》之前,孔氏家藏的这本《孔子家语》一直没有能够流行于世。幸好孔猛为王肃弟子,而书中所言与王肃所论"有若重规叠矩",非常契合,所以,《孔子家语》才在王肃整理之后流行起来,这都证明此前孔安国所整理的本子仅仅具有孔氏家传本的形式。

(二) 王肃注解《孔子家语》

今本《孔子家语》在孔安国写定后,经过两汉时期的家传,终于在三国时期魏国王肃的时候公布于世。作为经学家,王肃的观点有一些与当时流行的郑玄之学不同。孔子的二十二世孙孔猛师从王肃,他将自己家传的《孔子家语》拿来给王肃看,而王肃看到这些材料与自己的学说暗合,并且可以作为驳正郑学的根据,他不希望这些材料复归于无闻,于是为该书作注,使之行世。王肃为《孔子家语》作注,是对《孔子家语》正式研究的开端,王注也就成为《家语》的第一个注本,他为今本(孔安国本)《孔子家语》的流行做出了特殊贡献。

王肃反对郑玄之学,他不是为了故意标新立异。但是,在王肃时代,世人已经对他多有误解,对此,王肃表白说:"自肃成童始志于学而学郑氏学矣。然寻文责实,考其上下义理不安违错者多,是以夺而易之。然世未明其款情,而谓其苟驳前师,以见异于人。"从王肃的表白,我们可以知道王肃自幼便学习郑玄注的经书和郑玄的学说。然而,随着王肃学识的增长,他考察郑玄对经书的注释,发现有时前后矛盾或者分析注释不当,他之所以要反对郑玄的学说,要撼动郑玄学说的统治地位,是因为他始终抱着维护儒家学术的目的,为了纠正郑学之失,而不是为了争夺在官方的学术地位。可是这一点并没有得到世人的理解,他们说王肃喜欢标新立异,说王肃"苟驳前师,以见异于人"。而事实上,到三国之时,郑玄的学术已经显露出了它的弊端,尤其是其烦琐与神秘性的弊病,已经与当时的时代不合,因此,魏晋之际,反郑之说蔚起,蒋济、王粲、虞翻都曾反对过郑玄[1]。在这些反对郑玄的学者中,王肃不过是比较有影响的学者罢了。

然而,在研究王肃学术的学者之中,不少人的成见是王肃之学专与郑玄作对,后世许许多多的学者接受王肃"伪作"《家语》乃至更多的著作,其认识的起点也都是一个,那就是王肃"反对郑玄"。称王肃反郑固无大错,但说王肃"故意与郑玄作对"就未必准确。

有学者研究了汉朝末年以来的学术史,指出那时的主要倾向乃是"唯义是从",因此,郑玄的学术便于今古文择善而从,不专主一家。后世学者多谓王肃存心故意与郑学作对。其实,郑学、王学有不少相同之处,也有不少相同的见解。如果是存心作对,两者相同的见解又怎么解释呢?在反郑学的人看来,郑学是"远本离直"的,所以王肃认为自己是在"拨乱反正"。王肃所受的学术影响基本上都是反郑学阵营的,耳濡目染之际自然而然就形成与郑学如此多的歧异,后人因为王肃之学与郑玄之学歧异较多,而认定王肃是存心立异,显然属于不当。[2] 实际上,汉末以来所倡导的独立思

---

[1] 贺昌群:《魏晋清谈思想初论》,北京:商务印书馆,1999年,第20页。

[2] 王志平:《中国学术史·魏晋南北朝卷》,南昌:江西教育出版社,2001年,第142—144页。

考倾向,在王肃注解《孔子家语》的态度上已经明显地体现出来,所以他才"撰经礼申明其义,及朝论制度,皆据所见而言",为了学术的发展和争鸣,利用给《孔子家语》作注的机会"申明"孔子儒学真正的内涵。

而且,在王肃所注解的其他书籍中,有一些是与《家语》记载不同的,如《家语·郊问第二十九》:"《家语》借孔子之语主张鲁惟一郊。而《礼记·郊特牲》孔颖达疏曰:'鲁之郊祭,师说不同:崔氏、皇氏用王肃之说,以鲁冬至郊天,而建寅之月又郊以祈谷。"《家语》与王肃观点截然不同。又如卷八《家语·庙制第三十四》所言庙制数,《家语》曰:"天子立七庙,三昭三穆,与太祖之庙七。"郑玄认为天子七庙,太祖庙一,文王、武王庙各一。亦即二祧,亲庙四,合而为七庙,与《家语》观点大体相同。可是,我们可以对照王肃在《圣证论》中的观点,王肃的看法就显然与《家语》的记载不一致①,如果王肃"伪造"或者"增删"《家语》而专与郑玄作对,他为什么还要假造对自己论点不利的材料?他何不将《孔子家语》中十分不利于自己的关键材料直接删除?

学术的发展总是在不断前进,当年,郑玄会通古今,遍注群经,对经学的发展作出了重要贡献,从而奠定了他在经学历史上的重要地位。到王肃时期,郑玄的学术已经风行五十多年,其缺失陆续呈现出来,人们发现郑学不仅谶纬色彩浓重,而且经注琐碎繁重,注经多有错误。在这样的背景下,王肃起而纠正郑玄之失。王肃说:"予岂好难哉?予不得已也。圣人之门,方壅不通,孔氏之路,枳棘充焉,岂得不开而辟之哉?"意思是,自己反对郑玄的学说不是因为自己喜欢与别人为难,而是不得已。王肃认为圣人的学问充

---

① 可参看清代马国翰《玉函山房辑佚书》里收录的《圣政论》,限于篇幅,这里不再赘述。

满了荆棘和险阻,如果自己不去开拓,又能等待谁去呢?

王肃反对郑玄的手段主要有三,一是撰《圣证论》"以讥短玄",一是撰《尚书驳议》、《毛诗义驳》、《毛诗问难》、《毛诗奏事》以难郑玄,一是借《孔子家语》以驳斥郑玄。在驳难郑玄的过程中,《孔子家语》可以说是"一把利剑",其拥有的"杀伤力"可想而知。对此,王肃也不讳言,他对于自己能够得到孔氏家传的《孔子家语》也是喜出望外的。他说:

> 孔子二十二世孙有孔猛者,家有其先人之书。昔相从学,顷还家,方取以来。与予所论,有若重规叠矩。昔仲尼曰:"文王既殁,文不在兹乎?天之将丧斯文也,后死者不得与于斯文也。天之未丧斯文,匡人其如予何?"言天丧斯文,故令已传斯文于天下。今或者天未欲乱斯文,故令从予学,而予从猛得斯论,以明相与孔氏之无违也。

不言而喻,一种新的学术思想要在原来影响很大的学术思潮中诞生,需要经过一个艰难的奋争过程。王肃处在这样的过程中,恰巧他的学生孔猛是孔子裔孙,孔猛把自己家传的《家语》拿给了王肃看,王肃发现这与他的论述十分符合,就好像"重规叠矩"一般,于是,他不无得意地引用《论语》中的话,说他得到《家语》就好像是孔子去世后,老天不希望"斯文"在人间丧失一样,也就是他说的"天未欲乱斯文,故令从予学,而予从猛得斯论,以明相与孔氏之无违也"。他把孔猛跟从他学习看做是老天不希望"斯文"被人混乱的结果,以便让他知道他的想法和观点与孔子本意并不违背。据此,我们不难理解王肃为什么会兴奋不已了。在兴奋之余,王肃又说:"斯皆圣人实事之论,而恐其将绝,故特为之解,以贻好事之君子。"意思是,这些圣人关于实事的重要论述,不能丢失,应该做注解后,留给后人阅读、学习。王肃遂倾力为《家语》作注。

尽管历史上有这样的材料可以证明王肃没有伪造或者"增

删"《家语》,但是仍然有人对此视而不见,依旧怀疑王肃与《孔子家语》的关系,例如,清代学者范家相,他对于王肃没有把这样一部重要的著作立于学官的行为感到疑惑不解,他认为这是因为王肃心中有鬼,担心事情败露。其实,这样的说法很有些"欲加之罪,何患无辞"的意味。这么重要的书籍,孔子的后裔数次努力,多次希望奏上都没有成功,怎么王肃之时就不能有其他的原因?为什么就一定意味着王肃作伪呢?如果说王肃只是担心事情败露,那么他为此书作注后依然使该书流行开来,这与使《孔子家语》立于学官又有什么性质上的不同呢?

作为一位经学大师,王肃注解《孔子家语》时,做了大量的工作。《家语注》涉及地方、人物、器物、典章制度等众多方面。其内容主要是论述意旨、阐明礼仪、考证名物、诠释字意、注释字音、订正字句。王肃作注的特点也很突出,比如他崇尚义理、重在阐发微言大义;反对谶纬;遍引众家并结合出土文物以释《孔子家语》;解释客观明确、简约平易;为圣人讳,维护圣人形象。在《孔子家语》的序文中,王肃曾说:"撰经礼申明其义,及朝论制度,皆据所见而言。"也就是说他作注解的时候,不论是说明微言大义或者论述典章制度,都是根据他所能看到的材料来说。而且,王肃不仅仅遍引众家之说,更以出土器物来做解,要比郑玄的解释更为准确。所以,有学者评价说:"王肃首肇以出土器物,证经纠谬之始,仅此一端,可以不朽矣。"①

受汉魏之际理性思潮的影响,王肃注经注重《家语》大义的阐发,行文具有平易质朴的特点。据统计,王肃为《家语》注解凡1068条,具体涉及地理、人物、器物、典章礼制以及对字词句的释

---

① 简博贤:《今存三国两晋经学遗籍考·自序》,台北:三民书局股份有限公司,1986年。

义,其中释义包括对事件背景的解说、前后文的连贯、古代风俗的介绍、对字句意思的进一步具体阐述或大义的阐发等。除了解释地理、器物、典志等,其他多为对字、词、句意的解释(或"释义"),王注对名物、字音、礼仪、典章制度的解释有873条,所占比重最大。在解释中,王肃今古文兼通,既有对字音的训诂,又有对名物的考证,还有对典章礼制的解释,而更多的则是注重阐发微言大义。①

值得特别注意的是,王肃在《家语注》中还多处指正《家语》的错误。据统计,在《家语注》中,王肃对《家语》记载表示怀疑或对其进行错误勘正的共有19处。如《王言解第三》,原文为"千步为井,三井而埒",王肃据前后文注曰:"此说里数,不可以言井,井自方里之名。疑此误。"也就是说"井"应该改为"里"。又如《六本第十五》"荣声期行乎郕之野",王肃注:"声,宜为启。或曰荣益期也。"②如此等等,王肃的客观态度于此可见一斑。

(三) 今本《家语》的流传与研究

王肃以前,《孔子家语》虽然没有受到汉代朝廷的重视,没被立于学官,但该书却并没有什么可以怀疑之处。事实上,历代都有儒生、藏书家珍视《孔子家语》,看到该书非同寻常的价值,并且还有学者细致研究该书,呼吁重视《孔子家语》。然而,与之同时,也出现了另一种声音,在王肃注本问世以后的历代流传与研究之中,相继出笼了对该书的怀疑、指责乃至认定其为"伪书"的观点。其实,这些观点的出现都有其特定的学术思潮背景,认真分析种种怀

---

① 王政之:《王肃〈孔子家语〉注研究》,曲阜:曲阜师范大学孔子文化学院硕士论文,2006年。

② 王政之:《王肃〈孔子家语〉注研究》,曲阜:曲阜师范大学孔子文化学院硕士论文,2006年。

疑、否定《孔子家语》观点,其结论都难以成立。

第一,马昭声称王肃"增加"《家语》

我们前面已经谈到,王肃反对郑玄,属于经学内部的自我变革,他并不是"一意"反郑。王学上承两汉经学,下启魏晋玄学,顺应了学术思想理性发展的趋势,其所具有的过渡性恰恰是其价值所在。

王肃注解《孔子家语》甫出,郑玄后学马昭就立刻攻击王肃增加了《家语》,始给今本《家语》蒙上了一层阴影。

事情是这样的:《礼记·乐记》有"舜弹五弦之琴,以歌《南风》"一语,郑玄注在简要解释"南风"之后,说"其辞未闻",也就是说,郑玄认为《南风》歌词其他典籍未见记载。而王肃则在其《圣证论》中引《尸子》及《孔子家语》批驳郑玄,因为《尸子》及《孔子家语》都有"舜弹五弦之琴"的记载,并且有《南风》之诗,其辞为:"南风之熏兮,可以解吾民之愠兮;南风之时兮,可以阜吾民之财兮。"郑玄却说"其辞未闻",不为不失。但是,郑玄的弟子马昭却说:"《家语》,王肃所增加,非郑所见。"他还说道:"《尸子》杂说,不可取证正经,故言未闻也。"①《通典》卷九十一还引马昭曰:"《孔子家语》之言,固所未信。"也就是说,马昭认为《家语》曾经过王肃的增加,安知《南风》一诗会不会是王肃增加的?而且,《尸子》在《汉书·艺文志》里被划分在杂家,这样它就不能用来证明儒家的经典。总之,马昭为郑玄的"其辞未闻"辩护。然而这一辩护却造成了混乱,后世据此认为似乎是王肃伪造了《孔子家语》,这也就成了《孔子家语》伪书论者常常引为证据的材料。

其实,"其辞未闻"对郑玄来说也许是事实,郑玄或许真的没

---

① 《礼记正义》,李学勤主编:《十三经注疏》标点本,北京:北京大学出版社,1999年,第1099页。

有见到或不知道这一歌词,王肃引《尸子》、《家语》给出《南风》歌词也是事实。如果说《家语》中的部分内容是王肃蓄意增加,但是《尸子》在《汉志》中记载明确,该书虽位列杂家,亦乃先秦古籍,其融汇诸家实为时代潮流,怎能说"《尸子》杂说,不可取证正经"呢?关键是"没有人证明《尸子》也是王肃伪造"!① 虽然有学者据《隋书·经籍志》载《尸子》二十卷《目》一卷注云"梁十九卷,其九篇亡,魏黄初中续"认为《南风》歌词所在的《绰子》应在续作之列②,实际这无关宏旨,因为即使《尸子》的部分篇章是魏黄初续作,但至少也应当承认它不是王肃所作。

有人认为王肃在《家语》中增加"南风之时兮,可以阜吾民之财兮"一句来反驳郑玄,这属于传统认识的成见,也似乎低估了王肃。既然郑玄"其辞未闻"、"非郑所见",一无所知,王肃根据《尸子》反驳郑玄就足够了,何必自己再加一句以至画蛇添足?

通过辨析,可以清楚地看到由马昭肇始的王肃伪造《家语》说的基础已不存在。古人以所谓"证据确凿"引用的马昭之语,不过是出于门户之见而已。

《礼记·乐记》疏所引马昭的话可以理解为《孔子家语》后出,所谓"王肃所增加"未必一定是王肃所"伪作",所以马昭后来又说"非郑所见"。还有人从马昭所谓"增加"二字中体味出是王肃在本来的《家语》中有所增添,显然属于误解,因为马昭所言是郑玄未见《孔子家语》全书,不是没有见到其中的某一部分。《通典》卷九十一所引马昭之言,也可以理解为马昭以此书后出,非为经典名作,他从而对《孔子家语》的可信性表示怀疑。

---

① 胡平生:《阜阳双古堆汉简与〈孔子家语〉》,《国学研究》第七卷,第527页。

② 王承略:《论〈孔子家语〉的真伪及其文献价值》,《烟台师范学院学报》2001年第3期。

作为郑玄的后学,马昭想方设法维护郑玄是可以理解的。但是,马昭所说《孔子家语》"非郑所见"确是事实,而"王肃所增加","固所未信"则纯属推测之语。

在学术上,马昭可能有自己的一些个性或者偏见。汉朝末年以来虽然主要的学术倾向是"惟义是从",但马昭或许是个例外。有学者指出:"马昭是很强烈地维护师道尊严的人,但更准确地说马昭是为了维护师严而非为了维护道尊。如果真要维护道尊的话,就应该平心静气地承认王肃所驳正中郑注之失,而不应该巧设诡辞,百般弥缝。从这一点上说,马昭所论距离'惟义是从'、'惟义所在'是很遥远的。"①同为郑玄后学高足,就有人更为客观,例如,魏博士田琼就依据《孔子家语》以议礼,如果大家都怀疑《家语》,相信王肃注《孔子家语》时为了攻击郑学而肆意增加内容,田琼肯定不会引用《家语》。

此外,不论王肃对《孔子家语》"伪造"还是"增删",就应当属于王肃与作为他的弟子的孔猛"共同作案"。试想,作为一位有影响的学者,王肃难道会愚蠢或者无耻到这样的地步?难道他为了攻难郑玄,就甘愿作出这样的事情?他就不怕作为孔子后裔的孔猛或者孔氏后人揭出事情的真相?退一步说,王肃即便有心伪造或者增删,并用来攻击郑玄的学术,难道就没有更多的人怀有学术上的正义感来与王肃辩难?为什么在王肃那个时代就只有屈指可数的几个人对王肃的行为提出异议?很显然,王肃即便有伪造或者"增删"《家语》的"犯罪动机",考虑到后果和实施"犯罪"的难度(这个难度尤其表现在后人"敏锐"的眼光上:即使王肃没有伪造和"增删"《家语》,仍然有人能从鸡蛋里挑出骨头来),王肃也不

---

① 王志平:《中国学术史·魏晋南北朝卷》,南昌:江西教育出版社,2001年,第147页。

会具有这样的"犯罪行为"。

看来,不仅王肃"伪造"或者"增删"《孔子家语》的说法难以成立,即使马昭所谓《孔子家语》为王肃"增加"的说法,也没有充分的根据。

第二,颜师古注云"非今所有《家语》"

王肃注解《孔子家语》后,这个四十四篇的《孔子家语》本子便流行开来,因此,在隋、唐二代的正史中,所著录的《孔子家语》都是王肃的注本。《隋书·经籍志》记"《孔子家语》二十一卷,王肃解",《旧唐书·经籍志》载"《孔子家语》十卷,王肃注",《新唐书·艺文志》载"王肃注《论语》十卷,又注《孔子家语》十卷"。

然而,在唐朝时候,《孔子家语》是否还有其他的本子,却是一个具有争议的问题。因为唐初的颜师古似乎看到过王肃注本以外的《家语》本子,他在《汉书·艺文志》的"《孔子家语》二十七卷"下注曰:"非今所有《家语》。"

对于颜师古的说法,后人有不同的解释。比较流行的观点是颜师古一定看到了靠得住的《孔子家语》,从而认为这可以证明王肃注本属于"伪书"。

关于这种说法,依照常理,如果颜师古能够看到不同于王肃注本的《孔子家语》,史志之中应该有所著录,而事实上,除了《汉书·艺文志》,其他史志无一记载这个"二十七卷"的《家语》本子。至于颜师古说到有区别于王肃注本的《家语》内容或者材料,这种可能性是存在的。因为与颜师古大致同时期的司马贞著《史记索隐》所引《家语》内容,今传本就或有或没有①,也说明了《家语》流传的一些问题。

事情的真相到底如何呢？我们认为,颜师古所言一定会有他的根据,他可能至少发现了一定的线索,所以他才认定《汉书·艺文志》所著录的本子"非今所有《家语》"。我们推测,《汉志》中的"二十七卷"本《家语》,应该是与孔安国四十四篇本不同的另一个《家语》本子,这是刘向等人所著录的藏于中秘的官本,只是这个官本可能比较粗疏,远远不及孔安国本。

当初,孔安国整理编次《孔子家语》,他的本子虽然只是以家传的形式流传着,但是,他所依据的材料却一直藏在秘府。正如孔安国在《孔子家语》的序文中所说:

> 孝景皇帝末年,募求天下遗书,于时京师士大夫皆送官,得吕氏之所传《孔子家语》,而与诸国事及七十子辞妄相错杂,不可得知,以付掌书,与《曲礼》众篇乱简合而藏之秘府。

在这里,孔安国描述了除挟书之律后,汉朝政府广收图书的情况。其中有两点是非常明确的:其一,这批材料数量不少。因为"京师士大夫皆送官",一个"皆"字很能说明问题,而且《家语》因为曾经历了吕后之乱,被吕氏取回家中保存,这时也因为吕后之乱的平息和除挟书之律的颁行而再度面世了；其二,这批材料很是杂乱。《家语》属于古文,没有单独存放,居然还"与诸国事及七十子辞妄相错杂",本来就难以理清("不可得知")的一堆乱简,竟然又被

---

① 司马贞《史记索隐》所引《家语》共 67 条,其中,与今本《家语》相异者共有 19 条；在相异之处,为今本《家语》所没有的共 4 条。这些不同之处基本上都是因字词传抄而产生的不同,如《史记·孔子世家》中曾引《家语》为:"车子组商氏。"今本《家语·辨物篇》记为:"车士子鉏商。"在流传过程中,《家语》或有衍缺,或以经文窜入正文,这属于古籍流传过程中的常见现象。以此作为王肃注本属于"伪书"的证据,并没有太大的说服力。

"掌书"的官吏搞得更乱,与《曲礼》等乱简一起存放在了秘府。

藏在秘府的这些材料,孔安国不仅看到了、得到了,并且是"求其副"、"悉得之"。孔安国全部("悉")得到后,面对这些材料,他进行了一番别择去取的工作。正如他自己所说,他曾经"以事类相次",那么他的四十四篇本《家语》应该是他自己"撰集"的结果,秘府中的本子,毫无疑问肯定不会是这样的面貌。相对于秘府中的材料,孔安国的本子在数量上少了很多,因为经过他的分析研究,既有"不复录"的内容,也有"皆不取"的部分。

但是,刘向等人在整理秘府中的古书时,面对这一批十分杂乱的材料,他们并没有像孔安国那样进行细致整理,最大的可能是,他们进行了粗略的分类,以为这些材料都属于"孔子家"一类的论述,便编辑成了二十七卷,统称之为《孔子家语》了。这样,官本的《孔子家语》不仅卷数较多,并且在内容上也有不少超出了今本《家语》。

如果说以上的判断有一定的推测成分,但有一点可以肯定,那就是这批材料一定杂乱无章。正是由于这个原因,孔安国才对它们编次、撰集;也是由于这个原因,刘向仅仅著录其书,并没有继续整理,汉代没有列于学官,而刘向在《说苑》等书中却使用了其中的材料;还是由于这个原因,在王肃注解的《孔子家语》本子问世后,这个所谓的"二十七卷"本子便归于无闻。这样,颜师古所说"非今所有《家语》"也应该不难理解了。

第三,王柏以王肃"杂取"各书割裂织成

尽管马昭、颜师古等人的说法影响到了后人对《家语》的看法,但经过分析不难看出,他们谁也没有认为王肃伪造了《孔子家语》。正式提出王肃伪造说的是宋代的王柏。

王柏的论说见于他所作的《家语考》,据他自己的说法,他是在读朱熹《中庸集注》的时候,曾经以《家语》证《中庸》,他发现所谓两者相校，"有缺有衍"，于是他产生了怀疑，并对朱熹关于《孔子家语》的看法也产生疑问。朱熹认为《家语》为先秦古书，没有什么可以怀疑的，朱熹曾说：《家语》"虽记得不纯，却是当时书"，又说"其书虽多疵，然非肃所作"。① 但是王柏不相信，他找来《家语》，进行研究，最终他仍然认为"有大可疑"。他说："今之《家语》十卷，凡四十有四篇，意王肃杂取《左传》、《国语》、荀、孟、二戴之绪余，混乱精粗，割裂前后，织而成之，托以安国之名。"② 也就是说，他认为今天的《孔子家语》是王肃利用《左传》、《国语》、《荀子》、《孟子》、二戴《礼记》等书，割裂其内容，然后罗织在一起而成的。由于王柏的这个臆断，自此以后，王肃伪造说便开始流行了。

我们曾经就今本《孔子家语》与现存于《礼记》中的《中庸》进行比较。今本《中庸》有一部分见于《孔子家语》，即朱熹所分章的《中庸》第二十章除了"博学之"以后一小部分外的前面大部，与《家语》卷四中的《哀公问政》篇基本相同。我们研究的结果，认为是戴圣编辑《礼记》时，将《哀公问政》的内容纳入了《中庸》。③

朱熹已经指出了二者的关联，他在注解《中庸》时说："《孔子家语》亦载此章，而其文尤详。"他认为"'博学之'以下，《家语》无之"，大概是存在缺文的，或者现在《中庸》比《家语》多出来的部分是"子思所补"。④ 不过，朱夫子专注于今本《中庸》的义理，对于《家语》与《中庸》之间的内容互见，他并没有继续追问。将《家语·哀公问政》与《礼记·中庸》的相应部分对比，可以说明孔衍

---

① 《朱子语类》卷一百三十七《战国汉唐诸子》。
② （宋）王柏：《鲁斋集》卷九《家语考》，四库全书本。
③ 杨朝明：《〈中庸〉成书问题新探》，载山东师范大学齐鲁文化研究中心编《齐鲁文化研究》第三辑（2004年），济南：山东文艺出版社，2004年12月；又载于《河南科技大学学报》（社会科学版）2006年第5期。
④ （宋）朱熹：《中庸章句集注》。

奏言不虚。实际上,《家语》与《礼记》众多的相应部分都是如此,如果不带有偏见或者先入之见,一定看不出《家语》杂取《礼记》的痕迹。① 事实正好相反,《孔子家语》虽然晚出,但其材料较早,其他文献中的许多材料都来自《家语》,至少能看出《家语》比《礼记》更为古朴。事实上,《大戴礼记》等许多与《孔子家语》相关的内容同样如此。

《家语》材料早于《礼记》,《礼记》改编以前已有著作,可以举出很多的例证。例如,在两书的相关部分中,《家语》的"爵其能"、"举废邦"在《礼记》中分别被改成了"尊其位"、"举废国",这样的改动不难理解。

汉代,"非刘氏不王",无功不得封侯,封赐爵位是一个敏感的话题,根本谈不上什么"爵其能",《礼记》编者改其为"尊其位",在当时则无不可。这里的改变与《大戴礼记》将《孔子家语》的《王言》改为《主言》极为相似。《家语·王言》中的"王",除了一处之外,其他十八处在《大戴礼记》中均被改为"主"。这是因为戴德处在西汉后期,而整个西汉的前期,中央与藩王的关系一直是政治的主线,一开始,异姓诸王曾经拥兵自重,专制一方;后来,刘邦所封的同姓王也自为法令,僭越礼制,不仅对朝廷态度傲慢,甚至公开举兵叛乱。到汉武帝时期,他依然不得不将一部分精力倾注到打击地方割据势力,解决诸侯王的问题上面。戴德改"王"为"主",一定与之有关。可见《礼记》将"爵其能"改成"尊其位",也与西汉的政治有关。

至于"举废邦"变成"举废国",自然是为了避高祖刘邦的名

---

① 笔者曾为敝校专门史(思想史)专业研究生开列《中国思想史专题及史料选读》研究参考题,将《礼记》、《大戴礼记》与《家语》的相应部分进行比较,由此观察文字差异及其透露出来的文献因革信息,大家的结论基本一致。

讳。汉代的颁讳布名之制，由今存文献来看，最常用的手法是以同训字相替换。汉高祖刘邦，讳邦曰国，如定州汉墓竹简《论语》之中，所有的"邦"字都用"国"代替。戴圣编订《礼记》，哪里能够允许"废邦"二字赫然存于礼书之中。

从对比研究中，我们发现《礼记》的编订毫无疑问在《孔子家语》之后，这与我们前面所说《孔子家语》的成书与流传完全吻合。从这样的结论看，王柏所谓"杂取""二戴之绪余"，"混乱精粗，割裂前后，织而成之"一类的说法实在无从谈起。

王柏提出《孔子家语》伪书说，迎合了当时疑经、疑古的思想潮流，其实也与他自己的学术个性有关。王柏尊重朱熹，但怀疑朱熹所说的"《家语》为先秦古书"是其"初年之论"，他认为朱熹那时还没有机会深入思考，所以在《中庸集注》中才说了那样的话。王柏认为《家语》的窜乱不止一次，实际上是一而再，再而三，他说："《家语》之书，洙泗之嫡传也，不幸经五变矣：一变于秦，再变于汉，三变于大戴，四变于小戴，五变于王肃。"他不明白今本《家语》成书与流传的真相，反而还主观地认为，凭朱熹晚年的论述，时间既久，其对《家语》的看法"未必不改"。

王柏对《家语》的所谓"考"其实没有任何切实的证据，他本人交代得很清楚，他说："意王肃杂取《左传》、《国语》、荀、孟、二戴之绪余，混乱精粗，割裂前后，织而成之。"原来他的结论是他自己凭空想出来的。可是，就是他臆出的这个结论，却对后世产生了较大的影响。例如，明代的何孟春似乎就接受了王柏的高见，他说："安国及向之旧，至肃凡几变，而今重乱而失真矣。"与王柏的《家语》"五变"之说简直如出一辙。

第四，四库馆臣以为"伪而不能废"

宋代王柏逞其私臆，始以《家语》为伪书，他认为《家语》是王肃取材于以前诸家，从既有各家著作中割取所需，编织而成。这样,《孔子家语》一方面是典型的"伪书",另一方面又具有了一定的价值。

王柏所谓的"割裂"说对清代学者影响很大,清代乾隆年间四库馆臣的说法很有代表性。《四库全书总目提要》叙说了有关争论,说:

> 宋王柏《家语考》曰:四十四篇之《家语》,乃王肃自取《左传》、《国语》、《荀》、《孟》、二《戴记》割裂织成之。孔衍之《序》,亦王肃自为也。……《家语》袭《大戴》,非《大戴》袭《家语》,就此一条,亦其明证。其割裂他书,亦往往类此。反复考证,其出于肃手无疑。特其流传既久,且遗文轶事,往往多见于其中,故自唐以来知其伪而不能废也。

四库馆臣所谓"割裂他书",实际沿袭了王柏的说法。在他们的论述中,其核心论证只有一个,即《大戴》袭取《家语》,这就是他们举出的所谓"明证"。但是,这个证据却难以成立。①

汉代学者编辑《大戴礼记》时,将《家语》等书与其他材料汇集起来,然后进行了一些编辑加工,在《大戴礼记》中,反而看不出《家语》等书原来的面貌。这与《礼记》取材于《家语》一样,同样也是"灭其原而存其末"②的行为。加之《家语》伪书说的极大影响,便造成了《孔子家语》和《大戴礼记》材料孰为本末理解上的严重混乱。

四库馆臣所说《孔子家语》"不能废"是没有问题的。事实上,历代不得不重视《孔子家语》者大有人在,在某种意义上可以说是代不乏人,连四库馆臣在编辑《四库全书简明目录》时,仍然将《孔子家语》置于《儒家类》的前面。他们解释说:"《家语》,虽名见《汉

---

① 杨朝明:《读〈孔子家语〉札记》,载《文史哲》2006年第4期。
② (元)马端临:《文献通考·经籍考·经部》。

志》,而书则久佚",今本《家语》是王肃"割裂诸书所载孔子逸事",编辑成篇,不过"大义微言,亦往往而在"。所以他们认为"不能废"。

不过,四库馆臣所谓"自唐以来知其伪"却有些言过其实。三国时期马昭的话固然导致了人们对《孔子家语》的怀疑,但如前所说,他并没以《家语》为伪。唐朝编撰的《隋书·经籍志》还进一步表明了对《孔子家语》的看法,即唐代学者认为《家语》与《论语》性质相同,这与孔安国的看法完全一致。不仅如此,唐朝中叶开始出现的疑经现象主要是怀疑汉唐的经学注疏,要求突破旧的注疏传统。但当时研究《家语》的学者并没有人认为《家语》是王肃伪造,甚至连唐代官方的《五经正义》、《史记》唐人注解等都广泛引用《家语》,显示了一些著名学者对《家语》重要文献价值的认同。颜师古所说"非今所有《家语》",并不是对今本表示怀疑。唯一例外的似乎只有疑古先驱唐朝的刘知幾,他曾说《孔子家语》"受嗤当代"①,不过这很可能是受马昭"《孔子家语》王肃所增加"评论的影响。

宋代以后,疑古思潮涌动,自王柏之后,《孔子家语》为"伪书"的说法逐渐扩大影响,到明清时期,《家语》的地位可谓一落千丈,其书不真的看法竟然盛行开来。

例如,明代的何孟春曾经补注《孔子家语》,共八卷四十四篇,何孟春说孔安国本"世远不复得",他也没有见过宋版的王肃注本,所补注的也不是颜师古所说的唐本,而是宋人王广谋的《新刊标题句解孔子家语》本。他虽然相信孔衍的上书,但认为《孔安国序》出于王肃伪造,因此他干脆在《孔安国序》前加上了"魏王肃序"的名字,同时引用马昭的观点来支持自己的判断,清儒亦多袭

---

① 《史通·内篇·六家》。

何氏之说。

在清代持《孔子家语》"伪书"说的学者当中,影响较大的是范家相、孙志祖等人。范家相撰《孔子家语证伪》,他将与《孔子家语》相通、相近、相同的材料逐一比类,放在一起,意在证明《孔子家语》是伪书,并根据今本《孔子家语》"每事必有所出",而断言其为割裂他书而成。孙志祖撰《家语疏证》,也认为王肃伪造了《孔子家语》。孙氏的研究影响很大,陈鳣、梁玉绳都推崇此书,陈鳣甚至称其为像捕盗者"获得真赃"①。

虽然以《家语》为"伪"的学者大有人在,但认同其书的人依然不少,也有很多学者用力申辩其真。在宋代,朱熹、晁公武、叶适②等人就都认为《孔子家语》是靠得住的著作。元朝,马端临的《文献通考》记载了王肃注的十卷本《孔子家语》③,而且还同时著录了《家语》的孔安国序、孔衍奏言、王肃序、晁氏说、《朱子语录》、《与吕伯恭书》等几条材料,而这些都属于认同《孔子家语》一书价值的观点,表明了马端临的倾向。陆治是明代继何孟春之后《孔子家语》的又一重要补校者,他首先认为《孔子家语》得以流传,王肃功不可没,并且考证了《孔安国序》确实出自孔安国,非王肃伪作④。

在这些做出重要贡献者中,尤其值得一提的应属清人陈士珂。他作《孔子家语疏证》,不作主观判断,而是广泛搜求,给读者客观的材料。他所用的方法与范家相相同,但得出的结论却与之迥然相反。陈士珂族人陈诗为该书作序,他推重《孔子家语》,也推重

---

① 陈鳣:《家语疏证序》,见孙志祖《家语疏证》,丛书集成初编本,北京:中华书局,1991年。
② 叶适:《习学记言序目》,北京:中华书局,1977年,第231—232页。
③ 马端临:《文献通考》卷一八四《经籍考十一》。
④ 陆治补校:《孔子家语》,明隆庆六年刻本。

这样的研究方法。他认为"事必两证而后是非明"①,坚决肯定了《孔子家语》是真本的观点。

看来,四库馆臣所说的"不能废"是历史的真实,但"不能废"的真正原因却应该是其书不伪。一般说来,其书既不能废,原因不外有二:一是其书为真,二是书虽不真而材料不伪。按照历来"伪书"说者对《家语》的看法,他们无非是受到了《家语》"割裂"众书之说的影响,而我们前面的论证已经指出,这种所谓"割裂"说原来经不起推敲,由此,"书虽不真而材料不伪"之类的观点就难以成立,所以《家语》不伪是完全可以肯定的。

(四) 近代《孔子家语》研究

就《孔子家语》的近代研究状况而言,顾颉刚先生的观点很有代表性。1928年到1929年,他在中山大学任教期间曾经编辑撰写了《孔子研究讲义》②,讲义的《按语》集中体现了他对《孔子家语》的看法。不难理解,对于清朝学者的《孔子家语》研究,顾先生的倾向性十分明显,他在所编《按语》中列"参考书",关于《孔子家语》,他除了列有《家语》本子,并且注明"此书为王肃伪作,但系辑集古书而成"外,还列有孙志祖《家语疏证》、范家相的《家语证伪》,且说明"以上二书辨《家语》之伪",可是,标榜"研究"、做"超然者"的顾先生,在整个的《讲义》之中,却只字不提陈士珂及其《孔子家语疏证》,好像陈士珂和他的著作根本不存在一样。

顾颉刚先生对《家语》的印象正如他自己所说的,此书虽为记载孔子之专书,却"无任何取信之价值"。既然该书是极其典型的

---

① 陈诗:《孔子家语疏证序》,见陈士珂《孔子家语疏证》,丛书集成初编本,北京:中华书局,1985年。
② 顾颉刚:《孔子研究讲义按语》,载《中国典籍与文化》第七辑,北京:北京大学出版社,2003年。

伪书,在学术上"未曾发生影响",那么此书连"痛加攻击之必要"也没有。于是,在顾先生的那里,《家语》简直就是"伪书之中尤其伪者",于是他对《家语》便不再细究,认为"《家语》出于西汉人伪造,至王肃又别伪一本"。可是,今本到底如何,好像他本人也拿不准,所以一会儿说:"今之所传之《家语》实王肃学说支配下之孔子记载"、"为王肃伪作",一会儿又说:"今日之本则又非王肃之旧,可谓赝中有赝。"

顾先生对疑古思潮推动《家语》之"伪"的辨析也很感慨。在《孔子研究讲义按语》中,顾先生特别提到,范家相与孙志祖都以《家语》为伪,而他们"一生未尝相闻问",两家之书,又无只字互道,"足见此心此理之同自有客观之真实"。

从整个《讲义按语》看,顾先生喜欢酣畅淋漓的怀疑和"辨伪",而且已经在自己的思路上刹不住车,一旦发现"伪迹",就不再反转过来考虑。例如,范家相判定《家语》三序为伪,顾先生还认为其考订未尽,因为《史记》谓孔安国早卒,而王肃后序乃言"年六十卒于家","岂年六十犹可云'早卒'乎!"顾先生为了说《家语》为伪,不得不承认他"弥缝甚工"。而在这里,他指出的却是一个极低级的错误。他不再去想:难道王肃如此之愚,他能细密地伪作整部《家语》,为什么还会在这里露出马脚?

三 对《孔子家语》的重新认识

纵观《孔子家语》两千多年流传与研究的历史,我们竟然难以找到真正能够证明该书之伪的任何可靠证据。但是,由于缺乏新的材料,而一些相关典籍又随着疑古思潮的逐步高涨,都陆陆续续被打入到伪书的行列。没有了证据,就失去了继续探讨的前提,《孔子家语》伪书说几乎成为铁案,讨论其书之真就越来越缺少空间。值得欣慰的是,20世纪70年代以来,早期思想文献陆续出土问世,学者们终于重新研究该书,特别是《上海博物馆藏战国楚竹书》的陆续出版,终于打破了人们的既有"成见",《孔子家语》的本来面目逐渐为学界所认识。经过研究,我们发现该书的价值实在不可低估,在孔子研究方面,《孔子家语》的价值并不在《论语》之下①,此书的确是孔子和儒学研究的一个宝库,我们甚至可以称之为"孔子研究第一书",长期以来将其视为伪书弃而不用,实在丧失了许多极为宝贵的资料。

(一) 出土文献与《家语》研究

在许许多多人指摘《孔子家语》之"伪"的同时,也有人清醒地意识到该书的价值,或者部分地理解到该书成书的真相。

尤其令人感到欣慰的是,二十多年来,学术界不仅进一步的研究已经展开,更有许许多多有价值的考古材料出现,这些有价值的考古材料,就是近三十年来陆续问世的简牍帛书。对这些新材料的整理与研究,为中国古代文化典籍的认识带来了极大改观,"就古籍辨伪而言,竹简帛书出土所带来的震撼,恐怕与古史辨派新说的震撼不相伯仲,因为古史辨学派为古籍真伪带来'石破天惊'的新说,而竹简帛书却为这些新说带来'冷酷无情'的否决。……在竹简帛书严峻的考验下,许多被过去学者判定为伪造的古籍,都纷纷平反翻身。"②

---

① 2001年8月,在中国孔子基金会在济南举行的一次学术会议上,我谈到"该书的价值实在不可低估",并强调说:"在孔子研究方面,此书的价值并不在《论语》之下,将其视为伪书弃而不用,实在丧失了许多极为宝贵的资料。"(《〈孔子家语·执辔〉篇与孔子的治国思想》,见于本次会议文集;收入拙著《儒家文献与早期儒学研究》,济南:齐鲁书社,2002年3月)

② 郑良树:《论古籍辨伪的名称及其意义》,见郑良树:《诸子著作年代考》,北京:北京图书馆出版社,2001年。

《孔子家语》冲破疑古"坚冰的封冻"也是借助了新的简牍材料。这些材料启发人们重新认识《家语》的材料来源、《家语》的编撰、《家语》与孔安国的关系、"王肃伪造《家语》"说等重大学术问题。直接给《孔子家语》研究带来新的契机、新的局面的材料主要有河北定州八角廊汉墓竹简、安徽阜阳双古堆汉墓木牍、上海博物馆藏战国楚竹书。

第一,河北定州八角廊汉墓竹简

1973年,河北定县(今定州)八角廊汉墓出土了一批竹简,其中的一批被定名为《儒家者言》。这座汉墓出土的这批材料,由于墓葬早年被盗被焚,遭到扰乱,竹简并已炭化成块,残碎严重,完整的竹简很少。1980年竹简整理小组成立后,对这些竹简进行了整理并定名为《儒家者言》。据介绍,该篇文献有《明主者有三惧》、《孔子之周》、《汤见祝网者》和佚文二十七章。上述商汤和周文王的仁德,下记乐正子春的言行,其中以孔子及其弟子的言行为最多,所记多为对忠、孝、礼、信等道德的阐发。这部书的绝大多数内容,散见于先秦和西汉时期的一些著作中,特别是与《孔子家语》有密切的关联。①

关于定县汉墓竹简与《孔子家语》之间的关系,学者们有所阐发,国家文物局古文献研究室、河北省博物馆、河北省文物研究所定县汉墓竹简整理组的《〈儒家者言〉释文》②对竹简与有关文献的联系也有一定说明。较早看到《儒家者言》材料的学者,通过比较八角廊《儒家者言》竹简和《论语》的内容,不仅认为《儒家者言》

---

① 有关情况可以参看河北省文物研究所:《河北定县40号汉墓发掘简报》,《文物》1981年第8期;国家文物局古文献研究室、河北省博物馆、河北省文物研究所定县汉墓竹简整理组:《定县40号汉墓出土竹简简介》,《文物》1981年第8期。

② 见《文物》1981年第8期。

"是一部和《论语》很有关系的儒家的著作",而且认为《儒家者言》与《孔子家语》关系密切,《家语》的真伪应再讨论。①

在综合研究古代文明的基础上,著名历史学家李学勤先生在20世纪80年代初就提出应当重新估价中国的上古文明,与之相联系,李先生又提出必须要对古书的许多问题进行重新反思。《儒家者言》重新问世后,李学勤先生对这批材料进行了研究,他认为《儒家者言》"可称为竹简本《家语》",开启了重新认识《孔子家语》的先河。

李学勤先生也从竹简和《论语》的关系来论证出土简牍与《家语》的关系。李先生认为《儒家者言》与《论语》同出一墓,印证了《汉书·艺文志》把《家语》放在"论语类"的记载,说明二者关系之密切。这也同时印证了《家语》孔安国序的说法:"既而弟子各记其所问焉,与《论语》、《孝经》并时,弟子取其正实而切事者,别出为《论语》,其余则都集录之,名之曰《孔子家语》。"

《汉书·艺文志》列"论语十二家",今本《论语》和《孔子家语》都在其中,二者属于同一种性质。《汉书·艺文志》又在"儒家类"著录《儒家言》十八篇,与《论语》类文献有所区别。定州竹简整理者将这批竹简定名为《儒家者言》,可能认为其更加接近《汉志》著录的《儒家言》。李先生说:"《汉书·艺文志》本有《儒家言》十八篇,云'不知作者',与竹简没有关系。"②而《汉志》中专以孔子及其弟子事迹为主的书,只有"论语类"那几种,并且《儒家者言》与《论语》和《大戴礼记》有密切关系的《哀公问五义》和《保傅》一起出土,证明了《家语》和《论语》、《礼记》的密切关系,因而

---

① 何直刚:《〈儒家者言〉略说》,《文物》1981年第8期。
② 李学勤:《竹简〈家语〉与汉魏孔氏家学》,《简帛佚籍与学术史》第380页,南昌:江西教育出版社,2001年。

不宜将这批材料定名为《儒家者言》,《汉书·艺文志》"儒家类"所著录的文献应当与之性质不同。

我们分析今本《家语》的材料时曾说,孔安国整理《孔子家语》,基本上把自己认为的属于《孔子家语》的材料全部获取,用他自己的话说,就是"悉得之",而颜师古所言"非今所有"、后人"未见"的个别材料,或者就是孔安国以为本不属于《家语》因而"不取"、"不录"一小部分,其他材料基本已被今本《孔子家语》囊括其中。学者们认定定州竹简《儒家者言》与《孔子家语》有一定的联系,这是没有问题的,但以为《孔子家语》的材料就来源于这批竹简,恐怕未必合适。

这里存在的一个问题是,《儒家者言》在性质上与《家语》相同,但其中有不少今本《家语》不见的材料,这也是后人怀疑《家语》的一个原因。我们认为,《儒家者言》的一些材料不见于《家语》十分正常,这并不能证明《家语》为后世编辑而成。当年,孔安国编辑《家语》时,他并没有像二戴编辑《礼记》那样,时时处处有所顾忌,一定不能有忤汉代时政①。孔安国的强烈动机或目的,显然如他本人所说是为了避免其"先人之典辞将遂泯没",他整理其"先人之典",似乎并没有材料证明像他的孙子那样希望"记录别见"、"以闻奏上"。他非常希望这些材料能够完整地保存下来。于是,他想方设法将相关材料"募求其副",并且认为自己"悉得之"。

但是,《汉志》著录的《家语》有二十七卷,在内容上应当超出孔安国整理的本子很多,因此,刘向看到的有关材料可能会多出孔安国的《孔子家语》,也正因为如此,定州竹简《儒家者言》有的材料见于《说苑》而今本《家语》未必有。如果是这样,孔安国是否真

---

① 杨朝明:《读〈孔子家语〉札记》,《文史哲》2006 年第 4 期。

的全部得到了有关材料还存在疑问。即使孔安国已经全部得到了相关材料,也有不少没有被编辑到《孔子家语》中。关于这一点,孔安国本人已经交代得很清楚,他在《孔子家语》序文中说:除了曾子《问礼》一篇,"其诸弟子书所称引孔子之言者",他认为"本不存乎《家语》",故"皆不取"。这样,孔安国为了《孔子家语》能在最大限度上保持原貌,就根据自己的判断,放弃了很多他认为本来不属于《家语》中的七十子后学引用孔子言行的材料。对此,孔安国还强调说:"将来君子不可不鉴"!可惜的是,今天我们中很多人并没有注意到孔安国的这句话,反而怀疑《孔子家语》的真实性。更悲哀的是,孔安国所说的这些"诸弟子书",目前也都已经无从见到。所以,我们论说《孔子家语》的成书,不能不注意到这些问题!

第二,安徽阜阳双古堆汉墓木牍

1977年,安徽阜阳双古堆一号汉墓出土了三块木牍,据介绍,其中以1号木牍保存最完好,正反两面写字,每面皆分为上、中、下三栏,现存章题47个,其中一个字迹模糊无法释读。① 这些章题绝大部分可以在传世的文献中找到相应的内容。特别是一号木牍的四十六个章题中,绝大多数和孔子及其门人有关,这很容易让人们联想到,如此集中地将孔子和他的学生的言论事迹汇集在一起,很像《孔子家语》的体例。

关于双古堆一号汉墓木牍的这些章题,由于与定州汉墓竹简的材料相通,鉴于定州这批竹简已经被定名为《儒家者言》,而阜

---

① 有关情况可参考国家文物局古文献研究室、安徽省阜阳地区博物馆阜阳汉简整理组:《阜阳汉简简介》,《文物》1983年第2期;胡平生:《阜阳双古堆汉简与〈孔子家语〉》,北京大学中国传统文化研究中心:《国学研究》第七卷。

阳木牍没有标出自己的名字,有学者遂直接称之为《儒家者言》①。这当然同样也有问题。

　　对阜阳木牍的文字,人们首先思考了它与《孔子家语》的关系。汉简整理者认为:"旧说以为《孔子家语》,王肃伪作,今阜阳汉简木牍证明早在西汉初期,已有类似的书籍。"②有学者把阜阳木牍章题与《家语》、《说苑》、《荀子》、《孟子》、《晏子春秋》、《韩诗外传》进行比较、校勘,通过论证分析1号木牍第29号章题"曾子问曰□子送之",认为《家语》所记内容渊源有自,并与阜阳双古堆1号木牍关系密切;通过考证第42号章题"中尼曰史鳅有君子之道三",认为"1号木牍应是一本单独的书,从内容上看,应是思孟学派记录孔子及其门人言行的著作,其时间应当在《荀子》之前③"。

　　阜阳双古堆1号木牍内容重要,其书出现时间很早。简牍内容广泛见于《家语》,无疑是研究《家语》成书问题最为直接的宝贵材料。在相关介绍中,整理者明确地说:"(1号木牍)正、背两面各分三行书写,今存篇题四十六条,内容多与孔子及其门人有关,如'子曰北方有兽'、'孔子临河而叹'、'卫人醢子路'等等。这些篇题的内容大多能在今本《孔子家语》中见到。"因此,他们推想:"这些简牍应当就是孔序所说的'百余篇'中的一部分,它们在文帝中已'散在人间'——在诸侯王府内辗转传抄,后来到景帝末被送进了秘府。刘向编《说苑》、《新序》,用的是这一批材料;孔安国编

----

① 韩自强:《阜阳汉简〈周易〉研究》(附:《儒家者言》章题、《春秋事語》章題及相关竹简)第155页,上海:上海古籍出版社,2004年。
② 国家文物局古文献研究室、安徽省阜阳地区博物馆阜阳汉简整理组:《阜阳汉简简介》,《文物》1983年第2期。
③ 朱渊清:《阜阳双古堆1号木牍札记二则》,《齐鲁学刊》2002年第4期。

《家语》用的也是这一批材料。"①显然,这样的推想很有道理!

据介绍,阜阳双古堆一号汉墓的墓主是西汉第二代汝阴侯夏侯灶。夏侯灶是西汉开国功臣夏侯婴之子,卒于文帝十五年(前165年)。因此,"阜阳汉简的下限不得晚于这一年,大抵为汉初遗物"②。而据孔安国的《孔子家语》序文,《家语》在流传过程中有散落到民间的一个过程,这才使得"京师士大夫"拥有了《孔子家语》的材料,阜阳双古堆一号汉墓出土的木牍,应该属于这时期《家语》"散在人间"后传抄而成。

第三,上海博物馆藏战国楚竹书

如果说定州汉墓竹简帮助人们开启了新时期《孔子家语》研究的大门,阜阳汉墓木牍使人们看到了《孔子家语》的章题,那么,上海博物馆藏战国楚竹书的问世,则使战国时期《孔子家语》的"真容"实实在在地呈现在了世人面前。

同湖北荆门郭店楚墓竹简的发现一样,上海博物馆藏战国楚竹书的整理出版也给海内外学术界带来了极大震动。这批竹简已经整理为《上海博物馆藏战国楚竹书》陆续出版,这批竹书系从香港文物市场购得,据研究,竹书应当属于战国时期的楚国墓葬,其时代应在战国中期偏晚。

在上博竹书中,有一篇被定名为《民之父母》③的文献,与《孔子家语》的《论礼》相同。又因为该篇同时见于《礼记》的《孔子闲居》,所以,在上博竹书的《民之父母》公布以前,我们曾经据此讨

---

① 国家文物局古文献研究室、安徽省阜阳地区博物馆阜阳汉简整理组:《阜阳汉简简介》,《文物》1983年第2期。

② 国家文物局古文献研究室、安徽省阜阳地区博物馆阜阳汉简整理组《阜阳汉简简介》,《文物》1983年第2期。

③ 见于马承源主编:《上海博物馆藏战国楚竹书》(二),上海:上海古籍出版社,2002年。

论过竹书,《礼记·孔子闲居》与《孔子家语》的先后关系。那时,我们指出:"《礼记》编成在西汉时期,上博楚简的该篇早于《礼记》自无问题。将现今知道的两支竹简与《礼记》的《孔子闲居》在使用虚词方面进行对照,似乎也透露了楚简较早的信息。如楚简'何如斯可谓民之父母',《孔子闲居》后缀有'矣'字;楚简的'民之父母乎必达于礼乐之原',《孔子闲居》前面有发语词'夫'字。语气词的使用,西汉时期应当高于战国之时。用语言比较法为古文献断代,这是不少学者用过的方法。上博楚简该篇公布后进行通篇统计比较,恐怕更能说明问题。"①

现在,我们已经能够完整地看到上博竹书中的该篇。通过三篇语句异同的比较,发现《上海博物馆藏战国楚竹书·民之父母》与《礼记·孔子闲居》的区别在于后者不仅有一定的更动,而且使用语气词较多,有显著的修饰成分。上博竹书出于南方战国时期的楚墓,这属于那时传入楚地的《孔子家语》传本,从整体上看上博竹书,这批应该出于同一墓葬的材料,应是当时流传到楚国的思想文献的选编,因而与《礼记》选编儒家文献具有同样的性质,所以,上博竹书《民之父母》也有文字的修饰成分,例如,《孔子家语·论礼》云:

> 志之所至,诗亦至焉;诗之所至,礼亦至焉;礼之所至,乐亦至焉;乐之所至,哀亦至焉。②

上博竹书《民之父母》则是:

---

① 杨朝明:《〈礼记·孔子闲居〉与〈孔子家语〉》,《儒家文献与早期儒学研究》,济南:齐鲁书社,2002年;又载于谢维扬、朱渊清主编:《新出土文献与古代文明研究》,上海:上海大学出版社,2004年。
② 上博竹书《民之父母》原整理者在处理这段文字时明显受传世文献影响,读"物"为"志",读"志"为"诗",不妥。对此,有学者已经指出,如姚小鸥、郑永扣:《论上海楚简〈民之父母〉的"五至"说》,《哲学研究》2004年第4期。

> 物之所至者,志亦至焉;志之所至者,礼亦至焉;礼之所至者,乐亦至焉;乐之所至者,哀亦至焉。

两者相较,关于"五至"的内容有所区别。简文"五至"的内容及其逻辑关系为:物→志→礼→乐→哀。《家语》所载"五至"的内容及其逻辑关系为:志→诗→礼→乐→哀。与《家语》相比,上博竹书《民之父母》还多出了四个"者"字。

又如,《孔子家语·论礼》云:

> 明目而视之,不可得而见;倾耳而听之,不可得而闻。

而《礼记·孔子闲居》作:

> 明目而视之,不可得而见也;倾耳而听之,不可得而闻也。

《上海博物馆藏战国楚竹书·民之父母》则作:

> 系耳而听之,不可得而闻也;明目而视之,不可得而见也。

看得出,作为文献选编本,无论《礼记》还是上博竹书,他们在对该篇的传抄中都有语句的修饰与改动。再如其中孔子关于"三无"之"五起"的具体论说,《家语·论礼》云:

> 无声之乐,气志不违;无体之礼,威仪迟迟;无服之丧,内恕孔悲。
>
> 无声之乐,所愿必从;无体之礼,上下和同;无服之丧,施及万邦。

《礼记·孔子闲居》却是:

> 无声之乐,气志不违;无体之礼,威仪迟迟;无服之丧,内恕孔悲。
>
> 无声之乐,气志既得;无体之礼,威仪翼翼;无服之丧,施及四国。
>
> 无声之乐,气志既从;无体之礼,上下和同;无服之丧,以畜万邦。
>
> 无声之乐,日闻四方;无体之礼,日就月将;无服之丧,纯

德孔明。

　　无声之乐,气志既起;无体之礼,施及四海;无服之丧,施于孙子。

《上海博物馆藏战国楚竹书·民之父母》则是:

　　无声之乐,气志不违;无体之礼,威仪迟迟;无服之丧,内恕巽悲。

　　无声之乐,塞于四方;无体之礼,日逑月相;无服之丧,纯德同明。

　　无声之乐,施及孙子;无体之礼,塞于四海;无服之丧,为民父母。

　　无声之乐,气志既得;无体之礼,威仪翼翼;无服之丧,施及四国。

　　无声之乐,气志既从;无体之礼,上下和同;无服之丧,以畜万邦。

这些相同的内容中,或者孔安国整理的本子有所遗漏,或者上博简,《礼记》这里有后来的润饰。今本经由《荀子》之手,辗转至于西汉,孔安国所见到的内容与《上博竹书·民之父母》的内容定有不同。从形式上看,《上博竹书·民之父母》与《礼记·孔子闲居》似乎较为接近,其实未必,除了相对于《家语》来说二者关于"五起"的记录似乎没有缺漏,它们之间的差异告诉我们,二者显然不属于一个传本系统。虽然此处孔安国的本子或有遗漏,但大多情况下,《家语》却更为完整,更为古朴,往往还有事情的原委交代。从整体上看,还是应该承认经过孔安国整理的今本《家语》更为近真。

《民之父母》、《论礼》、《孔子闲居》三者同为一篇,却又不是同一传本的事实,说明《孔子家语》绝非后人"割裂"而成。最为令人震撼的,自然是《上博竹书·民之父母》在战国中期的时候,已经传至南方的楚地,并且它与那么一大批思想文献同出一墓,这在疑古思潮盛行的年代里,实在是令人难以置信的事实,一定会令许多人目瞪口呆。但它毕竟是活生生的现实,上博竹书之中《民之父母》一篇的发现,真简实货摆在了大家的面前,人们不能不相信战国时期《孔子家语》这本书的单篇至少已经流传很广了。

庞朴先生曾经研究了上博竹书《民之父母》中的"五至三无"之说,并且深入思考了包括《孔子家语》成书问题在内的许多学术问题。他说:"以前我们多相信,《家语》乃王肃伪作,杂抄自《礼记》等书;《礼记》乃汉儒纂辑,非先秦旧籍,去圣久远,不足凭信。具体到'民之父母'一节,则认为,其'五至三无'之说,特别是'三无'之'无',明显属于道家思想,绝非儒家者言,可以一望而知。现在上博藏简《民之父母》篇的再世,轰然打破了我们这个成见。对照竹简,冷静地重读《孔子家语·论礼》和《礼记·孔子闲居》,不能不承认,它们确系孟子以前遗物,绝非后人伪造所成。"①

上博竹书《民之父母》的问世,其价值自然是多方面的。《孔子家语》与其他文献的相通,如果深入细致探讨,早期儒学的研究一定会真正出现一个全新的局面。比如,庞朴先生还有几句话能够深深打动人心,这就是当他"吃惊"地看到极似道家的语言竟然出于"孔子"之口时,他说:"过去我们可以推说这是伪作,现在显然没有这等方便可捞了,因为竹简具在。面对竹的事实,我们不能不改弦更张,温故知新,清理成见,重新认识。"这种"竹"的事实,与"铁"的事实无异。我们认为,庞朴先生所说成见的"轰然打破",可以作为"《孔子家语》伪书案"最后终结的标志,因为学者们以前主要在文献比较的层面上进行了研究,庞朴先生则主要是从思想比较的层面上认定《家语》"确系孟子以前遗物"。两方面有

---

① 庞朴:《话说"五至三无"》,《文史哲》2004年第1期。

共同的认识,证据应当成立。

第四,英藏敦煌写本《孔子家语》

近年来,一批流失海外的古籍、文物渐渐得以重见天日。在这批重要的古籍、文物中,英藏敦煌写本《孔子家语》是十分引人注目的。它编号为 S1891,现残存七十三行,其中前两行存在残损的情况。王重民先生在《敦煌古籍叙录》①中最早介绍了该写本的情况。据王先生介绍,这七十三行文字跨越了今本《家语》的两篇,即《郊问》和《五刑解》两篇,分别为《郊问》的篇末部分,写本共存十二行,其余为《五刑解》,而且《五刑解》全篇完整,有篇题为"五刑解第卅"。篇题下同一行内,还题有"孔子家语"和"王氏注"的字样。正文中的注解格式为在正文的同一行内用双行小字注释,与今天看到的四部丛刊本《孔子家语》完全相同。

在写本的一系列特征中,最引人注意的,应当是在《五刑解》一篇末存有"家语卷第十"的字样。据介绍,台湾黄永武博士的《敦煌宝藏》一书中收录的该写本背面还注有"家语传十"的字样。这就说明了《家语》在其长期的流传过程中存在着篇卷分合的问题。而《五刑解》在今本《家语》中,位列第三十篇,与写本的位置相同;另据介绍,写本《五刑解》与今本《家语·五刑解》的内容一致,文字大同小异。总而言之,写本的这些特点正好证明了今本《家语》的真实可信。而写本《五刑解》末的"家语卷第十"的字样表明至少在初唐时期,《家语》还存在有一个分卷多于今本《家语》的版本。

还有一点,王重民先生注意到了写本的避讳的问题,他说写本的"民"字并没有避讳。很显然,写本写定的时间应该早于唐朝太宗年间,王先生据此认定该写本大概应为六朝时的古籍。这样看

---

① 王重民:《敦煌古籍叙录》,北京:中华书局,1979 年。

来,对于唐代颜师古所谓的"非今所有《家语》"的说法,我们也应该重新考虑其意义了。

(二)《孔子家语》存在的问题

《孔子家语》不是伪书,自然不是说该书没有任何问题,只是这些问题与该书并不可靠是完全不同的两回事。

现在,学术界存在这样一种倾向,那就是当人们利用新材料纠正疑古之失的时候,有人便深深担忧事情会走向反面。不言而喻,学术研究应当辨析材料,怀疑精神在任何时候、任何人的历史研究中都不可或缺。但是,不少人不明就里,以为"走出疑古"就意味着走向盲目"信古",以为重视出土文献就意味着完全相信出土文献,意味着其中的记载都是"真实的历史"。这样给人的感觉是,大家在存有这份担忧的时候,在强烈使命感的驱使下进行评论指责的时候,似乎并没有接触相关具体问题的研究,或者没有认真考察"走出疑古"、倡导"重写学术史"的深层学术背景。

《孔子家语》不是"伪书",但它的成书与流传过程已经告诉了我们一些信息,使我们明确以下几个方面的问题:

第一,该书可能有孔子弟子整理时的"润色"

从理论上讲,流传下来的中国古代文化典籍绝大多数都会有后人"润色"的因素,"六经"如此,孔子遗说更是如此。从解释学的角度看,任何著作的编辑都有编辑者的思想包含其中,因此,即使像具有"正实而切事"特点的《论语》也一定蕴含有孔子后学编撰者的理念。在这样的意义上,我们当然可以利用汉代成书的著作研究"汉代的孔子",但是,这并不一定意味着汉代整理或者编辑而成的著作就不能研究"春秋时期的孔子"。

《孔子家语》中的材料最初出于孔子弟子,在某种程度上,也一定表现了"孔子弟子心目中的孔子"。孔安国曾说今本《家语》

属于七十二子"各自记其所问"而来,显然,《家语》经过了他们"各共叙首尾,加之润色"的过程,这当然没有问题。而问题在于,他们的"润色"是否改变了孔子表述的原意。不难理解,在主观上,孔子弟子都会尽可能地保存孔子思想本真,因此他们才会在孔子论说之后马上"退而记之"。如此说来,孔子弟子对《家语》材料"各共叙首尾",进行"润色",无非是为了使自己的记述更为准确,不至偏离。

当然,孔子弟子各有差异,他们在思想上甚至也会有一定的距离,因此,《家语》各篇才会"其材或有优劣"。《家语》各篇的不同,表现在有的篇章有"属文下辞,往往颇有浮说,烦而不要"的现象,显得修饰过多或者结构不那么紧凑、有条理。毫无疑问,这是《孔子家语》存在的一个问题。不过,毕竟各篇互有差异,不是各篇都充斥着"烦而不要"的"浮说"。从作为思想史研究史料的角度看,《孔子家语》这种古朴的面貌,恰恰衬托了它的重要价值。

对孔子遗说材料的怀疑很早就出现了。还在孔子裔孙子思的时候,人们就对子思所记述的孔子遗说的可靠性表示了质疑。鲁穆公对子思说:"你写的书里有孔子的话,有人认为那不是孔子的话而是你的话。"对此,子思回答说:"我所记载的我祖父的话,有的是我亲自听到的,有的是我从别人那里听说的,虽然可能不是祖父的原话,然而还是没有离开祖父的本意。"按照子思的说法,他记录孔子言语,目的在于表述孔子的原意,即使不是孔子原来的表述,但如果没有失去孔子的本意,那也不应当被怀疑。所以,子思对鲁穆公说:"无非,所以得臣祖之意也。就如君言,以为臣之辞。臣之辞无非,则亦所宜贵矣。事既不然,又何疑焉?"[①]意思是说,我记载的话没有离孔子的意思太远,即便如国君你说的那样,我所

---

① 《孔丛子·公仪》。

记载的孔子的话都是我自己的观点,只要我说得对,国君你也应该听从啊,更何况事情并不是国君你想的那样,又何必怀疑我的记载不真实呢?

当然,与子思不同,孔子弟子所记应当主要出于"亲闻",这比子思著作中还有"闻之于人者"显得更为"纯粹"。子思记录孔子言论"不失其意"或者说"得"孔子之"意",《孔子家语》同样也"实自夫子本旨",并没有远离孔子的本意。我们认为,"实自夫子本旨"正符合大量孔子遗说的实际情况,也的确是《孔子家语》材料的实情。

第二,该书可能有后人传抄过程中的"增损"

在研究《孔子家语》的学者之中,虽然已经很少有人再相信所谓的《孔子家语》伪书说,但以该书经过了后人的"改动"或"添加"者还有不少。作出这些"小动作"的是谁?有的认为是孔安国,有的认为是王肃。可是,到目前为止,还没有真正具有说服力的证据能够证明是他们进行了有意的改动。

但是,这并不是说《孔子家语》经孔子弟子整理后再也没有经过任何的改动。在传抄过程中,对《家语》文字进行"增损"的情况是存在的,关于这一点,孔安国的《家语后序》已经明确地进行了说明。按照他的说法,孔安国之前,《家语》经过了多次辗转流传,其间定有篇卷的分合,个别文字的变动也在所难免,在这个过程中,至少有两点值得注意:

其一,"孔子既没而微言绝,七十二弟子终而大义乖,六国之世,儒道分散,游说之士各以巧意而为枝词,唯孟轲、荀卿守其所习。"

其二,吕氏被诛亡以后,《孔子家语》散入民间,"好事者或各以其意增损其言,故使同是一事,而辄异辞。"

战国时期儒学流行很广,按照《韩非子》的说法,孔子去世后,

"儒分为八",儒家各派在传习孔子学说的过程中难免各有侧重。除了儒家八派,传习孔子学说的人一定还有不少,他们在传抄时难免有个别字词的更动。比如,在战国楚墓中发现后辗转被上海博物馆收藏的竹书《民之父母》,就属于传习者传到楚地的《家语》材料。西汉朝廷秘府中收藏者也可能有除了荀卿所传《家语》以外的相关材料,比如,与孔安国所说与《家语》"错杂"在一起的那些所谓"诸国事及七十子辞"等。后来,《孔子家语》曾经分散到了民间,这时期可能传抄更广,随意性更大。我们比较今本《家语·论礼》、《上博竹书·民之父母》、《礼记·孔子闲居》,就能发现其中的"增损"的痕迹。事实上,《孔子家语》与《礼记》、《大戴礼记》等多有相应篇章,将数书之相应者进行对读,就更能够理解这种现象比较普遍,以至于还有个别"同是一事,而辄异辞"的记载不同的情况。

另外,今本《孔子家语》材料,在汉高祖灭秦刚刚得到时,本来"皆载于二尺竹简,多有古文字",人们的传抄有一个改"古文"为"今文"的过程,这都会增加《家语》被人们"增损"的可能性。

需要指出的是,战国时期《家语》虽然有的本子有些"枝词",但今之传本出自荀卿,荀子的本子因其"守其所习"会"枝词"较少。后来流失到民间又复聚之于朝廷的材料中,虽然被"增损"的现象比较普遍,但孔安国毕竟发现了问题,可以想见,对其中的材料他也应当有所比较选择,只是,要完全剔除这些"好事者"的"增损"并不可能。

而且,从英藏敦煌写本《孔子家语》的情况来看,其中也存在大量与今本措辞不同之处,甚至有些地方的语句还在抄写的过程中出现了遗漏,例如,抄写者在第四十三行曾补写遗漏的"丧祭之礼,有犯□"一句,这明显证明了传抄之误在长期的流传过程中的存在。

实际上,古书写成后一般都不是凝固不变的。李学勤先生曾经谈到,一些古书,特别是那些世人爱读的古书,常常会出现学者加以增补、内容加多的现象;还有,古人传流书籍系为实用,并不专为保存古本。人们有时见古书文字艰深费解,就用易懂的同义字取代难字。① 这样,古书本子的一定变化非常正常,人们"增损"《孔子家语》之类的做法,在古书中是常有的情形。

第三,该书可能有孔安国整理材料时的误排

孔安国得到的这批材料,并不是集中而单纯的《家语》,它们虽然原来属于《家语》,但该书字数众多,而且已经散乱,其中有不少都是单独的篇章。面对这批材料,孔安国首先会进行拣选,然后的工作便是进行"撰集",从而"以事类相次",按照一定标准进行编排。

"集录"这些材料容易,排比次序却非易事。

首先,这些材料很多内容相近,比如,其中有许多篇属于鲁国国君与孔子的问答,又有许多篇都是孔子弟子与孔子的对话,那么,这些材料的先后如何排列?

其次,不少材料都已经散乱,即使同为一篇的材料,孔安国看到的也不一定完整。所以,在《孔子家语》中,明显可以看出有的篇章应该本非一篇。

例如《执辔》篇。该篇由两个部分组成,前一部分记述孔子回答闵子骞问政的问题,是孔子关于治国主张的论述;后一部分记述子夏与孔子谈论《易》之理等问题。在第一部分中,孔子以驾车喻治国,说"夫人君之政,执其辔策而已",也就是说执政者就好像是手执缰绳和鞭子的御手一样,因以"执辔"名篇。但后面的部分与

---

① 李学勤:《对古书的反思》,《当代学者自选文库·李学勤卷》第15—21页,合肥:安徽教育出版社,1999年。

题目"执辔"颇有不合,子夏所谈论的是所谓《易》理之中人类和万物鸟兽昆虫产生时所受元气的分限,并且他认为"凡人莫知其情,唯达德者能原其本",换句话说就是子夏比较自负地认为他所说的道理是人们很少能理解的,只有具有很高德行的人才能了解他说的话的根本。而在子夏讲论之后,孔子说:"是这样,我当年从老子那里也听到过同样的论述。"接着,子夏又谈了自己所见《山书》中的内容。这与孔子关于治国思想的论述虽然不是毫无关联,但其间的联系却显得非常单薄。很巧合的是,《执辔》篇的这两部分都见于《大戴礼记》,在《大戴礼记》中,第一部分名《盛德》,第二部分名《易本命》。这也证明很可能是孔安国将本来分属两篇的内容排在了一起。

又如《论礼》篇。本篇也可以分为两个部分,第一部分记孔子与弟子关于礼的谈话,开头有"论及于礼"的句子,遂以"论礼"名篇。第一部分又见于《礼记·仲尼燕居》,记载孔子闲适在家时,子张、子贡、言游各自问礼,孔子分别给予回答,从而全方位地论述了礼。第二部分又见于《礼记·孔子闲居》,记载子夏向孔子请教《诗》中"恺悌君子,民之父母"一句所引发的孔子的论说。前一部分主要谈论礼,谈到礼的广泛应用及其重要性,不仅涉及礼的内容,也涉及礼的作用以及本质,对于守礼与违礼的利害也有阐发。而第二部分则围绕君主修德治国的问题进行论说,孔子提出了"五至"、"三无"、"五起"、"三无私"等概念,并从怎样为民父母、如何德配天地等方面展开论述。二者内容具有明显区别,而且在《礼记》中也分属两篇,同样说明《家语》是将原本属于两篇的材料排在了一起。

(三)《孔子家语》的重要价值

纵观《孔子家语》的研究,我们可以看出,该书在历代流传和研究的状况与当时的学术主流密切相连,一部《孔子家语》流传与研究的历史,就是一部中国学术史的缩影。特别是《家语》在宋代疑古思潮兴起以后至今命运的起伏跌宕,密切契合了各个朝代的学术潮流。

就像任何事物的发展变化都具有一定的规律那样,历代对《家语》的认识也具有内在的逻辑线索。在经历了对《家语》的怀疑乃至否定,经过了慎重研究之后,特别是由于新材料的辅助证明,《孔子家语》成书的真相与学术价值终于被揭示出来,孔子儒学研究终于获得了长期失落的宝贵材料。

《孔子家语》伪书案的终结,为历史文献的研究方法提供了重要借鉴,也是历代学者研究得失的一次很好检验。南宋时期朱子说:"《家语》虽记得不纯,却是当时书"①,朱夫子所言极是!只要认真比较今本《孔子家语》与材料相同、相通的有关典籍,就不难发现《孔子家语》极其宝贵的价值。例如,将《家语》与大、小戴《礼记》等进行比勘,《家语》就立即显现出较早、较为可靠的特征来。②凡是对《孔子家语》认真研究过的学者一般都认可其重要的文献价值。有学者说:"《孔子家语》保存了一大批比较原始的文献资料,有许多地方明显地胜于其他相关古籍,具有重要的版本、校勘

---

① 朱熹:《战国汉唐诸子》,《朱子语类》卷一百三十七。
② 例如周予同先生就认为《家语》中的《问玉》等篇章可用来校订《大戴礼记》(周予同主编:《中国历史文选》下册第14页,北京:中华书局,1962年);杨朝明曾经撰写多篇论文,将《孔子家语》与有关文献特别是二戴《礼记》进行比较,指出了《孔子家语》在与各种材料比较中的价值。如:《〈孔子家语·执辔〉篇与孔子的治国思想》,杨朝明:《儒家文献与早期儒学研究》,济南:齐鲁书社,2002年;《〈礼记·孔子闲居〉与〈孔子家语〉》,载谢维扬、朱渊清主编:《新出土文献与古代文明研究》,上海:上海大学出版社,2004年;《读〈孔子家语〉札记》,《文史哲》2006年第4期。

价值。"①我们曾说:"对于今天的孔子研究来说,《孔子家语》的价值并不在《论语》之下。"②《孔子家语》由于内容丰富,该书价值之高出乎很多人的想象,如果说《论语》是"孔子语录",那么《孔子家语》应该接近于"孔子选集"。

对于《孔子家语》与《论语》的关系,学者们的研究已经完全认同了孔安国《家语后序》的说法。孔安国说,《论语》具有"正实而切事"的特点,它是从众多材料中选辑出来的孔子语录,《孔子家语》成书在《论语》之后,具有材料汇编的性质,《家语》中甚至有引述《论语》的现象。因此,比之《论语》的"纯正",《家语》要显得"驳杂"。胡平生先生说得好:"绝大多数攻击王肃伪撰《家语》的书,都是这样先自己划定某种圣人言行的'神圣模式',凡有不合'模式'的文字则必打成伪作。"③如果说真有一个"神圣模式"的话,那么它一定与《论语》的"纯正"有关。不少学者研究问题,往往不顾《论语》有特定的选材标准,而以"《论语》未见"为理由,否定一些与孔子有关的事情的存在,这样的偏颇显而易见。

还有一种看法,认为"论语"的"论",有"选择"、"别择"的意思。清朱骏声《说文通训定声·屯部》曰:"论,叚借为抡。"《国语·齐语》曰:"权节其用,论比其材。"韦昭注:"论,择也。"《荀子·王霸》曰:"君者,论一相,陈一法,明一指,以兼覆之,兼照之,以观其成者也。"杨倞注:"论,选择也。"如果《论语》书名的"论"为选择之意,则《论语》应该是选自"孔子家"之"语"中的材料,是则

---

① 王承略:《论〈孔子家语〉的真伪及其文献价值》,《烟台师范学院学报》2001年第3期。
② 杨朝明:《〈孔子家语·执辔〉篇与孔子的治国思想》,杨朝明:《儒家文献与早期儒学研究》第274页,济南:齐鲁书社,2002年。
③ 胡平生:《阜阳双古堆汉简与〈孔子家语〉》,《国学研究》第七卷,第531页。

《孔子家语》的价值不难察见。

受疑古思潮的影响,历史上,有不少人认为《家语》思想不纯、文词粗陋,其实这不是"戴着有色眼镜看问题"的偏见,就是没有认真观察比较的妄言。

《家语》许多篇章可见于他书,为什么同样的思想、文辞在正统经书中被奉为金玉良言,而到了《家语》中就一下子蜕变为不纯、粗陋了呢?对这些思想、文字内容方面的指责,其实影响不了《家语》的价值,不但属于无的放矢,也暴露出了批评者先入为主的偏颇。还有人指责《家语》有后世的思想,其实,人们对先秦思想发展的认识还不十分清晰,对有些思想观点出现的断代定位并不准确,以此判断《家语》的成书则难以得出正确结论。例如,《家语·五帝》有"五行更王,终始相生",对于这里出现的"五行"学说,孙志祖引杭世骏语:"《家语》本伪书,其言五行更王,亦汉以后之言耳"①,想通过"五行"出现较晚的说法来判定《家语》是伪书。对此,胡平生先生引马王堆帛书《刑德》乙本的"九宫图":"南方炎帝属火,东方太昊属木,北方颛顼属水……",证明"五行更王"决非"汉以后之言"。② 阴阳观念也被认为出现较晚,被视为《家语》晚出的证据。其实,中国的阴阳观念产生极早,《周易》处处体现了阴阳观念的存在;《左传》记载中西周末年的伯阳父也以阴阳失调来解释地震等自然现象。忽视这些资料,对中国古代思想的发展认识就不免失之完整,造成理解上的片面性。

关于《家语》的文辞,清人崔述《洙泗考信录》有曰:"取所采之书,与《家语》比而观之,则其(按:指《家语》)所增损改易者,文必

---

① (清)孙志祖:《家语疏证》,丛书集成初编本。北京:中华书局,1991年,第62页。

② 胡平生:《阜阳双古堆汉简与〈孔子家语〉》,《国学研究》第七卷第525页。

冗弱,辞必浅陋,远不如其本书,甚或失其本来之旨。"①其实,如果认真体会,就不难发现崔述所论是先以王肃"杂取众书"伪造《家语》这一说法为前提,然后才用所谓的《家语》"杂抄"的众书来与《家语》进行对比,从而证明所谓《家语》较它书显得文辞浅显、无力这一观点。其论断明显带有极为强烈的主观推定色彩,是完全不符合实际的。我们通过对读《家语》及其互见者,所得出的结论常是互有优劣,而更多情况是《家语》要优于它书。例如《孔子家语》的《执辔》篇又见于《大戴礼记》的《盛德》,我们曾对比其中文辞,通过对照,是谁"失其本来之旨"甚明②,崔述于此又何曾有一言?

在疑古思潮的影响下,有些学者虽没有专门研究《家语》,没有看到《家语》不伪的事实,却发现了《家语》的重要价值,因而在相关的研究中不能对其视而不见,不得不引用该书的材料作为旁证,这便如清朝四库馆臣所谓"知其伪而不能废"。李启谦先生在谈论孔门弟子研究的材料运用问题时曾说:"有时可信的书中也有错误的地方,……相反,被称为'伪书'的《孔子家语》,其所记的很多内容……则都是可信的。"③新的材料终于促使人们思考了最为根本的问题:难道人们弃之如敝屣般地摒弃《家语》是合理的?难道在那么早的年代,这样长长五、六万字大书真的出于后人的伪托?为什么历史上还有那么多的人不断地强调该书的价值?

在新的材料"轰然"崩塌了原来的学术成见之后,人们在为长期抛弃《家语》而扼腕叹息的同时,应当进一步思索中国学术史上

---

① (清)崔述:《洙泗考信录》卷一第 3 页,丛书集成初编本。北京:中华书局,1991 年。

② 杨朝明:《〈孔子家语·执辔〉篇与孔子的治国思想》,见其《儒家文献与早期儒学研究》,济南:齐鲁书社,2002 年,第 274 页。

③ 李启谦:《孔门弟子研究·前言》,济南:齐鲁书社,1987 年。

的一种奇特现象,即越是价值较高的文化典籍,越是受到了后人的怀疑。面对新出土的珍贵文献,人们不得不对历史上"久成定谳"的学术问题进行反思,人们不仅可以研究文献本身,更清醒、冷静地思考古代学术文献的传流,思考古书的体例乃至成书规律。人们惊异地发现,原来历史上并不存在什么"造伪运动",汉魏时期也没有什么"造伪"专家。而今,有的著作在所谓"成书年代"上依然纠葛不清,但我们应该从对《孔子家语》的认识中得到启示,从而理性认识它们的历史文化价值。

当我们回头再看《孔子家语》时,我们不能不惊叹其丰富的内容!儒家典籍有"四书五经"的提法,如果加上《家语》,儒家最为紧要的典籍可有"五书五经"。《家语》不仅是专门的孔子儒学的记录,而且在规模上也超过了儒家"四书"中的任何一部。与《论语》的简略相比,《家语》有完整的场面;与《大学》、《中庸》作为专题论文相比,《家语》中的思想更为全面;《史记》记录了孔子事迹,但《家语》的记录时代更早,内容更多,更加准确。孔子的思想博大精深,要准确地理解孔子,要真正走近孔子,决不能舍弃《家语》,《家语》可以当之无愧地被称为"孔子研究第一书"!

(四) 怎样利用《孔子家语》

与其他著作不同,《孔子家语》极其重要,但却长期遭受冷落。我国的古代文化典籍有不少都可谓命运多舛,但《家语》是"记载孔子之专书",所记载的是孔子与早期儒学的"第一手材料",而到了当代,竟被认为是"赝中有赝"、"无任何取信之价值"的东西,甚至以为连"痛加攻击之必要"都没有。因此,作为孔子与早期儒学研究的宝库,《孔子家语》的使用应与其他著作有所区别。我们认为,利用该书应当注意以下问题:

第一,清楚本书应有的地位

综观中国学术史,大凡有重大影响的学派,其宗师创立学术和学说之后,其后学往往沿着其路向继续向前,后学虽有精进,但创派宗师毕竟是他们学术的起点,是他们学术的内核所在。孔门师徒也是如此,孔子以后,孔门弟子及其后学有所分化,他们在思想上各有不同。《韩非子·显学》说:"自孔子之死也,有子张之儒,有子思之儒,有颜氏之儒,有孟氏之儒,有漆雕氏之儒,有仲良氏之儒,有孙氏之儒,有乐正氏之儒。"实际上,无论怎样分化,孔门后学的思想都本于孔子,都是从不同角度对孔子学说的发挥。孔子学说博大精深,孔子学说还有一个发展变化的过程,孔门弟子又个性不同,禀赋有异,还在孔子人生的不同时期从孔子学习,因而学术特征各有不同。但是,正像《韩非子》评论"孔墨之后,儒分为八,墨离为三"的情况那样,他们虽然有不同的观点和想法,但是,对宗师的思想都有选择地进行阐发,都以自己是真正的孔墨传人自居。《韩非子·显学》所列举的孔子以后的各派,有的是孔子弟子,有的属于孔子再传,但他们都是要做"真孔",其思想也"大抵不离夫子本旨"。

当初,孔子作《春秋》,"文成数万,其指数千",仅用数万字就寄寓了丰富的王道主张,文字虽简却也有所褒贬。正因如此,后来才有不少《春秋》传文以解《春秋》意蕴。孔子作《春秋》,十分注重"属辞比事",利用历史事件包含道德教化或者蕴含褒贬笔法。面对其《春秋》之教思想的包蕴精微,孔子弟子"各安其意,失其真"是不难理解的。有鉴于此,左丘明才"因孔子史记具论其语,成《左氏春秋》",用历史史实来解说《春秋》中蕴含的圣人思想。孟子说:"子夏、子游、子张皆有圣人之一体,冉牛、闵子、颜渊则具体而微。"①相比于冉牛、闵子、颜渊学到的圣人的思想内涵中比较精微的东西,孟子称子夏、子游、子张"皆有圣人之一体",即仅在一定程度上领会到了孔子思想的丰富内涵,不过,时代稍晚一点的荀子却称他们是"贱儒"。而且,荀子也批评子思、孟子,他对思、孟的批评,反映了儒家学派内部对于儒学理论的不同认识。

孔门前、后期弟子也有不同特点,所以钱穆先生在《先秦诸子系年·孔子弟子通考》中说,虽然都是孔子门徒,但是先入门的仲由、冉求、宰予、端木赐志在从政,子游、子夏、有若、曾子专攻文学,前者致力于事功,后者精研于礼乐。当然,入门前、后的这种区别只是大体而言,并非皆然,不过大体看来,后者先学习而后从政,显得为人浑厚,先入门者多是先做官而后学习,就显得有棱角。学而优则仕者朴实,仕而优则学者务声华;学而优则仕者"具体而微",仕而优则学者后来别立宗派;学而优则仕者之所以淡于入仕,是因为注重内修而致力于德行;仕而优则学者没有那么渊博、精微的学问,却因为已经立于社会而显得别有一番风采。可以看出,得益于孔子因材施教,孔门弟子在弘扬师说方面也各有侧重。

有鉴于此,我们研究儒学,评述孔子后学与孔子学术之间的联系,应当充分利用《孔子家语》。《家语》是孔子及其弟子材料的汇编,它不像《论语》那样出于子思等人的选择,带上了他们所认为的"切事"的特点;更不像《孟子》与《荀子》等书出于孔门后学的一个学派,对孔子学说的阐发有自己的思想倾向。在《家语》中,既有许多孟子所师宗的孔子弟子曾子的材料,同时也有大量的荀子所推尊的孔子弟子仲弓的材料。② 无论孔子还是孔子弟子,无论

---

① 《孟子·公孙丑上》。
② 杨朝明:《从孔子弟子到孟、荀异途——由上博竹书〈中弓〉思考孔门学术分别》,《齐鲁学刊》2005 年第 3 期。

孟子还是荀子,就整个早期儒学的整体来说,《孔子家语》都是极其重要的研究材料。

第二,注意相关文献的联系

《孔子家语》的材料在"孔子家"集辑起来以后,遂成为后世儒者传习的对象,事实确如孔安国所说,早在战国时期,便出现了"儒道分散,游说之士各以巧意而为枝叶"的局面,也就是说,同为传习《孔子家语》中的思想学说,但不少人却往往会按照自己的理解"添枝加叶",这就使得不少论述与之相近而有别。好在今本《家语》出于荀子,荀子"守其所习",保留材料比较纯正。

无论今本《家语》的材料,还是被后人有所改变的材料,可能汉代秘府中都有收藏,除了孔安国撰集《家语》时选取者,其他被人们"增损"后的材料同样在流传之中,这恐怕是后世与《家语》材料相近而不同者显得很多的原因所在。

例如,清人陈士珂作《孔子家语疏证》,他将书中的相关内容与《尚书大传》、《礼记》、《大戴礼记》、《左传》、《说苑》、《国语》、《韩诗外传》、《吕氏春秋》、《晏子春秋》、《史记》、《战国策》、《荀子》、《淮南子》等书进行比较,《家语》中的材料与这些文献都有相同之处。如果认真比较,除了少数完全相同外,大部分都有文字的差别,甚至在意思上也有不同。了解了《家语》的成书及其可信性问题之后,在对相关材料进行比较时,可以更好地看清这些文献之间的关系。

以往,受《孔子家语》"伪书"说的影响,不少人看到有与《家语》相同相通的材料,几乎不加任何分辨,便以之为《家语》材料的来源。现在,我们知道了《孔子家语》成书的真相,便可以将与之相关的材料进行认真比对,分析相关材料的价值,以便正确对待这些材料。

第三,去除疑古思潮的影响

应当承认,在《孔子家语》的认识与利用方面,疑古思潮的影响仍然很大,而今,面对新出土的早期材料等"竹"的事实,许多原来抱有"成见"的学者们都实事求是,"改弦更张",承认《孔子家语》的材料的确是"孟子以前的遗物",但仍有学者对《家语》的价值心存疑虑。时至今日,甚至仍有人在力"证"《家语》之伪,还以《家语》的材料研究其中所谓的"道家思想"等等。

当然,无论在任何时候,对任何一部重要图书的价值及其真伪问题,都应当有科学理性的认识,《孔子家语》自然也不例外。以前,在所谓"辨伪学"大盛时期,有人探讨某一"伪书"的价值,还被有的学者讥讽为"买菜求益"①。我们认为,探讨《孔子家语》的真伪问题,当然可以有一种刨根问底的精神,但这并不是说本来可靠的东西非得"辨"出一些问题不可。

疑古思潮盛行带来的另外一个严重的后果,是对于古书的轻率评说与对先哲的随意调侃与戏说。在疑古大幕的遮掩下,《孔子家语》既然被认为是典型的"伪书",那么,对该书的指点与评说便显得十分耐人寻味。例如,台湾学人白罗先生翻译和解读《孔子家语》就颇有一些"调侃"的味道②。如《家语》卷四《六本》篇中有子夏与孔子的对话,涉及孔子对于弟子颜回、子贡、子路、子张的评论。按照《家语》的记述,孔子十分赞赏颜回的诚信、子贡的聪敏、子路的率真、子张的端庄,在孔子看来,自己与他们相比分别有所不及,但孔子也指出了他们的偏颇。可是,该书竟然能够想到用四个"明星球员"比喻他们,还说这是一个"四个明星球员加起来等

---

① 王国维:《今本竹书纪年疏证·前言》,见《古本竹书纪年辑校今本竹书纪年疏证》,大连:辽宁教育出版社,1997年。

② 白罗:《经典现代版〈孔子家语〉》,合肥:黄山书社,1993年。

于一个明星队"的故事。这类描述可让读者过目不忘,这的确与本书所在的丛书名称相符,属于所谓"名典现代版"。

将古代"名典"进行现代的解读无可厚非,广义而言,许多古代文化研究者的工作都可以归于此类,都属于不同层面上"现代版"的"名典"解读。可是,如果处理不当,也会损伤这些经典深沉厚重的思想意义。显而易见,我们的众多文化原典大都内涵丰富,义理深邃,某些近于戏谑的不严肃解说很容易使经典蒙尘,失去典籍本来的意蕴。这也是不少睿智的学者对曾经风行的"古典今译"之习气持批评态度的主要原因。

不难理解,出现类似现象的深层原因,是长期以来对于自身文化的漠视。对文化原典进行现代解读,本初动机很可能在于普及古代文化。可是,在意识的深层,经典的权威已经被彻底搬倒,在这些曾经受到十分膜拜的文化典籍面前,人们已经感觉不到丝毫的威严。明眼人都知道,倡导走出疑古的学者,没有任何人是主张盲目"信古"的。事实上,新的发现往往都是以怀疑为先导的,我们对疑古辨伪思潮走过头的认识,难道不也是一种怀疑的结果?正如白罗先生所说,疑古自然是为了"拓宽我们读史的视野,而不是要走入虚无主义的陷阱",但"民初以来屡屡用力过猛的疑古,却也真的有点问题","比之大刀阔斧砍伐,我们今天应该也必须做得细致一些"。①

白罗先生认识到了疑古之过的危害,却没看清《家语》成书的真相。他希望通过此书向人们介绍"既熟悉,又陌生的'人间孔子'"。他认为此书属于"长期流传变质"那一类的书籍,又称该书是"划得来的伪书",居然"略去"或者"拿掉"了其中的不少内容,这些内容包括"太和可靠史实抵触的部分"、"太抽象、太夸张、太

---

① 白罗:《经典现代版〈孔子家语〉》,合肥:黄山书社,1993年。

过时的那部分"、"形象和礼法的细节"等等。除了删削,他还有一些"补充",这些却"都是"他"第一感"想到的。表面看,白罗先生似乎有自己的标准,但这个标准是他本人把握着的,带有极大的随意性,他说他喜欢"从人的角度来想象孔子",因为"圣人离我们太远"。所以,他解读后的这本《家语》,其实是被他改造后的《家语》。该书中的孔子形象,在很大程度上带有他本人想象的成分。他的普及也出现了偏差,道理很简单,以前的怀疑使我们抛弃了《家语》,我们今天认识到疑古的危害,更不应该由于我们的"任性"而创造一部背离原书的另一部时髦的《孔子家语》。

第四,借助历代研究的成果

阅读和利用《孔子家语》,首先应当注意利用历代的《家语》研究成果。我们认为,使用《家语》,应当了解该书的成书问题,了解该书的价值,为此,除了利用现代学者们的研究成果,还可以借助《家语》的几篇序文,特别是孔安国的《孔子家语后序》。

有疑古学者认为《孔子家语》在学术上"未曾发生影响",但在历代的流传中,《孔子家语》也出现了许多不同的版本。比较重要的本子有中华书局据明毛氏汲古阁本排印的《四部备要》本,有同文书局石印影宋抄本《孔子家语》等,现在常见的有《孔子文化大全》影印本,有辽宁教育出版社之"新世纪万有文库"本,该书系廖名春、邹新明的校点本,很便于使用。

现在阅读或者研究《孔子家语》,可以利用清人的研究成果,特别是陈士珂的《孔子家语疏证》,该书旁征博引,梳理各书材料,把大量的相同或者相通的材料罗列出来,颇便读者参考。该书有商务印书馆 1940 年版,有上海书店《国学基本丛书》1987 年复印本,有清朝光绪初年浙江书局辑刊的《二十二子》本,1986 年上海古籍出版社据此初印本影印出版。清人的其他成果也有参考价值。如孙志祖、范家相虽以《家语》为伪,但透过他们的研究,可以更好地认识前人所以致误的原因,分辨《家语》的价值。孙志祖的《家语疏证》,有中华书局《丛书集成初编》据式训堂丛书本排印本,范家相的《家语证伪》,有《续修四库全书》影印光绪十五年会稽徐氏铸学斋刊本。

研究和使用《孔子家语》,应当注意利用王肃的注解。此外,今人的注译本已经有多种问世,其中,张涛先生的《孔子家语注译》很值得参考,该书由三秦出版社1998年出版。2005年,台湾的万卷楼图书股份有限公司出版了杨朝明主编的《孔子家语通解》,该书由前言、正文、附录三部分组成。前言叙述《孔子家语》的成书及其价值,交代本书撰述的有关情况;正文每篇之前以"序说"概说全篇,评述各篇的定名、内容、价值以及相关联的文献等等,以帮助读者理解全文,为继续研究提供便利;而后按段落分别由"原文"、"注释"、"通解"各部分组成;本书"附录"与"前言"相互照应,便于读者了解《孔子家语》成书、流传以及相关学术问题。

四 校注说明

(一)本书以商务印书馆《四部丛刊》影印明黄鲁曾覆宋本为底本,以简体字横排。

(二)本书以下列版本参校:

1. 中华书局据明毛氏汲古阁本排印之《四部备要》本。简称"备要本"。
2. 文渊阁《四库全书》本。简称"四库本"。
3. 同文书局石印影宋抄本《孔子家语》。简称"同文本"。
4. 刘氏玉海堂覆宋本《孔子家语》。简称"玉海堂本"。
5. 陈士珂:《孔子家语疏证》,商务印书馆1940年版,上海书店《国学基本丛书》1987年复印本。简称"陈本"。

（三）本书主要以下列各书作为参考：

1.《孔子家语》,《孔子文化大全》影印。

2.廖名春、邹新明校点:《孔子家语》,辽宁教育出版社"新世纪万有文库"本,1997年。

3.孙志祖:《家语疏证》,中华书局《丛书集成初编》据式训堂丛书本排印。

4.范家相:《家语证伪》,《续修四库全书》影印光绪十五年会稽徐氏铸学斋刊本。

5.张涛:《孔子家语注译》,三秦出版社,1998年版。

（四）原文与其他文献相同、相通处,注释时适当参酌。

（五）底本中的明显误字,据参校本直接改正。

（六）底本中的脱文掉字和衍字,据参校本补、删;在注释中说明。

（七）底本中的古体、异体字,直接改为正体。

（八）本书主要对原文词、句的疏通解释,减少单字的注释。无论注释字、词还是整句,注码一般放在分句之后。

（九）注释时一般先串讲句子,疏通文意,如有必要,然后再解释其中字、词。

（十）同篇卷中注释尽量避免重复,如有必要,采取参见方式。

（十一）注音用现代汉语拼音注音法,用小括号括注在词头中被注字后。

（十二）力求语言通俗,以适合于更广大读者。

卷 第 一

相 鲁 第 一

孔子初仕,为中都宰①,制②为养生送死之节③:长幼异食,强弱异任,男女别涂④,路无拾遗⑤,器不雕伪⑥。为四寸之棺,五寸之椁⑦,因⑧丘陵为坟,不封不树⑨。行之一年,而西方之诸侯则焉⑩。

[注释]①中都宰:中都的地方长官。中都,鲁邑,今山东汶上西。周时把有宗庙或先君神主的城叫都,没有的叫邑。宰,古代官吏的通称,殷代开始设置,掌管家务和家奴。西周时沿置,掌管王家内外事务。春秋时各国沿用,卿大夫的家臣和采邑的长官都称"宰",这里指地方长官。 ②制:制定,用文字规定。 ③养生送死之节:养生送死,指子女对父母生前的赡养和死后的殡葬。节,礼节,符合社会道德规范的行为举止。 ④男女别涂:男子与女子走路分左右。涂,通"途",道路。 ⑤路无拾遗:指东西掉在路上,没有人会捡起据为己有,形容社会风气好。今有成语"路不拾遗"。 ⑥雕伪:指刻意地文饰、雕画。雕,用彩绘、花纹来装饰。伪,人为,人工。 ⑦椁(guǒ):套在棺材外面的大棺材。士以上者下葬有棺有椁,下葬有无椁是身份和财富的象征。 ⑧因:凭借,依靠。 ⑨不封不树:不聚土成坟,不种植松柏。堆土为坟称作"封",种树作标记叫做"树",这是古代对士以上之人的葬礼规定,不

同级别的人,葬礼的规格也不同。　⑩西方之诸侯则焉:王肃认为称"西方"是由于鲁国在东方,而《史记·孔子世家》则作"四方"。则,效法。

　　定公①谓孔子曰:"学子此法以治鲁国,何如?"孔子对曰:"虽天下可乎,何但②鲁国而已哉!"于是二年定公以为司空③,乃别五土④之性,而物各得其所生之宜⑤,咸得厥所⑥。

　　[注释]①定公:即鲁定公,名宋,昭公之弟,继昭公为鲁君,前509—前495年在位。　②但:只。　③司空:负责土地管理和工程建设的长官。④五土:五种土地,指山林、川泽、丘陵、坟衍、原隰。　⑤宜:正当的道理,适当的方法或地位。　⑥咸得厥所:咸,都,全。厥,代词,其。所,适宜,适当。

　　先时,季氏葬昭公于墓道之南①,孔子沟而合诸墓②焉,谓季桓子③曰:"贬君以彰己罪,非礼也。今合之,所以揜④夫子⑤之不臣⑥。"由司空为鲁大司寇⑦,设法而不用,无奸民⑧。

　　[注释]①先时,季氏葬昭公于墓道之南:先时,以前,开始的时候。季氏,指季平子。季平子曾放逐昭公,昭公后死于乾侯,平子把他埋葬在鲁国先公墓区的南面,不让他靠近鲁国先公,以示贬抑。　②沟而合诸墓:把昭公和鲁国诸先公的墓地沟合为一处。　③季桓子:季平子之子,继承平子之位而执政鲁国。　④揜(yǎn):通"掩",掩藏,遮蔽。　⑤夫子:古时对男子的尊称,这里指季桓子的父亲季平子。　⑥不臣:不守臣节,不合臣道。　⑦大司寇:中国古代官职名。夏商时已经沿用,周代为六卿之一,曰秋官大司寇,下设小司寇,掌管刑狱、纠察等事,春秋列国也大多设此官职。至清代时,别称刑部尚书为大司寇,侍郎为少司寇。　⑧奸民:扰乱百姓。奸,通"干",干扰,扰乱,侵犯。《左传·庄公二十年》:"奸王之位,祸孰大焉?"杜预注:"奸,音干。"《襄公十四年》杜预注:"奸,犹犯也。"

定公与齐侯会于夹谷①,孔子摄相事②,曰:"臣闻有文事③者,必有武备;有武事者,必有文备。古者诸侯并④出疆,必具官⑤以从,请具左右司马⑥。"定公从之。

[**注释**]①定公与齐侯会于夹谷:齐侯,齐国国君,这里指齐景公。会,盟会,会盟。夹谷,古地名,春秋齐地,其故址在今山东省莱芜县夹谷峪。②摄相事:兼任为国君主持礼仪的事情。摄,主持。相,主持礼仪的人,在重大场合为国君主持典礼,一般由世卿大夫担任。　③文事:文德教化之事,或非军事方面的事情。下文中"武事",与军队或战争有关的事情。"武备",军备,指武装力量、军事装备等。"文备",指文教礼乐等方面的措施。　④并:普遍,完全。　⑤具官:配置相应的官员。具,配置,设置。　⑥司马:掌管军政和军赋的长官。

至会所,为坛位①,土阶三等,以遇礼②相见,揖让③而登,献酢④既毕,齐使莱人以兵鼓谯⑤,劫⑥定公。孔子历⑦阶而进,以⑧公退,曰:"士以兵之⑨!吾两君为好,裔夷之俘⑩敢以兵乱之,非齐君所以命诸侯也。裔不谋夏,夷不乱华,俘不干盟,兵不偪⑪好。于神为不祥,于德为愆⑫义,于人为失礼,君必不然。"齐侯心怍⑬,麾⑭而避之。有顷⑮,齐奏宫中之乐,俳优侏儒戏于前⑯。孔子趋⑰进,历阶而上,不尽一等⑱,曰:"匹夫荧侮⑲诸侯者,罪应诛,请右司马速刑焉。"于是斩侏儒,手足异处。齐侯惧,有惭色。

[**注释**]①坛位:即坛席。除地为坛,上设席位,表示礼遇隆重。坛,高台,古代祭祀天地、帝王、远祖或举行朝会、盟誓及拜将的场所,多用土石等建成。②遇礼:会遇之礼,礼之简略者。　③揖让:宾主相见的礼仪。　④献酢

(zuò):宾主互相敬酒。主人敬客人为献,客人用酒回敬主人为酢。 ⑤鼓噪(zào):原指古代出战时擂鼓呐喊,引申为"喧嚷、起哄"。噪,通"譟",群呼曰噪,指大声喧哗、叫嚷。王肃注:"雷鼓曰譟。" ⑥劫:威胁、威逼。 ⑦历:越过。 ⑧以:使。 ⑨士以兵之:士兵们,拿起武器准备战斗!《左传》作"士,兵之"。 ⑩裔夷之俘:指莱国人,莱国在公元前567年为齐所灭,故称"俘"。裔,中原之外的边远地区。夷,边远地区的少数民族。裔夷与华夏对称。 ⑪偪:通"逼",强迫。 ⑫愆(qiān):错误,过错,引申为违反、违背。 ⑬怍(zuò):惭愧。 ⑭麾(huī):同"挥",挥手。本义为古代供指挥用的旌旗。 ⑮有顷:一会儿。 ⑯俳(pái)优(yōu)侏儒戏于前:俳优、侏儒在坛前表演。俳优,演滑稽戏杂耍的艺人。侏儒,身材异常短小者,此指侏儒中充任优伶、乐师者。戏,指表演歌舞杂技等。 ⑰趋:小步疾走,快步走。 ⑱不尽一等:尽,全,一律。等,级。 ⑲荧侮:荧,迷惑。侮,轻慢。

将盟,齐人加载书①曰:"齐师出境,而不以兵车三百乘从我者,有如此盟②。"孔子使兹无还③对曰:"而不返我汶阳之田,吾以供命④者,亦如之。"齐侯将设享礼⑤,孔子谓梁丘据⑥曰:"齐鲁之故⑦,吾子⑧何不闻焉?事既成矣,而又享之,是勤执事⑨,且牺象⑩不出门,嘉乐不野合⑪。享而既具⑫,是弃礼;若其不具,是用秕稗⑬。用秕稗君辱⑭,弃礼名恶,子盍⑮图之!夫享,所以昭德也,不昭,不如其已⑯。"乃不果⑰享。

[注释]①载书:盟书。会盟时订立的誓约文件,有时又简称为"载"或"书"。 ②有如此盟:以此盟书为证。有如,古人誓词中常用语。 ③兹无还:人名,鲁国大夫。 ④供命:执行命令,听从差遣。 ⑤享礼:宴享之礼,使臣向朝聘国君主进献礼物的仪式。下文"而又享之"、"乃不果享"中的"享"是动词,"举行宴享之礼"的意思。 ⑥梁丘据:人名,齐国大夫。 ⑦齐鲁之故:齐、鲁,故国名。故,旧典,成例。 ⑧吾子:对对方的敬爱之称,

一般用于男子之间。　⑨勤执事：辛劳办事的官员。勤，勤劳。执事，官员，有时也代指对方。　⑩牺象：指酒具，作牺牛及象于其背，故称。　⑪野合：在旷野演奏音乐。　⑫具：齐备，齐全。　⑬秕(bǐ)稗(bài)：比喻没有价值的或无用的东西。秕，谷之不成者。稗，草之似谷者。　⑭辱：指受辱。　⑮盍：同"何"。　⑯已：止，停止。　⑰果：果真，果然，指事实与预料的相同。

齐侯归，责其群臣曰："鲁以君子道辅其君，而子独以夷狄道教寡人①，使得罪。"于是乃归所侵鲁之四邑②及汶阳之田③。

[注释]①寡人：寡德之人。古代天子、诸侯的自谦之词。　②四邑：指郓、欢、龟、阴四座城邑。　③汶阳之田：春秋时期鲁国属地，在今山东省泰安市西南一带。地近齐国，数为齐所侵夺，是齐鲁两诸侯国多次发生纠纷的地方。

孔子言于定公曰："家不藏甲①，邑无百雉之城②，古之制也。今三家③过制，请皆损之。"乃使季氏宰仲由④隳三都⑤。叔孙不得意于季氏⑥，因费宰公山弗扰⑦，率费人以袭鲁。孔子以公与季孙、叔孙、孟孙入于费氏之宫，登武子之台。费人攻之，及台侧，孔子命申句须、乐颀勒⑧士众下伐之，费人北⑨，遂隳三都之城⑩。强公室，弱私家，尊君卑臣，政化大行⑪。

[注释]①家不藏甲：卿大夫不能私自拥有武器军队。卿大夫称家。甲，铠甲。　②邑无百雉之城：雉，古代计算城墙面积的单位，长三丈、高一丈为一雉。城，都邑四周的城垣。一般分两重，里为城，外为郭。城字单举时，指城与郭；与郭对举时，单指城。　③三家：季孙、叔孙、孟孙三家。他们都是春秋初鲁桓公的后裔，又称"三桓"。三大家族在春秋后期发展壮大，长期把持

鲁国政权,其中又以季氏势力最大,实际执掌鲁国政权。 ④仲由:姓仲名由,字子路,又称季路,鲁国卞(今山东泗水县)人。孔子弟子,以勇敢和政事著称。时为季氏家臣,后死于卫国内乱。 ⑤隳(huī)三都:毁坏三家的都城。隳,毁。三都,指季孙氏之费、叔孙氏之郈、孟孙氏之成。 ⑥叔孙不得意于季氏:叔孙辄在家族中不得志。叔孙,指叔孙辄,为叔孙氏家族庶子。得意,称心,满意。季氏,据《左传》当为"叔孙氏"之讹。 ⑦因费(bì)宰公山弗扰:因,依靠、凭借。费,古地名,春秋鲁邑,曾赐予季氏,在今山东费县西北。公山弗扰,人名,疑即《左传》定公五年、八年、十二年及哀公八年提到的"公山不狃",此处所叙史实与《左传》定公十二年所记公山不狃反叛鲁国的事实相合。 ⑧申句须、乐颀勒:申句须、乐颀,应都是人名,事迹不详。勒,统帅。 ⑨北:失败,败逃。 ⑩遂隳三都之城:据《左传》《史记》,费、郈被毁,而孟孙氏之成却不了了之。 ⑪大行:普遍推行,广泛流行。

初①,鲁之贩羊有沈犹氏②者,常朝饮其羊以诈市人③;有公慎氏者,妻淫不制④;有慎溃氏,奢侈逾⑤法;鲁之鬻⑥六畜者,饰之以储⑦价。及孔子之为政也,则沈犹氏不敢朝饮其羊,公慎氏出⑧其妻,慎溃氏越境而徙。三月,则鬻牛马者不储价,卖羊豚⑨者不加饰。男女行者别其途,道不拾遗。男尚忠信⑩,女尚贞顺。四方客至于邑,不求有司⑪,皆如归焉⑫。

[注释]①初:早先、原先。 ②沈犹氏:与下文"公慎氏"、"慎溃氏"都指某一家族。 ③市人:指买羊的人。 ④不制:不能制止。制,裁决、决断。 ⑤逾(yú):通"逾",越过、超过。 ⑥鬻(yù):卖,出售。 ⑦储价:抬高物价。亦作"储贾"、"豫价"。储,夸大,欺诳。 ⑧出:休。 ⑨豚:小猪,也泛指猪。 ⑩忠信:忠,尽心竭力。信,诚实守信。忠、信,是儒家所倡导的品行。 ⑪不求有司:不求官吏。有司,古代设官分职,各有专司,故称有司。 ⑫皆如归焉:都像是回到了自己家里。

始诛第二

孔子为鲁司寇,摄行相事①,有喜色。仲由问曰:"由闻君子祸至不惧,福至不喜,今夫子得位而喜,何也?"孔子曰:"然,有是言也。不曰'乐以贵下人'乎?"于是朝政,七日而诛乱政大夫少正卯②,戮之于两观之下③,尸④于朝三日。子贡⑤进曰:"夫少正卯,鲁之闻人⑥也,今夫子为政而始诛之,或者为失乎?"

[注释]①摄行相事:指担任为国君主持典礼的工作。摄,代理、兼任。②七日而诛乱政大夫少正卯:诛,惩罚,讨伐。大夫,古代职官名称。少正卯,人名。 ③戮之于两观之下:戮,诛杀。两观,宫门前两边的望楼。 ④尸:本义为代祭的人,此指像代祭的人那样。 ⑤子贡:卫国人,姓端木,名赐,字子贡,又作"子赣"。孔子弟子,以言语见长,机智多谋,外交才能突出,并极富经商才能,孔子周游列国时出资相助,孔子去世后,弟子们守墓三年,而子贡结庐守墓六年。 ⑥闻人:为人所知的人。闻,闻名、出名。

孔子曰:"居,吾语汝以其故。天下有大恶者五,而窃盗不与①焉。一曰心逆而险②,二曰行僻而坚③,三曰言伪而辩④,四曰记丑而博⑤,五曰顺非而泽⑥。此五者有一于人,则不免君子之诛,而少正卯皆兼有之。其居处足以撮⑦徒成党,其谈说足以饰褒荣众⑧,其强御足以反是独立⑨,此乃人之奸雄者也,不可以不除!夫殷汤诛尹谐⑩、文王诛潘正⑪、周公诛管蔡⑫、太公诛华士⑬、管仲诛付乙⑭、子产诛史何⑮,是此七子皆异世而同诛者,以七子异世而同恶,故不可赦也。诗云'忧心悄悄,愠于群小'⑯,

小人成群,斯足忧矣。"

[注释]①窃盗不与:窃盗、劫掠不在其中。窃,偷盗。盗,劫掠。与,参与,在其中。　②心逆而险:思想背离正道而险恶。　③行僻而坚:行为邪僻而坚定。　④言伪(é)而辩:言论错误而雄辩。伪,错误,差错。　⑤记丑而博:记述非义的事物并十分广博。丑,不合正义。　⑥顺非而泽:教人不走正道而又广施恩德。顺,通"训",教导。泽,恩惠,德惠。也有人理解为"顺从错误的言行并加以美饰。泽,润泽,修饰。"　⑦撮(cuō):聚合、聚拢。⑧饰褒荣众:粉饰邪恶,迷惑众人。据《荀子·宥坐》应为"饰邪荣众"。荣,通"荧",迷惑。　⑨其强御足以反是独立:他的强盛足以自成一派,叛乱朝廷。强御,强盛,强而有力。反是独立,违反原则而按照自己的意志行事。⑩殷汤诛尹谐:殷汤,即商朝开国君主商汤。诛尹谐事不详。　⑪文王诛潘正:文王,即周文王,周武王的父亲,以贤明著称,为西方诸侯之长,称西伯,生前奠定了周武王灭商的基础。诛潘正,不详。　⑫周公诛管蔡:周公,即周公旦,姬姓,名旦,周文王的第三子,周朝创立者周武王的弟弟,西周著名政治家、军事家。在辅助周武王灭商的战争中功勋卓著,武王死后文王庶子管叔、蔡叔联合商纣子武庚叛乱,被周公击败,管叔、武庚被杀,蔡叔被流放,完成了辅助成王平叛定国的大业,相传今《周礼》一书为周公所作。　⑬太公诛华士:太公,姓姜,名尚,俗称姜太公、姜子牙,因封地又叫吕尚,在助周武王灭商战争中居功至伟,始封齐国。诛华士不详。王肃注:"士之为人虚伪,亦聚党也。而韩非谓华士耕而后食,凿井而饮,信其如此,而太公诛之,岂所以谓太公者哉?"　⑭管仲诛付乙:管仲,名夷吾,春秋初期齐国人,励精图治,变法图强,辅佐齐桓公成为春秋的第一个霸主。诛付乙不详。　⑮子产诛史何:子产,姓公孙,名侨,春秋时期著名的政治家,曾长期执政郑国,略长于孔子。诛史何,《荀子》作"诛邓析、史付",但是据《左传》定公九年所载驷歂杀邓析。邓析是当时著名的刑名学家。史何及史付事不详。　⑯忧心悄悄,愠于群小:语出《诗·邶风·柏舟》。忧虑重重难除掉,成群小人太可恼!

孔子为鲁大司寇,有父子讼者,夫子同狴①执之,三月不别②。其父请止,夫子赦之焉。季孙闻之,不悦,曰:"司寇欺余,曩③告余曰:'国家必先以孝,余今戮一不孝以教民孝,不亦可乎?'而又赦,何哉?"冉有④以告孔子。

[注释]①狴(bì):牢狱。本为兽名,因常画狴于狱门上,故用作牢狱的代称。 ②别:审理。 ③曩:以往,从前,过去。 ④冉有:即冉求,字子有,鲁国人,孔子弟子,长于政事,时为季氏家臣。

子喟然叹曰:"呜呼!上失其道而杀其下,非理也。不教以孝而听其狱,是杀不辜。三军大败,不可斩也;狱犴①不治,不可刑也。何者?上教之不行,罪不在民故也。夫慢令谨诛②,贼③也;征敛无时,暴也;不试责成,虐也。政无此三者,然后刑可即也。《书》云:'义刑义杀,勿庸以即汝心,惟曰未有慎事④。'言必教而后刑也。既陈道德,以先服之⑤;而犹不可,尚贤以劝之;又不可,即废之;又不可,而后以威惮之。若是三年,而百姓正矣。其有邪民不从化者,然后待之以刑,则民咸知罪矣。诗云:'天子是毗,俾民不迷。'⑥是以威厉而不试,刑错⑦而不用。今世则不然,乱其教,繁其刑,使民迷惑而陷⑧焉,又从而制之,故刑弥繁,而盗不胜也。夫三尺之限⑨,空车不能登者,何哉?峻⑩故也。百仞之山,重载陟⑪焉,何哉?陵迟⑫故也。今世俗之陵迟久矣,虽有刑法,民能勿逾乎?"

[注释]①狱犴(àn):古代乡亭的牢狱,引申为狱讼之事,亦作"犴狱"或"岸狱"。 ②慢令谨诛:法令松弛,却处罚严厉。慢,惰也,这里是松弛之意。谨,严格、严谨,这里是严厉之意。 ③贼:残害、伤害。 ④"义刑义杀,勿庸以即汝心,惟曰未有慎事":刑罚要以适宜为本,不可随心所欲,总是有不合自

己心意的事情的。义,宜。庸,用。即,就。慎,顺。语出《尚书·康诰》,文字有出入。　⑤既陈道德,以先服之:先以道德教化的方法推行民间,自己首先身体力行。　⑥天子是毗(pí),俾(bǐ)民不迷:语出《诗·小雅·节南山》。尽力辅佐天子,使百姓心里不迷茫。毗,辅佐,辅助。俾,使。　⑦错:放置,或废置。　⑧陷:本义为坠入、掉进,这里是指因违反法令而陷入牢狱。　⑨限:阻隔或门槛。《荀子·宥坐》作"岸",高地,水边高起的地方。　⑩峻:险峻,陡峭。　⑪重载陟:重载,古代称装满辎重等货物,也指装满货物的车。陟,由低处向高处走,攀登。　⑫陵迟:指斜坡和缓,逐步上升。下文中的"陵迟",比喻事物逐渐发生变化,尤其向坏的或差的方向逐渐发展。

王言解第三

孔子闲居①,曾参②侍。孔子曰:"参乎,今之君子③,唯士与大夫之言可闻也,至于君子之言者,希也。於乎④!吾以王言之,其不出户牖而化天下⑤。"曾子起,下席而对曰:"敢问何谓王之言?"孔子不应。曾子曰:"侍夫子之闲也,难对,是以敢问。"孔子又不应。曾子肃然而惧,抠衣⑥而退,负席⑦而立。有顷,孔子叹息,顾谓曾子曰:"参,汝可语明王之道⑧与?"曾子曰:"非敢以为足也,请因所闻而学焉。"

[注释]①孔子闲居:孔子,原本作"曾子",据同文本、陈本及文意改。闲居,闲暇之时。指赋闲在家。　②曾参:孔子弟子。鲁国人,字子舆,以孝行著称。　③君子:古人称"君子"有多种含义,一般指道德高尚的人,这里指居官在位的人。　④於(wū)乎:同"呜呼",感叹词。　⑤其不出户牖(yǒu)而化天下:户牖,门和窗户。户,单扇门。牖,窗户。化,教化。　⑥抠衣:提起衣服的前襟,表示对人的尊敬。抠,抓,提。　⑦负席:背向席子。　⑧明王之道:圣明君主的治国之道。

子曰:"居,吾语汝。夫道者,所以明德也;德者,所以尊道也。是以非德,道不尊;非道,德不明。虽有国之良马,不以其道服①乘之,不可以道②里;虽有博地众民,不以其道治之,不可以致霸王③。是故昔者明王内修七教,外行三至④。七教修然后可以守,三至行然后可以征。明王之道,其守也,则必折冲⑤千里之外;其征也,则必还师衽席⑥之上。故曰:内修七教而上不劳,外行三至而财不费,此之谓明王之道也。"

[注释]①服:使用。 ②道:通"蹈",赴。 ③致霸王:实现王霸之业。致,获得,达到。霸王,成就霸业或王业。 ④三至:三条法则,三项原则。至,最。 ⑤折冲:克敌制胜。冲,挫退敌方的冲锋战车。 ⑥还师衽席:指平安还师。衽席,卧具。

曾子曰:"不劳不费之谓明王,可得闻乎?"孔子曰:"昔者帝舜左禹而右皋陶①,不下席而天下治,夫如此,何上之劳乎?政之不平,君之患也;令之不行,臣之罪也。若乃十一而税②,用民之力,岁不过三日,入山泽以其时而无征,关讥市廛③,皆不收赋,此则生财之路,而明王节之,何财之费乎?"

[注释]①昔者帝舜左禹而右皋(gāo)陶(yáo):过去,舜帝有禹和皋陶辅佐。昔者,从前。帝舜,五帝之一。姚姓,有虞氏,名重华,史称虞舜或舜。我国父系氏族社会后期部落联盟的贤明首领,是儒家推崇的古代圣君。禹,古代部落联盟的领袖,曾奉舜命治理洪水,率领人民疏通江河,发展农业,据传治水十三年,三过家门而不入,后成为夏朝开国君主。皋陶,舜的大臣。②若乃十一而税:若乃,如果。十一而税,实行十分之一的税率,是儒家所倡

导的。　③关讥市廛:关卡检查及市场中的店铺。讥,稽查,盘问。市廛,市中店铺。廛,特指公家所建供商人存储货物的邸舍。

曾子曰:"敢问何谓七教?"孔子曰:"上敬老则下益孝,上尊齿①则下益悌②,上乐施则下益宽,上亲贤则下择友,上好德则下不隐③,上恶贪则下耻争,上廉让则下耻节,此之谓七教。七教者,治民之本也。政教定,则本正也。凡上者,民之表也,表正则何物不正?是故人君先立仁于己,然后大夫忠而士信,民敦俗璞④,男悫⑤而女贞,六者,教之致也!布诸天下四方而不窕⑥,纳诸寻常⑦之室而不塞,等之以礼,立之以义,行之以顺,则民之弃恶如汤之灌雪焉。"

[注释]①尊齿:以年龄序列排列尊卑先后。齿,指人的年龄。　②悌:敬爱兄长。　③隐:隐居,隐藏。　④璞(pú):未雕琢过的玉石,或指包藏着玉的石头,比喻人的天真状态。　⑤悫(què):恭谨、厚道、朴实。　⑥窕(tiǎo):原作"怨",据同文本、陈本改。间隙,未充满。　⑦寻常:古代的长度单位。寻,八尺为寻。常,一丈六尺为常。

曾子曰:"道则至矣,弟子不足以明之。"孔子曰:"参以为姑①止乎?又有焉。昔者明王之治民也,法必裂地以封之,分属以理之,然后贤民无所隐,暴民无所伏。使有司日省②而时考之,进用贤良,退贬不肖③,然则贤者悦而不肖者惧。哀鳏寡④,养孤独⑤,恤贫苦,诱⑥孝悌,选才能。此七者修,则四海之内无刑民矣。上之亲下也,如手足之于腹心;下之亲上也,如幼子之于慈母矣。上下相亲如此,故令则从,施则行,民怀其德,近者悦服⑦,远者来附⑧,政之致也。夫布⑨指知寸，布手知尺，舒肘知寻，斯不远之则也。周制三百步为里，千步为井，三井而埒⑩，埒三而矩，五十里而都，封百里而有国，乃为福积资求焉，恤行者有亡⑪。是以蛮夷诸夏，虽衣冠不同，言语不合，莫不来宾⑫。故曰'无市而民不乏，无刑而民不乱。'田猎罩弋⑬，非以盈宫室也；征敛百姓，非以盈府库也。惨怛⑭以补不足，礼节以损有余，多信而寡貌⑮，其礼可守，其言可覆⑯，其迹可履。如饥而食，如渴而饮，民之信之，如寒暑之必验。故视远若迩，非道迩也，见明德也。是故兵革不动而威，用利不施而亲，万民怀其惠。此之谓明王之守⑰，折冲千里之外者也。"

[注释]①姑：姑且、暂且。　②省：视察。　③不肖：才智低劣的人，或品行不端的人。　④鳏寡：无妻和无夫的孤苦之人。　⑤孤独：无子和无父的孤苦之人。　⑥诱：教导、引导、劝导。　⑦悦服：心悦诚服。悦，高兴、愉快。　⑧远者来附：边远的民众主动归附。　⑨布：铺开，散开。　⑩埒(liè)：本义为矮墙，场地四周的土围墙，这里指地域单位。　⑪行者有亡：行者，出行在外的人。有亡，指财富的多寡。　⑫莫不来宾：没有不来归顺服从的。宾，服从、归服。　⑬田猎罩弋：罩，捕鱼的竹笼。弋，系有绳子的箭，用来射鸟。　⑭惨怛(dá)：悲痛、伤痛。　⑮貌：人为的外貌。指与内心不符的外表掩饰。　⑯覆：贯彻、履行、印证。　⑰守(shòu)，职守，职责。

曾子曰："敢问何谓三至？"孔子曰："至礼不让①而天下治，至赏不费而天下士悦，至乐无声而天下民和。明王笃②行三至，故天下之君可得而知，天下之士可得而臣，天下之民可得而用。"曾子曰："敢问此义何谓？"孔子曰："古者明王必尽知天下良士之名，既知其名，又知其实，又知其数及其所在焉。然后因③天下之爵以尊之,此之谓至礼不让而天下治。因天下之禄以富天下之士,此之谓至赏不费而天下之士悦。如此则天下之名誉④兴焉,此之谓至乐无声而天下之民和。故曰:'所谓天下之至仁者,能合天下之至亲也;所谓天下之至明者,能举天下之至贤者也。'此三者咸⑤通,然后可以征。是故仁者莫大乎爱人,智者莫大乎知贤,贤政者莫大乎官能⑥。有土之君修此三者,则四海之内供命⑦而已矣。夫明王之所征,必道之所废者也,是故诛其君而改其政,吊⑧其民而不夺其财。故明王之政,犹时雨之降,降至则民悦矣。是故行施弥博,得亲弥众。此之谓还师衽席之上。"

[注释]①至礼不让:最高境界的礼制无须讲求谦让。　②笃:专一,纯一。　③因:凭借、依靠。　④名誉:原本前有"民"字,据陈本及文意,删。　⑤咸:皆,都。　⑥官能:以有能之士为官。官,任命,使做官。　⑦供命:执行命令,听从差遣。　⑧吊:安慰,抚慰。

大婚解第四

孔子侍坐于哀公①。公问曰:"敢问人道②孰为大?"孔子愀然作色③而对曰:"君及此言也,百姓之惠也,固④臣敢无辞⑤而对。人道政为大。夫政者,正也。君为正,则百姓从而正矣。君之所为,百姓之所从。君不为正,百姓何所从乎?"

[注释]①哀公:鲁哀公,名蒋,又作将,定公之子,在位27年。因为曾经外逃于越国,所以也称出公。谥号为"哀"。　②人道:人间之道。古代常以

人道与天道对应,认为人道应合于天道。　③愀然作色:愀然,神色严肃或不愉快。作色,改变脸色。　④固:确实。　⑤无辞:不予推辞。

公曰:"敢问为政①如之何?"孔子对曰:"夫妇别,男女亲②,君臣信。三者正,则庶物③从之。"公曰:"寡人虽无能也,愿知所以行三者之道,可得闻乎?"孔子对曰:"古之政,爱人为大④。所以治爱人,礼为大。所以治礼,敬为大。敬之至矣,大婚⑤为大。大婚至矣,冕而亲迎⑥,亲迎者,敬之也。是故君子兴敬为亲,舍敬则是遗亲也。弗亲弗敬,弗尊也。爱与敬,其政之本与!"

[注释]①为政:治理国家,执掌国政。　②男女亲:据《礼记》、《大戴礼记》,应为"父子亲"。　③庶物:其他众多的事物。指百姓。庶,众多。④爱人为大:爱护百姓是最重要的。爱人,爱护百姓,友爱他人。　⑤大婚:指天子或诸侯的婚娶。　⑥冕而亲迎:戴着礼帽亲自迎接。冕,古代帝王、诸侯及卿大夫所戴的礼帽。

公曰:"寡人愿有言也,然冕而亲迎,不已重乎?"孔子愀然作色而对曰:"合二姓之好,以继先圣之后,以为天下宗庙社稷之主①,君何谓已重焉?"公曰:"寡人实固②,不固安得闻此言乎! 寡人欲问,不能为辞,请少进③。"孔子曰:"天地不合,万物不生。大婚,万世之嗣④也,君何谓已重焉?"孔子遂言曰:"内以治宗庙之礼,足以配天地之神⑤;出以治直言之礼,以立上下之敬⑥。物耻⑦则足以振之,国耻足以兴之。故为政先乎礼,礼,其政之本与!"孔子遂言曰:"昔三代明王⑧,必敬妻子也,盖有道焉。妻也者,亲之主也;子也者,亲之后也。敢不敬与? 是故君子无不敬。敬也者,敬身为大。身也者,亲之支也,敢不敬与?不敬其身,是伤其亲;伤其亲,是伤本也;伤其本,则支从之而亡。三者,百姓之象⑨也。身以及身,子以及子,妃以及妃⑩。君以修此三者,则大化忾乎天下⑪矣。昔太王⑫之道也如此,国家顺矣。"

[注释]①以为天下宗庙社稷之主:后嗣将成为天下、宗庙和国家的主人。宗庙,古代天子、诸侯祭祀祖先的地方。社稷,古代帝王诸侯所祭祀的土神和谷神,后都用作国家及其政权的代称。 ②固:鄙陋,没有见识。 ③少进:慢慢地作进一步的阐述。少,同"稍",逐渐。 ④万世之嗣:意谓婚姻是延续后世的重大事情。 ⑤内以治宗庙之礼,足以配天地之神:夫妇双方在家族内部主持宗庙的祭祀之礼,可以匹配天地神明。 ⑥出以治直言之礼,以立上下之敬:对外搞好国家的政治礼教,可以确立君臣上下的恭简庄敬。 ⑦物耻:即"人耻",人知耻。 ⑧三代明王:指夏、商、周三代的圣明君主。 ⑨象:取法、效法。 ⑩妃:泛指妻子。 ⑪大化忾乎天下:至善的教化通行于天下。忾,遍及、充满。 ⑫太王:即古公亶父。商朝时周族的著名领袖,周文王的祖父。

公曰:"敢问何谓敬身?"孔子对曰:"君子过言①则民作辞②,过行则民作则③。言不过辞,动不过则,百姓恭敬以从命。若是则可谓能敬其身,则能成其亲④矣。"

[注释]①过言:有不恰当的言辞。过,过错,错误或过分,太甚。下文"言不过辞"中的"过"是"越过、超过"的意思。 ②作辞:作为借口。辞,借口,口实。 ③作则:作为效仿的法则,指统治者的言行即使错误也为百姓所效仿,后泛指做榜样。 ④成其亲:使自己的双亲尊贵。成,通"盛"。

公曰:"何谓'成其亲'?"孔子对曰:"君子者也,人之成名①也。百姓与名,谓之'君子',则是成其亲,为君而为其子也。"孔子遂言曰:"爱政而不能爱人,则不能成其身;不能成其身,则不能安其土;不能安其土,则不能乐天②。"公曰:"敢问何能成身?"孔子对曰:"夫其行己不过乎物③,谓之'成身',不过乎合天道④也。"公曰:"君子何贵乎天道也?"孔子曰:"贵其'不已'也。如日月东西相从而不已也,是天道也;不闭而能久⑤,是天道也;无为而物成,是天道也;已成而明之,是天道也。"

[注释]①成名:尊显的名称。成,通"盛"。 ②乐天:乐于顺应天道。 ③行己不过乎物:处世行事遵从事物发展的自然法则。 ④天道:指自然界的变化规律,与"人道"相对。 ⑤不闭而能久:运行无阻而永不止息。

公曰:"寡人且愚冥,幸烦子之于心①。"孔子蹴然②避席而对曰:"仁人不过乎物,孝子不过乎亲。是故仁人之事亲也如事天,事天如事亲,此谓孝子成身。"公曰:"寡人既闻如此言,无如后罪何③?"孔子对曰:"君之及此言,是臣之福也。"

[注释]①幸烦子之于心:请为我作进一步的阐释。幸,希望。 ②蹴(cù)然:迅速的样子。 ③无如后罪何:如果将来有了过错,那该怎么办呢?

儒行解第五

孔子在卫①,冉求言于季孙曰②:"国有圣人而不能用,欲以求治③,是犹却步而欲求及前人④,不可得已。今孔子在卫,卫将用之。已有才而以资邻国⑤,难以言智也。

请以重币迎之⑥。"季孙以告哀公⑦,公从之。

[注释]①卫:春秋国名。周武王的弟弟康叔的封地,其统治范围在今河北南部和河南北部一带。 ②冉求言于季孙曰:冉有对季孙氏说。姓冉,名求,字子有,孔子的学生,有才艺并以政事著称。季孙:姓季孙,名肥,鲁桓公的弟弟季友的后裔,鲁哀公时的正卿。 ③治:与"乱"相对,特指政治清明社会安定。 ④犹却步而欲求及前人:就好像人往后退,却想赶上前面的人。却步,往后退,倒退着走。及,赶上。前人,走在前面的人。 ⑤资:供给,资助。 ⑥请以重币迎之:请您用丰厚的聘礼把孔子迎接回来。重币,重金、厚礼。迎,接待、迎接。 ⑦哀公:即鲁哀公,鲁定公之子,名将,姬姓。公元前494年继位,在位27年。

孔子既至①,舍哀公馆焉②。公自阼阶③,孔子宾阶④,升堂立侍⑤。

[注释]①既至:到了以后。既,已经。 ②舍哀公馆焉:住在鲁哀公招待客人的馆舍里。舍,止宿、住宿,此用为动词。馆,客舍。 ③阼(zuò)阶:即东阶,大堂前东面的台阶。在古代社会中士以上的贵族皆以阼为主人之位,临朝觐、揖宾客、承祭祀,出入皆经由此处。 ④宾阶:即西阶。宾主相见,客人走在西面的台阶,主人走在东面的台阶。如《仪礼·乡饮酒》:"主人阼阶上,……宾西阶上。" ⑤升堂立侍:(孔子)登上厅堂,站着陪侍着哀公。

公曰:"夫子之服,其儒服与?"孔子对曰:"丘少居鲁,衣逢掖之衣①。长居宋,冠章甫之冠②。丘闻之,君子之学也博,其服以乡③,丘未知其为儒服也。"

[注释]①衣逢掖之衣:穿着衣袖宽大的衣服。前"衣",做动词用,身穿、身着之意。后"衣",名词,服装、服饰。逢,宽大。掖,即"腋",腋窝。 ②冠章甫之冠:戴的是殷朝时期流行的黑布帽子。章甫,商代流行的一种黑布帽子,周代宋人继续沿用。或作"章父"。 ③乡:入乡随俗。

公曰:"敢问儒行①?"孔子曰:"略言之②,则不能终其物③;悉数之④,则留更仆未可以对⑤。"

[注释]①儒行:儒者日常的行为表现。 ②略言:简略地说。 ③终:尽,全。此指一一讲清楚。 ④悉数之:指详尽地一一列举。 ⑤则留更仆未可以对:讲到侍卫的人换班,也难以讲完。这里极言时间之长。留,时间久。更,更换,换班。仆,太仆,国君身边侍卫者。

哀公命席①,孔子侍坐,曰:"儒有席上之珍以待聘②,夙夜强学以待问③,怀忠信以待举④,力行以待取⑤。其自立有如此者。

[注释]①命席:命人设坐席。 ②儒有席上之珍以待聘:有的儒者能陈述君主珍视的先王之道以等待聘用。席,铺陈、陈述。珍,君主所珍重的先王之道。 ③夙夜强学以待问:不分昼夜地努力学习以等待别人的请教。夙夜,朝夕、日夜。强,勉力、勤勉。 ④怀忠信以待举:心怀忠信来等待别人的举荐。 ⑤力行以待取:力行仁义道德以待人任用。

"儒有衣冠中①,动作顺②,其大让如慢③,小让如伪④。大则如威⑤,小则如愧⑥,难进而易退⑦,粥粥若无能也⑧。其容貌有如此者。"

[注释]①中:不偏不倚,不异于众,不流于俗。 ②顺(shèn):通"慎",谨慎。 ③大让如慢:辞让高官厚禄时直截了当,好像很傲慢。大让,指辞让高官厚禄。 ④小让如伪:辞让酒食这样的小事,始辞终受,好像很虚伪。小让,指辞让酒食等小事。 ⑤大则如威:做大事十分谨慎,再三权衡,好像心怀畏惧。 ⑥小则如愧:做小事也不草率,好像心怀愧疚。 ⑦难进而易退:指儒者对进取十分谨慎,却易于退让。 ⑧粥(yù)粥:卑谦的样子。

"儒有居处齐难①,其起坐恭敬,言必诚信,行必忠正,道涂不争险易之利②,冬夏不争阴阳之和③,爱其死以有待也④,养其身以有为也。其备预有如此者。"

[注释]①齐(zhāi)难:严肃谨慎而常人难以做到。齐,通"斋"。 ②道涂不争险易之利:儒者在路途上行走,不与别人争着走平坦易走的地方。涂,通"途"。 ③冬夏不争阴阳之和:不与别人争冬暖夏凉的地方。 ④爱其死以有待也:珍爱自己的生命以等待时机的到来。死,生命。

"儒有不宝金玉①,而忠信以为宝;不祈土地②,而仁义以为土地;不求多积,多文以为富。难得而易禄也③,易禄而难畜也④。非时不见⑤,不亦难得乎?非义不合,不亦难畜乎?先劳而后禄,不亦易禄乎?其近人情有如此者。"

[注释]①不宝:不珍重,不珍爱。宝,以……为宝,意动用法。 ②祈:谋求。 ③禄:赐予俸禄,此处为动词。 ④难畜:难以招揽蓄养。畜,蓄养。 ⑤非时不见(xiàn):不到适当的时候儒者不会出现。

"儒有委之以财货而不贪①,淹之以乐好而不淫②,劫之以众而不惧,阻之以兵而不慑③。见利不亏其义,见死不更其守。往者不悔,来者不豫④,过言不再⑤,流言不极⑥,不断其威⑦,不习其谋⑧。其特立有如此者。"

[注释]①儒有委之以财货而不贪:儒者不贪图别人的钱财物品。委,交给。 ②淹之以乐好而不淫:儒者不会完全沉溺于玩乐之中。淹,浸渍,浸泡。淫,放恣,过而无度。 ③阻之以兵而不慑:用武力来为难恐吓,也不会

害怕。阻,恐吓。慑,威慑、使害怕。　④豫:通"预",考虑,顾虑。　⑤过言不再:错误的话不说第二遍。再,两次。　⑥流言不极:对听到的流言飞语不去追根问底。不极,不追究起源,不刨根问底。　⑦不断其威:始终保持尊严庄重。　⑧不习其谋:不刻意去掌握某种权术谋略。

"儒有可亲而不可劫①,可近而不可迫②,可杀而不可辱。其居处不过③,其饮食不溽④,其过失可微辩而不可面数也⑤。其刚毅有如此者。"

[注释]①劫:威逼,迫使。　②迫:胁迫。　③其居处不过:指儒者的生活起居俭朴,不奢侈。　④溽(rù):丰厚。　⑤其过失可微辩而不可面数也:他们的过失可以委婉地提醒,不可以当面数落。微辩,隐约而委婉地提醒。面数,当面数说。

"儒有忠信以为甲胄①,礼义以为干橹②,戴仁而行,抱德而处。虽有暴政,不更其所③。其自立有如此者。"

[注释]①甲胄:铠甲和头盔。　②干橹(lǔ):盾牌。干,小盾。橹,大盾。　③虽有暴政,不更其所:即使面对暴虐的统治,也不更改自己所尊奉的信念。

"儒有一亩之宫①,环堵之室②,荜门圭窬③,蓬户瓮牖④,易衣而出⑤,并日而食⑥。上答之,不敢以疑⑦;上不答之,不敢以谄⑧。其为士有如此者。"

[注释]①一亩之宫:占地一亩的宅院。亩,量词,土地面积单位,周制中小亩为长宽各十步。"一亩"言面积之小。宫,房屋,古者贵贱所居皆称宫,士、庶人皆有宫称,至秦汉以来乃定为至尊所居之称。　②环堵之室:房屋周围只有一堵宽。环,周围,东西南北四周。堵,方丈曰堵,此言面积小。

③荜(bì)门圭窬(yú):正门用荆竹编成,旁门只是穿墙而成的圭形小洞。荜门,荆竹编织成的正门。圭,原意为玉器,长条形,上锐下方。此处同"闺",小的意思。窬,正门旁的小侧门。　④蓬户瓮牖(yǒu):房门则用蓬草编成,破瓦镶入墙壁就成了窗子。蓬,蓬草。户,门。牖,小窗户。　⑤易衣而出:更相易衣而后可以出门,形容儒者贫困。　⑥并日而食:儒者有时一天合并各餐只用一次餐,此言儒者生活清苦。　⑦上答之,不敢以疑:指君主采纳他的建议,而他就会忠于事君。　⑧谄:奉承,献媚。

"儒有今人以居,古人以稽①。今世行之,后世以为楷②。若不逢世,上所不受,下所不推,诡谄之民有比党而危之③,身可危也,其志不可夺也④。虽危起居,犹竟信其志,乃不忘百姓之病也⑤。其忧思有如此者。"

[注释]①儒有今人以居,古人以稽:儒者和同时代的人生活,而稽考古人的行为。居,相处。稽,考察,考证。　②楷:法式,典范。　③诡谄之民有比党而危之:谗言谄媚之徒相互勾结起来陷害他。比,勾结。党,偏袒,偏护。　④夺:改变。　⑤虽危起居,犹竟信其志,乃不忘百姓之病也:尽管日常生活受到干扰,而最终却能实现自己的志向,同时忧百姓之所忧,不忘百姓的疾苦。信,通"伸",伸展,实现。病,疾苦。

"儒有博学而不穷①,笃行而不倦②,幽居而不淫③,上通而不困④,礼必以和,优游以法⑤,慕贤而容众⑥,毁方而瓦合⑦。其宽裕有如此者。"

[注释]①穷:息,停止。　②笃行:专心做事。　③幽居而不淫:独处时也不放纵自己。幽居,独处之时。淫,放纵自己。　④上通而不困:通达于上的时候而不背离道义。上通,仕途通达于君主。　⑤优游以法:以宽和仁厚为处世的法则。优游,宽和,宽厚。法,法则,规则。　⑥慕贤而容众:仰慕贤能之才而又能容纳众人。　⑦毁方而瓦合:指在一些次要问题上不标新立

异,而与众人一致。

"儒有内称不避亲①,外举不避怨②,程功积事不求厚禄③,推贤达能不望其报④,君得其志,民赖其德⑤,苟利国家,不求富贵。其举贤援能有如此者⑥。"

[注释]①称:举荐,推举。 ②举:推荐。 ③程功积事:考核功业,积累政绩。 ④达能:使贤能的人得到任用。达,引进,荐达。 ⑤赖:依靠。 ⑥援:引荐、引进。

"儒有澡身浴德①,陈言而伏②,静言而正之③,而上下不知也④,默而翘之,又不急为也⑤。不临深而为高,不加少而为多⑥。世治不轻,世乱不沮⑦。同己不与,异己不非⑧。其特立独行有如此者⑨。"

[注释]①澡身浴德:指注重道德修养。 ②陈言而伏:陈述自己的意见而伏听国君采纳。伏,闭而不出。 ③静言而正之:国君若有过失,委婉而谨慎的规劝。静,谨慎。言,为衍文,无实意。 ④而上下不知也:然而君主仍不知自己的过错。上,君主。下,为衍文,无实意。 ⑤默而翘之,又不急为也:慢慢地加以启发,而不急躁行事。翘,启发。 ⑥不临深而为高,不加少而为多:得志后不在地位卑下的人面前炫耀自己,不夸大自己的功劳。加,逾越,超过。 ⑦世治不轻,世乱不沮:社会安定、群贤并处时,不轻视自己;世道混乱,志向不能实现时,也不沮丧。沮,沮丧,消沉。 ⑧同己不与,异己不非:不和志向、政见相同的人结党营私;也不诋毁与自己志向、政见不同的人。 ⑨特立独行:志行高洁,有主见,不随波逐流。

"儒有上不臣天子,下不事诸侯,慎静尚宽,底厉廉隅①,强毅以与人②,博学以知服,虽以分国,视之如锱铢③,弗肯臣仕。其规为有如此者④。"

[注释]①底厉廉隅:磨炼自己讲气节的端方品行。底厉:同"砥砺",磨石,引申为磨炼、磨砺。廉隅,棱角,比喻端方不苟的行为、品性。 ②强毅以与人:刚强坚毅而又善与人交,广交朋友。 ③视之如锱铢:比喻微不足道的东西。锱铢,古代的重量单位,六铢为一锱,四锱为一两。 ④规为:行为准则。规,规矩、准则。

"儒有合志同方①,营道同术,并立则乐②,相下不厌③,久别则闻流言不信,义同而进,不同而退④。其交有如此者。"

[注释]①同方:同一法则。方,法则。 ②并立则乐:朋友彼此有建树,双方都会为此而高兴。立,指学有所成,事业有成。 ③相下不厌:指不得志,事业无所成时也不相互厌倦、嫌弃。 ④义同而进,不同而退:志向一致就与之交往,志向不同就退而疏远。

"夫温良者,仁之本也;慎敬者①,仁之地也;宽裕者,仁之作也②;逊接者③,仁之能也;礼节者,仁之貌也;言谈者,仁之文也;歌乐者,仁之和也;分散者,仁之施也。儒皆兼此而有之,犹且不敢言仁也。其尊让有如此者④。"

[注释]①慎敬:谨慎恭敬。 ②作:兴起,兴作。 ③逊接:接人待物谦逊而亲切。 ④尊让:尊敬与物,卑让与人,恭敬谦让之意。尊,恭敬。让,谦卑。

"儒有不陨获于贫贱①,不充诎于富贵②,不溷君王③,不累长上,不闵有司④,故曰儒。今人之名儒也妄⑤,常以儒相诟疾⑥。"

[注释]①陨获:因处境困苦而灰心丧气。 ②充诎(qū):得意忘形的样子。 ③溷(hùn):混浊,这里指玷污。 ④不闵(mǐn)有司:不因官吏的刁难而违背自己的志向。闵,干扰,刁难。有司,古代管事的官吏。 ⑤妄:虚妄不实。 ⑥诟疾:辱骂,讽刺。

哀公既得闻此言也,言加信,行加敬,曰:"终殁吾世①,弗敢复以儒为戏矣。"

[注释]①终殁吾世:终我这一生。殁,死,结束。

问 礼 第 六

哀公问于孔子曰:"大礼何如①?子之言礼,何其尊也!"孔子对曰:"丘也鄙人②,不足以知大礼也。"公曰:"吾子言焉③!"孔子曰:"丘闻之,民之所以生者,礼为大。非礼则无以节事天地之神焉④;非礼则无以辩君臣⑤、上下、长幼之位焉;非礼则无以别男女、父子、兄弟、婚姻、亲族、疏数之交焉⑥。是故君子此之为尊敬,然后以其所能教顺百姓,不废其会节⑦。既有成事,而后治其文章⑧、黼黻⑨,以别尊卑、上下之等。其顺之也,而后言其丧祭之纪⑩、宗庙之序⑪,品其牺牲⑫,设其豕腊⑬,修其岁时⑭,以敬其祭祀,别其亲疏,序其昭穆⑮,而后宗族会醼。即安其居,以缀恩义⑯,卑其宫室,节其服御⑰,车不雕玑⑱,器不彤镂⑲,食不二味⑳,心不淫志㉑,以与万民同利。古之明王,行礼也如此。"公曰:"今之君子,胡莫之行也㉒?"孔子对曰:"今之君子,好利无厌,淫行不倦㉓,荒怠慢游㉔,

固民是尽㉕,以遂其心,以怨其政㉖。忕其众,以伐有道。求得当欲,不以其所㉗;虐杀刑诛,不以其治。夫昔之用民者由前,今之用民者由后。是即今之君子莫能为礼也。"

[注释]①大礼:隆重的礼仪。　②鄙人:浅陋位卑的人。自谦之辞。③吾子:犹言"我的先生",对别人的尊称。　④节事:按照礼制规定的仪节加以祭祀。　⑤辩:通"辨",辨别、辨明。　⑥数(cù):密。　⑦会节:即礼节。会,谓男女之会。节,谓亲疏之节。　⑧文章:车服旌旗等。文,文献典籍。章,规章。⑨黼(fǔ)黻(fú):古代礼服上所绣的花纹,这里指礼服。黼,古代贵族衣物上黑白相间的斧形图案。黻,古代贵族礼服上青黑相间的图案。⑩丧祭之纪:丧葬祭祀的原则。丧祭,葬后之祭。纪,法度、准则。　⑪序:顺序,次序。　⑫品其牺牲:区分祭祀用的牺牲。品,品评,区分。牺牲,古时祭祀用牲的通称。色纯为"牺",体全为"牲"。　⑬豕(shǐ)腊(xī):祭祀用的腌制干猪肉。豕,猪。腊,干肉。　⑭岁时:每年一定的季节或时间。古人有按季节祭祀的习俗。　⑮昭穆:古代宗法制度,宗庙次序,始祖庙居中,以下父、子(祖、父)递为昭穆,左为昭,右为穆,子孙祭祀时也按这种规定排列行礼。此处指宗庙的辈分。　⑯缀:联系,沟通。　⑰服御:服饰车马器用之类。⑱雕玑(jǐ):器物上镂刻成凹凸线状的花纹。　⑲彤(tóng)镂:涂上红漆,雕刻花纹。彤,丹漆,红漆。此处用为动词。　⑳食不二味:指饮食简单,不求滋味之美。　㉑心不淫志:指内心没有过多的欲望。淫,过甚。　㉒胡莫之行也:即"胡莫行之",为什么没有人这么做呢?胡,何,为什么。莫,没有人。㉓淫行:邪行,放纵的行为。　㉔荒怠漫游:纵逸怠惰,放荡游乐。　㉕固民是尽:必使百姓财竭力尽。固,必,一定。　㉖以怨其政:指招致百姓对这种政治的仇恨。　㉗求得当欲,不以其所:不择手段地获得欲望的满足。当,称,符合。所,道,方式。

言偃问曰:"夫子之极言礼也,可得而闻乎?"孔子言:"我欲观夏道,是故之杞①,而不足征也,吾得《夏时》焉②。我欲观殷道,是故之宋,而不足征也,吾得《乾坤》焉③。

《乾坤》之义，《夏时》之等④，吾以此观之。夫礼初也，始于饮食。太古之时，燔黍擘豚⑤，污樽抔饮⑥，蒉桴土鼓⑦，犹可以致敬鬼神。及其死也，升屋而号，告曰：'皋⑧！某复⑨！'然后饮腥苴熟⑩。形体则降，魂气则上，是谓天望而地藏也。故生者南向，死者北首，皆从其初也。昔之王者，未有宫室，冬则居营窟，夏则居橧巢⑪。未有火化⑫，食草木之实、鸟兽之肉，饮其血，茹其毛⑬。未有丝麻，衣其羽皮。后圣有作，然后修火之利，范金合土⑭，以为宫室、户牖，以炮以燔⑮，以烹以炙，以为醴酪。治其丝麻，以为布帛。以养生送死，以事鬼神。故玄酒在室⑯，醴醆在户⑰，粢醍在堂⑱，澄酒在下⑲。陈其牺牲，备其鼎俎⑳，列其琴、瑟、管、磬、钟、鼓，以降上神与其先祖，以正君臣，以笃父子，以睦兄弟，以齐上下，夫妇有所，是谓承天之祐。作其祝号㉑，玄酒以祭，荐其血毛，腥其俎，熟其殽。越席以坐，疏布以幂㉒。衣其浣帛㉓，醴醆以献，荐其燔炙。君与夫人交献，以嘉魂魄。然后退而合烹㉔，体其犬豕牛羊，实其簠簋笾豆铏羹㉕，祝以孝告，嘏以慈告㉖，是为大祥。此礼之大成也。"

[注释]①我欲观夏道，是故之杞（qǐ）：原无"道"字，据四库本、同文本补。杞，杞国，周初所封。姒姓，相传开国君主是夏禹后裔东楼公。初都雍丘（今河南杞县），后东迁至今山东新泰境内。前445年为楚所灭。　②夏时：或以为夏代历书，其书存者有《夏小正》，收入《大戴礼记》中。　③乾坤：天地阴阳之书，即《易》。商《易》又名《归藏》，因首坤次乾故又名《乾坤》。④《乾坤》之义，《夏时》之等：意谓《夏时》、《乾坤》所体现的阴阳变化思想和礼的区分等次。　⑤燔（fán）黍擘（bò）豚：烤黍米剖猪肉。燔，烤。黍，一种粮食作物，子去皮后叫黄米，煮熟后有黏性。擘，剖，分开。豚，小猪，也泛指

猪。 ⑥污(wā)樽(zūn)抔(póu)饮：掘坑当酒樽，用手捧水喝。污，掘地。樽，古代的盛酒器具。抔，手捧。 ⑦蒉(kuài)桴(fú)土鼓：束扎草茎做鼓槌敲打土做成的鼓作为礼乐。蒉，植物名，即赤苋。桴，鼓槌。 ⑧高：通"皋"，嗥，呼而告之。 ⑨某复：古人为刚咽气的亲人招魂的习俗，即登上屋顶大声呼喊。 ⑩饮腥苴(jū)熟：下葬时，举行的饭含珠贝，包裹熟食的礼仪。腥，指生的东西，如珠贝等。苴，包裹。熟，指熟食。 ⑪橧(zēng)巢：聚柴薪造的巢形居处。橧，用柴薪堆筑的居所。 ⑫火化：用火使食物变熟。 ⑬茹(rú)：吃，吞咽。 ⑭范金合土：用模子浇铸金属器皿，调和泥土烧制砖瓦。 ⑮炮(páo)：将带毛的牲体涂泥置于火上烧烤。 ⑯玄酒在室：祭祀时把清水放在室内。太古无酒，以水为酒，又因其色黑，故谓之玄酒。室内在北，地位最尊，故把玄酒摆在室内。 ⑰醴醆(zhǎn)：古时酒按其清浊和厚薄分为五等，叫"五齐"。《周礼·天官·酒正》："辨五齐之名：一曰泛齐，二曰醴齐，三曰盎齐，四曰缇(醍)齐，五曰沈齐。"醴，指醴齐。醆，白色浊酒。 ⑱粢(jì)醍(tǐ)：一种较清的浅红色酒。粢，通"齐"，酒。醍，赤红色的清酒。 ⑲澄酒：一种清酒，为沈齐，于"五齐"中最清。 ⑳鼎俎：祭祀宴享时陈置牲体或其他食物的礼器。鼎为青铜制品，圆形，三足两耳，也有长方四足的。俎为木制，漆饰。 ㉑祝号：即祝词中特别加美的名号。除牺牲、玉帛外，神鬼皆有美号。 ㉒疏布以幂(mì)：用粗麻布覆盖。疏布，粗麻布。幂，覆盖。 ㉓衣其浣(huàn)帛：穿着新织的绸衣。衣，穿。浣帛，新织的绸衣。 ㉔合烹：把半生不熟的祭品合在一起烹煮。 ㉕簠(fǔ)簋(guǐ)笾(biān)豆铏(xíng)羹：簠簋盛满粮食，笾豆盛满果脯和肉酱，带菜肉汤则盛入铏中。簠簋，即两种盛黍稷稻粱的礼器，簠方形，簋圆形。笾，用竹制，盛果脯等。豆，用木制，也有用铜或陶制的，形似高脚盘，盛齑酱等。笾和豆是古代祭祀和宴会时盛食品的两种礼器。铏，即盛羹及菜的器皿。 ㉖嘏(gǔ，又读jiǎ)：古代祭祀，执事人为受祭者向主人致福叫嘏。

五仪解第七

哀公问于孔子曰："寡人欲论鲁国之士①，与之为治，敢问如何取之②?"孔子对曰:"生今之世,志古之道③;居今之俗④,服古之服⑤。舍此而为非者⑥,不亦鲜乎?"

[注释]①论(lún):通"抡",选择。 ②敢:谦辞。 ③志:追慕,向往。 ④居:处于某种地位或情况。 ⑤服古之服:穿着古代的衣服。 ⑥舍(shè)此而为非者:处于上述行为而不是人才的。

曰:"然则章甫绚履、绅带缙笏者①,皆贤人也。"孔子曰:"不必然也。丘之所言,非此之谓也。夫端衣玄裳、冕而乘轩者②,则志不在于食荤③;斩衰菅菲、杖而啜粥者④,则志不在于酒肉。生今之世,志古之道;居今之俗,服古之服,谓此类也。"

[注释]①章甫绚(qú)履、绅带缙笏(hù):头戴殷时之冠,脚着有装饰的鞋子,腰束大带,插着笏版。章甫,殷时冠名。绚,鞋头的装饰。履,鞋子。绅,大带。缙,插。笏,古代臣下朝见君主时所执的笏版,可以记事。 ②端衣玄裳、冕而乘轩:身穿黑色斋服,头戴礼冠,乘坐轩车。玄,黑色。古人谓上衣曰衣,下衣曰裳。 ③志不在于食荤:志,心志。荤,指葱、韭一类的辛菜。 ④斩衰(cuī)菅菲、杖而啜粥:身穿丧服,脚着丧鞋,手拄丧杖而喝稀粥。斩衰,古代最重的丧服。用粗麻布制成,左右和下边不缝,子对父、臣对君服斩衰三年。菅菲,草鞋。啜,喝。

公曰:"善哉!尽此而已乎?"孔子曰:"人有五仪①:有庸人,有士人,有君子,有贤人,有圣人。审此五者②,则治道毕矣③。"

[注释]①仪:标准,等次。 ②审:明。 ③毕:尽,全备。

公曰:"敢问何如斯可谓之庸人?"孔子曰:"所谓庸人

者,心不存慎终之规①,口不吐训格之言②,不择贤以托其身③,不力行以自定④。见小暗大,而不知所务⑤;从物如流⑥,不知其所执⑦。此则庸人也。"

[注释]①慎终之规:始终谨慎行事的法度。慎终,指行事谨慎始终如一。规,法度。 ②训格之言:可以奉为法度的话语。格,法。 ③托:依托。 ④定:有所止。 ⑤不知所务:不知道该做什么。务,致力,做。 ⑥从物如流:顺应外物,随波逐流。 ⑦执:执守。

公曰:"何谓士人?"孔子曰:"所谓士人者,心有所定,计有所守。虽不能尽道术之本①,必有率也②;虽不能备百善之美,必有处也③。是故知不务多,必审其所知;言不务多,必审其所谓④;行不务多,必审其所由⑤。智既知之,言既道之,行既由之,则若性命之形骸之不可易也⑥。富贵不足以益⑦,贫贱不足以损。此则士人也。"

[注释]①道术:此指治国原则和方法。 ②率:遵循。 ③处:居处,引申为执守。 ④审其所谓:审悉所说的是否有理有据。 ⑤由:行,经历。 ⑥若性命之形骸之不可易也:就好像性命形体不能用他物替代一样。形骸,形体。易,以他物替代。 ⑦益:增加。

公曰:"何谓君子?"孔子曰:"所谓君子者,言必忠信而心不怨①,仁义在身而色无伐②,思虑通明而辞不专③,笃行信道④,自强不息,油然若将可越而终不可及者⑤。此则君子也。"

[注释]①怨:咎。 ②色无伐:面无夸耀之色。伐,夸矜。 ③专:专擅,自以为是。 ④笃:坚定。 ⑤油然若将可越而终不可及者:态度舒缓,好像

很快可以被超越却最终不能赶上。油然,舒迟和缓的样子。及,赶上。

公曰:"何谓贤人?"孔子曰:"所谓贤人者,德不逾闲①,行中规绳②,言足以法于天下而不伤于身③,道足以化于百姓而不伤于本④。富则天下无宛财⑤,施则天下不病贫⑥。此则贤者也。"

[注释]①逾闲:逾越法度。闲,法。 ②行中(zhòng)规绳:行为符合法度。中,符合。规绳,规矩、绳墨,这里比喻法度。 ③言足以法于天下而不伤于身:言论足以为天下表率而不损害自身。法,效法。伤,害。 ④本:本性。 ⑤宛:通"苑",即蕴,积蓄。 ⑥病贫:担忧贫穷。病,以……为病,担忧。

公曰:"何谓圣人?"孔子曰:"所谓圣者,德合于天地①,变通无方②,穷万事之终始③,协庶品之自然④,敷其大道而遂成情性⑤。明并日月⑥,化行若神。下民不知其德,睹者不识其邻⑦。此谓圣人也。"

[注释]①合:符合。 ②变通无方:统物通变。无方,无常。 ③穷万物之终始:推究事物发展的规律。穷,推究。终始,指事物发展的规律。 ④协庶品之自然:协和万物本来的性情。庶品,万物。自然,本来的性情。 ⑤敷其大道:广布道艺。敷,布。 ⑥明并日月:与日月齐辉。并,齐。 ⑦下民不知其德,睹者不识其邻:芸芸众生不明白他的德行多么崇高,见到他的人不知道自己身边的是圣人。邻,近邻,身边的人。

公曰:"善哉!非子之贤,则寡人不得闻此言也。虽然①,寡人生于深宫之内,长于妇人之手,未尝知哀,未尝知忧,未尝知劳,未尝知惧,未尝知危,恐不足以行五仪之教,若何?"孔子对曰:"如君之言,已知之矣。则丘亦无所闻焉②。"

[注释]①虽然:即便如此。 ②闻:使之闻,告知。

公曰:"非吾子①,寡人无以启其心②,吾子言也。"孔子曰:"君子入庙,如右③,登自阼阶④,仰视榱桷⑤,俯察机筵⑥,其器皆存,而不睹其人⑦。君以此思哀,则哀可知矣。昧爽夙兴⑧,正其衣冠,平旦视朝⑨,虑其危难,一物失理,乱亡之端⑩。君以此思忧,则忧可知矣。日出听政⑪,至于中冥⑫,诸侯子孙⑬,往来为宾,行礼揖让,慎其威仪⑭。君以此思劳,则劳亦可知矣。缅然长思⑮,出于四门⑯,周章远望⑰,睹亡国之墟⑱,必将有数焉⑲。君以此思惧,则惧可知矣。夫君者,舟也;庶人者,水也。水所以载舟,亦所以覆舟。君以此思危,则危可知矣。君既明此五者,又少留意于五仪之事⑳,则于政治何有失矣?"

[注释]①吾子:敬辞。 ②启:启发。 ③右:这里指门内东边。 ④阼阶:东阶,主人登降之阶。 ⑤榱桷(cuī jué):屋椽。 ⑥机筵:此指几席,为祭祀的席位,后泛称灵座为几筵。机,通"几"。 ⑦睹:见。 ⑧昧爽夙兴:黎明早起。爽,明。昧爽,拂晓,黎明。夙,早。兴,起。 ⑨平旦:天刚亮的时候。 ⑩端:端绪,缘由。 ⑪听政:处理政事。 ⑫中冥:日过午偏斜。中,日中。 ⑬诸侯子孙:指从别国逃亡到鲁国出仕的诸侯子孙。 ⑭威仪:指在祭享等典礼中的仪节。 ⑮缅然:忧闷的样子。 ⑯四门:指城门。 ⑰周章:彷徨的样子。 ⑱墟:遗址。 ⑲有数:有很多。数,言其多。 ⑳少:稍微。

哀公问于孔子曰:"请问取人之法。"孔子对曰:"事任于官①,无取捷捷②,无取钳钳③,无取哼哼④。捷捷,贪也⑤;钳钳,乱也;哼哼,诞也⑥。故弓调而后求劲焉⑦,马服而后求良焉⑧,士必悫而后求智能者焉⑨。不悫而多能,譬之豺狼不可迩⑩。"

[注释]①事任于官:各取所能而任命以相应的官职。 ②捷捷:花言巧语的样子。 ③钳钳:妄言乱语的样子。 ④哼哼:多言多语的样子。哼,通"谆"。 ⑤贪:贪得无厌。 ⑥诞:欺诈寡信。 ⑦劲:强劲。 ⑧服:驯服。 ⑨悫:诚实谨慎。 ⑩迩:接近。

哀公问于孔子曰:"寡人欲吾国小而能守,大则攻,其道如何?"孔子对曰:"使君朝廷有礼①,上下相亲,天下百姓皆君之民,将谁攻之②?苟违此道③,民畔如归④,皆君之仇也,将与谁守?"公曰:"善哉!"于是废山泽之禁⑤,弛关市之税⑥,以惠百姓⑦。

[注释]①使:假如。 ②将谁攻之:谁还会来攻伐。将,语气辞。 ③苟:如果。 ④畔:通"叛"。 ⑤禁:禁令。 ⑥弛:废除。 ⑦惠:施惠。

哀公问于孔子曰:"吾闻君子不博①,有之乎?"孔子曰:"有之。"公曰:"何为?"对曰:"为其二乘②。"公曰:"有二乘,则何为不博?"子曰:"为其兼行恶道也③。"哀公惧焉。

[注释]①博:古代一种两人对局的棋戏。 ②二乘(chéng):指二人相互侵凌争胜。乘,凌。 ③恶道:邪道。

有间①,复问曰:"若是乎?君之恶恶道至甚也②。"孔子曰:"君子之恶恶道不甚,则好善道亦不甚,好善道不甚,则百姓之亲上亦不甚。《诗》云:'未见君子,忧心惙惙。亦既见止,亦既觏止,我心则悦③。'《诗》之好善道甚也如此。"公曰:"美哉! 夫君子成人之善,不成人之恶。微吾子言焉④,吾弗之闻也。"

[注释]①有间:过了一会儿。 ②恶恶道:厌恶邪道。 ③未见君子,忧心惙(chuò)惙。亦既见止,亦既觏(gòu)止,我心则悦:没有见到君子,忧心忡忡。等到见了君子,等到遇上君子,满心欢喜。惙惙,忧愁的样子。既,已经。止,同"之"。觏,遇见。语出《诗·召南·草虫》。 ④微:如果没有,表假设。

哀公问于孔子曰:"夫国家之存亡祸福,信有天命①,非唯人也。"孔子对曰:"存亡祸福皆己而已②,天灾地妖不能加也③。"

[注释]①信:确实。 ②皆己而已:都是源于自身罢了。 ③天灾地妖不能加:反时反常的现象不能改变(国家的命运)。天灾地妖,天反时为灾,地反物为妖。加,改变。

公曰:"善! 吾子之言,岂有其事乎?"孔子曰:"昔者殷王帝辛之世①,有雀生大鸟于城隅焉②,占之,曰:'凡以小生大,则国家必王而名必昌③。'于是帝辛介雀之德④,不修国政,亢暴无极⑤,朝臣莫救⑥,外寇乃至,殷国以亡。此即以己逆天时,诡福反为祸者也⑦。又其先世殷王太戊之时⑧,道缺法圮⑨,以致夭蘖⑩。桑穀于朝⑪,七日大拱⑫,占之者曰:'桑穀野木而不合生朝⑬,意者国亡乎⑭!'太戊恐骇,侧身修行⑮,思先王之政,明养民之道⑯。三年之后,远方慕义,重译至者⑰,十有六国⑱。此即以己逆天时,得祸为福者也。故天灾地妖,所以儆人主者也⑲;寤梦征怪⑳,所以儆人臣者也。灾妖不胜善政,寤梦不胜善行,能知此者,至治之极㉑也,唯明王达此。"公曰:"寡人不鄙固此㉒,亦不得闻君子之教也。"

[注释]①帝辛:即商纣。 ②隅:墙角。 ③国家必王(wàng)而名必昌:王,称王。昌,显赫。 ④介:凭借。 ⑤亢暴:极其残暴。亢,极度,过甚。 ⑥救:阻止。 ⑦诡:违逆。 ⑧太戊:商王名,太庚之子。任用伊陟、巫咸等人使商朝复兴。 ⑨圮(pǐ):毁,坏。 ⑩夭孽:指物类反常的状况。夭,通"妖"。孽,通"孽"。 ⑪榖(gǔ):楮木。 ⑫七日大拱:七天就有两手合围那么粗了。拱,两手合围。 ⑬合:应当。 ⑭意者:大概,恐怕。表猜测。 ⑮侧身:恐惧不安的样子。侧,倾侧。 ⑯养:教化。 ⑰重(chóng)译至者:通过使者辗转传译前来朝拜。译,传译四夷之语。 ⑱有:同"又"。 ⑲儆:儆戒。 ⑳寤(wù)梦征怪:各种梦异和怪诞的征兆。寤,梦异。征,信,验。 ㉑至治之极:达到大治。 ㉒不鄙固此:如果不是这般庸鄙固陋。

哀公问于孔子曰:"智者寿乎?仁者寿乎?"孔子对曰:"然,人有三死①,而非其命也,行己自取也②。夫寝处不时③,饮食不节④,逸劳过度者,疾共杀之⑤;居下位而上干其君⑥,嗜欲无厌而求不止者⑦,刑共杀之;以少犯众⑧,以弱侮强⑨,忿怒不类⑩,动不量力者,兵共杀之。此三者死非命也,人自取之。若夫智士仁人,将身有节⑪,动静以义⑫,喜怒以时,无害其性,虽得寿焉,不亦可乎?"

[注释]①三死:三种死亡方式。 ②行己自取:咎由自取。 ③寝处不时:生活起居没有规律。 ④节:节制。 ⑤共:共同,一道。 ⑥干:冒犯。

⑦嗜欲无厌:嗜好欲望没有满足。 ⑧犯:侵犯。 ⑨侮:侮慢。 ⑩类:止。 ⑪将身有节:行事有所节制。将,行。将身,行事。 ⑫动静以义:居处合乎礼义。

卷 第 二

致 思 第 八

孔子北游于农山①,子路、子贡、颜渊侍侧②。孔子四望,喟然而叹曰:"于斯致思③,无所不至矣④。二三子各言尔志,吾将择焉。"

[注释]①农山:山名,在鲁国北部。 ②子路、子贡、颜渊侍侧:子路、子贡、颜渊在旁边陪着。子路,即仲由,孔子弟子。子贡,即端木赐,孔子弟子。颜渊,即颜回,孔子弟子。 ③致思:集中注意力思考。 ④无所不至矣:什么都可以思考。

子路进曰:"由愿得白羽若月①,赤羽若日②,钟鼓之音上震于天,旌旗缤纷下蟠于地③。由当一队而敌之④,必也攘地千里⑤,搴旗执馘⑥。唯由能之,使二子者从我焉。"夫子曰:"勇哉!"

[注释]①白羽若月:像月亮一样洁白的帅旗。羽,旌旗。 ②赤羽若日:像早晨的太阳一样红的战旗。 ③旍(jīng)旗缤纷下蟠(pán)于地:旌旗招展,向下拖到地上。旍旗,古时一种用五色羽毛装饰的旗子。旍,同"旌"。

蟠,曲折盘绕。　④由当(dàng)一队而敌之:我率领一队人马与敌人作战。当,主领,率领。　⑤必也攘(rǎng)地千里:一定能攻占敌人的土地千里。攘,夺取,占领。　⑥搴(qiān)旗执馘(guó):拔取敌人军旗,割取敌人的左耳以计数报功。搴,取。馘,本义为在古代战争中割取敌人的左耳以计数报功。

　　子贡复进曰:"赐愿使齐、楚合战于漭漾之野①,两垒相望,尘埃相接,挺刃交兵。赐着缟衣白冠②,陈说其间,推论利害,释国之患③。唯赐能之,使夫二子者从我焉。"夫子曰:"辩哉④!"

　　[注释]①赐愿使齐、楚合战于漭漾(mǎng yǎng)之野:端木赐我希望让齐、楚两国在宽广辽阔的原野上交战。漭漾,宽广辽阔。　②赐着(zhuó)缟(gǎo)衣白冠:端木赐我穿着白色的衣冠。着,同"著",穿戴。缟衣,白色的丝绢衣服。　③释:解除。　④辩:有口才,善言辞。

　　颜回退而不对。孔子曰:"回,来! 汝奚独无愿乎①?"颜回对曰:"文武之事,则二子者既言之矣,回何云焉?"孔子曰:"虽然②,各言尔志也,小子言之。"对曰:"回闻薰、莸不同器而藏③,尧、桀不共国而治④,以其类异也。回愿得明王圣主辅相之⑤,敷其五教⑥,导之以礼乐⑦,使民城郭不修,沟池不越⑧,铸剑戟以为农器,放牛马于原薮⑨,室家无离旷之思⑩,千岁无战斗之患。则由无所施其勇,而赐无所用其辩矣。"夫子凛然曰⑪:"美哉德也!"

　　[注释]①汝奚独无愿乎:为什么只有你不谈一下自己的志向呢? 奚,为什么。　②虽然:即使这样。　③薰、莸(xūn yóu):薰,古书上指一种有香味的草。莸,古书上指一种有臭味的草。　④尧,中国古代的贤君陶唐氏之号。

桀,夏朝末代君主,暴君。 ⑤辅相:辅佐,帮助。 ⑥敷其五教:布施五种教化。敷,敷施。五教,五种教化,即父义、母慈、兄友、弟恭、子孝。 ⑦导之以礼乐:用礼乐教导民众。导,教导。 ⑧沟池不越:不用越过沟池去打仗。 ⑨原薮(sǒu):原野湖畔。薮,此处指水少而草木茂盛的湖泽。 ⑩室家无离旷之思:妻子没有思念离家在外的丈夫的苦痛。离旷,指丈夫不在家,妻子独处。 ⑪凛然:严肃的神情。

子路抗手而对曰①:"夫子何选焉②?"孔子曰:"不伤财,不害民,不繁词③,则颜氏之子有矣④。"

[注释]①抗手:举手行礼。 ②选:选择。 ③不繁词:不用说太多的话。 ④则颜氏之子有矣:这只有颜回能做到。颜氏之子,指颜回。

鲁有俭啬者①,瓦鬲煮食②,食之,自谓其美,盛之土型之器③,以进孔子。孔子受之,欢然而悦,如受大牢之馈④。子路曰:"瓦甂⑤,陋器也;煮食,薄膳也⑥。夫子何喜之如此乎?"子曰:"夫好谏者思其君,食美者念其亲。吾非以馔具之为厚⑦,以其食厚而我思焉⑧。"

[注释]①鲁有俭啬者:鲁国有个节俭吝啬的人。俭啬,节俭吝啬。 ②瓦鬲(lì)煮食:用瓦釜煮饭。瓦鬲,指瓦釜,一种陶制炊具。 ③盛之土型之器:把饭盛到陶瓦罐里。土型之器,指瓦甂,一种陶制的瓦罐。型,铸造器物的模子,用泥做的叫型。 ④如受大牢之馈:好像接受了太牢用的牛、羊、豕这样的馈赠。大牢,即"太牢",指祭祀时牛、羊、猪三牲皆备。大,同"太"。 ⑤瓦甂(biān):小瓦盆。 ⑥薄膳:微薄无味的饭食。 ⑦吾非以馔(zhuàn)具之为厚:我高兴并不是因为食物的丰厚。馔具,原义指陈设或准备食物的餐具,此处意谓餐具及其里边盛的食物。 ⑧以其食厚而我思焉:而是因为他吃丰厚的食物的时候想起来让我尝尝。我思,即思我,想起了我。

孔子之楚,而有渔者而献鱼焉,孔子不受。渔者曰:"天暑市远①,无所鬻也②。思虑弃之粪壤③,不如献之君子,故敢以进焉。"于是夫子再拜受之,使弟子扫地,将以享祭④。门人曰:"彼将弃之,而夫子以祭之,何也?"孔子曰:"吾闻诸惜其腐馂而欲以务施者⑤,仁人之偶也⑥。恶有受仁人之馈⑦,而无祭者乎?"

[注释]①天暑市远:天气很热卖鱼的市场又太远。市,卖鱼的市场。②无所鬻(yù)也:没有地方去卖鱼。鬻,卖,出售。 ③思虑弃之粪壤:考虑与其扔到粪土里去。粪壤,粪土。 ④享祭:祭祀。 ⑤吾闻诸惜其腐馂而欲以务施者:我听说因怜惜食物会变得腐烂而想把他送给别人的人。腐,腐烂。馂,熟食。 ⑥仁人之偶也:这是仁人的同类。偶,同伴,同类。 ⑦恶(wū)有受仁人之馈:哪里有接受仁人的馈赠。恶,古同"乌",疑问词,哪里,怎么。

季羔为卫之士师①,刖人之足②。俄而③,卫有蒯聩之乱④,季羔逃之,走郭门。刖者守门焉,谓季羔曰:"彼有缺⑤。"季羔曰:"君子不踰⑥。"又曰:"彼有窦⑦。"季羔曰:"君子不隧⑧。"又曰:"于此有室⑨。"季羔乃入焉。既而追者罢,季羔将去,谓刖者:"吾不能亏主之法而亲刖子之足矣⑩。今吾在难,此正子之报怨之时,而逃我者三⑪,何故哉?"刖者曰:"断足固我之罪,无可奈何。曩者君治臣以法令⑫,先人后臣,欲臣之免也,臣知;狱决罪定,临当论刑,君愀然不乐⑬,见君颜色,臣又知之。君岂私臣哉⑭?天生君子,其道固然⑮。此臣之所以悦君也。"孔子闻之曰:"善哉为吏,其用法一也。思仁恕则树德⑯,加严暴则树怨,公以行之⑰,其子羔乎?"

[注释]①季羔为卫之士师:季羔担任卫国的狱官。季羔,即高柴,字子羔,孔子弟子。士师,狱官。 ②刖(yuè):砍断人的脚,是古代的一种酷刑。 ③俄而:不久。 ④蒯聩(kuǎi kuì)之乱:发生于春秋末年卫国的一次动乱。卫灵公太子蒯聩有罪,出奔到晋国。灵公卒后,立了蒯聩的儿子辄,蒯聩从晋国攻袭卫国以夺取君位。当时孔子的弟子子羔、子路都在卫国做官。 ⑤彼有缺:那边城墙有个缺口。缺,城墙的缺口。 ⑥君子不踰:君子不跳墙。踰,同"逾",本义为越过、超越,此处指逾墙,跳墙。 ⑦彼有窦:那边有个洞口。窦,洞口。 ⑧君子不隧:君子不从洞口里钻。隧,地道,这里指从洞口爬出去。 ⑨室:房子。 ⑩吾不能亏主之法而亲刖子之足矣:过去我因为不能破坏国君的法令,所以亲自下令砍断了你的脚。亏,破坏。亲,亲自下令。 ⑪而逃我者三:而三次想办法让我逃走。 ⑫曩者君治臣以法令:以前你依据法令审理我的案子。曩者,以前,往昔。 ⑬愀(qiǎo)然:忧戚的样子。 ⑭君岂私臣哉:你哪里对我存在私自偏心呢?私,对……有私心。 ⑮天生君子,其道固然:那些天生的君子,为人之道本来就是这样。 ⑯思仁恕则树德:常思仁义宽恕之心就会树立恩德。树,树立。 ⑰公:公正无私。

孔子曰:"季孙之赐我粟千钟也,而交益亲①;自南宫敬叔之乘我车也,而道加行②。故道虽贵,必有时而后重③,有势而后行④。微夫二子之贶财⑤,则丘之道殆将废矣。"

[注释]①季孙之赐我粟千钟也,而交益亲:自从将季孙氏送我的千钟粮食转给了朋友后,我和朋友的交往更加亲近了。季孙,季孙氏,即季康子,名肥。钟,量器,六石四斗为一钟。交,交往的人,朋友。益亲,更加亲近。根据行文语气及下句例,"季孙"前面应有一"自"字。 ②自南宫敬叔之乘我车也,而道加行:自从南宫敬叔帮我得到乘坐的车子后,而我的主张道理可以更好地推行了。 ③故道虽贵,必有时而后重:因此主张道理虽然重要,必须在得到有利的时机后才能被看重。时,时机。 ④有势而后行:得到有利的条

件后才能得到推行。势,条件。 ⑤微夫二子之贶(kuàng)财:如果没有两人送我财物。贶,赐,赠送。

孔子曰:"王者有似乎春秋,文王以王季为父,以太任为母,以太姒为妃,以武王、周公为子,以太颠、闳夭为臣,其本美矣①。武王正其身以正其国,正其国以正天下,伐无道,刑有罪②,一动而天下正③,其事成矣。春秋致其时而万物皆及④,王者致其道而万民皆治⑤,周公载己行化⑥,而天下顺之,其诚至矣。"

[注释]①自"王者"至"其本美矣":此句讲文王具备了称王的各种条件,就像万物的生长季节一样正确,根基是很好的。文王,即周文王,姬姓,名昌,西周王朝的奠基者。王季,周先王,姬姓,名季历,周文王的父亲。太任,周王季之妃,周文王的母亲。太姒,周文王之妃,生子周武王,周公等人。武王,周武王,姬姓,名发,周文王的第二子,西周王朝的建立者。周公,周文王之子,周武王之弟,姬姓,名旦,西周初年杰出的政治家。太颠、闳夭,二人是辅佐周文王的大臣。本,根基,根本。美,美好。 ②刑有罪:惩罚有罪的人。刑,惩罚,惩治。 ③一动而天下正:所以自身一行动天下就得到了治理。一动,自身一行动。 ④春秋致其时而万物皆及:如果春夏秋冬按照正常的规律运转那么万物的生长就会正常。致其时,季节按一定的规律转换。及,及时生长。 ⑤王者致其道而万民皆治:如果做王的人遵循一定的道理做事情那么百姓便能得到有效的治理。致其道,遵循一定的道理做事情。 ⑥载己行化:以身作则来教化天下百姓。

曾子曰:"入是国也,言信于群臣①,而留可也;行忠于卿大夫,则仕可也;泽施于百姓②,则富可也。"孔子曰:"参之言此,可谓善安身矣③。"

[注释]①言信于群臣:如果国君的言论能被众多的大臣相信。信,信任,

相信。　②泽施于百姓:如果国君的恩泽施行于老百姓。泽,恩泽。　③安身:立身。

子路为蒲宰,为水备,与其民修沟渎①。以民之劳烦苦也,人与之一箪食、一壶浆②。孔子闻之,使子贡止之。子路忿然不悦,往见孔子,曰:"由也以暴雨将至,恐有水灾,故与民修沟洫以备之③,而民多匮饿者④,是以箪食壶浆而与之。夫子使赐止之,是夫子止由之行仁也⑤。夫子以仁教而禁其行,由不受也。"孔子曰:"汝以民为饿也,何不白于君⑥,发仓廪以赈之⑦?而私以尔食馈之⑧,是汝明君之无惠⑨,而见己之德美矣。汝速已则可⑩,不则汝之见罪必矣。⑪"

[注释]①子路为蒲宰,为水备,与其民修沟渎:子路做蒲邑的地方官,为了防备大水,就率领蒲邑的民众修建沟渠。蒲,蒲邑,地名,在今河南省长垣县。宰,地方官。为水备,为了防备大水。沟渎,沟渠,水渠。　②人与之一箪食、一壶浆:子路就发给每人一筐饭食、一壶汤水。箪,古代盛饭的圆形竹器。　③由也以暴雨将至,恐有水灾,故与民修沟洫以备之:仲由以为暴雨将要来了,担心有大水灾,所以就率领民众修理沟渠以作防备。沟洫,沟渠。　④匮饿:因缺粮而饥饿。　⑤行仁:施行仁德。　⑥何不白于君:为何不向国君报告。白,报告。　⑦发仓廪以赈之:开放粮仓的粮食救济他们。仓廪,粮仓。赈,救济,赈济。　⑧而私以尔食馈之:你私自以自己的食物救济民众。馈,以食物送人。　⑨是汝明君之无惠:这是你想向民众表明国君没有恩惠。惠,恩惠。　⑩汝速已则可:你赶快停止这件事还可以。已,停止。　⑪见罪:被治罪。表示被动,相当于"被"。

子路问于孔子曰:"管仲之为人何如①?"子曰:"仁也②。"子路曰:"昔管仲说襄公,公不受,是不辩也③;欲立公子纠而不能,是不智也④;家残于齐而无忧色,是不慈也⑤;桎梏而居槛车,无惭心,是无丑也⑥;事所射之君,是不贞也⑦;召忽死之,管仲不死,是不忠也⑧。仁人之道,固若是乎⑨?"孔子曰:"管仲说襄公,襄公不受,公之暗也⑩;欲立子纠而不能,不遇时也⑪;家残于齐而无忧色,是知权命也⑫;桎梏而无惭心,自裁审也⑬;事所射之君,通于变也⑭;不死子纠,量轻重也⑮。夫子纠未成君,管仲未成臣。管仲才度义,管仲不死束缚而立功名,未可非也⑯;召忽虽死,过与取仁,未足多也⑰。"

[注释]①管仲:名夷吾,春秋时代齐国政治家和改革家,辅佐齐桓公成为春秋霸主。 ②仁也:有仁德。 ③昔管仲说(shuì)襄公,公不受,是不辩也:过去管仲劝谏襄公,襄公不接受,这是管仲没有口才。说,劝谏。襄公,齐襄公,名诸儿,骄淫奢侈,被臣下所杀。辩,有口才,善言辞。 ④欲立公子纠而不能,是不智也:管仲想拥立公子纠为国君而没有能做到,这是他没有智谋。智,智慧,智谋。 ⑤家残于齐而无忧色,是不慈也:管仲的父母家人在齐国因罪被杀,他却没有忧伤的神色,这是他没有慈爱之心。慈,慈爱。 ⑥桎梏而居槛(jiàn)车,无惭心,是无丑也:管仲戴着脚镣、手铐被关在囚车里,而没有羞惭的表情,这是没有耻恶之心。桎梏,原指拘系犯人的脚镣、手铐,此处指戴着脚镣、手铐而被拘禁。槛车,四周设有栅栏的囚车,用以押解犯人。无丑,没有耻恶之心。 ⑦事所射之君,是不贞也:管仲转而臣事他曾经试图射杀的齐桓公,是不忠贞的表现。所射之君,指齐桓公(公子小白),管仲曾经射中公子小白带钩。贞,忠贞。 ⑧召(shào)忽死之,管仲不死,是不忠也:召忽为公子纠而死,而管仲却没有为之而死,这是不忠心的表现。召忽,齐国大夫,和管仲共同辅佐公子纠,后随公子纠奔于鲁国;齐桓公杀公子纠,召忽为之死。 ⑨仁人之道,固若是乎:一个有仁德的人的做法,难道真的像这样吗?是,这样。 ⑩暗:无道昏暗。 ⑪时:好的机会。 ⑫知权命也:懂得审度时命。 ⑬自裁审也:自己裁断慎重。 ⑭通于变也:懂得及时

变通。　⑮量轻重也：会权衡生死的轻重。量，权衡。　⑯管仲才度义，管仲不死束缚而立功名，未可非也：管仲才智的重要性胜过了道德的重要性，他没有死于囚禁却建立了功名，这是无可非议的。度，超过。束缚，此处指被囚禁。　⑰召忽虽死，过与取仁，未足多也：召忽虽然为公子纠而死，但为了成仁做得过了，并不值得称赞。多，称赞。

孔子适齐，中路闻哭者之声，其音甚哀。孔子谓其仆曰："此哭哀则哀矣，然非丧者之哀矣①。"驱而前，少进，见有异人焉，拥镰带素，哭音不哀②。孔子下车，追而问曰："子何人也？"对曰："吾，丘吾子也。"曰："子今非丧之所，奚哭之悲也？"丘吾子曰："吾有三失，晚而自觉③，悔之何及？"曰："三失可得闻乎？愿子告吾，无隐也。"丘吾子曰："吾少时好学，周遍天下，后还，丧吾亲，是一失也；长事齐君，君骄奢失士，臣节不遂④，是二失也；吾平生厚交，而今皆离绝，是三失也。夫树欲静而风不停，子欲养而亲不待。往而不来者，年也；不可再见者，亲也。请从此辞。"遂投水而死。孔子曰："小子识之⑤！斯足为戒矣。"自是弟子辞归养亲者十有三。

[注释]①然非丧者之哀矣：但不是死去亲人的那种哀痛。　②驱而前，少进，见有异人焉，拥镰带素，哭音不哀：驱车向前，没有多远，见一位怪人，拿着镰刀，束着白色的带子，不停的哭泣。异人，奇异的人，怪人。拥，执，拿。带素，束扎着白色的带子。音，原作"者"，当为"音"之误。哀，应为"衰"之误。　③晚而自觉：到了晚年自己才醒悟。　④臣节不遂：我没有尽到臣节。遂，实现。　⑤识(zhì)：通"志"，记住。

孔子谓伯鱼曰①："鲤乎，吾闻可以与人终日不倦者，其唯学焉②！其容体不足观也③，其勇力不足惮也④，其先祖不足称也⑤，其族姓不足道也⑥。终而有大名，以显闻四方，流声后裔者，岂非学之效也⑦？故君子不可以不学，其容不可以不饬⑧，不饬无类⑨，无类失亲，失亲不忠，不忠失礼，失礼不立。夫远而有光者，饬也；近而愈明者，学也。譬之污池，水潦注焉，萑苇生焉，虽或以观之，孰知其源乎⑩？"

[注释]①伯鱼：即孔鲤，字伯鱼，孔子之子。 ②吾闻可以与人终日不倦者，其唯学焉：我听说可以整天与人谈论而不知厌倦的，恐怕也只有学习吧！学，学习。 ③其容体不足观也：一个人的容貌形体不值得向人炫耀。容体，容貌形体。观，炫耀。 ④其勇力不足惮也：一个人的勇猛气力是不能让人害怕的。惮，让人害怕。 ⑤其先祖不足称也：一个人的祖先是不值得向人夸耀的。称，向人宣扬。 ⑥其族姓不足道也：一个人的宗族姓氏不值得谈论的。道，向人称道。 ⑦终而有大名，以显闻四方，流声后裔者，岂非学之效也：最后有好的名声，能扬名四方，流芳后世，难道不是学习的功效吗？声，名声。效，功效。 ⑧其容不可以不饬：他的容貌不能不修饰。饬，通"饰"，修饰。 ⑨无类：就没有好的容貌。 ⑩譬之污池，水潦（lǎo）注焉，萑（huán）苇生焉，虽或以观之，孰知其源乎：就好像一个水池，有雨水流到里面，芦草丛生，即使有人来观看，谁又知道它的泉源呢？潦，水潦，雨水。萑苇，两种芦类植物。源，泉源。

子路见于孔子曰："负重涉远，不择地而休；①家贫亲老，不择禄而仕。②昔者由也事二亲之时，常食藜藿之实，为亲负米百里之外。③亲殁之后，南游于楚，从车百乘，积粟万钟，累茵而坐，列鼎而食，愿欲食藜藿，为亲负米，不可复得也。④枯鱼衔索，几何不蠹？⑤二亲之寿，忽若过隙。"

孔子曰:"由也事亲,可谓生事尽力,死事尽思者也。⑥"

　　[注释]①负重涉远,不择地而休:如果背负着很重的东西,但要走很远的路,就不会只选择好的地方才休息。　②家贫亲老,不择禄而仕:如果家中贫穷,父母年老需要赡养,就不会选择高的俸禄才做官。　③昔者由也事二亲之时,常食藜藿(lí huò)之实:过去仲由我事奉父母的时候,常吃粗劣的饭菜。藜,一种野菜,又名灰菜,嫩叶可吃。藿,豆叶。此处藜藿指粗劣的饭菜。　④亲殁之后,南游于楚,从车百乘,积粟万钟,累茵而坐,列鼎而食,愿欲食藜藿,为亲负米,不可复得也:父母去世以后,我南下楚国做官,随从的车辆有百乘之多,积蓄的粮食有万钟之多,坐的垫子有好几层,排开大鼎吃饭,但是我想吃粗劣的饭菜,为父母背米,已经没有机会了。累茵而坐,铺上几层垫子而坐。茵,本义为车上的垫子,此处泛指垫子。　⑤枯鱼衔索,几何不蠹(dù):枯鱼干串在绳子上,生蠹虫还会久远吗? 蠹,蛀蚀,为蛀虫所坏。　⑥由也事亲,可谓生事尽力,死事尽思者也:仲由侍奉父母,可以说父母在世的时候竭尽了全力,去世以后倾尽了哀思。

　　孔子之郯,遭程子于涂,倾盖而语,终日,甚相亲①。顾谓子路曰②:"取束帛以赠先生③。"子路屑然对曰④:"由闻之,士不中间见,女嫁无媒,君子不以交,礼也。⑤"有间,又顾谓子路。子路又对如初。孔子曰:"由,《诗》不云乎:'有美一人,清扬宛兮。邂逅相遇,适我愿兮。'⑥今程子,天下贤士也。于斯不赠,则终身弗能见也。小子行之!"

　　[注释]①孔子之郯(tán),遭程子于涂,倾盖而语,终日,甚相亲:孔子到郯国去,在路上遇到了程子,便将车子停在一起谈话,一直到天黑,显得非常亲近友好。郯,郯国,春秋时为鲁之属国,在今山东郯城北。程子,当是其时贤达之士,具体不详。涂,同"途",路上。倾盖,指车上的伞盖相互倾靠,意谓两辆车子停放在一起。　②顾:回头。　③取束帛以赠先生:取一束帛来送

给先生。束,丝帛的计量单位。帛,丝织品,用作礼物。赠,送。 ④屑然:恭敬的样子。 ⑤由闻之,士不中间见,女嫁无媒,君子不以交,礼也:仲由我听说,士人没有经过人介绍就互相见面,女子没有媒人就嫁到丈夫家,君子是不跟这样的人交往的,这是礼的规定。中间,指经过人介绍。 ⑥有美一人,清扬宛兮。邂逅(xiè hòu)相遇,适我愿兮:此处所引《诗》之语见《诗·郑风·野有蔓草》。路上有一位美人,长得眉清目秀。和她不期而遇,这正适合我的想法。清扬,眉目清秀。宛,今本《毛诗》作"婉",美好。邂逅,不期而遇。适,适合。

孔子自卫反鲁,息驾于河梁而观焉①。有悬水三十仞,圜流九十里,鱼鳖不能导,鼋鼍不能居②。有一丈夫,方将厉之③。孔子使人并涯止之,曰④:"此悬水三十仞,圜流九十里,鱼鳖鼋鼍不能居也,意者难可济也⑤。"丈夫不以措意⑥,遂渡而出。孔子问之,曰:"子巧⑦乎?有道术乎?所以能入而出者,何也?"丈夫对曰:"始吾之入也,先以忠信;及吾之出也,又从以忠信。忠信措吾躯于波流⑧,而吾不敢以用私⑨,所以能入而复出也。"孔子谓弟子曰:"二三子识之,水且犹可以忠信成身亲之⑩,而况于人乎?"

[注释]①息驾于河梁而观焉:在桥上停车观赏河上的风景。息驾,停车。河梁,河上的桥梁。 ②有悬水三十仞,圜流九十里,鱼鳖不能导,鼋鼍(yuán tuó)不能居:河上的瀑布高达三十仞,河水的漩涡急流长达九十里,鱼鳖不能游走,鼋鼍也无法停留。悬水,瀑布。仞,长度单位。古代以七尺或八尺为一仞。圜流,漩涡急流。导,游走。鼋,大鳖。鼍,鳄鱼的一种,又称鼍龙。 ③方将厉之:厉,游渡。正要从那里游渡过河。 ④并(bàng)涯:靠近河水边。并,通"傍",靠近。涯,此处指河水边。 ⑤意者难可济也:想来应该很难通过。济,通过。 ⑥措意:在意,放在心上。 ⑦子巧乎:你有特别的技

巧吗?巧,技巧。 ⑧忠信措吾躯于波流:忠信托着我的身躯在急水湍流中平稳前进。措,置、放。 ⑨而吾不敢以用私:而我不敢怀着私心。私,私心杂念。 ⑩水且犹可以忠信成身亲之:以忠信成就自身尚且可用来亲近水。亲,亲近。

孔子将行,雨而无盖①。门人曰:"商②也有之。"孔子曰:"商之为人也,甚吝于财③。吾闻与人交,推其长者④,违其短者⑤,故能久也。"

[注释]①雨而无盖:雨下起来车子却没有伞盖。盖,车子上的伞盖。②商:即卜商,字子夏,孔子弟子。 ③甚吝于财:非常吝惜钱财。吝,吝啬。 ④推其长者:推重他的长处。推,推重。 ⑤违其短者:避开他的短处。违,避开。

楚王渡江①,江中有物大如斗,圆而赤,直触②王舟。舟人取之。王大怪之,遍问群臣,莫之能识。王使使聘于鲁③,问于孔子。子曰:"此所谓萍实者也④,可剖而食之,吉祥也,唯霸者为能获焉。"使者反⑤。王遂食之,大美。久之,使来,以告鲁大夫。大夫因子游问曰⑥:"夫子何以知其然乎?"曰:"吾昔之郑,过乎陈之野,闻童谣曰:'楚王渡江得萍实,大如斗,赤如日,剖而食之甜如蜜。'此是楚王之应也⑦,吾是以知之。"

[注释]①江:长江。 ②直触王舟:径直向王舟碰过来。触,撞、碰。③王使使聘于鲁:王派使者访问鲁国。使使,派使者。聘,诸侯之间互派使节问候。 ④此所谓萍实者也:这就是所说的萍草的果实。萍实,萍草的果实。⑤反:同"返",返回。 ⑥因:此处意谓通过。 ⑦此是楚王之应也:这次楚王真的应验了。应,应验。

子贡问于孔子曰:"死者有知乎?将无知乎①?"子曰:"吾欲言死之有知,将恐孝子顺孙妨生以送死②;吾欲言死之无知,将恐不孝之子弃其亲而不葬。赐欲知死者有知与无知③,非今之急,后自知之。"

[注释]①将:还是。 ②将恐孝子顺孙妨生以送死:却担心孝子顺孙伤害自己的生命来葬送死者。将,却,又。妨,妨害,伤害。 ③欲:想。"欲"字前原衍一"不"字,据行文语气删。

子贡问治民于孔子。子曰:"懔懔焉若持腐索之扞马①。"子贡曰:"何其畏也?"孔子曰:"夫通达御皆人也,以道导之,则吾畜也②;不以道导之,则吾仇也。如之何其无畏也?"

[注释]①懔懔(lǐn lǐn)焉若持腐索之扞(hàn)马:要谨慎恐惧,好像拿着腐朽的缰绳驾驭凶猛的烈马一样。懔懔焉,即谨慎恐惧的样子。腐索,腐朽的缰绳。扞,通"悍"。扞马,凶猛的烈马。 ②夫通达御皆人也,以道导之,则吾畜也:在通畅顺达的地方驾驭马到处都会遇到人,用正确的方法引导它,就会听自己的话。御,此处指驾驭马。以道导之,用正确的方法引导它。

鲁国之法,赎人臣妾于诸侯者,皆取金于府①。子贡赎之,辞而不取金②。孔子闻之曰:"赐失之矣。夫圣人之举事也③,可以移风易俗,而教导可以施之于百姓,非独适身之行也④。今鲁国富者寡而贫者众,赎人受金则为不廉,则何以相赎乎?自今以后,鲁人不复赎人于诸侯。"

[注释]①鲁国之法,赎人臣妾于诸侯者,皆取金于府:按照鲁国法律的规

定,从诸侯国赎回做奴隶的鲁国人,都可以从鲁国府库里领取金钱。赎,赎买。臣妾,此处指古时对奴隶的称谓。男称臣,女称妾。府,府库,官府储存财物等重要物品的仓库。 ②辞:辞让。 ③夫圣人之举事也:圣人做事情。举事,做事情。 ④非独适身之行也:并非只是适合自身的行为。适身,适合自身。

子路治蒲,请见于孔子曰:"由愿受教于夫子。"子曰:"蒲其何如?"对曰:"邑多壮士①,又难治也②。"子曰:"然,吾语尔,恭而敬,可以摄勇③;宽而正,可以怀强④;爱而恕⑤,可以容困⑥;温而断⑦,可以抑奸⑧。如此而加之⑨,则正不难矣⑩。"

[注释]①邑多壮士:蒲邑这个地方有很多勇士。壮士,勇士。 ②治:治理。 ③就可以慑服那些勇士。摄,通"慑",慑服。 ④可以怀强:就可以怀柔强悍的人。怀,怀柔。 ⑤爱而恕:对人仁爱而宽恕。 ⑥可以容困:可以容纳困穷的人。困,困穷的人。 ⑦温而断:处事温和而又果断。 ⑧可以抑奸:可以制服奸邪的人。抑,制止。 ⑨如此而加之:如此推行措施。加,推行。 ⑩则正不难矣:那么治理蒲邑就不困难了。正,通"政",为政。

三　恕　第　九

孔子曰:"君子有三恕①:有君不能事,有臣而求其使②,非恕也;有亲不能孝,有子而求其报,非恕也;有兄不能敬,有弟而求其顺,非恕也。士能明于三恕之本,则可谓端身③矣。"

[注释]①君子有三恕:君子在三种情况下应该做到"恕"。恕,仁爱待物,推己及人。 ②有君不能事,有臣而求其使:有君主不能去侍奉,有臣下

却要役使他们。 ③端身:正身,使自身端正。

孔子曰:"君子有三思①,不可不察②也:少而不学,长无能也;老而不教,死莫之思③也;有而不施④,穷莫之救也。故君子少思其长则务⑤学,老思其死则务教,有思其穷则务施。"

[注释]①思:思索,考虑。 ②察:明察,知晓。 ③老而不教,死莫之思:年老的时候不担负教化的职责,死后就不会有人怀念。思,怀念,思念。 ④施:施舍。 ⑤务:致力于。

伯常骞问于孔子曰:"骞固周国之贱吏也①,不自以不肖②,将北面③以事君子。敢问正道宜行,不容于世④;隐道宜行,然亦不忍。今欲身亦不穷,道亦不隐,为之有道乎?"孔子曰:"善哉,子之问也!自丘之闻,未有若吾子所问辩且说⑤也。丘尝闻君子之言道矣,听者无察,则道不入⑥;奇伟不稽⑦,则道不信。又尝闻君子之言事矣,制无度量⑧,则事不成;其政晓察⑨,则民不保。又尝闻君子之言志矣,尉折者不终⑩,径易者则数伤⑪,浩倨者则不亲⑫,就利者则无不弊⑬。又尝闻养世⑭之君子矣,从轻勿为先,从重勿为后⑮,见像而勿强⑯,陈道而勿怫⑰。此四者,丘之所闻也。"

[注释]①骞固周国之贱吏也:我本来是周朝的史官。据孙星衍考证,此处'吏'当作"史"。史,古代官职名,在王左右,担任祭祀、记事、星历、卜筮等职。固,本来,原来。 ②肖:不好。 ③北面:面朝北,恭谦地行敬拜之礼。 ④敢问正道宜行,不容于世:请问如果遵循道义原则使行事合宜,但却不为

世道所容。 ⑤辩且说:思辨和论证在理。辩、说,古代的逻辑名词,指思辨和论证。 ⑥听者无察,则道不入:听者如果不认真思考,就不可能接受道义。 ⑦奇伟不稽:奇特怪异的事物如果不加考察。奇伟,奇特怪异。稽,考,考察。 ⑧度量:本义指计量长短、容积、轻重的统称,此处引申为标准。 ⑨晓察:明察,此处指近乎苛刻的明察。 ⑩罡(gāng)折者不终:过于刚强的人不能寿终。罡折,刚正不阿。不终,不能寿终。 ⑪径易者则数伤:轻易改变志节的人屡屡损害道义。径,轻。 ⑫浩倨者则不亲:傲慢不恭的人不会有人亲近。浩,高傲。倨,傲慢不逊。 ⑬就利者则无不弊:一味追求个人利益的人最后没有不败落的。弊,破败,破落。 ⑭养世:安身处世。 ⑮从轻勿为先,从重勿为后:遇到(忧患和劳苦的事情)轻微的不争先,严重的不落后。 ⑯见(xiàn)像而勿强:推行法令不能强制。见,介绍,推行。像,榜样,法式。 ⑰陈道而勿怫(bèi):陈述道义而不悖逆。陈道,陈述道义。怫,通"悖",违犯,悖逆。

孔子观于鲁桓公①之庙,有欹器②焉。夫子问于守庙者曰:"此谓何器?"对曰:"此盖为宥坐之器③。"孔子曰:"吾闻宥坐之器,虚则欹,中④则正,满则覆。明君以为至诚⑤,故常置之于坐侧。"顾⑥谓弟子曰:"试注水焉。"乃注之水,中则正,满则覆。夫子喟然⑦叹曰:"呜呼!夫物恶有满而不覆哉?"子路进曰:"敢问持满有道乎?"子曰:"聪明睿智,守之以愚;功被⑧天下,守之以让;勇力振世,守之以怯;富有四海,守之以谦。此所谓损之又损之之道⑨也。"

[注释]①鲁桓公:春秋时期鲁国国君。名允,一作轨。在位18年(前711—前694年)。 ②欹(qī)器:倾斜易覆的器具。古代指改装过的汲水陶罐。 ③宥(yòu)坐之器:指君主座位右边放置的欹器,用来警戒君主,要以宽厚仁爱之心为政。宥,同右。 ④中:适中,合适。 ⑤至诚:深诚。

⑥顾:回头。　⑦喟(kuì)然:叹气的样子。　⑧被:及,遍及。　⑨损之又损之之道:指尽可能地谦抑是保持盈满的方法。损,减损。损之又损之,指日去其华伪以归于淳朴无为,引申为尽可能节省或谦抑。

孔子观于东流之水。子贡问曰:"君子所见大水,必观焉,何也?"孔子对曰:"以其不息,且遍与诸生①而不为也。夫水似乎德,其流也,则卑下;倨拘必修②,其理似义;浩浩③乎无屈尽④之期,此似道;流行赴百仞之溪而不惧,此似勇;至量必平之,此似法;盛而不求概⑤,此似正;绰约微达⑥,此似察;发源必东,此似志;以出以入,万物就以化洁,此似善化也。水之德有若此,是故君子见必观焉。"

[注释]①遍与诸生:它的恩惠施于天下苍生。诸生,各种生物。　②倨(jù)拘(gōu)必修:弯弯曲曲地流动却一定遵循向下的原则。拘,原本作"邑",据备要本改。倨拘,也作"倨句",器物弯曲的形状。曲度较小的叫倨,大的叫拘。修,循,遵循。　③浩浩:水盛大的样子。　④屈(jué)尽:竭尽,穷尽。　⑤概:量米粟时刮平斗斛上尖用的木板。量米粟时,放在斗斛上刮平,不使过满,此为刮平、修平、不使过量之意。　⑥绰约微达:本性柔弱却多么细微的地方都能达到。绰约,柔弱的样子。

子贡观于鲁庙之北堂,出而问于孔子曰:"向①也赐观于太庙之堂,未既辍②,还瞻北盖,皆断焉③,彼将有说④耶?匠过之也。"孔子曰:"太庙之堂,官致⑤良工之匠,匠致良材,尽其功巧,盖贵久矣,尚有说也⑥。"

[注释]①向:刚才。　②未既辍:将要结束的时候。辍,止。　③还瞻北盖,皆断焉:回头望见北面的正门,发现都是用断开的木料做成的。盖,同盍,"阖"之借字,门。　④说:道理。　⑤致:招引,搜求。　⑥尚有说也:其中一

定有它的道理。尚,必,一定。

孔子曰:"吾有所耻①,有所鄙②,有所殆③。夫幼而不能强学,老而无以教,吾耻之;去其乡,事君而达,卒遇故人,曾无旧言④,吾鄙之;与小人处而不能亲贤,吾殆之。"

[注释]①耻:原本作"齿",备要本、陈本、《荀子》作"耻",今从诸本改。 ②鄙:鄙视,看不起。 ③殆:认为危险。 ④去其乡,事君而达,卒(cù)遇故人,曾无旧言:离开自己的故乡,侍奉君主而通达当了大官,偶尔遇见老友,竟然没有怀旧的话。卒,突然,偶尔。曾,竟然。旧言,平素交往的言谈。

子路见于孔子。孔子曰:"智者①若何②? 仁者③若何?"子路对曰:"智者使人知己,仁者使人爱己。"子曰:"可谓士④矣。"子路出,子贡⑤入。问亦如之。子贡对曰:"智者知人,仁者爱人。"子曰:"可谓士矣。"子贡出,颜回⑥入。问亦如之。对曰:"智者自知,仁者自爱。"子曰:"可谓士君子⑦矣。"

[注释]①智者:有智慧或智谋的人。 ②若何:如何,怎么样。 ③仁者:有德行的人。 ④士:智者,贤者,泛指读书人,知识阶层。 ⑤子贡:春秋时期的思想家和大商人。姓端木,名赐,字子贡。卫国人。孔子学生。 ⑥颜回:姓颜,名回,字子渊,亦称颜渊,后世也称作"颜叔"、"颜生"。春秋末年鲁国(今山东曲阜)人。孔子学生,以德行著称。 ⑦士君子:古人称"士君子"有多种含义,一般指上层统治者,这里指有学识而品德高尚的人。

子贡①问于孔子曰:"子从父命,孝乎②;臣从君命,贞③乎;奚④疑焉?"孔子曰:"鄙⑤哉,赐! 汝不识也。昔者明王万乘之国,有争臣七人,则主无过举⑥;千乘之国,有争臣五人,则社稷不危也;百乘之家,有争臣三人,则禄位不替⑦;父有争子,不陷无礼;士有争友,不行不义。故子从父命,奚讵⑧为孝?臣从君命,奚讵为贞?夫能审其所从⑨,之谓孝、之谓贞矣。"

[**注释**]①子贡:《荀子·子道》作"鲁哀公"。 ②孝乎:丛刊本无"乎"字,据同文本补。孝,孝顺。 ③贞:忠贞。 ④奚:什么。 ⑤鄙:孤陋寡闻,见识浅薄。 ⑥万乘之国,有争臣七人,则主无过举:拥有兵车万辆的国家,有谏争之臣七人,君主就不会犯错。争臣,指能直言谏君,规劝君主过失的大臣。争,同"诤"。 ⑦替:废弃,废除。 ⑧奚讵:亦作"奚距",岂,难道。 ⑨审其所从:能够考虑明白自己所以听从的道理。

子路盛服①见于孔子。子曰:"由,是倨倨②者何也?夫江始出于岷山③,其源可以滥觞④,及其至于江津⑤,不舫舟⑥,不避风,则不可以涉。非唯下流水多耶!今尔衣服既盛,颜色充盈⑦,天下且孰肯以非告汝乎?"子路趋⑧而出,改服而入,盖自若也。子曰:"由,志之!吾告汝:奋于言者华⑨,奋于行者伐⑩。夫色智而有能者,小人也。故君子知之曰知⑪,言之要也;不能曰不能,行之至也。言要则智,行至则仁,既仁且智,恶不足哉!"

[**注释**]①盛服:整齐华丽的衣服。 ②倨倨:盛服的样子,无思虑、神色傲慢的样子。 ③岷山:在今四川省松潘北。古人认为岷山是长江的发源地。实际上,岷山为岷江、嘉陵江的发源地。 ④滥觞:浮起酒杯,比喻事情的开始。觞,酒杯。 ⑤江津:江边渡口。 ⑥舫舟:并合两只小船来载人。 ⑦颜色充盈:面容傲慢。颜色,脸色,面容。充盈,自满,骄傲。 ⑧趋:古代的一种礼节,以碎步疾行来表示敬意。疾行曰趋,疾趋曰走。 ⑨奋于言者华:抢着说话的人往往华而不实。奋,振作,振起,指抢先。 ⑩伐:自吹自

擂,夸耀自己。 ⑪知:知道。丛刊本作"智",据同文本改。

子路问于孔子曰:"有人于此,披褐而怀玉①,何如?"子曰:"国无道②,隐之可也;国有道,则衮冕而执玉③。"

[注释]①披褐而怀玉:穿着粗布衣服,却怀揣宝玉,比喻品德高尚,却隐居不仕。褐,指粗布或粗布衣;最早用葛、兽毛,后通常指大麻、兽毛的粗加工品,古时贫贱人穿。怀玉,怀抱仁德。 ②无道:政治昏暗。 ③衮冕而执玉:穿戴礼服、礼冠,手捧玉圭,比喻登朝做官。衮冕,衮衣和冕,指古代帝王和上公上朝的礼服和礼冠,借指登朝入仕。执玉,手捧玉圭,古代以不同形制的玉圭区别爵位,因以此指称仕宦。

好 生 第 十

鲁哀公问于孔子曰:"昔者舜冠何冠①乎?"孔子不对。公曰:"寡人有问于子,而子无言,何也?"对曰:"以君之问不先其大②者,故方思所以为对。"公曰:"其大何乎?"孔子曰:"舜之为君也,其政好生而恶杀③,其任授贤而替不肖,德若天地而静虚④,化若四时而变物⑤,是以四海承风,畅于异类⑥,凤翔麟至,鸟兽驯⑦德,无他也,好生故也。君舍此道而冠冕是问⑧,是以缓对。"

[注释]①冠何冠:戴什么样的帽子。 ②大:重要。 ③好生而恶杀:爱惜生灵,厌恶杀戮。 ④德若天地而静虚:德行好像是天地运转而清静无欲。 ⑤化若四时而变物:教化就如同四时交替而变易万物。 ⑥异类:周边的少数民族。 ⑦驯:顺。 ⑧冠冕是问:只问冠冕。

孔子读史至楚复陈①,喟然叹曰:"贤哉,楚王②!轻千乘之国而重一言之信,匪③申叔④之信不能达其义,匪庄王之贤不能受其训。"

[注释]①楚复陈:楚国恢复陈国政权。 ②楚王:指楚庄王,春秋五霸之一。 ③匪:通"非",不,不是,没有。 ④申叔:即申叔时,楚国大夫。

孔子常自筮其卦①,得《贲》②焉,愀然有不平之状③。子张④进曰:"师闻卜者得《贲卦》,吉也。而夫子之色有不平,何也?"孔子对曰:"以其离⑤耶。在《周易》,山下有火谓之《贲》⑥,非正色之卦也。夫质也,黑白宜正焉。今得《贲》⑦,非吾兆⑧也。吾闻丹漆不文,白玉不雕⑨,何也?质有余,不受饰故也。"

[注释]①常自筮其卦:曾经自己占卜。常,通"尝",曾经。一般释为"经常",误。筮,用蓍草卜问吉凶祸福或占卜疑难的事。卦,《周易》中的一套有象征含义的符号。 ②贲(bì):卦名。《易》六十四卦之一。卦象为,离下艮上。 ③愀(qiǎo)然有不平之状:神色严肃,出现不平和的面色。不平,愤慨,不满。状,样子。 ④子张:孔子弟子。姓颛孙,名师,字子张。陈国人。 ⑤离:模糊不清。 ⑥山下有火谓之《贲》:艮代表山;离代表火。贲为"离下艮上",故云"山下有火谓之贲"。王肃注为"离上艮下",误。 ⑦贲:颜色斑杂不纯。 ⑧兆:征兆。 ⑨丹漆不文,白玉不雕:红漆不用文饰,白玉不用雕琢。

孔子曰:"吾于《甘棠》①,见宗庙之敬甚②矣。思其人,必爱其树;尊其人,必敬其位③。道也。"

[注释]①《甘棠》:《诗·召南》中的一篇。甘棠,也称杜梨、棠梨,因其枝干高大,古代常种植于社(古时听诉讼、断是非及敬神的地方)前,而称社木。据传,召伯曾在社前听讼断狱,公正无私,当时人们感念他,便颂唱这首诗歌,

倡导爱护召伯社前的树木。　②见宗庙之敬甚:看出作者对祖先极大的敬义之情。宗庙,祭祀祖先的地方。　③位:位置,地方。

子路戎服①见于孔子,拔剑而舞之,曰:"古之君子,以剑自卫乎?"孔子曰:"古之君子,忠以为质,仁以为卫,不出环堵②之室,而知千里之外。有不善,则以忠化之;侵暴③,则以仁固④之,何持剑乎?"子路曰:"由乃今闻此言。请摄齐以受教⑤。"

[注释]①戎服:军服。此处意为穿着军服。　②堵:墙壁。　③侵暴:侵犯欺凌。　④固:稳定。　⑤摄齐(zī)以受教:恭恭敬敬拜先生为师。摄,牵曳,提起。齐,长衣下部的缉边,泛指长衣的下摆。

楚恭王出游,亡乌嗥之弓①,左右请求之。王曰:"止,楚王失弓,楚人得之,又何求之!"孔子闻之,曰②:"惜乎其不大③也,不曰人遗弓人得之而已,何必楚也?"

[注释]①楚恭王出游,亡乌嗥(háo)之弓:楚恭王,原本脱"恭"字,据同文本补。楚恭王,名审,春秋时楚国国君,在位31年(前590—前560)。亡乌嗥之弓,原本脱"乌嗥之"三字,据同文本补。　②曰:此字原本脱,据陈本补。③大:指心胸开阔。

孔子为鲁司寇,断狱讼①,皆进众议者②而问之,曰:"子以为奚若?某以为何若?"皆曰云云如是③,然后夫子曰:"当从某子几是④。"

[注释]①断狱讼:审理案件。断,判决,判罪。狱讼,诉讼的事情或案件。②皆进众议者:都要从众人中选出议论者参与。　③皆曰云云如是:大家纷纷发表见解,说应该如此如此。　④几是:几,近,接近。是,对。

孔子问漆雕凭①曰:"子事臧文仲、武仲及孺子容②,此三大夫孰贤?"对曰:"臧氏家有守龟③焉,名曰蔡。文仲三年而为一兆④,武仲三年而为二兆,孺子容三年而为三兆,凭从此之见,若问三人之贤与不贤,所未敢识也。"孔子曰:"君子哉!漆雕氏之子,其言人之美也,隐而显⑤;言人之过也,微而著。智而不能及,明而不能见,孰克⑥如此。"

[注释]①漆雕凭:不见于其他先秦古书。《家语·七十二弟子解》提到孔子的三个弟子漆雕开、漆雕从、漆雕侈。此处记载可能有误,按文意,漆雕凭可能为孔子弟子。 ②事臧文仲、武仲及孺子容:事,有供奉意,此处应引申为尊崇。臧文仲,即臧孙辰,春秋时鲁国大夫。武仲,即臧孙纥,文仲之孙。孺子容,其名不见于先秦其他古书记载,或为武仲之后。 ③守龟:天子、诸侯的占卜之龟。 ④兆:本义为卜兆,龟甲炙烧后的裂纹,据此判定吉凶。此处泛指占卜。 ⑤隐而显:含蓄却能表达明白。 ⑥克:能。

鲁公索氏将祭而亡其牲①。孔子闻之曰:"公索氏不及二年将亡。"后一年而亡。门人问曰:"昔公索氏亡其祭牲,而夫子曰不及二年必亡。今过期②而亡,夫子何以知其然?"孔子曰:"夫祭者,孝子所以自尽于其亲,将祭而亡其牲,则其余所亡者多矣。若此而不亡者,未之有也。"

[注释]①鲁公索氏将祭而亡其牲:鲁国公索家要举行祭祀,供祭祀用的家畜却丢失了。公索氏,鲁国公族。亡,丢失,走失。牲,供祭祀、盟誓和食用的家畜,这里特指供祭祀用的家畜。 ②期(jī):一整年。

虞、芮①二国争田而讼,连年不决,乃相谓曰:"西伯仁也②,盍往质之③?"入其境,则耕者让畔④,行者让路;入其朝,士让为大夫,大夫让为⑤卿。虞、芮之君曰:"嘻!吾侪⑥小人也,不可以履君子之庭⑦。"遂⑧自相与⑨而退,咸以所争之田为闲田也。孔子曰:"以此观之,文王之道,其不可加⑩焉,不令而从,不教而听,至矣哉!"

[注释]①虞、芮(ruì):周初诸侯国。虞在今山西平陆北,芮在今陕西大荔朝邑城南。 ②西伯仁也:同文本"仁"字后面有"人"字。西伯,周文王。 ③盍往质之:为什么不前去让他主持公道。盍,何不。质,询问,就正。 ④畔:田界。 ⑤为:丛刊本作"于",据同文本改。 ⑥侪(chái):同辈,同类的人。 ⑦履君子之庭:此处丛刊本作"入君子之朝",今据同文本改。 ⑧遂:丛刊本作"远",据同文本改。 ⑨相与:共同,一道。 ⑩其不可加:真到了无以复加的境地。

曾子曰:"狎甚则相简①,庄甚则不亲,是故君子之狎足以交欢②,其庄足以成礼③。"孔子闻斯言也,曰:"二三子④志⑤之,孰谓参也不知礼乎?"

[注释]①狎(xiá)甚则相简:过分亲近就会显得轻贱。狎,亲近,接近。简,轻贱,怠慢。 ②交欢:一齐欢乐。 ③成礼:符合礼仪,保持礼仪。 ④二三子:犹言诸君,你们这些人。 ⑤志:记住。

哀公问曰:"绅、委、章甫①,有益于仁乎?"孔子作色而对曰:"君胡然焉?衰麻苴杖者②,志不存③乎乐,非耳弗闻,服使然也;黼黻衮冕④者,容不亵慢⑤,非性矜庄,服使然也;介胄⑥执戈者,无退懦之气,非体纯猛,服使然也。且臣闻之,好肆不守折⑦,而长者不为市⑧。窃⑨夫其有益与无益,君子所以知。"

[注释]①绅、委、章甫:绅,古代士大夫束于腰间,一头下垂的大带。委,周之冠。章甫,商之冠,后来用以称儒者之冠。 ②衰(cuī)麻苴杖者:穿孝服、拖孝杖的人。衰麻,丧服,衰衣麻绖。用粗麻布制成,披在胸前、缠于头部和腰间。苴杖,古代居父丧时孝子所用的竹杖,也称哭丧棒。 ③存:在。 ④黼(fǔ)黻(fú)衮冕:黼黻,古代礼服所绣的花纹,也泛指花纹和有文采,也指礼服。衮冕,朝服。 ⑤褺慢:举止不庄重。褺,丛刊本作"袭",据同文本改。 ⑥介胄:披甲戴盔。 ⑦好肆不守折(shé):好的买卖不会亏本。肆,指商业活动。折,亏本。 ⑧长者不为市:年长者不会去做买卖。 ⑨窃:谦词,私自,私下,这里是"我私下认为"的意思。王肃理解为"窃,宜为察",有误。

孔子谓子路曰:"见长者而不尽其辞①,虽②有风雨,吾不能入其门矣。故君子以其所能敬人,小人反是③。"

[注释]①尽其辞:把话说完。 ②虽:即使。 ③反是:与此相反。

孔子谓子路曰:"君子以心导耳目,立义以为勇;小人以耳目导心,不愻①以为勇。故曰退之而不怨,先之斯可从已②。"

[注释]①愻(xùn):通"逊",驯顺。 ②退之而不怨,先之斯可从已:(君子)被摒退也不抱怨,让他领先,就能做表率别人跟着他做。已,语气词,相当于啊。

孔子曰:"君子有①三患:未之闻,患不得闻;既得闻之,患弗得学;既得学之,患弗能行。有其德而无其言,君子耻之;有其言而无其行,君子耻之;既得之,而又失之,君子耻之;地有余,民不足,君子耻之;众寡均而人功倍已焉,君子耻之②。"

[注释]①有：丛刊本无，据同文本补。　②众寡均而人功倍己焉，君子耻之：统治的民众多少相同而他人的功绩是自己的倍数，君子感到耻辱。众寡，多少。

鲁人有独处室者，邻之釐妇①亦独处一室。夜，暴风雨至，釐妇室坏，趋而托②焉。鲁人闭户而不纳，釐妇自牖③与之言："何不仁而不纳我乎？"鲁人曰："吾闻男女不六十不同居，今子幼④，吾亦幼，是以不敢纳尔也。"妇人曰："子何不如柳下惠⑤然？妪不逮门之女⑥，国人不称其乱。"鲁人曰："柳下惠则可，吾固不可。吾将以吾之不可，学柳下惠之可。"孔子闻之曰："善哉！欲学柳下惠者，未有似于此者。期于至善，而不袭⑦其为，可谓智乎！"

[注释]①釐妇：寡妇。"釐"通"嫠"。　②趋而托：跑来借宿。趋，快走，奔跑。　③牖（yǒu）：窗户。　④幼：年龄小，未成年，此处指年轻。　⑤柳下惠：即展禽，死后其妻私谥惠，春秋时鲁国大夫，食邑在柳下（今山东新泰），故名。相传柳下惠夜宿郭门，有女子没有赶上时间走出郭门，而与柳下惠同宿。柳下惠恐其冻坏，置之于怀，至晓不为乱。　⑥妪（yǔ）不逮门之女：怀抱没能赶上走出郭门的女子。妪，妪伏，鸟类以体伏卵，使之孵化，此指以体相温。逮，丛刊本作"建"，据陈本改，赶上，来得及。　⑦袭：沿袭，照搬。

孔子曰："小辩①害义，小言破道②。《关雎》兴于鸟③，而君子美之，取其雄雌之有别；《鹿鸣》④兴于兽，而君子大⑤之，取其得食而相呼。若以鸟兽之名嫌之，固不可行也。"

[注释]①小辩:辩说琐碎小事。 ②小言破道:精微的言论却能剖析出大道理。小言,精微的言论。破,剖析,分析。 ③《关雎》兴于鸟:《关雎》篇以鸟儿起兴。《关雎》,《诗·周南》的第一篇。兴,一种文学写作手法,即托物起兴。 ④《鹿鸣》:《诗·小雅》的第一篇。 ⑤大:认为……重要,即推重,推崇。

孔子谓子路曰:"君子而强气①,而不得其死②;小人而强气,则刑戮荐蓁③。《豳诗》曰:'殆天之未阴雨,彻彼桑土,绸缪牖户,今汝下民,或敢侮余!'④"

[注释]①君子而强(jiàng)气:君子如果桀骜不驯。而,如果。强气,桀骜不驯。 ②不得其死:不可能善终。 ③荐蓁(zhēn):同"荐臻",连续不断地到来,一再遇到。 ④殆天之未阴雨,彻彼桑土,绸缪牖户,今汝下民,或敢侮余:语出《诗·豳风·鸱鸮》。趁着天还没下雨,急剥桑根把巢筑,尤其缠好门窗户。如今树下这些人,谁还敢来欺侮我!殆,趁着。彻,剥。桑土,桑根。绸缪,紧密缠缚的样子。后人以"未雨绸缪"形容事前做好准备工作。

孔子曰:"能治国家之如此,虽欲侮之,岂可得乎?周自后稷①,积行累功,以有爵土,公刘②重之以仁。及至大王亶甫③,敦以德让,其树根置本,备豫④远矣。初,大王都豳⑤,翟人⑥侵之。事之以皮币⑦,不得免焉,事之以珠玉,不得免焉,于是属耆老⑧而告之:'所欲吾土地。吾闻之,君子不以所养而害人。二三子何患乎无君?'遂独与大姜⑨去之,逾梁山⑩,邑于岐山之下⑪。豳人曰:'仁人之君,不可失也。'从之如归市⑫焉。天之与⑬周,民之去殷,久矣,若此而不能王⑭天下,未之有也。武庚⑮恶能侮?《鄁诗》⑯曰:'执辔如组,两骖如儛。'⑰"

[注释]①后稷:周族始祖,名弃。善于农业生产,曾为尧舜时农官。②公刘:周族领袖。据记载为后稷曾孙。 ③大王亶甫:即古公亶父。传为后稷十二代孙,周文王的祖父。武王克殷,追尊为"太王"。大,同"太"。④备豫:也作"备预",预防,防备。 ⑤豳(bīn):在今陕西彬县东北。⑥翟(dí):通"狄",活动在我国北方地区的少数民族。 ⑦皮币:毛皮和布帛。 ⑧属(zhǔ)耆老:召集当地的年长者。属,召集。耆老,泛指年长者或老年人。古人六十称耆,七十称老。 ⑨大姜:周太公之妻,太伯、仲雍、王季之母。 ⑩梁山:在今陕西乾县西北。 ⑪邑于岐山之下:在岐山脚下修建城邑。邑,修建城邑。岐山,今陕西宝鸡境内。 ⑫归市:趋向集市,形容人多而踊跃。 ⑬与:帮助。 ⑭王:丛刊本无,据陈本补。 ⑮武庚:西周初分封的殷君,商纣之子,又名禄父。后趁机反叛,被杀。 ⑯《鄁诗》:语出《诗·国风·郑风》,故"鄁"应为"郑"之误。 ⑰执辔如组,两骖如舞:语出《诗·郑风·大叔于田》。手握缰绳如同编织丝带,条理分明;两旁马儿奔驰像舞蹈,有条不紊。辔,马缰绳。组,丝织的带子。骖,周代马车有驷马,外边两马为骖。舞,同"舞"。

孔子曰:"为此诗者,其知政乎!夫为组①者,总纰②于此,成文于彼。言其动于近,行于远也。执此法以御民,岂不化乎?《竿旄》之忠告③,至矣哉!"

[注释]①为组:编织丝带。 ②总纰(pī):汇聚丝缕布帛。总,聚合,汇集。纰,指丝织物稀疏或披散的布帛、丝缕。 ③《竿旄(máo)》:《诗·鄘风》中的一篇。竿,今本《毛诗》作"干",同。旄,古代用牦牛尾作竿饰的旗子。

卷第三

观周第十一

孔子谓南宫敬叔①曰:"吾闻老聃②博古知今,通礼乐之原,明道德之归,则吾师也,今将往矣。"对曰:"谨受命。"遂言于鲁君曰:"臣受先臣③之命云,孔子,圣人④之后也,灭于宋⑤。其祖弗父何始有国而授厉公⑥,及正考父佐戴、武、宣⑦,三命⑧兹益恭。故其鼎铭⑨曰:'一命而偻,再命而伛,三命而俯⑩,循墙而走,亦莫余敢侮。饘⑪于是,粥于是,以糊其口。'其恭俭也若此。臧孙纥⑫有言:'圣人之后,若不当世⑬,则必有明德而达者焉。'孔子少而好礼,其将在矣。属⑭臣曰:'汝必师之。'今孔子将适周,观先王之遗制,考礼乐之所极,斯大业也,君盍以乘资之?臣请与往。"公曰:"诺。"与孔子车一乘,马二匹,竖子侍御⑮。敬叔与俱。

[注释]①南宫敬叔:鲁国贵族孟僖子的儿子,受父嘱而师从于孔子。②老聃:即老子,春秋晚期周朝史官,著名思想家,道家学派创始人,《老子》一书集中体现了他的思想。　③先臣:即南宫敬叔之父。　④圣人:汤为殷商

开国之君,宋为殷商之后,孔子先祖为宋国公族,故称孔子为圣人之后。 ⑤灭于宋:孔子的六世祖孔父嘉之妻貌美,宋国的华督杀害孔父嘉,夺其妻,孔父嘉后人为避祸而奔鲁。 ⑥其祖弗父何始有国而授厉公:孔子的十世祖弗父何本来享有宋国的继承权,但是让给了他的弟弟宋厉公。 ⑦正考父佐戴、武、宣:孔子的七世祖正考父辅佐了宋戴、武、宣三代国君。 ⑧三命:命数表示地位的高低差异。一般指士一命,大夫再命,卿三命。考父为三命之卿,已是非常尊显。 ⑨鼎铭:鼎上铸刻的铭文。古时臣有功德,君命铭之于其宗庙之鼎。 ⑩一命而偻,再命而伛,三命而俯:指越来越恭敬。偻、伛,都是弯腰之意。俯,弯腰屈身,表示更加谦虚、恭敬。 ⑪饘:稠粥。 ⑫臧孙纥(hé):即臧文仲的孙子臧武仲,鲁国大夫。 ⑬当世:当政,执政,指在位为君。 ⑭属:通"嘱",嘱咐,嘱托。 ⑮竖子侍御:派童仆为他们驾车。竖子,丛刊本作"坚其",据四库本改,童仆。侍御,为尊者驾车。

至周,问礼于老聃,访乐于苌弘①,历郊社之所②,考明堂之则③,察庙朝之度④。于是喟然曰:"吾乃今知周公⑤之圣,与周之所以王也。"

[注释]①苌(cháng)弘:周朝大夫,精通音乐,后在政治斗争中为周室所杀。 ②郊社之所:周王祭天地之处。郊,冬至日祭天于南郊;社,夏至日祭地于北郊。合称"郊社"。鲁国承周公之后,得享天子之礼,也有郊社之礼。 ③明堂之则:明堂的法则。明堂,周天子宣明政教之处,也作为祭祀、选贤、纳谏、庆赏、教学或其他国家重大事务的活动场所。则,法则。 ④庙朝之度:宗庙、朝廷的法度。 ⑤周公:即周公旦,姬姓,名昌,周文王的第三子,周朝创立者周武王的弟弟,西周著名政治家、军事家。在辅助周武王灭商的战争中功勋卓著,武王死后又辅助成王完成平叛定国的大业,相传今《周礼》一书为周公创始。

及去①周,老子送之曰:"吾闻富贵者送人以财,仁者送人以言。吾虽不能富贵,而窃仁者之号,请送子以言乎:

凡当今之士,聪明深察而近于死者②,好讥议人者也;博辩闳达③而危其身,好发人之恶者也。无以有己为人子者④,无以恶己为人臣者⑤。"孔子曰:"敬奉教。"自周反鲁,道弥尊矣。远方弟子之进,盖三千焉。

[注释]①去:离开。　②聪明深察而近于死者:聪明智能,认识深刻,却陷入危险而濒临死亡境地的。　③宏达:指才识宏大畅达。　④无以有己为人子者:即"为人子者无以有己",做儿子的不应该使父母时刻挂念自己。⑤无以恶己为人臣者:即"为人臣者无以恶己",作臣下的不应该让君主憎恶自己。

孔子观乎明堂,睹四门墉有尧舜之容、桀纣之象①,而各有善恶之状、兴废之诫焉。又有周公相成王,抱之负斧扆②,南面以朝诸侯之图焉。孔子徘徊③而望之,谓从者曰:"此周之所以盛也。夫明镜所以察形,往古者所以知今。人主不务袭迹④于其所以安存,而忽怠⑤所以危亡,是犹未有以异于却走而欲求及前人⑥也,岂不惑哉!"

[注释]①睹四门墉(yōng)有尧舜之容、桀纣之象:看到四个门口的墙上分别画有尧舜和桀纣的肖像。门墉,门口的墙壁。容,象。　②负斧扆(yǐ):负,背对。斧扆,古代宫殿内设在门和窗之间的大屏风。　③徘徊:慢行而留恋的样子。　④袭迹:沿袭他人的行径,引申为从师学习。　⑤忽怠:轻慢,轻视。　⑥却走而欲求及前人:倒退向后跑而又想追上前面的人,即背道而驰的意思。

孔子观周,遂入太祖后稷①之庙。庙堂右阶之前,有金人焉。三缄②其口,而铭其背曰:"古之慎言人也,戒之哉!无多言,多言多败;无多事,多事多患。安乐必戒,无所行悔③。勿谓何伤,其祸将长;勿谓何害,其祸将大;勿谓不闻,神将伺人④。焰焰不灭,炎炎若何⑤;涓涓不壅,终为江河;绵绵不绝,或成网罗⑥;毫末不札,将寻斧柯⑦。诚能慎之,福之根也。口是何伤⑧,祸之门也。强梁⑨者不得其死,好胜者必遇其敌。盗憎主人,民怨其上。君子知天下之不可上也,故下之;知众人之不可先也,故后之。温恭慎德,使人慕之;执雌持下,人莫逾之。人皆趋彼,我独守此;人皆或之⑩,我独不徙。内藏我智,不示人技。我虽尊高,人弗我害,谁能于此?江海虽左,长于百川⑪,以其卑也。天道无亲,而能下人。戒之哉!"孔子既读斯文也,顾谓弟子曰:"小子识之⑫!此言实而中,情而信。《诗》曰:'战战兢兢,如临深渊,如履薄冰。'⑬行身如此,岂以口过患哉?"

[注释]①后稷:夏朝初期时周族的始祖,善于种植谷物,又被后世奉为谷物之神。 ②缄(jiān):封。 ③无所行悔:不要做任何使自己后悔的事情。 ④神将伺(sì)人:神灵将会时时观察着人的行为。伺,窥察。 ⑤焰焰不灭,炎炎若何:火苗初起时不扑灭,等到升腾时怎么办呢。焰焰,火苗初起。炎炎,火苗升腾。 ⑥绵绵不绝,或成网罗:细微的东西连绵不断,就有可能联成网罗。绵绵,微细。 ⑦毫末不札,将寻斧柯:比喻祸害萌生时若不重视,酿成大患,再要消除,就很困难。毫末,毫毛的末端,比喻极其细微。札,拔。寻,用。以上举例反复说明防微杜渐的重要性。 ⑧口是何伤:人的口有什么坏处?伤,创伤、损害。 ⑨强梁:粗暴、残忍、凶狠、欺凌弱小的人。 ⑩或之:到某处去。之,往、去。 ⑪江海虽左,长于百川:江海虽然位居东边,但却为百川之长。 ⑫小子识(zhì)之:丛刊本作"小人",据四库本改。识,通"志",记住。 ⑬战战兢兢,如临深渊,如履薄冰:战战兢兢,就像面临深渊,就像脚踩薄冰。形容小心谨慎。语出《诗·小雅·小旻》。兢兢,今本毛诗作"競競"。

孔子见老聃而问焉,曰:"甚矣,道之于今难行也。吾比①执道,而今委质②以求当世之君,而弗受也,道于今难行也。"老子曰:"夫说者流③于辩,听者乱④于辞,如此二者,则道不可以忘⑤也。"

[注释]①比:先前,本来。 ②委质:又作"委贽",指人臣拜见君主时,屈膝委体于地,后引申为托身、归顺。质,形体。 ③流:流连,沉溺。 ④乱:扰乱,迷惑。 ⑤忘:舍弃,遗忘。

弟子行第十二

卫将军文子问于子贡曰①:"吾闻孔子之施教也②,先之以《诗》《书》,而道之以孝悌③,说之以仁义,观之以礼乐④,然后成之以文德⑤。盖入室升堂者⑥,七十有余人。其孰为贤⑦?"子贡对以不知。

[注释]①文子:卫卿,名弥牟。 ②施教:实施教育、教化。施,设,实施。 ③先之以《诗》《书》,而道之以孝悌:先教《诗》《书》,用孝悌的思想引导他们。道,同"导",引导。 ④说之以仁义,观之以礼乐:为他们讲说仁义,让他们观摩礼乐。 ⑤成之以文德:用文教德化成就他们。 ⑥入室升堂:喻人的学识技艺等方面有高深的造诣。 ⑦其孰为贤:谁最优秀。孰,谁。贤,胜,优秀。

文子曰:"以吾子常与学①,贤者也②,不知何谓?"

子贡对曰:"贤人无妄③,知贤即难④,故君子之言曰:'智莫难于知人⑤。'是以难对也⑥。"

[注释]①以吾子常与学:因为您长期跟随孔子学习。吾子,对对方的尊称,相当于"您"。与,跟随。 ②贤者也:您也是个贤明的人。 ③贤人无妄:贤人不能对人妄加评论。贤人,谓以贤称人。妄,胡乱行动。 ④知贤即难:知道谁贤能那就更难了。知贤,谓知人之贤。即,则、乃。 ⑤智莫难于知人:对智慧来说,最难的莫过于了解别人。 ⑥难对:难以回答。

文子曰:"若夫知贤,莫不难。今吾子亲游焉①,是以敢问。"子贡曰:"夫子之门人,盖有三千就焉②。赐有逮及焉③,未逮及焉,故不得遍知以告也④。"

[注释]①今吾子亲游:您亲从夫子游学。今,语气词。 ②就:靠近,接近。此为就学之意。 ③逮及:赶上。此为有机会与之同学的意思。逮、及同义。 ④不得遍知以告也:不能全部地知道他们的情况来告诉您。

文子曰:"吾子所及者,请闻其行①!"子贡对曰:"夫能夙兴夜寐②,讽诵崇礼③,行不贰过④,称言不苟⑤,是颜回之行也。孔子说之以《诗》曰:'媚兹一人,应侯慎德⑥','永言孝思,孝思惟则⑦'。若逢有德之君,世受显命⑧,不失厥名⑨;以御于天子,则王者之相也⑩。"

[注释]①请闻其行:想听您谈谈他们的品行。闻,丛刊本等作"问",据四库本改。 ②夙(sù)兴夜寐(mèi):指早起晚睡。 ③讽诵崇礼:指背诵经书,崇尚礼仪。 ④行不贰过:不再犯已犯过的错误。贰,再,第二次。 ⑤称言不苟:说话从不苟且。称,举,这里有"说"的意思。 ⑥媚兹一人,应侯慎德:见《诗·大雅·下武》。这句话的意思是颜渊之德足以得到天子爱,唯有慎德更应该。媚,此指爱戴。慎德,今本《毛诗》作"顺德"。 ⑦永言孝思,孝思惟则:见《诗·大雅·下武》。长期实行孝道,孝道足以成为法则。言,句中助词,无义。则,法则。惟,今本《毛诗》作"维"。 ⑧显命:显赫的恩命。指帝王给予的美誉。 ⑨厥:代词,他的。 ⑩以御于天子,则王者之

相也:意思是颜回如果被君主任用,就会成为君主的辅佐者。御,用。相,辅助。

"在贫如客①,使其臣如借②,不迁怒,不深怨,不录旧罪③,是冉雍之行也④。孔子论其材曰:'有土之君子也,有众使也,有刑用也,然后称怒焉⑤。'孔子告之以《诗》曰:'靡不有初,鲜克有终⑥。'匹夫不怒,唯以亡其身⑦。"

[注释]①在贫如客:即使身处贫困,也能矜持庄重如同作客一样。②使其臣如借:役使手下如同借用他们的力量一般。臣,属下。 ③不录旧罪:不记恨旧仇。 ④冉雍:孔子弟子。字仲弓,鲁国人,以德行著称。⑤有土之君子也,有众使也,有刑用也,然后称怒焉:先得成为有土地的君子,有百姓可以役使,有刑法可以施用,然后才会说些发怒的话。 ⑥靡不有初,鲜克有终:见《诗·大雅·荡》。善良本性谁都有,始终保持却很难。初,此指人生之初的本性。终,此指人至终老尚保持其本性。靡,没有。鲜,很少。克,能。 ⑦匹夫不怒,唯以亡其身:一般人不会发怒,因为一发怒会伤害身体。

"不畏强御①,不侮矜寡②,其言循性③,其都以富④,材任治戎⑤,是仲由之行也⑥。孔子和之以文,说之以《诗》曰:'受小拱大拱,而为下国骏庞。荷天子之龙⑦','不憨不悚,敷奏其勇⑧'。强乎武哉!文不胜其质⑨。"

[注释]①不畏强御:不惧怕强暴。 ②不侮矜(guān)寡:不欺侮矜寡。侮,侵犯,欺负。矜,通鳏。老而无妻曰鳏,老而无夫曰寡。 ③其言循性:说话遵循人性。 ④其都以富:善于从政而又居官富庶一方。都,居,此指为政之处。 ⑤材任治戎:才能胜任治理军队。戎,军旅。 ⑥仲由:孔子学生,即子路,鲁国卞人。 ⑦受小拱大拱,而为下国骏庞。荷天子之龙:见《诗·商颂·长发》。遵守大法和小法,对下国仁厚和宽大,受天子唱和之宠。

⑧不戁(nǎn)不悚(sǒng),敷奏其勇:语出《诗·商颂·长发》。毫不恐惧和忧虑,奏陈勇敢顶呱呱。戁,恐。悚,惧。奏,推荐。 ⑨强乎武哉! 文不胜其质:子路十分刚强勇武,文采胜不过朴实。武,勇敢。胜,超过。

"恭老恤幼①,不忘宾旅②,好学博艺③,省物而勤也④,是冉求之行也⑤。孔子因而语之曰:'好学则智,恤孤则惠⑥,恭则近礼,勤则有继⑦。尧舜笃恭,以王天下⑧。'其称之也曰:'宜为国老⑨。'"

[注释]①恭老恤幼:恭敬长辈,抚恤幼孤。 ②宾旅:寄居的旅客。③博艺:技艺广博。艺,才能,技艺。 ④省物而勤也:办事俭省而且勤劳。省,俭省。勤,劳。 ⑤冉求:孔子学生。即冉有,字子有。善于政事。⑥恤孤则惠:抚恤孤幼就会仁惠。孤,幼而无父曰孤。惠,仁爱,仁惠。⑦继:增益。 ⑧尧舜笃恭,以王天下:尧和舜因为笃厚恭敬而统治了天下。笃,笃厚。王,统治。 ⑨国老:指古代退职的卿大夫。

"齐庄而能肃,志通而好礼①,摈相两君之事,笃雅有节②,是公西赤之行也③。子曰:'礼经三百④,可勉能也⑤;威仪三千⑥,则难也。'公西赤问曰:'何谓也?'子曰:'貌以儐礼,礼以儐辞,是谓难焉⑦。'众人闻之,以为成也⑧。孔子语人曰:'当宾客之事,则达矣⑨。'谓门人曰:'二三子之欲学宾客之礼者,其于赤也。'"

[注释]①齐庄而能肃,志通而好礼:齐整端庄而又能严肃,志向通达而又喜好礼仪。 ②摈相两君之事,笃雅有节:在两君相会时出任摈相,笃厚典雅,合乎礼节。摈相,为君主主持礼仪。出接宾曰摈,入赞礼曰相。 ③公西赤:孔子学生。字子华。鲁国人。 ④礼经三百:《周礼》六篇,其官有三百六十,故曰礼经三百。 ⑤勉能:通过努力可以做到。 ⑥威仪:祭享等典礼中

的动作仪节及待人接物的礼仪。 ⑦貌以傧礼,礼以傧辞,是谓难焉:作傧相要根据不同人的容貌来行礼,辞令需要一定的礼仪才能道出,所以说很困难。 ⑧成:成就。 ⑨当宾客之事,则达矣:如果是迎送宾客这件事,公西赤他已经做到了。

"满而不盈,实而如虚,过之如不及,先王难之①;博无不学,其貌恭,其德敦②;其言于人也,无所不信;其骄大人也,常以浩浩③,是以眉寿④。是曾参之行也⑤。孔子曰:'孝,德之始也;悌,德之序也⑥;信,德之厚也;忠,德之正也。参中夫四德者也⑦。'以此称之。"

[注释]①满而不盈,实而如虚,过之如不及,先王难之:充满却不外溢,充实却如同虚空,已经远远超过却像是还未达到,对此先王也难以做到。满,充足。 ②敦:厚。 ③其骄大人也,常以浩浩:能够傲视那些富贵者,始终保持一种浩然之气。大,原作"于",据备要本、四库本改。 ④眉寿:长寿。人老了,眉上长毫毛,叫秀眉,故称。 ⑤曾参:孔子的学生,字子舆,南武城(今山东嘉祥)人,比孔子小四十六岁(公元前505—公元前435)。 ⑥孝,德之始也;悌,德之序也:孝是德行的开始;悌,是德行的继续。序,次第相从,此为接续义。 ⑦中:符合;恰好对上。

"美功不伐①,贵位不善②,不侮不佚③,不傲无告④,是颛孙师之行也⑤。孔子言之曰:'其不伐则犹可能也,其不弊百姓⑥,则仁也。《诗》云:'恺悌君子,民之父母⑦。'夫子以其仁为大。"

[注释]①美功不伐:有大功而不夸耀。美,好,大。伐,夸耀。 ②贵位不善:有高位而不自喜。不善,面无喜色。善,犹"喜"。 ③不侮不佚:既不轻慢又不放荡。佚,逸乐,放荡。 ④不傲无告:不凌傲贫苦无告的人。傲,凌傲。无告,指鳏寡孤独贫苦无依靠的人。 ⑤颛孙师:孔子学生。字子张,

陈国人,小于孔子四十八岁。 ⑥弊:蒙蔽,愚弄。 ⑦恺悌君子,民之父母:见《诗·大雅·泂酌》。君子和乐而又平易,为民父母顺民意。"恺悌",今本《毛诗》作"岂弟"。

"学之深①,送迎必敬②,上交下接若截焉③,是卜商之行也④。孔子说之以《诗》曰:'式夷式已,无小人殆⑤。'若商也,其可谓不险矣⑥。"

[注释]①学之深:学习能够深入。 ②送迎必敬:迎送宾客一定恭敬。 ③上交下接若截:交往上层和接触下层都界限分明。若截,喻区别严格,界限分明。 ④卜商:孔子学生,字子夏,比孔子小四十四岁。后为魏文侯师。 ⑤式夷式已,无小人殆:见《诗·小雅·节南山》。心平气和已可贵,不因小人而殆危。式,用。夷,平。殆,危险。 ⑥若商也,其可谓不险矣:像卜商这样,大概是不会有什么危险的。险,危险。

"贵之不喜,贱之不怒,苟利于民矣,廉于行己,其事上也以佑其下①,是澹台灭明之行也②。孔子曰:'独贵独富,君子耻之③,夫也中之矣④。'"

[注释]①其事上也以佑其下:侍奉上司,以此来保佑部下。 ②澹(tán)台灭明:孔子弟子,字子羽。鲁国武城(在今山东平邑)人。 ③耻:原作"助",据四库本及《大戴礼记》改。 ④夫也中(zhòng)之矣:澹台灭明就是这样的君子。夫,指灭明。中,当。

"先成其虑①,及事而用之②,故动则不妄,是言偃之行也③。孔子曰:'欲能则学,欲知则问,欲善则详④,欲给则豫⑤,当是而行,偃也得之矣。'"

[注释]①先成其虑:先做好计划打算。虑,谋划。 ②及事而用之:等到

有事时就按计划而行。　③言偃:孔子学生,字子游,吴人,小于孔子四十五岁。　④欲善则详:想把事情做好就要详慎。　⑤欲给则豫:想要达到目的就要事先有准备。给,指成功,实现。豫,指事先准备。

"独居思仁,公言仁义①,其于《诗》也,则一日三复'白圭之玷'②,是宫绦③之行也。孔子信其能仁,以为异士④。"

[注释]①公言仁义:在公众面前宣扬仁义。　②白圭之玷(diàn):见《诗·大雅·抑》。白圭,白玉制的礼器。　③宫绦:孔子弟子。即南宫绦,鲁国人。又称南宫适、南宫括。　④异士:不同寻常的人。

"自见孔子,出入于户,未尝越礼;往来过之,足不履影①;启蛰不杀②,方长不折③;执亲之丧④,未尝见齿⑤。是高柴之行也⑥。孔子曰:'柴于亲丧,则难能也;启蛰不杀,则顺人道;方长不折,则恕仁也。成汤恭而以恕,是以日跻⑦。'"

[注释]①往来过之,足不履影:来来往往经过,而两脚从未踩到别人的身影上。履,踩。　②启蛰不杀:春分时候启蛰的动物从来不杀害它们。启,开。蛰,蛰虫。　③方长不折:草木生长时不折断它们。长,生长。折,断。　④执亲之丧:奉行父母的丧礼。　⑤见齿:露出牙齿,即笑的意思。　⑥高柴:孔子弟子。字子羔。又称季羔。卫国人,一说齐国人。　⑦成汤恭而以恕,是以日跻(jī):成汤谦恭而且推己及人,因而能日渐发展起来。跻,升。

"凡此诸子,赐之所亲睹者也①。吾子有命而讯赐②,赐也固③,不足以知贤。"

[注释]①亲睹:亲眼看到。　②讯:问。　③固:愚陋。

文子曰:"吾闻之也,国有道则贤人兴焉①,中人用焉②,乃百姓归之。若吾子之论,既富茂矣③。壹诸侯之相也④,抑世未有明君⑤,所以不遇也⑥。"

[注释]①兴:起。　②中人用焉:有一定才能的人被任用。中人,才能被列入中间一等的人。班固《汉书·古今人表》:"可与为善,可与为不善,是谓中人。"　③若吾子之论,既富茂矣:至于您所谈论的,已经非常丰富、全面了。　④壹诸侯之相也:都可以作为诸侯国君的辅佐者。壹,皆。　⑤抑:可是,然而。　⑥所以不遇也:因此得不到任用,才能无法施展。

子贡既与卫将军文子言,适鲁①,见孔子曰:"卫将军文子问二三子之于赐,不壹而三焉②。赐也辞不获命,以所见者对矣③,未知中否,请以告。"

[注释]①适鲁:到鲁国去。　②不壹而三焉:再三请求。　③赐也辞不获命,以所见者对矣:我推辞不过,就把知道的一些情况告诉了他。所见,此处意为所知道的。

孔子曰:"言之乎。"子贡以其辞状告孔子①。子闻而笑曰:"赐,汝次为人矣②。"子贡对曰:"赐也何敢知人,此以赐之所睹也。"

[注释]①子贡以其辞状告孔子:子贡将自己对文子说话的情形告诉了孔子。状,情况,情形。　②汝次为人矣:端木赐已经懂得人的高下次序了。次,编次,排次序。为,原作"焉",据备要本、四库本改。

孔子曰:"然。吾亦语汝耳之所未闻,目之所未见者,岂思之所不至,智之所未及哉?①"子贡曰:"赐愿得闻之。"

[注释]①吾亦语汝耳之所未闻,目之所未见者,岂思之所不至,智之所未及哉:我还要告诉你一些耳朵没有听过,眼睛没有看到过的东西,这些恐怕是思虑无法达到,智慧无法赶上的吧!

孔子曰:"不克不忌,不念旧怨①,盖伯夷、叔齐之行也②;思天而敬人,服义而行信③,孝于父母,恭于兄弟,从善而不教④,盖赵文子之行也⑤;其事君也,不敢爱其死,然亦不敢忘其身,谋其身不遗其友,君陈则进而用之⑥,不陈则行而退,盖随武子之行也⑦;其为人之渊源也⑧,多闻而难诞⑨,内植足以没其世⑩,国家有道,其言足以治,无道,其默足以生,盖铜鞮伯华之行也⑪;外宽而内正⑫,自极于隐括之中,直己而不直人⑬,汲汲于仁⑭,以善自终,盖蘧伯玉⑮之行也;孝恭慈仁,允德图义⑯,约货去怨⑰,轻财不匮⑱,盖柳下惠之行也⑲;其言曰'君虽不量于其身⑳,臣不可以不忠于其君。是故君择臣而任之,臣亦择君而事之。有道顺命㉑,无道衡命㉒。'盖晏平仲之行也㉓;蹈忠而行信㉔,终日言不在尤之内㉕,国无道,处贱不闷,贫而能乐,盖老子之行也㉖;易行以俟天命㉗,居下不援其上㉘,其观于四方也,不忘其亲,不尽其乐㉙,以不能则学,不为己终身之忧㉚,盖介子山之行也㉛。"

[注释]①不克不忌,不念旧怨:不争强好胜,不妒忌他人;不计较从前的恩怨。克,喜欢与人争胜。忌,妒忌。 ②伯夷、叔齐:商末孤竹君之子。伯夷为长子。初,孤竹君以次子叔齐为继承人。孤竹君死后,叔齐让位,伯夷却不接受。后两人奔周。及周武王灭商,天下宗周,伯夷、叔齐以之为耻,不食

周粟,隐居首阳山,后来饿死。两人均被称为品德高尚的人。　③思天而敬人,服义而行信:思考天命而敬重他人,信服于义而行事有信。　④从善而不教:一心向善而又不需要教诲。　⑤赵文子:即赵武。春秋时晋国大夫,赵朔之子。　⑥陈:陈列。此引申为为君主所任用。　⑦随武子:即随会、范会、士会,又称范武子。春秋时晋国大夫。　⑧其为人之渊源也:为人思虑深邃,交往广泛。渊,深。　⑨多闻而难诞:博闻多识而又不轻易被欺诈。诞,欺诈,欺骗。　⑩内植足以没其世:内心刚直并终生坚持。植,指性情刚直。没其世,指长久,终其身。　⑪铜鞮(tí)伯华:即羊舌氏,名赤,字伯华。春秋时晋国大夫。铜鞮(今山西沁县南),羊舌氏的食邑。　⑫外宽而内正:外表宽仁而内心正直。　⑬自极于隐括之中,直己而不直人:遵循一定的标准而随时端正自己,只求自己正直而不强求别人正直。极,正,端正。隐括,矫正邪曲的器具,引申为标准、规范。　⑭汲汲:急切的样子。　⑮蘧(qú)伯玉:春秋时卫国大夫,即蘧瑗。孔子在卫国时,曾住在他家。　⑯允德图义:修养德行,一心向义。　⑰约货去怨:约省货财,去除怨恨。约,少也。货,谓货利。去,除。　⑱轻财不匮:轻视财物却不觉匮乏。匮,缺乏。　⑲柳下惠:鲁国的贤者。名展获,字禽,又叫展季。"柳下",是他的食邑。据《列女传》,"惠"是他的妻子给他的谥号。　⑳君虽不量于其身:君主虽然可以不考虑臣下的才能。量,考量。　㉑有道顺命:君主圣明就顺从他的命令。　㉒无道衡命:君主昏庸就不受其命。蘅,横。据王肃注,此处意为不受命而隐居。　㉓晏平仲:即晏婴、晏子。春秋时齐国的卿相。字仲,谥平,世称晏平仲。东莱夷维(今山东高密)人。　㉔蹈忠而行信:遵行忠信。蹈,实行。　㉕终日言不在尤之内:整天说话也不会有过失。尤,过。　㉖国无道,处贱不闷,贫而能乐,盖老子之行也:国家无道,身处贫贱而无所忧虑,大概是老子的表现。闷,忧虑。老子,四库本、同文本作"老莱子"。　㉗易行以俟天命:修养德行来等待接受天命。俟,等待。　㉘居下不援其上:地位低下却不攀附上司。　㉙观于四方也,不忘其亲,不尽其乐:游观四方时,不忘双亲,不尽情享乐"观"上原有"亲"字,据陈本、《大戴礼记》删。　㉚以不能则学,不为己终身之忧:没有能力就去学习、请教,不使它成为终身的忧虑。　㉛介子山:即介之推。或作介子推、介推。春秋时晋国大夫。后与母亲隐居绵上(今山西介休东南)

山中而死。

子贡曰:"敢问夫子之所知者,盖尽于此而已乎?"孔子曰:"何谓其然?亦略举耳目之所及而矣①。昔晋平公问祁奚曰②:'羊舌大夫③,晋之良大夫也④。其行如何?'祁奚辞以不知。公曰:'吾闻子少长乎其所⑤,今子掩之⑥,何也?'祁奚对曰:'其少也恭而顺,心有耻而不使其过宿⑦;其为大夫,悉善而谦其端⑧;其为舆尉也⑨,信而好直其功⑩;至于其为容也,温良而好礼,博闻而时出其志⑪。'公曰:'曩者问子⑫,子奚曰不知也?'祁奚曰:'每位改变⑬,未知所止,是以不敢得知也。'此又羊舌大夫之行也。"子贡跪曰:"请退而记之。"

[注释]①及:达到。 ②昔晋平公问祁奚:晋平公,春秋时晋国国君。姬姓,名彪。在位26年(公元前557—前532年)。祁奚,晋国大夫。祁午之父。 ③羊舌大夫:春秋时晋国大夫。叔向祖父。史佚其名。羊舌,是其食邑名。 ④良:好。 ⑤吾闻子少长乎其所:我听说您小时候在他家长大。 ⑥掩:隐瞒。 ⑦心有耻而不使其过宿:心中感觉有羞耻的事情不让它过夜就改正。 ⑧悉善而谦其端:能尽善道而又谦恭正直。悉,全。端,正。 ⑨舆尉:负责国君车驾的军尉。 ⑩直其功:直言自己的功劳。 ⑪时出其志:时时显示出自己的志向。 ⑫曩(nǎng)者:刚才。 ⑬每位改变:地位每每改变。

贤君第十三

哀公问于孔子曰:"当今之君,孰为最贤?"孔子对曰:"丘未之见也,抑有卫灵公乎①?"公曰:"吾闻其闺门之内无别②,而子次之贤,何也?"孔子曰:"臣语其朝廷行事,不论其私家之际也。"公曰:"其事何如?"孔子对曰:"灵公之弟曰公子渠牟③,其智足以治千乘④,其信足以守之,灵公爱而任之⑤。又有士林国者⑥,见贤必进之⑦,而退与分其禄⑧,是以灵公无游放之士⑨,灵公贤而尊之。又有士曰庆足者,卫国有大事则必起而治之⑩,国无事则退而容贤⑪,灵公悦而敬之。又有大夫史鳅⑫,以道去卫⑬,而灵公郊舍三日⑭,琴瑟不御⑮,必待史鳅之入,而后敢入。臣以此取之,虽次之贤,不亦可乎。"

[注释]①抑:大概。 ②闺门之内无别:家庭内部有乱伦行为。闺门,宫苑、内室的门,借指家庭。 ③灵公之弟曰公子渠牟:原文作"灵公之弟曰:灵公弟子渠牟",据"四库本"改。 ④千乘:兵车千辆。古以一车四马为一乘。在此借指春秋时期的诸侯国家。 ⑤灵公爱而任之:卫灵公喜爱他并委以重任。 ⑥又有士林国者:又有一个叫林国的士人。 ⑦见贤必进之:发现有贤能的人必定要推荐他做官。 ⑧而退与分其禄:林国所推荐做官的人辞官没有俸禄以后,林国又将自己的俸禄拿出来与他分享。退,这里指谦退,辞去官职。 ⑨游放之士:游荡放纵的士人。 ⑩起:出仕、举用。 ⑪退而容贤:国家太平的时候就辞退其官职,以便让其他贤能的人被容纳于朝廷。 ⑫史鳅(qiú):卫国大夫,字子鱼,亦称史鱼。 ⑬以道去卫:因实践自己的主张而离开卫国。 ⑭郊舍:宿于郊外,表示诚敬。郊,在郊外。舍,住宿。 ⑮琴瑟不御:不弹奏琴瑟,不近声乐。

子贡问于孔子曰:"今之人臣①,孰为贤?"子曰:"吾未识也②。往者齐有鲍叔③,郑有子皮④,则贤者矣。"子贡曰:"齐无管仲⑤,郑无子产⑥?"子曰:"赐,汝徒知其一,未知其二也。汝闻用力为贤乎,进贤为贤乎⑦?"子贡曰:

"进贤贤哉!"子曰:"然。吾闻鲍叔达管仲⑧,子皮达子产,未闻二子之达贤已之才者也。"

[注释]①今之人臣:当今做臣子的。 ②吾未识也:我不知道。 ③鲍叔:即鲍叔牙。春秋时齐国大夫。 ④子皮:春秋时郑国大夫。姓罕,名虎。 ⑤管仲:春秋时齐国人,名夷吾,字仲。初事公子纠,后相齐桓公,使齐桓公成为春秋五霸之首。 ⑥子产:即公孙侨。春秋郑国人,字子产,郑穆公之孙,为春秋时郑国的贤相。 ⑦汝闻用力为贤乎,进贤为贤乎:你听说用力做事的人贤能,还是举荐贤人的人贤能呢? ⑧达:荐达、引进。这里是推荐的意思。

哀公问于孔子曰:"寡人闻忘之甚者①,徙而忘其妻②,有诸?"孔子对曰:"此犹未甚者也,甚者乃忘其身。"公曰:"可得而闻乎?"孔子曰:"昔者夏桀贵为天子,富有四海,忘其圣祖之道③,坏其典法,废其世祀④,荒于淫乐⑤,耽湎于酒⑥;佞臣谄谀⑦,窥导其心⑧;忠士折口⑨,逃罪不言;天下诛桀而有其国⑩。此谓忘其身之甚矣。"

[注释]①忘之甚者:忘事很严重的人。 ②徙:搬家。 ③忘其圣祖之道:忘记了他的圣明祖先的为政之道。 ④废其世祀:废弃了他世代相继的祭祀制度。 ⑤荒于淫乐:放纵地淫逸享乐。 ⑥耽湎于酒:沉迷于饮酒。 ⑦佞臣谄谀:佞臣巧言献媚阿谀奉承。 ⑧窥导其心:揣摩诱导他的心思。 ⑨折口:闭口,不说话。 ⑩天下诛桀而有其国:人们诛杀了夏桀并占有了他的国家。

颜渊将西游于宋①,问于孔子曰:"何以为身②?"子曰:"恭敬忠信而已矣。恭则远于患,敬则人爱之,忠则和于众,信则人任之。勤斯四者,可以政国,岂特一身者哉③？故夫不比于数而比于疏,不亦远乎④？不修其中而修外者,不亦反乎⑤？虑不先定,临事而谋,不亦晚乎?"

[注释]①游:游学。 ②何以为身:如何立身处世。 ③勤斯四者,可以政国,岂特一身者哉:如果努力做到这四点,就能够治理国家了,哪里仅仅只是能够立身处世呢？政,通"正",治理。岂特,不但,不仅。 ④不比于数(cù),而比于疏,不亦远乎:不去亲近那些应该亲近的贤者,反而去亲近那些应该疏远的人,这样做不是离自己追求的目标更远了吗？比,近也。数,密也,此处代指应该亲近的贤者。疏,远也,此处代指应该疏远的人。 ⑤不修其中而修外者,不亦反乎:不注重内心修养而只是修饰外表的做法,不是反其道而行之吗？

孔子读《诗》,于《正月》六章①,惕焉如惧②,曰:"彼不达之君子,岂不殆哉③！从上依世则道废④,违上离俗则身危。时不兴善,己独由之⑤,则曰非妖即妄也⑥。故贤也既不遇天,恐不终其命焉。桀杀龙逢⑦,纣杀比干⑧,皆类是也。《诗》曰:'谓天盖高,不敢不局。谓地盖厚,不敢不蹐⑨。'此言上下畏罪⑩,无所自容也。"

[注释]①《正月》:《诗·小雅》中的一篇。 ②惕焉如惧:恐惧不安。 ③彼不达之君子,岂不殆哉:那些仕途不得志的君子,不是很危险吗？ ④从上依世则道废:顺从君主附和世俗,那么大道就会废弃。 ⑤由:践行,践履。 ⑥非妖即妄:不是被说成是反常之举,就是被认为是不法行为。妖,古时称一切反常的东西或现象为妖。妄,行为不正当、不合于理法。 ⑦龙逢(páng):即关龙逢。夏朝大臣。见夏桀暴虐荒淫,屡加直谏,遂被囚禁杀害。 ⑧比干:商朝贵族。纣王的叔父,官少师。因屡谏纣王,被剖心而死。 ⑨谓天盖高,不敢不局,谓地盖厚,不敢不蹐(jí):这是《正月》第六章的诗句。意思是:都说天是多么高啊,可是人们却不敢不蜷曲着身子。都说地是多么的厚啊,可是人们却不敢不轻轻落脚,小步前行。盖,"盍"的借字,何等,多

么。局,曲也。蹐,累足,即用最小的步子走路,后脚紧跟着前脚,谓小心戒惧之状。　⑩上下畏罪:对上对下都害怕得罪。

　　子路问于孔子曰:"贤君治国,所先者何①?"孔子曰:"在于尊贤而贱不肖②。"子路曰:"由闻晋中行氏尊贤而贱不肖矣③,其亡何也?"孔子曰:"中行氏尊贤而不能用,贱不肖而不能去④。贤者知其不用而怨之,不肖者知其必己贱而仇之⑤。怨仇并存于国⑥,邻敌搆兵于郊⑦,中行氏虽欲无亡,岂可得乎?"

　　[注释]①先:首要的事情。　②不肖:不贤。　③中行氏:指中行文子,即荀寅,春秋时晋国卿。后与范宣子(范吉射)败于赵鞅而奔齐。　④贱不肖而不能去:轻视不贤的人却不能罢退他。　⑤不肖者知其必己贱而仇之:不贤的人知道自己必定会被轻视而仇恨他。　⑥国:指中行氏在晋国的封地。　⑦搆(gòu)兵:交兵,交战。

　　孔子闲处,喟然而叹曰:"向使铜鞮伯华无死①,则天下其有定矣。"子路曰:"由愿闻其人也。"子曰:"其幼也,敏而好学;其壮也,有勇而不屈;其老也,有道而能下人②。有此三者,以定天下也,何难乎哉?"子路曰:"幼而好学,壮而有勇,则可也。若夫有道下人,又谁下哉③?"子曰:"由不知,吾闻以众攻寡,无不克也;以贵下贱④,无不得也。昔者周公居冢宰之尊⑤,制天下之政⑥,而犹下白屋之士⑦,日见百七十人。斯岂以无道也?欲得士之用也。恶有道而无下天下君子哉⑧?"

　　[注释]①向使铜鞮伯华无死:假使铜鞮伯华不死,那么天下大概可以安

定了。向使,假使。铜鞮伯华,指晋国羊舌赤。铜鞮,春秋时地名,羊舌赤的食邑,因以为姓。 ②有道而能下人:身怀道艺且能谦恭待人。下,谦下,这里指谦恭地对待。 ③又谁下哉:又是谦恭地对待哪些人呢? ④以贵下贱:身份高贵的人谦恭地对待出身卑微的人。 ⑤冢宰:周代辅佐天子的最高长官。 ⑥制:治理。 ⑦白屋之士:贫寒的士人。白屋,草屋。 ⑧恶(wū)有道而无下天下君子哉:怎么能说具备了道艺就不必谦恭地对待天下君子呢?恶,疑问代词,怎么,如何。

齐景公来适鲁①,舍于公馆②,使晏婴迎孔子。孔子至,景公问政焉。孔子答曰:"政在节财。"公悦,又问曰:"秦穆公国小处僻而霸,何也?"孔子曰:"其国虽小其志大,处虽僻而政其中③,其举也果④,其谋也和⑤,法无私而令不偷⑥。首拔五羖,爵之大夫⑦,与语三日而授之以政。以此取之⑧,虽王可,其霸少矣⑨。"景公曰:"善哉!"

[注释]①适:来,到。 ②馆:接待宾客的房舍。 ③政其中:政策正确。中,宜、合宜,这里指正确。 ④其举也果:他做事果断。 ⑤其谋也和:他虑事恰当。和,和谐,这里有恰当、恰到好处的意思。 ⑥法无私而令不偷:制定的法律无所偏私,颁布的政令也不是随意而制定的。偷,宜为偷,苟且。 ⑦首拔五羖(gǔ),爵之大夫:他首先提拔了百里奚,授给他大夫的爵位。羖,黑色公羊。五羖大夫,即百里奚。案,百、里奚原为虞国大夫,虞亡时为晋所获,作为陪嫁之臣送到秦国。后出走至楚,为楚人所获,后又被秦穆公用五张黑公羊皮赎回,任为大夫,故称五羖大夫。后与蹇叔、由余等佐助秦穆公建立霸业。 ⑧以此取之:原文作"此取之",据"陈本"改。 ⑨虽王(wàng)可,其霸少矣:即使成就帝王之业也是可以的,称霸只不过是个小成就而已。虽,即使。王,成就王业。少,小。

哀公问政于孔子。孔子对曰:"政之急者①,莫大乎使民富且寿也。"公曰："为之奈何？"孔子曰："省力役，薄赋敛，则民富矣；敦礼教②，远罪疾，则民寿矣。"公曰："寡人欲行夫子之言，恐吾国贫矣。"孔子曰："《诗》云：'恺悌君子，民之父母③。'未有子富而父母贫者也。"

[注释]①急：急切，急迫。 ②敦：敦促，督促。 ③恺悌君子，民之父母：语出《诗·大雅·泂酌》，意思是：和乐平易的君子，是百姓的父母。"恺悌"，《诗》原作"岂弟"。

卫灵公问于孔子曰："有语寡人①：'有国家者②，计之于庙堂之上③，则政治矣④。'何如？"孔子曰："其可也。爱人者则人爱之，恶人者则人恶之。知得之己者，则知得之人。所谓不出环堵之室⑤，而知天下者，知反己之谓也⑥。"

[注释]①语：告诉。 ②有国家者：指统治者。 ③庙堂：指朝廷。 ④政治：国家太平。政，政务。治，治理得好，太平。 ⑤环堵之室：斗室。 ⑥知反己之谓也：说的就是反省自身，严格要求自己的道理。反己，求诸己，指依靠自己。

孔子见宋君。君问孔子曰："吾欲使长有国而列都得之①，吾欲使民无惑，吾欲使士竭力②，吾欲使日月当时③，吾欲使圣人自来④，吾欲使官府治理⑤，为之奈何？"孔子对曰："千乘之君，问丘者多矣，而未有若主君之问问之悉也⑥。然主君所欲者，尽可得也。丘闻之，邻国相亲，则长有国；君惠臣忠，则列都得之；不杀无辜，无释罪人，则民不惑；士益之禄⑦，则皆竭力；尊天敬鬼，则日月当时；崇道贵德,则圣人自来;任能黜否⑧,则官府治理。"宋君曰:"善哉!岂不然乎!寡人不佞⑨,不足以致之也⑩。"孔子曰:"此事非难,唯欲行之云耳。"

[注释]①吾欲使长有国而列都得之:我想使国家长存,并且保有各座城邑而不丧失。列都,各座城邑。得,保有。不丧。 ②吾欲使士竭力:我想让士人为国竭尽其力。 ③吾欲使日月当(dàng)时:我想让日月正常运行。当,适当,恰当。 ④自来:自愿前来。 ⑤治理:治理的好。治,治理。理,有条理。 ⑥主君:对一国之君的称呼。 ⑦士益之禄:增加士人的俸禄。 ⑧黜否(pǐ):罢斥奸邪的小人。否,恶,低劣的人。 ⑨不佞:谦辞,相当于"不才"。 ⑩不足以致之:难以做到。

辩 政 第 十 四

子贡问于孔子曰:"昔者齐君问政①于夫子,夫子曰'政在节财';鲁君问政于夫子,夫子②曰'政在谕臣③';叶公④问政于夫子,夫子曰'政在悦近而来远⑤'。三者之问一也,而夫子应之不同。然政在异端⑥乎?"孔子曰:"各因⑦其事也。齐君为国,奢乎台榭⑧,淫于苑囿⑨,五官伎乐⑩,不解⑪于时,一旦⑫而赐人以千乘之家者三,故曰'政在节财'。鲁君有臣三人⑬,内比周⑭以愚其君,外距⑮诸侯之宾以蔽其明,故曰'政在谕臣'。夫荆⑯之地广而都狭,民有离心,莫安其居,故曰'政在悦近而来远'。此三者所以为政殊矣。《诗》云:'丧乱蔑资,曾不惠我师!'⑰此伤⑱奢侈不节以为乱者也;又曰:'匪其止共,惟王之邛。'⑲此伤奸臣蔽主以为乱也;又曰:'乱离瘼矣,奚其适归?'⑳此伤离散以为乱者也。察此三者,政之所欲,岂同乎哉!"

[注释]①问政:请教为政的方法。 ②夫子:丛刊本脱"夫"字,据四库本及上下文补。 ③谕臣:告诫大臣。 ④叶(shè)公:即沈诸梁,字子高,楚国叶地(今河南叶县南)的地方官。 ⑤政在悦近而来远:为政的关键在于使近处的人欢悦,使远处的人归顺。来远,丛刊本作"远来",据四库本及下文改。 ⑥异端:其他不同的看法。 ⑦因:根据,依据。 ⑧台榭:建筑在台上的房屋。 ⑨苑囿:畜养禽兽的圈地,多指帝王游乐打猎的地方。 ⑩五官伎乐:宫中女官掌管的音乐舞蹈。五官,宫中女官名。 ⑪解:通"懈",懈怠。 ⑫一旦:一天,一日。 ⑬有臣三人:指孟孙、叔孙、季孙。 ⑭比周:勾结。 ⑮距:通"拒",拒绝,排斥。 ⑯荆:楚国别称。 ⑰丧乱蔑资,曾不惠我师:死丧祸乱民财空,怎么能不爱护我大众!语出《诗·大雅·板》。蔑,无。资,财。曾,怎么。师,众。不,今本毛诗作"莫"。 ⑱伤:哀悼,哀怜。
⑲匪其止共,惟王之邛:逸邪不恭无休止,实为大王所病忧。语出《诗·小雅·巧言》。止,止息。邛,病。共,通"恭"。 ⑳乱离瘼矣,奚其适归:祸乱使我忧病深,何处归往长安身?语出《诗·小雅·四月》。离,忧。瘼,病。奚,今本《毛诗》作"爰"。

孔子曰:"忠臣之谏①君,有五义②焉:一曰谲谏③,二曰戆④谏,三曰降谏⑤,四曰直谏,五曰风谏⑥。唯度⑦主而行之,吾从其风谏乎!"

[注释]①谏:谏净,规劝。 ②义:合适,适宜,此指合适的方法。 ③谲(jué)谏:托辞委婉,不直指过失的劝谏。 ④戆(zhuàng):鲁莽而刚直。 ⑤降(jiàng)谏:和颜悦色、心平气和的劝谏。 ⑥风(fěng)谏:即讽谏,指以婉言隐语相劝谏。"风"通"讽"。 ⑦度(duó):揣测,估计。

子曰:"夫道不可不贵①也,中行文子倍道失义以亡其国②,而能礼贤以活其身③。圣人转祸为福,此谓是与④！"

[注释]①贵：重视，尊崇。　②中行(háng)文子倍道失义以亡其国：中行文子背弃道义而丢弃了封地。中行文子，即荀寅，晋国大夫，六卿之一。后在政治争斗中失败，被迫逃亡。倍，通"背"，违背，背弃。国，封地。　③礼贤以活其身：以礼对待贤士，从而保全性命。　④此谓是与：说的就是这样！

楚王将游荆台①，司马子祺②谏，王怒之。令尹子西③贺④于殿下，谏曰："今荆台之观，不可失也。"王喜，拊⑤子西之背曰："与子共乐之矣。"子西步马⑥十里，引辔⑦而止，曰："臣愿言有道，王肯听之乎？"王曰："子其言之。"子西曰："臣闻为人臣而忠其君者，爵禄⑧不足以赏也；谀⑨其君者，刑罚不足以诛⑩也。夫子祺者，忠臣也；而臣者，谀臣也。愿王赏忠而诛谀焉。"王曰："我今听司马之谏，是独能禁我耳。若后世游之何也？"子西曰："禁后世易耳。大王万岁之后⑪，起山陵⑫于荆台之上，则子孙必不忍游于父祖之墓，以为欢乐也。"王曰："善！"乃还。孔子闻之，曰："至哉子西之谏也！人之于千里之上，抑之于百世之后者也。"

[注释]①楚王将游荆台：楚王，指楚昭王，春秋时楚国国君。名壬，在位27年（前515—前488年）。荆台，地名，今湖北江陵北。　②司马子祺：司马，官职名称。子祺，楚公子结。祺，或作期、綦。　③令尹子西：楚平王庶长子。令尹，春秋战国时期楚国执政官名，相当于宰相。　④贺：赞许，附和。　⑤拊(fǔ)：抚摸。　⑥步马：牵马调习，训练。　⑦引辔：拉住马缰绳。　⑧爵禄：爵位和俸禄。　⑨谀：奉承，谄媚。　⑩诛：惩罚。　⑪万岁之后：指去世以后。万岁，死的婉称。　⑫山陵：特指帝王或皇后的坟墓。

子贡问①于孔子曰:"夫子之于子产、晏子,可为至矣②。敢③问二大夫之所为目④,夫子之所以与⑤之者。"孔子曰:"夫子产于民为惠主⑥,于学为博物。晏子于君为忠臣,而行为恭敏。故吾皆以兄事之,而加爱敬。"

[注释]①问:丛刊本作"闻",据同文本改。 ②夫子之于子产、晏子,可为至矣:夫子对于子产、晏子的评价,可以说到了极点。子产,名侨,字子产,又字子美,也称国侨、公孙侨、东里子产。春秋时郑国著名的政治家。晏子,名婴,字平仲,曾为齐相,春秋时代著名的思想家和政治家。 ③敢:敬词,冒昧的意思。 ④目:要点。 ⑤与:称赞,赞赏。 ⑥惠主:仁慈的大夫。

齐有一足之鸟,飞集于宫朝①,下止于殿前,舒翅而跳。齐侯大怪之,使使聘鲁②,问孔子。孔子曰:"此鸟名曰商羊③,水祥④也。昔童儿有屈其一脚,振讯⑤两眉而跳,且谣⑥曰:'天将大雨,商羊鼓舞⑦。'今齐有之,其应至矣。急告民趋治沟渠,修堤防,将有大水为灾。"顷之大霖雨⑧,水溢泛诸国,伤害民人,唯齐有备,不败⑨。景公曰:"圣人之言,信而征⑩矣。"

[注释]①宫朝:宫室。 ②使使聘鲁:派使者到鲁国聘问。聘,聘问,指天子与诸侯或诸侯与诸侯间的遣使通问。 ③商羊:传说中的鸟名。据说,大雨前,常屈一足欢舞。 ④祥:凶吉的预兆,预先显露出来的迹象。 ⑤振讯:抖动。 ⑥谣:唱着歌谣。 ⑦鼓舞:手足舞动。表现出欢欣或兴奋的样子。 ⑧霖雨:形容久雨不停。 ⑨败:伤害,伤亡。 ⑩信而征:可信并经得起验征。

孔子谓宓子贱①曰:"子治单父②,众悦,子何施而得之也?子语丘所以为之者。"对曰:"不齐之治也,父恤其子③,其子恤诸孤,而哀丧纪④。"孔子曰:"善。小节也,小民附矣,犹未足也。"曰:"不齐所父事⑤者三人,所兄事者五人,所友事者十一人。"孔子曰:"父事三人,可以教孝矣;兄事五人,可以教悌矣;友事十一人,可以举善矣。中节也,中人附矣,犹未足也。"曰:"此地民有贤于不齐者五人,不齐事之而禀度⑥焉,皆教不齐之道。"孔子叹曰:"其大者乃于此乎有矣!昔尧舜听⑦天下,务求贤以自辅。夫贤者,百福之宗⑧也,神明之主也。惜乎不齐之以所治者小也。"

[注释]①宓(fú)子贱:孔子弟子,名不齐,字子贱,鲁国人。 ②单(shàn)父(fǔ):鲁邑,在今山东单县。 ③父恤其子:像父亲一样爱恤他们的儿子。下文"其子恤诸孤"结构相同,又像对待他们的儿子一样爱抚所有的孤儿。 ④丧纪:丧事。 ⑤父事:像侍奉父亲那样来侍奉。 ⑥禀度:指受教。 ⑦听:治理,管理或执行事务。 ⑧百福之宗:各种福佑的根本。

子贡为信阳宰①,将行,辞于孔子。孔子曰:"勤之慎之,奉天子之时,无夺无伐,无暴无盗②。"子贡曰:"赐也少而事君子,岂以盗为累③哉?"孔子曰:"汝未之详也。夫以贤代贤,是谓之夺;以不肖代贤,是谓之伐;缓令急诛④,是谓之暴;取善自与⑤,谓之盗。盗非窃财之谓也。吾闻之,知为吏者,奉法以利民;不知为吏者,枉法⑥以侵民,此怨之所由⑦也。治官莫若平⑧,临财莫如廉。廉平之守⑨,不可改也。匿人之善,斯谓蔽贤⑩;扬人之恶,斯为小人。内不相训而外相谤,非亲睦也。言人之善,若己有之;言人之恶,若己受之。⑪故君子无所不慎焉。"

[注释]①信阳宰:信阳的地方长官。信阳,楚邑,在今河南信阳南。宰,古代对官吏的通称。 ②无夺无伐,无暴无盗:不要侵夺、不要攻伐、不要暴虐、不要盗窃。 ③累(léi):过失。 ④缓令急诛:法令松弛而惩罚峻急。 ⑤取善自与:把别人功绩据为己有。 ⑥枉法:歪曲和破坏法律。 ⑦由:萌生、产生。 ⑧治官莫若平:管理官吏(有治理能力的官)最重要的是公平。 ⑨守:操守,节操。 ⑩匿人之善,斯谓蔽贤:隐匿别人的优点,这叫做遮蔽贤人。蔽,隐覆,埋没。 ⑪言人之恶,若己受之:诉说别人缺点时,就像自己应该把它承受下来一样难受。

子路治蒲①三年,孔子过之,入其境②,曰:"善哉!由也恭敬以信③矣。"入其邑④,曰:"善哉!由也忠信而宽⑤矣。"至庭⑥,曰:"善哉!由也明察以断⑦矣。"子贡执辔而问曰:"夫子未见由之政,而三称其善,其善可得闻乎?"孔子曰:"吾见其政矣。入其境,田畴尽易⑧,草莱⑨甚辟,沟洫⑩深治,此其恭敬以信,故其民尽力也;入其邑,墙屋完固,树木甚茂,此其忠信以宽,故其民不偷⑪也;至其庭,庭甚清闲,诸下用命⑫,此其言明察以断,故其政不扰⑬也。以此观之,虽三称其善,庸⑭尽其美乎?"

[注释]①蒲:春秋卫地,在今河南省长垣县。 ②境:疆界,地域。 ③恭敬以信:为人谦恭而且诚信。恭敬,对人谦恭有礼貌。以,而且,并且。 ④邑:城邑。 ⑤忠信而宽:忠诚信实而且宽宏大量。忠信,忠诚信实。宽,心胸宽宏,宽厚。 ⑥庭:官署。 ⑦明察以断:观察细微、不受蒙蔽并处事果断。明察,观察入微,不受蒙蔽。断,果断。 ⑧田畴尽易:田地得到整治。田畴,田地。易,整治。 ⑨草莱:荒地。 ⑩沟洫:田间水道。 ⑪偷:苟且,怠惰。 ⑫用命:服从命令。 ⑬扰:烦劳,烦乱。 ⑭庸:难道,岂,哪里。

卷第四

六本第十五

孔子曰:"行己①有六本②焉,然后为君子也。立身有义矣,而孝为本;丧纪③有礼矣,而哀为本;战阵有列④矣,而勇为本;治政有理矣,而农为本;居国⑤有道矣,而嗣⑥为本;生财有时矣,而力为本。置本不固,无务农桑;亲戚⑦不悦,无务外交⑧;事不终始,无务多业;记闻而言,无务多说⑨;比近⑩不安,无务求远。是故反本修迩⑪,君子之道也。"

[注释]①行己:己行,自己行走,也就是说立身处世。 ②六本:古代指立身行事的六项根本,即孝、哀、勇、能、嗣、力。与本篇所论略有出入。 ③丧(sāng)纪:丧事。 ④战阵有列:交战对阵时要布好队列。 ⑤居国:统治国家。 ⑥嗣:子孙,此处指确立继嗣。 ⑦亲戚:指和自己有血缘和婚姻关系的人,这里指亲近的人。 ⑧外交:对外交往。 ⑨记闻而言,无务多说:道听途说的言论就不必多说。 ⑩比近:邻近。比,紧靠,挨着。 ⑪反本修迩:反本,返回根本。修迩,从近处修行。

孔子曰:"良药苦于口而利于病,忠言逆于耳而利于行。汤、武①以谔谔②而昌,桀、纣③以唯唯④而亡。君无争⑤臣,父无争子,兄无争弟,士无争友,无其过者,未之有也。故曰:君失之,臣得之;父失之,子得之;兄失之,弟得之;己失之,友得之。是以国无危亡之兆⑥,家无悖乱⑦之恶,父子兄弟无失,而交友无绝也。"

[注释]①汤、武:指商汤和周武王。商汤,商朝的开国君主。周武王,西周第一位君主。 ②谔(è)谔:直言貌,即直言进谏的样子。 ③桀、纣:指夏桀和商纣。桀,夏桀,夏朝的亡国之君。纣,商纣,商朝的亡国之君。 ④唯唯:随声附和的应答声。 ⑤争(zhèng):同"诤",以直言劝告,使人改正错误。 ⑥兆:征兆,预兆。 ⑦悖乱:背叛,叛乱,犯上作乱。

孔子见齐景公,公悦焉,请置廪丘①之邑以为养②。孔子辞而不受。入谓弟子曰:"吾闻君子当③功受赏。今吾言于齐君,君未之有行④,而赐吾邑,其不知丘,亦甚矣。"于是遂行⑤。

[注释]①廪丘:邑名,齐邑。 ②养:提供给养,指作为食邑。 ③当:相当,相等。原作"赏",据备要本及《吕氏春秋》《说苑》改。 ④君未之有行:指齐景公没有采取实际的行动。 ⑤行:此"行"与前不同,意为离开。

孔子在齐,舍于外馆①,景公造②焉。宾主之辞既接,而左右白③曰:"周使适④至,言先王庙灾⑤。"景公复问:"灾何王之庙也?"孔子曰:"此必釐王⑥之庙。"公曰:"何以知之?"孔子曰:"《诗》云:'皇皇上天,其命不忒。天之以善,必报其德。'⑦祸亦如之。夫釐王变文武之制,而作玄黄⑧华丽之饰,宫室崇峻⑨,舆马奢侈,而弗可振⑩也,故天殃⑪所宜加其庙焉。以是占⑫之为然。"公曰:"天何不殃其身而加罚其庙也?"孔子曰:"盖以文、武故也。若殃其身,则文、武之嗣,无乃殄⑬乎?故当殃其庙,以彰其过。"俄顷,左右报曰:"所灾者,釐王庙也。"景公惊起,再拜曰:"善哉!圣人之智,过人远矣。"

[注释]①舍于外馆:住在旅馆里。舍,这里作动词,意为住。外馆,客舍,客官。　②造:往,到,造访。　③白:报告。　④适:副词,刚才,刚刚。⑤灾:火灾,发生火灾。古代人们称人火为火,天火为灾。后面的"灾"是"燃烧、焚烧"的意思。　⑥釐(xī)王:周釐王,亦作僖王。姬姓,名胡齐,在位5年(前681—前677年)。　⑦皇皇上天,其命不忒。天之以善,必报其德:这是逸诗。上天美盛又伟大,天命不会有偏差。上天福佑那些好人,一定会回报他们的美好德行。皇皇,美盛鲜明的样子。忒,差。　⑧玄黄:泛指颜色。⑨崇峻:高而挺拔。崇,高。峻,高而陡峭。　⑩振:救。　⑪殃:败坏,为害。　⑫占:预测,猜测。　⑬无乃殄:恐怕就灭绝了。无乃,相当于"莫非"、"恐怕是",表示委婉测度的语气。殄,绝尽,灭绝。

子夏①三年之丧②毕,见于孔子。子曰:"与之琴,使之弦③。"侃侃④而乐,作⑤而曰:"先王制礼,不敢不及也。"子曰:"君子也!"闵子⑥三年之丧毕,见于孔子。孔子与之琴,使之弦。切切⑦而悲,作而曰:"先王制礼,弗敢过也。"子曰:"君子也!"子贡曰:"闵子哀未尽,夫子曰'君子也';子夏哀已尽,又曰'君子也'。二者殊情而俱曰君子,赐也惑⑧,敢问之。"孔子曰:"闵子哀未忘,能断之以礼;子夏哀已尽,能引之及礼。虽均之君子,不亦可乎?"

[注释]①子夏:丛刊本原作"子贡",据同文本及下文文意改。　②三年

之丧:古代丧服中最重的一种,臣为君、子为父、妻为夫皆服丧三年。　③弦:原指乐器上用来发音的丝线、铜丝或绳状物。这里用作动词,意为弹奏。　④侃侃:和乐的样子。　⑤作:起来,起身。　⑥闵子:即闵子骞。孔子弟子。鲁国人,以德行著称。　⑦切切:悲哀、忧伤的样子。　⑧惑:迷惑。丛刊本原作"或",据陈本改。

孔子曰:"无体之礼①,敬也;无服之丧,哀也;无声之乐,欢也。不言而信,不动而威,不施而仁,志。夫钟之音,怒而击之则武,忧而击之则悲。其志变者,声亦随之。故志诚感之,通于金石②,而况人乎?"

[注释]①无体之礼:指没有完全按照程序的礼仪。体,形式,仪式。②金石:泛指乐器。金,指金属制成的乐器,如钟、铃等。石,石类乐器,如磬。

孔子见罗①雀者所得皆黄口②小雀。夫子问之曰:"大雀独不得,何也?"罗者曰:"大雀善惊③而难得,黄口贪食而易得。黄口从大雀则不得,大雀从黄口亦不得。"孔子顾谓弟子曰:"善惊以远害,利④食而忘患,自其心矣,而以所从为祸福。故君子慎其所从,以长者之虑,则有全身之阶⑤;随小者之戆⑥,而有危亡之败⑦也。"

[注释]①罗:网罗,捕捉。　②黄口:指小鸟。幼鸟未长成时嘴黄,故称之。　③善惊:容易惊觉,即警觉。　④利:贪,贪求。　⑤阶:凭借。　⑥戆(zhuàng):痴,傻,愚。　⑦败:祸害,祸乱。

孔子读《易》,至于《损》、《益》,喟然而叹。子夏避席①问曰:"夫子何叹焉?"孔子曰:"夫自损者必有益之,自益者必有决之②,吾是以叹也。"子夏③曰:"然则学者不可以益乎?"子曰:"非道益之谓也。道弥益而身弥损。夫学者损其自多,以虚受人,故能成其满。博哉天道,成而必变。凡持满而能久者,未尝有也。故曰:'自贤者,天下之善言不得闻于耳矣。'昔尧治天下之位,犹允④恭以持之,克⑤让以接下,是以千岁而益盛,迄今而逾彰。夏桀、昆吾⑥自满而极,亢意⑦而不节,斩刈⑧黎民如草芥⑨焉,天下讨之如诛匹夫,是以千载而恶著,迄今而不灭。观此,如行则让长,不疾⑩先;如在舆,遇三人则下之,遇二人则式⑪之。调其盈虚,不令自满,所以能久也。"子夏曰:"商请志之,而终身奉行焉。"

[注释]①避席:离开席位,表示尊敬。 ②自损者必有益之,自益者必有决(quē)之:那些自以为不足的人必然会获得补益,自满的人必然会有所缺失。决,同"缺",破裂。 ③夏:丛刊本原脱,据陈本及文意补。 ④允:诚实,诚信。 ⑤克:能。 ⑥昆吾:昆吾为夏的同盟部落首领,己姓。助桀为虐,后为商汤所灭。 ⑦亢意:随心所欲,恣意妄为。 ⑧斩刈:斩杀。刈,割。 ⑨草芥:小草。比喻最轻微、无价值的东西。 ⑩疾:急速,快速。 ⑪式:通"轼",以手扶车前横木,为古人表示敬意的一种礼节。

子路问于孔子曰:"请释①古之道而行由之意,可乎?"子曰:"不可。昔东夷②之子③,慕诸夏之礼,有女而寡,为内私婿④,终身不嫁。不嫁则不嫁⑤矣,亦非⑥贞节之义也。苍梧娆⑦娶妻而美,让与其兄,让则让矣,然非礼之让矣。不慎其初,而悔其后,何嗟及矣⑧。今汝欲舍古之道,行子之意,庸知子意不以是为非,以非为是乎?后虽欲悔,难哉!"

[注释]①释:放下,放弃。 ②东夷:古时华夏族对东方诸族的称呼。③子:泛指人。 ④为内(nà)私婿:为女儿招来没正式结婚的女婿。内,同"纳",纳入。私婿,非正式婚配的女婿。 ⑤不嫁则不嫁:前一个"不"字原本脱,据《说苑》补。 ⑥非:原作"有",据《说苑》改。 ⑦苍梧娆:与孔子同时代人。 ⑧不慎其初,而悔其后,何嗟及矣:当初做事不谨慎,事后又后悔,嗟叹后悔又有什么用呢?

曾子①耘②瓜,误斩其根。曾晳③怒,建④大杖以击其背。曾子仆地而不知人⑤,久之。有顷乃苏,欣然而起,进于曾晳曰:"向也参得罪于大人,大人用力教参,得无疾乎?"退而就房,援⑥琴而歌,欲令曾晳而闻之,知其体康也。孔子闻之而怒,告门弟子曰:"参来,勿内。"曾参自以为无罪,使人请⑦于孔子。子曰:"汝不闻乎,昔瞽瞍⑧有子曰舜,舜之事瞽瞍,欲使之,未尝不在于侧;索而杀之,未尝可得。小棰⑨则待过,大杖则逃走,故瞽瞍不犯不父之罪,而舜不失蒸蒸⑩之孝。今参事父,委身以待暴怒,殪⑪而不避。既身死而陷父于不义,其不孝孰大焉?汝非天子之民也!杀天子之民,其罪奚若?"曾参闻之曰:"参罪大矣。"遂造孔子而谢过⑫。

[注释]①曾子:曾参,孔子弟子,以孝行著称。 ②耘:除草。 ③曾晳:曾点,曾参之父,亦孔子弟子。 ④建:执持,拿起。 ⑤不知人:不省人事。 ⑥援:操,拿。 ⑦请:问,询问。 ⑧瞽(gǔ)瞍(sǒu):舜的父亲。相传他溺爱舜的弟弟,屡次想害死舜。瞽、瞍均为瞎眼之意,因此,也有一种说法是因为舜父不能分别好恶,故称之为瞽瞍。 ⑨小棰:用小棍棒打。棰,杖,棍棒。 ⑩蒸蒸:通"烝烝",众多的样子。 ⑪殪(yī):死。 ⑫遂造孔子而谢过:于是前往孔子那里谢罪。

荆①公子行年②十五而摄③荆相事。孔子闻之,使人往观其为政焉。使者反曰:"视其朝,清净而少事,其堂上有五老焉,其廊下有二十壮士焉。"孔子曰:"合二十五人之智,以治天下,其固④免矣,况荆乎?"

[注释]①荆:楚国的别称。 ②行年:经历的年岁,指当时的年龄。③摄:代理。 ④固:本来。

子夏问于孔子曰:"颜回之为人奚若?"子曰:"回之信①贤于丘。"曰:"子贡之为人奚若?"子曰:"赐之敏②贤于丘。"曰:"子路之为人奚若?"子曰:"由之勇贤于丘。"曰:"子张③之为人奚若?"子曰:"师之庄④贤于丘。"子夏避席而问曰:"然则四子何为事先生?"子曰:"居,吾语汝。夫回能信而不能反⑤,赐能敏而不能诎⑥,由能勇而不能怯,师能庄而不能同⑦。兼四子者之有以易⑧吾,弗与⑨也。此其所以事吾而弗贰⑩也。"

[注释]①信:诚实,诚信。 ②敏:机敏聪慧。 ③子张:姓颛孙,名师,字子张,陈国人,孔子学生。 ④庄:庄重,严肃。 ⑤能信而不能反:能做到诚信却不能灵活地应用。指君子说话不必句句都是诚实的,只要符合道义就可以了。 ⑥能敏而不能诎(qū):机敏却不能屈抑。诎,通"屈",屈服,屈抑。 ⑦能庄而不能同:庄重却不能合群。同,混同,合群。 ⑧易:交换。⑨与:给予。 ⑩贰:离心,不专一。

孔子游于泰山,见荣声期①行乎郕②之野,鹿裘带索,鼓瑟③而歌。孔子问曰:"先生所以为乐者,何也?"期对曰:"吾乐甚多,而至者三。天生万物,唯人为贵。吾既得为人,是一乐也;男女之别,男尊女卑,故人以男为贵。吾既得为男,是二乐也;人生有不见日月④,不免襁褓⑤者,吾既以行年九十五矣,是三乐也。贫者,士之常;死者,人之终。处常得⑥终,当何忧哉?"孔子曰:"善哉!能自宽者也。"

[注释]①荣声期:或作荣启期、荣益期,春秋时期著名隐士。②郕(chéng):鲁邑。 ③鼓瑟:原作"瑟瑟",据同文本改。 ④不见日月:指胎死腹中。 ⑤襁褓:婴儿的被子。 ⑥得:据"王肃注"及《说苑》,宜为待。

孔子曰:"回有君子之道四焉:强于行义,弱于受谏①,怵于待禄②,慎于治身。史鳅③有君子之道三焉:不仕而敬上,不祀而敬鬼,直己而曲人④。"曾子侍,曰:"参昔常闻夫子三言,而未之能行也。夫子见人之一善而忘其百非,是夫子之易事也;见人之有善若己有之,是夫子之不争也;闻善必躬行之,然后导之,是夫子之能劳也。学夫子之三言而未能行,以自知终不及二子⑤者也。"

[注释]①弱于受谏:接受别人劝谏时很虚心。 ②怵于待禄:接受俸禄时很害怕。怵,害怕。待,得。 ③史鳅:子鱼,卫国大夫。 ④直己而曲人:要求自己正直却能宽以待人。 ⑤二子:指颜回和史鳅。

孔子曰:"吾死之后,则商也日益①,赐也日损。"曾子曰:"何谓也?"子曰:"商也好与贤己者处,赐也好说不若己者。不知其子,视其父;不知其人,视其友;不知其君,视其所使②;不知其地,视其草木。故曰,与善人居,如入芝兰③之室,久而不闻其香,即与之化矣;与不善人居,如入鲍鱼之肆④,久而不闻其臭,亦与之化矣。丹之所藏者赤⑤,漆之所藏者黑。是以君子必慎其所与处者焉。"

[注释]①日益:一天比一天进步。 ②不知其君,视其所使:不了解君主,就看他任命的大臣如何。所使,所任命的人。 ③芝兰:两种香草,二者连用常指美好的德行或环境。芝,通"芷",白芷。兰,兰草。 ④鲍鱼之肆:腌或卖咸鱼的店铺。鲍鱼,咸鱼,用盐腌渍后气味腥臭。肆,店铺。 ⑤丹之所藏者赤:用来装丹砂的容器会变成红色。丹,朱砂。

曾子从孔子之齐,齐景公以下卿①之礼聘曾子,曾子固②辞。将行,晏子③送之,曰:"吾闻之,君子遗④人以财,不若善言。今夫兰本⑤三年,湛⑥之以鹿酳⑦,既成噉⑧之,则易之匹马。非兰之本性也,所以湛者美矣。愿子详⑨其所湛者。夫君子居必择处,游必择方,仕必择君。择君所以求仕,择方所以修道。迁风移俗者,嗜欲移性,可不慎乎!"孔子闻之,曰:"晏子之言,君子哉!依贤者固不困,依富者固不穷。马蚿⑩斩足而复行,何也?以其辅之者众。"

[注释]①卿:古代高级官员的名称,西周、春秋时分上、中、下三等。②固:坚定,坚决。下文"固不困"之"固"是"本来"的意思。 ③晏子:指晏婴,齐国的宰相。 ④遗(wèi):赠送。 ⑤兰本:兰草的根。 ⑥湛(jiān):同"渐",浸渍。 ⑦鹿酳(yìn):鹿肉做成的肉酱。 ⑧噉(dàn):同"啖",吃。 ⑨详:审慎。 ⑩马蚿(xián):一种多足,有节肢的虫。

孔子曰:"以①富贵而下人②,何人不尊?以富贵而爱人,何人不亲?发言不逆,可谓知言矣;言而众向③之,可谓知时矣。是故以富而能富人者,欲贫不可得也;以贵而能贵人者,欲贱不可得也;以达而能达人者,欲穷④不可得也。"

[注释]①以:原作"与",据备要本、陈本、文献集本改。　②下人:谦逊待人。　③向:通"响",响应。　④穷:陷入困境,不得志。

孔子曰:"中人①之情也,有余则侈,不足则俭,无禁则淫②,无度则逸,从③欲则败。是故鞭扑之子,不从父之教;刑戮之民,不从君之令。此言疾④之难忍,急之难行也。故君子不急断,不急制,使饮食有量,衣服有节,宫室有度,畜积有数,车器有限,所以防乱之原也。夫度量不可不明⑤,是中人所由之令⑥。"

[注释]①中人:一般人,中等人。　②淫:过分,无节制。　③从(zòng):通"纵",放纵。　④疾:急剧而猛烈,此指要求过分。　⑤度量不可不明:法度不能不明确。度量,法度。"不明"之"不"字原脱,据燕山本补。　⑥是中人所由之令:这是一般人遵守的法令。由,奉行,遵从。

孔子曰:"巧而好度①必攻②,勇而好问必胜,智而好谋必成。以愚者反之。是以非其人③,告之弗听;非其地,树④之弗生。得其人,如聚砂而雨之⑤;非其人,如会聋而鼓之。夫处重擅宠⑥,专事妒贤,愚者之情也。位高则危,任重则崩,可立而待。"

[注释]①度(duó):揣度,推测。　②攻:坚固,坚定。　③非其人:不是合适的人。　④树:种。　⑤如聚砂而雨之:像在聚拢的沙上倒水那样全部被吸收了,比喻容易听取意见。　⑥擅宠:独受宠信或宠爱。

孔子曰:"舟非水不行,水入舟则没①;君非民不治,民犯上则倾。是故君子不可不严也,小人不可不整一②也。"

[注释]①没(mò):淹没,沉没。　②整一:统一整治。

齐高庭问于孔子曰:"庭不旷山,不直地①,衣穰而提贽②,精气③以问事君子之道,愿夫子告之。"孔子曰:"贞以干之④,敬以辅之,施仁无倦,见君子则举之,见小人则退之。去汝恶心,而忠与之,效⑤其行,修其礼,千里之外,亲如兄弟。行不效,礼不修,则对门不汝通⑥矣。夫终日言,不遗己之忧;终日行,不遗己之患。唯智者能之。故自修者,必恐惧以除患,恭俭以避难者也。终身为善,一言则败之,可不慎乎!"

[注释]①庭不旷山,不直地:我不怕高山阻隔,不远千里而来。庭,人名,指前所记齐国的高庭本人。旷,隔。　②衣穰而提贽:穿着蒿草衣,手提见面礼。穰,蒿草衣。提,持,拿。贽,初次见人时所持的礼物。　③精气:真诚之气。　④贞以干之:用忠贞正直求取。　⑤效:尽力,效劳。　⑥不汝通:即"不通汝",不与你来往。通,往来,交好。

辩物第十六

季桓子穿井①,获如玉缶②,其中有羊焉。使使问孔子曰:"吾穿井于费③,而于井中得一狗,何也?"孔子曰:"丘之所闻者,羊也。丘闻之,木石之怪④,夔、魍魉⑤;水之怪,龙、罔象⑥;土之怪?羵羊也⑦。"

[注释]①季桓子穿井:季桓子,鲁国大夫。穿井,挖井。　②玉缶

(fǒu):指玉质器皿。 ③费(bì):鲁国邑名,故址在今山东费县西北。 ④木石之怪:山林中的精怪。 ⑤夔(kuí)、魍魉(wǎng liǎng):夔,古代传说中的单足兽。魍魉,山精。 ⑥冈象:一种水怪。 ⑦羵(fén)羊:古代传说中的土中神怪。

吴伐越,隳会稽①,获巨骨一节,专车焉②。吴子使来聘于鲁③,且问之孔子,命使者曰:"无以吾命也④。"宾既将事⑤,乃发币于大夫及孔子⑥,孔子爵之⑦。

[注释]①隳(huī)会稽:隳,毁坏。会稽,山名,位于今浙江绍兴东南。 ②专车:占了一车。 ③吴子:指吴王夫差,公元前495—前473年在位。 ④无以吾命:不要说是我的意思。 ⑤将事:从事某项工作,这里指聘问。将,行。 ⑥币:指用作聘问礼物的玉、马、皮、帛等。 ⑦爵之:饮酒。

既彻俎而燕①,客执骨而问曰:"敢问骨何如为大?"孔子曰:"丘闻之,昔禹致群臣于会稽之山②,防风后至③,禹杀而戮之④,其骨专车焉,此为大矣。"

[注释]①既彻俎而燕:撤掉祭祀礼器后众人欢宴。彻,又作"撤"。俎,祭祀或宴会用的四脚方形青铜盘或木漆盘,常陈设牛羊肉。燕,通"宴"。 ②致:召集。 ③防风:姓氏名。禹时候的部落首领,汪芒氏之君。 ④戮:陈尸。

客曰:"敢问谁守为神?"孔子曰:"山川之灵,足以纪纲天下者①,其守为神。诸侯社稷之守为公侯②,山川之祀者为诸侯,皆属于王③。"

[注释]①纪纲天下:这里指能兴云致雨以利天下。 ②诸侯社稷之守:守护诸侯社稷的。 ③属:隶属。

客曰:"防风何守?"孔子曰:"汪芒氏之君,守封嵎山者①,为漆姓,在虞夏商为汪芒氏,于周为长翟氏②,今曰大人。"

[注释]①封嵎(yú):封山、嵎山,位于今浙江德清西南。 ②瞿:一作"翟"。

有客曰:"人长之极几何①?"孔子曰:"僬侥氏长三尺②,短之至也。长者不过十,数之极也。"

[注释]①极:极限。 ②僬侥(yáo):一作"僬侥",相传为西南蛮人的一支。

孔子在陈,陈惠公宾之于上馆①。时有隼集陈侯之庭而死②,楛矢贯之③,石砮④,其长尺有咫⑤。惠公使人持隼,如孔子馆而问焉。孔子曰:"隼之来远矣,此肃慎氏之矢⑥。昔武王克商,信道于九夷百蛮⑦,使各以其方贿来贡⑧,而无忘职业⑨。于是肃慎氏贡楛矢、石砮,其长尺有咫。先王欲昭其令德之致远物也⑩,以示后人,使永鉴焉⑪,故铭其栝曰⑫:'肃慎氏贡楛矢',以分大姬⑬,配胡公而封诸陈⑭。古者分同姓以珍玉,所以展亲亲也⑮;分异姓以远方之职贡,所以无忘服也⑯,故分陈以肃慎氏贡焉。君若使有司求诸故府⑰,其可得也。"公使人求得之,金牍如之⑱。

[注释]①陈惠公宾之于上馆:陈惠公让他居住在上等馆舍。陈惠公,陈国国君。名吴,妫姓。公元前533—前506年在位。宾,使居住。 ②隼

(sǔn):鸟名。　③楛(hù)矢贯之:楛木做的箭矢穿透了它们的身体。楛,木名。贯,穿。　④砮(nǔ):箭镞。　⑤尺有咫:一尺八寸。咫,八寸。　⑥肃慎氏:古代的少数民族,主要从事狩猎,居住在今东北地区。　⑦信道于九夷百蛮:打通了前往周边各族的道路。信,通"伸"。九夷,东方九种。百蛮,夷狄百种。　⑧方贿:地方特产。贿,财物。　⑨职业:职分内的事。　⑩昭其令德之致远物:昭显他能令远方朝贡的美好德行。昭,显。令德,美好的德行。致,引而至。　⑪鉴:鉴观。　⑫铭其栝(kuò):刻在箭末扣弦处。栝,箭末扣弦处。　⑬大姬:周王之女。　⑭胡公:舜的后代。　⑮展亲亲:强化亲亲之道。展,重。　⑯服:服侍。　⑰故府:原来收藏文书或财物的府库。　⑱金椟如之:铜柜里果然像孔子说的那样(藏有这种箭矢)。金椟,指用来收藏文献等的铜柜。

郯子朝鲁①,鲁人问曰②:"少昊氏以鸟名官③,何也?"对曰:"吾祖也,我知之。昔黄帝以云纪官④,故为云师而云名⑤。炎帝以火⑥,共工以水,大昊以龙⑦,其义一也⑧。我高祖少昊挚之立也⑨,凤鸟适至,是以纪之于鸟,故为鸟师而鸟名。自颛顼氏以来⑩,不能纪远,乃纪于近,为民师而命以民事⑪,则不能故也⑫。"孔子闻之,遂见郯子而学焉。既而告人曰:"吾闻之:'天子失官,学在四夷⑬。'犹信。"

[注释]①郯子:郯国国君,相传为少昊后裔。　②鲁人:指叔孙昭子。③少昊:金天氏,名挚。相传为东夷族首领,己姓。活动中心在奄,即今山东曲阜。　④黄帝以云纪官:黄帝用云来记识官职。黄帝,轩辕氏。　⑤故为云师而云名:所以用云来命名官长。　⑥炎帝:神农氏。相传为古代帝王,姜姓。　⑦大(tài)昊:伏羲氏。相传为东夷族首领,风姓。　⑧一:同。⑨高祖:远祖。　⑩颛顼(zhuān xū):传说中的古代帝王,号高阳氏。　⑪民事:此指政事。　⑫不能故:不能像过去那样(纪远方的天瑞)。　⑬天子失

官,学在四夷:指王官失守,官学却还保存在诸侯小国。据卢文弨《钟山札记》、梁履绳《左通补释》,《石经》作"天子失官,官学在四夷",王肃注云"孔子称官学在四夷",似正文宜作"官学在四夷"。

邾隐公朝于鲁①,子贡观焉。邾子执玉高,其容仰②,定公受玉卑,其容俯。子贡曰:"以礼观之,二君者将有死亡焉③。夫礼,生死存亡之体④,将左右周旋⑤,进退俯仰,于是乎取之;朝祀丧戎,于是乎观之。今正月相朝,而皆不度⑥,心以亡矣⑦。嘉事不体⑧,何以能久?高仰,骄⑨;卑俯,替⑩。骄近乱,替近疾。若为主⑪,其先亡乎?"夏五月,公薨⑫,又邾子出奔。孔子曰:"赐不幸而言中⑬,是赐多言。"

[注释]①邾隐公:邾国国君,名益,曹姓。 ②其容仰:他的面部向上抬。 ③死亡:死,死亡。亡,逃亡,出奔。 ④体:根本。 ⑤左右周旋:左右揖让,周转回旋。 ⑥不度:不合法度。 ⑦以:通"已"。 ⑧嘉事不体:朝聘不合乎礼制。嘉事,这里指朝聘。 ⑨骄:骄恣。 ⑩替:废惰。 ⑪若:犹"我"。 ⑫薨(hōng):古代指诸侯之死。 ⑬不幸而言中:说中了不幸的事。不幸,指鲁定公死亡与邾隐公出奔之事。

孔子在陈,陈侯就之燕游焉①。行路之人云:"鲁司铎灾②,及宗庙。"以告孔子。子曰:"所及者,其桓、僖之庙③。"陈侯曰:"何以知之?"子曰:"礼,祖有功而宗有德,故不毁其庙焉。今桓、僖之亲尽矣④,又功德不足以存其庙,而鲁不毁,是以天灾加之。"三日,鲁使至,问焉,则桓、僖也。陈侯谓子贡曰:"吾乃今知圣人之可贵。"对曰:"君之知之,可矣,未若专其道而行其化之善也⑤。"

[**注释**]①燕游:闲游。 ②司铎:宫城中的官署,即后世的郎署。③桓、僖:桓,鲁桓公,名允,公元前711—前694年在位。僖,鲁僖公,名申,公元前659—前627年在位。 ④今桓、僖之亲尽矣:古代礼制,"诸侯五庙",即只立五代的宗庙表示宗亲关系。桓公为哀公的八世祖,僖公为哀公的六世祖,均已超出五代,所以孔子说"现在哀公与桓公、僖公的宗亲关系已经终结"。 ⑤专其道而行其化:遵守他的道义,实行他的教化。专,司,推行。

阳虎既奔齐①,自齐奔晋,适赵氏②。孔子闻之,谓子路曰:"赵氏其世有乱乎③!"子路曰:"权不在焉,岂能为乱④?"孔子曰:"非汝所知。夫阳虎亲富而不亲仁⑤,有宠于季孙,又将杀之,不克而奔,求容于齐⑥。齐人囚之,乃亡归晋。是齐、鲁二国,已去其疾⑦。赵简子好利而多信⑧,必溺其说而从其谋⑨。祸败所终,非一世可知也。"

[**注释**]①阳虎:字货,鲁国季孙氏家臣。以陪臣执国命,谋划铲除季桓子没有成功,于是据守阳关叛变,受到鲁国的进攻后出奔。 ②适赵氏:适,前往。赵氏,即赵简子,赵武之孙,晋国卿。 ③世:后世。 ④能:原作"不",据同文本改。 ⑤亲:近。 ⑥求容:求取容身之地。 ⑦疾:害,祸患。⑧多信:轻信。 ⑨溺其说而从其谋:被阳虎的话所迷惑而听从于他的计谋。溺,沉迷。

季康子问于孔子曰①:"今周十二月,夏之十月,而犹有蟊②,何也?"孔子对曰:"丘闻之,火伏而后蛰者毕③。今火犹西流④,司历过也⑤。"季康子曰:"所失者,几月也?"孔子曰:"于夏十月,火既没矣。今火见,再失闰也⑥。"

[**注释**]①季康子:即季孙肥,鲁哀公时的正卿,"康"是他的谥号。

②螽(zhōng):蝗虫,这里指蝗灾。一般发生于周历秋八月或九月,十二月(即夏历十月)出现这种现象是反常的,所以季康子发问。 ③火伏而后蛰者毕:大火星隐没后蝗虫才全部蛰伏。火,大火星,即心宿,一般夏历十月就已隐没。蛰者,蛰伏的昆虫。 ④西流:出现在西方天空,逐渐隐没。 ⑤司历过:掌历法的官员失误。 ⑥再失闰:指少设了一次闰月。

吴王夫差将与哀公见晋侯①。子服景伯对使者曰②:"王合诸侯,则伯率侯牧以见于王③;伯合诸侯,则侯率子男以见于伯。今诸侯会,而君与寡君见晋君,则晋成为伯也。且执事以伯召诸侯,而以侯终之,何利之有焉?"吴人乃止。既而悔之,遂囚景伯。伯谓大宰嚭曰④:"鲁将以十月上辛有事于上帝、先王⑤,季辛而毕⑥。何也世有职焉,自襄已来未之改。若其不会⑦,则祝宗将曰'吴实然'⑧。"嚭言于夫差,归之。子贡闻之,见于孔子曰:"子服氏之子拙于说矣,以实获囚,以诈得免。"孔子曰:"吴子为夷德⑨,可欺而不可以实。是听者之蔽⑩,非说者之拙也。"

[注释]①晋侯:即晋定公,名午,公元前511—前475年在位。 ②子服景伯:即子服何,鲁国大夫,当时跟随鲁哀公参加会盟。 ③伯率侯牧:伯,王官,诸侯之长。侯牧,方伯名。 ④大宰嚭(pǐ):伯氏,名嚭。一作帛喜,字子余,吴王夫差宠臣。 ⑤鲁将以十月上辛有事于上帝、先王:鲁国将在十月上辛这天祭祀上帝、先王。上辛,即第一旬的辛日。有事,指祭祀。 ⑥季辛而毕:下旬的辛日结束。毕,结束。 ⑦不会:不参加祭祀。 ⑧祝宗:祭祀时主持祝告的人。 ⑨夷德:夷族的德行。 ⑩蔽:蔽陋。

叔孙氏之车士曰子鉏商①,采薪于大野②,获麟焉③,折其前左足,载以归。叔孙以为不祥,弃之于郭外④,使人告孔子曰:"有麇而角者⑤,何也?"孔子往观之,曰:"麟也。胡为来哉?胡为来哉?"反袂拭面⑥,涕泣沾衿⑦。叔孙闻之,然后取之。子贡问曰:"夫子何泣尔?"孔子曰:"麟之至,为明王也。出非其时而害,吾是以伤焉。"

[注释]①子鉏(chú)商:叔孙氏的车夫,子姓。一说子鉏为氏,商为名。②大野:即大野泽,位于今山东巨野北。 ③麟:麒麟,古人认为是仁兽,圣人将要出现的祥瑞。 ④郭:外城。 ⑤麇(jūn):獐子。 ⑥反袂(mèi)拭面:翻转过衣袖擦脸。袂,衣袖。 ⑦涕泣沾衿:流下的泪打湿了衣襟。涕,泪。衿,通"襟",衣襟。

哀公问政第十七

哀公问政于孔子。孔子对曰:"文武之政①,布在方策②。其人存,则其政举③;其人亡,则其政息④。天道敏生⑤,人道敏政,地道敏树⑥。夫政者,犹蒲卢也⑦,待化以成,故为政在于得人。取人以身⑧,修道以仁。仁者,人也⑨,亲亲为大⑩;义者,宜也,尊贤为大。亲亲之杀⑪,尊贤之等,礼所以生也。礼者,政之本也。是以君子不可以不修身。思修身,不可以不事亲⑫;思事亲,不可以不知人⑬;思知人,不可以不知天⑭。天下之达道有五⑮,其所以行之者三。曰:君臣也,父子也,夫妇也,昆弟也⑯,朋友也,五者,天下之达道。智、仁、勇三者,天下之达德也,所以行之者一也⑰。或生而知之,或学而知之,或困而知之,及其知之一也。或安而行之,或利而行之,或勉强而行之,及其成功一也。"公曰:"子之言,美矣至矣!寡人实固不足以成之也。"孔子曰:"好学近乎智,力行近乎仁,知耻近乎勇。知斯三者,则知所以修身;知所以修身,则知所以治人;知所以治人,则能成天下国家者矣。"

[注释]①文武:指周文王、周武王。 ②布在方策:记载在方版和竹简上。布,刊载,记载。方,古代书写用的木板。策,通"册"。古代用竹片或木片记事著书,成编的叫策。 ③举:施行。 ④息:灭,停止。 ⑤敏:勤勉。 ⑥树:种植,引申指培育。 ⑦蒲卢:即蒲苇。 ⑧取人以身:获得人才的关键在于加强自身的修养。人,指贤人。身,指为政者的修身。 ⑨仁者,人也:仁就是人与人之间的相互亲爱。 ⑩亲亲:爱亲人。前为动词,爱,亲近。后为名词,亲人。 ⑪杀:减少,降等。 ⑫事亲:侍奉父母。 ⑬知人:明辨他人品质或知人善任。 ⑭知天:明白天行之道。 ⑮达道:天下古今通行的道理。 ⑯昆弟:兄弟。昆,兄。昆弟连用指兄和弟,也包括近房的和远房的弟兄。 ⑰所以行之者一也:实现这些大道与美德在于诚实专一。之,代指前面的智、仁、勇。一,诚实、专一。

公曰:"政其尽此而已乎?"孔子曰:"凡为天下国家有九经①,曰:修身也,尊贤也,亲亲也,敬大臣也,体群臣也②,子庶民也③,来百工也④,柔远人也⑤,怀诸侯也⑥。夫修身则道立,尊贤则不惑,亲亲则诸父⑦、兄弟不怨,敬大臣则不眩⑧,体群臣则士之报礼重,子庶民则百姓劝⑨,来百工则财用足,柔远人则四方归之,怀诸侯则天下畏之。"

[注释]①凡为天下国家有九经:治理天下国家有九条常规。为,治理。经,常道;规范。 ②体:体恤,设身处地为人着想。 ③子:动词,以……为子,爱……如子。 ④来百工:招集各种手工业者。来,招徕,招集。百工,各种手工业者的总称。 ⑤柔:怀柔,优待。 ⑥怀:安抚。 ⑦诸父:指伯父、叔父。 ⑧眩:眼花。引申为迷乱、迷惑。 ⑨劝:勤勉,努力。

公曰:"为之奈何?"孔子曰:"齐洁盛服①,非礼不动,所以修身也;去谗远色②,贱财而贵德,所以尊贤也;爵其能③,重其禄,同其好恶,所以笃亲亲也④;官盛任使⑤,所以敬大臣也;忠信重禄⑥,所以劝士也;时使薄敛⑦,所以子百姓也;日省月考⑧,既禀称事⑨,所以来百工也;送往迎来,嘉善而矜不能⑩,所以绥远人也⑪;继绝世⑫,举废邦⑬,治乱持危⑭,朝聘以时⑮,厚往而薄来⑯,所以怀诸侯也。治天下国家有九经,其所以行之者一也。凡事豫则立⑰,不豫则废,言前定则不跲⑱,事前定则不困,行前定则不疚⑲,道前定则不穷⑳。在下位不获于上㉑,民弗可得而治矣。获于上有道,不信于友,不获于上矣;信于友有道,不顺于亲,不信于友矣;顺于亲有道,反诸身不诚,不顺于亲矣;诚身有道,不明于善,不诚于身矣。诚者㉒,天之至道也;诚之者㉓,人之道也。夫诚,弗勉而中,不思而得,从容中道㉔,圣人之所以体定也㉕;诚之者,择善而固执之者也㉖。"

[注释]①齐(zhāi):同"斋",意为斋戒。 ②去谗远色:摒弃搬弄是非的谗言,远离女色。去,摒除。谗,谗言,此处指进谗言的人。 ③爵:嘉奖,给……爵位。 ④笃:深厚。此处作动词,加厚,加重。 ⑤官盛任使:官盛,官属众多。任使,听任差使。 ⑥忠信重禄:意为对忠信之士给以厚禄。 ⑦时使薄敛:适当其时差使百姓,减轻征收赋税。时使,使用百姓服劳役,适当其时。薄敛,减轻向百姓征收的赋税。薄,减轻。 ⑧日省(xǐng)月考:每天检查,每月考核。省,检查,察看。 ⑨既禀称事:意为发给百工的俸禄要与他们的工作成绩相称。既禀,同"饩廪",日常必须的生活资料,俸给。 ⑩嘉善而矜(jīn)不能:奖励善举,同情能力低下的人。矜,怜悯,同情。

⑪绥:安,安抚。 ⑫继绝世:延续已经断绝爵禄的世家。继,承继,延续。绝世,已经中断爵禄的家族世系。 ⑬举废邦:举,任用,复兴。废邦,已经被废灭的邦国。 ⑭治乱持危:平定叛乱,扶持危局。持,扶持,解救。 ⑮朝聘以时:按时朝聘。古代诸侯亲自朝见周天子叫朝,派大夫代往叫聘。春秋时期诸侯国之间遣使访问也叫聘。 ⑯厚往而薄来:丰厚地赏赐诸侯,少接受诸侯贡赋。 ⑰豫:通"预",事先有所准备。 ⑱跲(jiá):窒碍。 ⑲疚:忧虑,因过失而内心不安。 ⑳穷:困厄,困窘。 ㉑不获于上:不能获得上级的信任。 ㉒诚:真实,真诚。 ㉓诚之:按照诚的要求去做,实现诚。 ㉔中(zhòng):符合。 ㉕体:禀性,心性。 ㉖固执:坚持不懈。

公曰:"子之教寡人备矣①。敢问行之所始。"孔子曰:"立爱自亲始②,教民睦也;立敬自长始③,教民顺也。教之慈睦,而民贵有亲;教以敬,而民贵用命。民既孝于亲,又顺以听命,措诸天下④,无所不可。"公曰:"寡人既得闻此言也,惧不能果行而获罪咎⑤。"

[注释]①备:完备,详备。 ②立爱自亲始:树立仁爱的观念从"亲亲"开始做起。 ③立敬自长始:树立敬爱的观念从"尊贤"开始做起。 ④措:施加,施行。 ⑤果:实现。

宰我问于孔子曰:"吾闻鬼神之名,而不知所谓①,敢问焉。"孔子曰:"人生有气有魂。气者,人之盛也②。夫生必死,死必归土,此谓鬼;魂气归天,此谓神。合鬼与神而享之③,教之至也④。骨肉弊于下⑤,化为野土,其气发扬于上者,此神之著也⑥。圣人因物之精,制为之极⑦,明命鬼神,以为民之则⑧,而犹以是为未足也,故筑为宫室,设为宗祧⑨,春秋祭祀,以别亲疏,教民反古复始,不敢忘其所由生也。众人服自此,听且速焉⑩。教以二端⑪,二端既立,报以二礼⑫:建设朝事⑬,燔燎膻芗⑭,所以报气也;荐黍稷⑮,羞肺肝⑯,加以郁鬯⑰,所以报魄也。此教民修本、反始、崇爱,上下用情,礼之至也。君子反古复始,不忘其所由生,是以致其敬,发其情,竭力从事,不敢不自尽也⑱,此之谓大教。昔者,文王之祭也,事死如事生,思死而不欲生,忌日则必哀⑲,称讳则如见亲⑳,祀之忠也。思之深,如见亲之所爱。祭欲见亲颜色者,其唯文王与!《诗》云:'明发不寐,有怀二人㉑。'则文王之谓与!祭之明日,明发不寐,有怀二人,敬而致之,又从而思之。祭之日,乐与哀半,飨之必乐,已至必哀㉒,孝子之情也。文王为能得之矣。"

[注释]①不知所谓:不知道说的是什么。 ②盛:充盛。 ③享:献祭。 ④教:教化。 ⑤弊(bì):仆,倒下。引申为死亡。 ⑥著:显明,显出。 ⑦极:标准,准则。 ⑧则:法则,准则。 ⑨宗祧(tiāo):宗,宗庙。祧,远祖之庙。 ⑩听:顺从,听从。 ⑪二端:指气与魄。 ⑫二礼:指朝事礼和饮食礼。 ⑬朝事:指早晨祭祀宗庙之事。 ⑭燔燎膻(shān)芗(xiāng):焚烧牛羊牺牲肠间的脂膏。膻,羊腹内的脂膏。芗,牛腹内的脂膏。 ⑮荐:献,进。 ⑯羞:原为名词,指有滋味的佳肴。此处作动词用,进献食品。 ⑰郁鬯(chàng):即用香草浸泡的酒,用来祭祀降神。郁,香草名,即郁金香草,古代用以酿酒。鬯,祭祀用的香酒。 ⑱自尽:自觉尽力而为。 ⑲忌日:指父母去世的日子。每逢这一天,禁忌饮酒、作乐等事。 ⑳讳:先王、先祖或父母名。 ㉑明发不寐,有怀二人:语出《诗·小雅·小宛》。明发,天将亮而晨光初露。有怀,同"又怀",又想起。 ㉒已至必哀:已至,谓祭事以毕。不知亲飨否,故哀。

卷第五

颜回第十八

鲁定公①问于颜回曰："子亦闻东野毕②之善御乎？"对曰："善则善矣。虽然③，其马将必佚④。"定公色不悦，谓左右曰："君子固有诬人也。"颜回退。后三日，牧⑤来诉之曰："东野毕之马佚，两骖曳，两服入于厩⑥。"公闻之，越席而起，促驾召颜回。回至，公曰："前日寡人问吾子以东野毕之御，而子曰善则善矣，其马将佚，不识吾子奚以知之？"颜回对曰："以政知之。昔者帝舜巧⑦于使民，造父⑧巧于使马。舜不穷其民力，造父不穷其马力，是以舜无佚民，造父无佚马。今东野毕之御也，升马执辔，衔体正矣⑨；步骤驰骋，朝礼毕矣⑩；历险致远，马力尽矣，然而犹乃求马不已。臣以此知之。"公曰："善！诚若吾子之言也。吾子之言，其义大矣，愿少进⑪乎。"颜回曰："臣闻之：鸟穷则啄，兽穷则攫⑫，人穷则诈，马穷则佚。自古及今，未有穷其下而能无危者也。"公悦，遂以告孔子。孔子对曰："夫其所以为颜回者，此之类也，岂足多⑬哉？"

[注释]①鲁定公:鲁国国君,名宋,前509—前495在位。定公时期,孔子曾任鲁国司寇。 ②东野毕:春秋人,姓东野,名毕。 ③虽然:虽然这样,可是。 ④佚:通"逸",奔逃,逃逸。 ⑤牧:掌养马的官。 ⑥两骖(cān)曳,两服入于厩(jiù):旁边驾车的两匹马逃脱,只有中间的两匹回到马棚。两骖,两服,古代一车驾四马,居中的两匹称两服,旁边的两匹称两骖。曳,逾越,超过,这里指逃跑。 ⑦巧:善于,擅长。 ⑧造父:人名,古代善御者,幸于周穆王,因功被封于赵城,后代遂以赵为氏。 ⑨升马执辔(pèi),衔体正矣:蹬马上车,握住缰绳,马嚼子的位置放得很端正了。辔,驾驭牲口的缰绳。衔,古时横在马口中用以抽勒的铁或青铜,也称马嚼子。体,物质存在的状态。 ⑩步骤驰骋,朝礼毕矣:马或缓行或疾走或驰骋,也调理得很周到了。步骤,步指缓行,骤指疾走。驰骋,纵马疾驰。朝礼,调理。 ⑪进:进献,奉上,这里是谈谈的意思。 ⑫攫(jué):夺取。 ⑬多:推重,赞美。

孔子在卫,昧旦晨兴①,颜回侍侧,闻哭者之声甚哀。子曰:"回,汝知此何所哭乎?"对曰:"回以此哭声,非但为死者而已,又有生离别者也。"子曰:"何以知之?"对曰:"回闻桓山之鸟,生四子焉,羽翼既成,将分于四海,其母悲鸣而送之,哀声有似于此,谓其往而不返也。回窃以音类②知之。"孔子使人问哭者,果曰:"父死家贫,卖子以葬,与之长决③。"子曰:"回也,善于识音矣。"

[注释]①昧旦晨兴:黎明时就起床。昧旦,黎明,拂晓。昧,昏暗。旦,明。兴,起。 ②类:相似。 ③决:通"诀",分别。

颜回问于孔子曰:"成人①之行若何?"子曰:"达于情性②之理,通于物类③之变,知幽明④之故,睹游气之原⑤。若此可谓成人矣。既能成人,而又加之以仁义礼乐,成人之行也。若乃穷神知礼⑥,德之盛⑦也。"

[**注释**]①成人:完美无缺的人。 ②情性:本性。 ③物类:万物,各类的物质。 ④幽明:泛指有形的和无形的、可见的和不可见的事物。 ⑤睹游气之原:洞察风云变化的根源。睹,察看,洞察。游气,浮动的云气。⑥若乃穷神知礼:至于做到能穷尽事物阴阳变化的本质。若乃,至于。神,指奇异莫测。 ⑦盛:顶点,极点。

颜回问于孔子曰:"臧文仲①、武仲②孰贤?"孔子曰:"武仲贤哉!"颜回曰:"武仲世称圣人,而身不免于罪③,是智不足称也;好言兵讨,而挫锐于邾④,是智不足名也。夫文仲其身虽殁,而言不朽,恶有未贤⑤?"孔子曰:"身殁言立,所以为文仲也。然犹有不仁者三,不智者三,是则不及武仲也。"回曰:"可得闻乎?"孔子曰:"下展禽⑥,置六关⑦,妾织蒲,三不仁;设虚器⑧,纵逆祀⑨,祠海鸟,三不智。武仲在齐,齐将有祸,不受其田,以避其难,是智之难也⑩。夫臧武⑪仲之智而不容于鲁,抑有由焉,作而不顺,施而不恕⑫也夫。《夏书》曰:'念兹在兹,顺事恕施⑬。'"

[**注释**]①臧文仲:春秋时鲁国著名大夫。臧孙氏,名辰,谥号"文",历仕庄公、闵公、僖公、文公四代国君,以立言垂世著称,对鲁国的政治和外交都产生了相当大的影响。 ②武仲:即臧武仲,臧文仲之孙,名纥。曾官鲁司寇,封邑于防,以料事多中、见闻广博闻名于世,时有"圣人"之誉。 ③武仲世称圣人,而身不免于罪:武仲凭一时义气帮助季武子废长立幼,立公子纥为季氏继承人,因而得罪了季孙公组,他联合素与武仲不和的孟孙氏,与武仲为敌。鲁襄公二十三年(前550年),孟孙氏诬陷武仲将叛乱,季武子信以为真,命攻臧氏。武仲先奔邾,后流亡至齐。 ④好言兵讨,而挫锐于邾:他喜欢谈论兵法征战,却被邾国打得惨败,挫伤了锐气。鲁襄公四年(前569年),邾、莒联合进犯鄫国,武仲率军攻打邾国,以解鄫国之围,不料在狐骀(今滕州西南)惨败,鲁军伤亡惨重,以致丧服短缺。引起国人怨恨,到处流传着"侏儒(武仲身

材矮小)使我败于邾"的歌谣。 ⑤而言不朽,恶有未贤:古人认为,能做到"死而不朽"的有三种人:"大上有立德,其次有立功,其次有立言。" ⑥下展禽:使展禽居于下位。展禽,名获,字禽,或云居于柳下,或云食邑于柳下,死后其妻子私谥曰"惠",史称"柳下惠",亦称"柳下季"。 ⑦置六关:六关,关卡名。鲁国本无此关,文仲设置来向行者收税,所以孔子称为"不仁"。 ⑧虚器:指有其器而无其位。器,古代表示等级的车服、仪仗等。 ⑨纵逆祀:纵容不合秩序的祭祀。 ⑩不受其田,以避其难(nàn),是智之难(nán)也:没接受齐国赏赐的土地,从而避免了一场灾难,这是明智中尤其不易做到的。前一"难",危难,祸患。后一"难",困难,不易。 ⑪武:原本作"文",据陈本改。 ⑫抑有由焉,作而不顺,施而不恕:也是有原因的,他兴起时不顺从事理,施行起来不合仁爱之道。抑,发语词。恕,儒家提倡的伦理思想,以仁爱之心对人。 ⑬恕施:使一切合乎仁爱之道。

颜回问于君子①。孔子曰:"爱近仁,度②近智,为己不重③,为人不轻,君子也夫。"回曰:"敢问其次。"子曰:"弗学而行,弗思而得。小子④勉之。"

[注释]①问于君子:"于"字,应是衍文。君子,品德高尚的人。 ②度(duó):计算,谋划。 ③为己不重:对自己不要看得太重。 ④小子:旧时老师对学生的称谓。

仲孙何忌①问于颜回曰:"仁者一言②而必有益于仁智,可得闻乎?"回曰:"一言而有益于智,莫如预③;一言而有益于仁,莫如恕。夫知其所不可由④,斯知所由矣。"

[注释]①仲孙何忌:即孟懿子,幼时曾从孔子学礼,后继位为卿。 ②一言:指一个字或一句话。 ③预:事先,事先有准备。 ④由:为,从事。

颜回问小人①,孔子曰:"毁人之善以为辩,狡讦②怀诈以为智,幸③人之有过,耻学而羞不能④,小人也。"

[注释]①小人:与"君子"相对,指品德差的人。 ②狡讦(jié):诋毁,诬陷。讦,攻击别人的短处或揭发别人的隐私。 ③幸:对……感到庆幸,欢喜。 ④羞:嘲弄,侮辱。

颜回问子路①曰:"力猛于德而得其死者鲜②矣,盍慎诸焉③?"孔子谓颜回曰:"人莫不知此道之美,而莫之御④也,莫之为也,何居?为闻者盍日思也夫⑤?"

[注释]①子路:孔子学生,鲁国卞(今山东泗水)人。 ②鲜:少,不多。 ③盍慎诸焉:为什么不在这点上慎重些?盍,何不。诸,"之乎"的合音。 ④御:驾驭,使用,应用。 ⑤为闻者盍日思也夫:知道这个道理的人为什么不天天认真思考一下呢。

颜回问于孔子曰:"小人之言有同乎君子者,不可不察也。"孔子曰:"君子以行言,小人以舌言。故君子于为义之上相疾也,退而相爱①;小人于为乱之上相爱也,退而相恶②。"

[注释]①君子于为义之上相疾也,退而相爱:君子在实行道义方面互相批评,在别的方面互相友爱。疾,激励,宏扬。于,丛刊本无,据陈本加。 ②小人于为乱之上相爱也,退而相恶(wù):小人在制造祸乱方面互相友爱,在别的方面则互相中伤。恶,憎恨,中伤。

颜回问朋友之际①如何,孔子曰:"君子之于朋友也,心必②有非焉,而弗能谓'吾不知',其仁人也。不忘久③德,不思久怨,仁矣夫。"

[注释]①际:交际,彼此之间。 ②必:肯定,断定。 ③久:旧,以往,原先。

叔孙武叔见未仕于颜回①,回曰:"宾②之。"武叔多称人之过,而己评论之,颜回曰:"固子之来辱③也,宜有得于回焉。吾闻知诸孔子④曰:'言人之恶,非所以美己⑤;言人之枉,非所以正己。'故君子攻其恶⑥,无攻人恶。"

[注释]①叔孙武叔见未仕于颜回:叔孙武叔去拜访颜回。叔孙武叔,鲁国卿大夫,叔孙氏,名州仇。未仕,二字应是衍文。 ②宾:以宾客之礼相待。 ③辱:谦词。 ④吾闻知诸孔子:我听先生说。知,应是衍文。诸,"之于"的合音。 ⑤言人之恶(è),非所以美己:诉说别人的过失,并不能粉饰自己。恶,过失,错误。所以,用来……的方法。 ⑥攻其恶:批评自己的过错。攻,指责,批评。其,指自己。

颜回谓子贡曰:"吾闻诸夫子:'身不用礼而望礼于人①,身不用德而望德于人,乱②也。'夫子之言,不可不思也。"

[注释]①身不用礼而望礼于人:自己不遵守礼制,却要求别人遵守。望,期望,希望。 ②乱:祸乱,变乱,这里是引起祸乱、变乱的意思。

子路初见第十九

子路见孔子。子曰:"汝何好乐①?"对曰:"好长剑。"孔子曰:"吾非此之问也,徒谓以子之所能,而加之以学问,岂可及乎②?"

子路曰:"学岂益哉也③?"孔子曰:"夫人君而无谏臣

则失正④,士而无教友则失听⑤。御狂马不释策⑥,操弓不反檠⑦。木受绳则直⑧,人受谏则圣。受学重问,孰不顺哉?毁仁恶仕,必近于刑⑨。君子不可不学。"

子路曰:"南山有竹,不柔自直⑩,斩而用之,达于犀革⑪。以此言之,何学之有?"孔子曰:"栝而羽之⑫,镞而砺之⑬,其入之不亦深乎?"

子路再拜曰:"敬而受教⑭。"

[注释]①汝何好乐(lè):你有什么爱好? 好,爱好,喜欢。 ②岂可及乎:谁能赶得上你呢? ③学岂益哉也:学习也有好处吗? ④夫人君而无谏臣则失正:君主如果没有直言进谏的臣子,就会犯错误。失正,犯错误。 ⑤士而无教友则失听:士人如果没有能给予教诲的朋友,就难以判断是非。失听,失去判断是非的能力。 ⑥御狂马不释策:驾驭狂奔的马不能丢掉马鞭。释,丢掉。策,驱赶骡马役畜的鞭子。 ⑦操弓不反檠(qíng):使用弓箭离不了矫正弓弩的檠。檠,矫正弓弩的器具。 ⑧木受绳则直:木料用墨绳来规正就会锯直。绳,指锯木料时用来标直的墨绳。 ⑨毁仁恶(wù)仕,必近于刑:诋毁仁者,诽谤士人,必然会触犯刑法。仕,通"士"。 ⑩不柔自直:不用揉制矫正自然就直。柔,通揉。使曲者直、直者曲为揉。 ⑪达于犀革:射穿犀牛皮。犀革,犀牛皮。 ⑫栝(kuò)而羽之:在箭栝上安上羽毛。栝,箭末扣弦处。 ⑬镞(zú)而砺之:把箭头磨的极其锋利。镞,箭头。 ⑭敬而受教:一定接受您的教诲。敬,表示尊敬的答语,意为不敢怠慢。

子路将行,辞于孔子。子曰:"赠汝以车乎? 赠汝以言乎?"子路曰:"请以言。"孔子曰:"不强不达①,不劳无功,不忠无亲②,不信无复③,不恭失礼。慎此五者而矣。"

子路曰:"由请终身奉之。敢问亲交取亲若何④? 言寡可行若何⑤? 长为善士而无犯若何⑥?"孔子曰:"汝所问,苞在五者中矣⑦。亲交取亲,其忠也;言寡可行,其信乎;长为善士而无犯,其礼也⑧。"

[注释]①不强不达:不坚强就不能自立。 ②不忠无亲:不忠诚就不能得到别人的亲近。 ③不信无复:不讲信用就得不到别人的信任。 ④敢问亲交取亲若何:请问结交新朋友选取亲近的如何?亲,通"新"。 ⑤言寡可行:说的少,但说出的话都是可实行的。 ⑥长为善士而无犯:长久地做好人而不违反礼制。 ⑦苞:通"包",包含。 ⑧其礼也:原文作"于礼也",据"陈本"改。

孔子为鲁司寇,见季康子,康子不悦。孔子又见之。

宰予进曰:"昔予也常闻诸夫子曰:'王公不我聘,则弗动①。'今夫子之于司寇也日少,而屈节数矣②,不可以已乎③?"孔子曰:"然④。鲁国以众相陵⑤,以兵相暴之日久矣⑥,而有司不治⑦,则将乱也。其聘我者,孰大于是哉⑧?"

鲁人闻之,曰:"圣人将治,何不先自远刑罚?"自此之后,国无争者。孔子谓宰予曰:"违山十里,蟪蛄之声,犹在于耳,故政事莫如应之⑨。"

[注释]①王公不我聘,则弗动:天子、诸侯不来聘请我,我就不会主动动身前去。 ②屈节数(shuò)矣:多次降身去见季康子。屈节,降身相从,谦恭的样子。数,多次。 ③不可以已乎:不能不去吗? ④然:你说的对。 ⑤以众相陵:依仗人多欺侮别人。 ⑥以兵相暴:凭借武力凌辱别人。 ⑦有司:古代设官分职,各有专司,故称。 ⑧其聘我者,孰大于是哉:国家现在正面临发生动乱的危险,能够进行社会治理是最重要的,至于聘请这一形式,怎么能比这更重要呢? ⑨违山十里,蟪蛄之声,犹在于耳,故政事莫如应之:社会混乱就像蝉叫一样,即使离山十里,聒噪之声好像还在耳边。因

此,治理政事不如主动应对那种混乱的局面。违,去,离开。蟪蛄,又名蛁蟟,一种黄绿色的蝉,翅有黑白色条纹,夏末雄虫从早到晚鸣声不止。

孔子兄子有孔篾者,与宓子贱偕仕。孔子往过孔篾,而问之曰:"自汝之仕,何得何亡①?"对曰:"未有所得,而所亡者三。王事若龙②,学焉得习③,是学不得明也;俸禄少,馆粥不及亲戚④,是以骨肉益疏也;公事多急,不得吊死问疾,是朋友之道阙也⑤。其所亡者三,即谓此也。"

孔子不悦,往过子贱,问如孔篾。对曰:"自来仕者,无所亡,其有所得者三。始诵之,今得而行之,是学益明也;俸禄所供,被及亲戚,是骨肉益亲也;虽有公事,而兼以吊死问疾,是朋友笃也。"孔子喟然谓子贱曰:"君子哉若人⑥!鲁无君子者,则子贱焉取此⑦。"

[注释]①亡:失。 ②王事若龙:公事一件接一件。龙,宜为詟,前后相因也。 ③学焉得习:学到的知识未能得到练习。 ④馆(zhān)粥不及亲戚:连稀饭都不能分给父母双亲。馆粥,稀饭。亲戚,内外亲属,在此主要指父母。 ⑤朋友之道阙(quē)也:朋友之情渐渐缺失。阙,同"缺",缺少,缺失。 ⑥君子哉若人:这人真是君子啊!若人,这个人。 ⑦鲁无君子者,则子贱焉取此:如果说鲁国没有君子,那么宓子贱又是从哪里学来的这种品德呢?

孔子侍坐于哀公,赐之桃与黍焉。哀公曰:"请食。"孔子先食黍而后食桃。左右皆掩口而笑。公曰:"黍者所以雪桃①,非为食之也。"

孔子对曰:"丘知之矣。然夫黍者,五谷之长,郊礼宗庙以为上盛②。果属有六而桃为下,祭祀不用,不登郊庙③。丘闻之,君子以贱雪贵,不闻以贵雪贱。今以五谷之长,雪果之下者,是从上雪下,臣以为妨于教,害于义,故不敢。"公曰:"善哉!"

[注释]①雪桃:擦除桃子上的毛。雪,擦,拭。 ②郊礼宗庙以为上盛(chéng):在举行郊礼和宗庙祭祀时都将它作为上等祭品。郊礼,帝王祭天地的大礼,因在都城南北郊举行,故称。盛,祭祀时置于礼器中的祭品。 ③郊庙:帝王祭天地的郊宫和祭祖先的宗庙。

子贡曰:"陈灵公宣淫于朝①,泄冶正谏而杀之②。是与比干谏而死同,可谓仁乎?"

子曰:"比干于纣,亲则诸父③,官则少师,忠报之心在于宗庙而已④,固必以死争之⑤,冀身死之后⑥,纣将悔寤,其本志情在于仁者也。泄冶之于灵公,位在大夫,无骨肉之亲,怀宠不去⑦,仕于乱朝,以区区之一身,欲正一国之淫昏,死而无益,可谓狷矣⑧。《诗》云:'民之多辟,无自立辟⑨。'其泄冶之谓乎。"

[注释]①淫:淫乱。 ②泄冶:陈国大夫。冶,原作"治",据同文本改。 ③亲则诸父:论亲缘关系,比干是商纣的叔父。 ④宗庙:天子、诸侯祭祀祖先的处所。在此代指王室、国家。 ⑤争(zhèng):通"诤",规谏。 ⑥冀:希望。 ⑦怀宠不去:受到宠爱而舍不得离去。 ⑧狷(juàn):耿直,固执。 ⑨民之多辟(pì),无自立辟(bì):语出《诗·大雅·板》。意思是:当今之人多邪辟,勿自立法以害己。"多辟"之"辟",通"僻",邪辟。"立辟"之"辟",法、法度。

孔子相鲁。齐人患其将霸,欲败其政,乃选好女子八十人①,衣以文饰而舞容玑②,及文马四十驷,以遗鲁君。

陈女乐、列文马于鲁城南高门外。季桓子微服往观之再三,将受焉,告鲁君为周道游观③。观之终日,怠于政事。

子路言于孔子曰:"夫子可以行矣④。"孔子曰:"鲁今且郊,若致膰于大夫⑤,是则未废其常⑥,吾犹可以止也。"

桓子既受女乐,君臣淫荒,三日不听国政,郊又不致膰俎。孔子遂行。宿于郭屯,师已送曰⑦:"夫子非罪也。"孔子曰:"吾歌可乎?"歌曰:"彼妇人之口,可以出走;彼妇人之请,可以死败⑧。优哉游哉,聊以卒岁。"

[注释]①好女子:美女。 ②舞容玑:跳容玑舞。容玑,舞曲。 ③告鲁君为周道游观:谎告鲁君说要到各处去巡游观看。 ④行:离开。 ⑤若致膰(fán)于大夫:如果郊礼完毕后还能将熟祭肉分给大夫们。膰,祭肉。案在古代,郊礼仪式结束之后,要把熟祭肉分给大夫们享用。不然,则于礼制有悖。 ⑥常:常规、礼制。 ⑦师已:鲁国乐师。已,原作"以",据同文本改。 ⑧彼妇人之口,可以出走;彼妇人之请,可以死败:那些妇人的口舌啊,可以让人外出逃奔;那些妇人的请求啊,可以使人败亡。

澹台子羽有君子之容①,而行不胜其貌②。宰我有文雅之辞,而智不充其辩③。孔子曰:"里语云④:'相马以舆⑤,相士以居⑥,弗可废矣。'以容取人,则失之子羽;以辞取人,则失之宰予。"

[注释]①澹(tán)台子羽:即澹台灭明,孔子弟子。 ②行不胜其貌:他的行为比不上他的外表。 ③智不充其辩:他的智慧逊色于他的口才。辩,口才。 ④里语:犹"里谚",民间谚语。 ⑤相马以舆:观察评判马匹要看它驾车的情况。 ⑥相士以居:观察评判士人要看他平时的表现。

孔子曰:"君子以其所不能畏人①,小人以其所不能不信人②。故君子长人之才③,小人抑人而取胜焉④。"

[注释]①君子以其所不能畏人:君子由于有自己做不到的事情而敬畏别人。 ②信:信任。 ③君子长(zhǎng)人之才:君子能增长别人的才能。 ④小人抑人而取胜焉:小人通过抑制别人而取胜。

孔篾问行己之道①。子曰:"知而弗为,莫如勿知;亲而弗信,莫如勿亲。乐之方至,乐而勿骄;患之将至,思而勿忧②。"孔篾曰:"行己乎③?"子曰:"攻其所不能,补其所不备。毋以其所不能疑人,毋以其所能骄人。终日言,无遗己之忧;终日行,不遗己之患⑤。唯智者有之。"

[注释]①行己之道:修身处世的方法。 ②思而勿忧:思考对策而不要忧愁。 ③行己乎:这样做就可以修身处世了吗? ④攻其所不能:攻克自己做不到的事情。 ⑤终日行,不遗己之患:整天行事,但不给自己招致祸患。之,原文脱,据同文本增。

在厄第二十

楚昭王聘孔子,孔子往拜礼焉①,路出于陈、蔡。陈、蔡大夫相与谋曰:"孔子圣贤,其所刺讥,皆中诸侯之病②。若用于楚,则陈、蔡危矣。"遂使徒兵距孔子③。孔子不得行,绝粮七日,外无所通,藜羹不充④,从者皆病。孔子愈慷慨讲诵⑤,弦歌不衰。乃召子路而问焉,曰:"《诗》云:'匪兕匪虎,率彼旷野。⑥'吾道非乎,奚为至于此?"子路愠,作色而对曰⑦:"君子无所困。意者夫子未仁与,人之弗吾信也⑧?意者夫子未智与,人之弗吾行也?且由也昔者闻诸夫子:'为善者,天报之以福,为不善者,天报之以祸。'今夫子积德怀义,行之久矣,奚居之穷也⑨?"

[注释]①孔子往拜礼焉:孔子前去拜见楚昭王,接受礼聘。 ②病:弊病。 ③距:通"拒",阻拦。 ④藜羹不充:连野菜汤也吃不上。藜羹,用嫩藜煮成的汤羹。藜,草名,初生可食。 ⑤孔子愈慷慨讲诵:原文作"孔子愈慷慨讲",疑为脱字,据"备要本"和"陈本"改。 ⑥匪兕(sì)匪虎,率彼旷野:语出《诗·小雅·何草不黄》。意思是:不是犀牛不是虎,沿着旷野急出走。兕,犀牛。率,遵循,沿着。 ⑦作色:脸上显露出一副不高兴的样子。 ⑧意者夫子未仁与,人之弗吾信也:难道是老师您还不够仁德,人们因而不相信我们? ⑨奚居之穷也:为什么还会处在这种穷困的境地呢。穷,穷困。

子曰:"由未之识也①,吾语汝:汝以仁者为必信也②,则伯夷、叔齐不饿死首阳③;汝以智者为必用也,则王子比干不见剖心;汝以忠者为必报也④,则关龙逢不见刑⑤;汝以谏者为必听也,则伍子胥不见杀⑥。夫遇不遇者,时也⑦;贤不肖者,才也⑧。君子博学深谋而不遇时者众矣,何独丘哉!且芝兰生于深林⑨,不以无人而不芳,君子修道立德,不谓穷困而改节。为之者人也,生死者命也。是以晋重耳之有霸心,生于曹、卫⑩;越王勾践之有霸心,生于会稽⑪。故居下而无忧者⑫,则思不远;处身而常逸者⑬,则志不广。庸知其终始乎⑭?"子路出。召子贡,告如子路。子贡曰:"夫子之道至大,故天下莫能容夫子,夫子盍少贬焉⑮?"子曰:"赐,良农能稼,不必能穑⑯;良工能巧,不能为顺⑰。君子能修其道,纲而纪之⑱,不必其能容⑲。今不修其道,而求其容。赐,尔志不广矣,思不远矣!"子贡出。颜回入,问亦如之。颜回曰:"夫子之道至大,天下莫能容,虽然,夫子推而行之,世不我用⑳,有国者之丑也㉑。夫子何病焉㉒?不容,然后见君子㉓。"孔子欣然叹曰:"有是哉㉔,颜氏之子,使尔多财,吾为尔宰㉕。"

[注释]①识:明白,懂得。 ②汝以仁者为必信也:你认为仁义的人必定会被信任吗? ③伯夷、叔齐:商朝孤竹君的两个儿子,两人都不愿继位,先后逃到周国。周武王伐纣灭商。二人耻食周粟,逃到首阳山,采薇而食,饿死山里。 ④报:得到回报。 ⑤关龙逢(páng):夏朝大臣。见夏桀暴虐荒淫,屡加直谏,遂被囚禁杀害。"逢"原作"逢",据"备要本"改。 ⑥伍子胥:春秋时吴国大夫。名员,字子胥。劝吴王夫差拒越求和并停止伐齐,渐被疏远,后被赐剑自杀。 ⑦夫遇不遇者,时也:能不能遇到明主,是由时势所决定的。 ⑧贤不肖者,才也:有没有才能,是由个人的资质决定的。才,通"材",资质,品质。 ⑨芝兰:香草名。 ⑩晋重耳之有霸心,生于曹、卫:晋文公重耳称霸的雄心,萌生在他逃亡曹、卫两国的时候。生,萌生。重耳,春秋晋文公名。 ⑪越王勾践之有霸心,生于会稽:越王勾践称霸的雄心,萌生在他被围困于会稽的时候。 ⑫居下:身居下位。 ⑬处身而常逸者:生活长期安逸的人。 ⑭庸知其终始乎:你哪里用得着知道他们的全部经历呢?庸,用。终始,全部经历。 ⑮夫子盍少贬焉:老师您何不把您的主张稍稍降低一下呢?盍,何不。少,稍微。贬,减少,降低。 ⑯良农能稼,不必能穑:一个好的农夫擅长于耕种,但不一定擅长于收获。稼,耕种,种田。穑,收割庄稼。 ⑰良工能巧,不能为顺:一个好的工匠巧于制作,但不一定每次做的都能符合他人的心意。 ⑱纲而纪之:主次分明,有条有理。纲,渔网上的总绳。纪,丝的头绪。 ⑲容:指被接受。 ⑳世不我用:世人不任用我们。 ㉑有国者之丑也:是各国统治者们的耻辱。丑,耻辱。 ㉒病:忧愁。 ㉓不容,然后见(xiàn)君子:虽然不被接受,但是这样才显出了君子的本色。见,显现。 ㉔有是哉:有道理。 ㉕使尔多财,吾为尔宰:假使你有很多钱财,我愿意为你管理。"使尔多财"原作"吾亦使尔多财",根据文义,据《史记》改。

子路问于孔子曰:"君子亦有忧乎?"子曰:"无也。君子之修行也①,其未得之,则乐其意②;既得之,又乐其治③。是以有终身之乐,无一日之忧。小人则不然,其未得也,患弗得之;既得之,又恐失之。是以有终身之忧,无一日之乐也。"

[注释]①修行:指修身实践。 ②其未得之,则乐其意:当他做事还没有获得成功时,他会为自己有做事的意念而高兴。 ③乐其治:为自己有所作为而高兴。治,为、作为。

曾子弊衣而耕于鲁①,鲁君闻之,而致邑焉②。曾子固辞不受③。或曰:"非子之求,君自致之,奚固辞也?"曾子曰:"吾闻受人施者常畏人,与人者常骄人④。纵君有赐,不我骄也⑤,吾岂能勿畏乎?"孔子闻之曰:"参之言,足以全其节也⑥。"

[注释]①弊衣:穿着破旧的衣服。弊,破、坏。 ②致邑:赐给封地。致,赠送,赐给。邑,封地。 ③固辞不受:坚决推辞而不接受。 ④与人者常骄人:给人东西的人常常傲视别人。 ⑤纵君有赐,不我骄也:纵然国君给我赏赐,并不傲视我。 ⑥足以全其节也:足以保全他的气节。

孔子厄于陈、蔡①,从者七日不食。子贡以所赍货,窃犯围而出②,告籴于野人③,得米一石焉。颜回、仲由炊之于坏屋之下,有埃墨堕饭中④,颜回取而食之。

子贡自井望见之,不悦,以为窃食也。入问孔子曰:"仁人廉士,穷改节乎?"孔子曰:"改节即何称于仁廉哉?"子贡曰:"若回也,其不改节乎?"子曰:"然。"子贡以所饭告孔子⑤。子曰："吾信回之为仁久矣,虽汝有云,弗以疑也,其或者必有故乎？汝止,吾将问之。"召颜回曰："畴昔予梦见先人⑥,岂或启佑我哉⑦？子炊而进饭⑧,吾将进焉⑨。"对曰："向有埃墨堕饭中,欲置之⑩,则不洁；欲弃之,则可惜,回即食之。不可祭也。"孔子曰："然乎,吾亦食之⑪。"

颜回出,孔子顾谓二三子曰："吾之信回也,非待今日也。"二三子由此乃服之。

[注释]①厄(è)：原意为困苦,危险,在此指遭遇困苦、危险。 ②子贡以所赍(jī)货,窃犯围而出：子贡拿着所携带的钱财,偷偷地冲出包围。赍,携带。窃,偷偷地。犯,冲出。 ③告籴(dí)于野人：向乡间的农夫请求买粮。籴,买进粮食。野人,乡间的农夫。 ④埃墨：烟灰。 ⑤子贡以所饭告孔子：子贡便把看到颜回偷吃饭的事告诉了孔子。 ⑥畴昔：往日,前日。 ⑦岂或启佑我哉：难道是先人在启示和保佑我吗？ ⑧子炊而进饭：你做好饭拿进来。 ⑨吾将进焉：我要把它进献给先人。 ⑩欲置之：想任由烟灰在饭中,不管它。 ⑪然乎,吾亦食之：做得对啊,要是我,我也会吃掉的。

入官第二十一

子张问入官于孔子①。孔子曰："安身取誉为难。"子张曰："为之如何？"孔子曰："己有善勿专②,教不能勿怠③,己过勿发④,失言勿掎⑤,不善勿遂⑥,行事勿留⑦,君子入官,有此六者,则身安誉至而政从矣⑧。且夫忿数者⑨,官狱所由生也；距谏者⑩,虑之所以塞也；慢易者,礼之所以失也；急惰者,时之所以后也；奢侈者,财之所以不足也；专独者,事之所以不成也。君子入官,除此六者,则身安誉至而政从矣。"

[注释]①入官:入仕为官。 ②专:据为己有。 ③怠:松懈,懒惰。 ④发:实行。 ⑤掎(jǐ):《说文系传·手部》:"掎,踦也。"意为曲为之说,回护。 ⑥遂:成就。 ⑦留:留滞。 ⑧政从:政令顺从。 ⑨且夫忿数者:再说愤怒憎恨。且夫,再说。数,疾,憎恨。 ⑩距:通"拒",拒绝。

"故君子南面临官①,大域之中而公治之②,精智而略行之③,合是忠信,考是大伦④,存是美恶,进是利而除是害,无求其报焉,而民之情可得也。夫临之无抗民之恶⑤,胜之无犯民之言⑥,量之无佼民之辞⑦,养之无扰于其时,爱之无宽于刑法⑧。若此,则身安誉至而民得也。"

[注释]①南面:古代以面南为尊位,无论天子、诸侯、卿大夫,作为长官出现的时候,总是面南而坐。说见王引之《经义述闻》和凌廷堪《礼经释义》。 ②大域:辽阔的国土。 ③略行:相机而行。 ④考是大伦:考察确立伦理规范。是,确定。考,考察,考核。大伦,封建社会中人与人之间的关系的最高准则。 ⑤无抗民之恶:不要以悖逆天理凌虐百姓的方式来统治百姓。抗,《周书·谥法》云:"逆天虐民曰抗。" ⑥胜之无犯民之言:不要以冒犯百姓的言语来压服百姓。胜,以理屈之。 ⑦量之无佼民之辞:不要以狡诈百姓的言辞来揣测百姓。量,度,揣测。佼,通"狡",狡诈。 ⑧爱之无宽于刑法:爱民不可宽于刑法。

"君子以临官所见则迩①,故明不可蔽也;所求于迩,故不劳而得也②。所以治者约,故不用众而誉立。凡法象在内③,故法不远而源泉不竭,是以天下积而本不寡④。短长得其量。人志治而不乱政。德贯乎心⑤,藏乎志⑥,形乎色,发乎声。若此,而身安誉至,民咸自治矣。是故临官不治则乱,乱生则争之者至,争之至又于乱。明君必宽裕以容其民,慈爱优柔之⑦,而民自得矣。"

[**注释**]①迩(ěr):近。 ②所求于迩,故不劳而得也:所追求的就如在自己的眼前,所以可以毫不费力地得到。 ③法象:指合于礼仪规范的仪表、举止。 ④天下积而本不寡:天下事物由积聚而成,而本源不减少。 ⑤贯:贯通。 ⑥志:王聘珍《大戴礼记解诂·子张问入官》引卢注云:"志者,心之府也。" ⑦优柔:宽舒从容。

"行者①,政之始也。说者,情之导也②。善政行易而民不怨③,言调说和则民不变④。法在身则民象⑤,明在己则民显⑥之。若乃供己而不节,则财利之生者微矣⑦;贪以不得,则善政必简矣⑧;苟以乱之⑨,则善言必不听也;详以纳之⑩,则规谏日至。言之善者,在所日闻⑪;行之善者,在所能为。故君上者,民之仪也;有司执政者⑫,民之表也;迩臣便僻者,群仆之伦也⑬。故仪不正则民失,表不端则百姓乱,迩臣便僻,则群臣污矣⑭。是以人主不可不敬乎三伦⑮。"

[**注释**]①行:执行政令。 ②说者,情之导也:言谈是感情的先导。 ③行易:执行容易。 ④言调说和则民不变:言语适宜,语调和悦,百姓就不会变乱。 ⑤法在身则民象:自觉遵守法度,百姓就会效法。 ⑥显:显扬。 ⑦供己而不节,则财利之生者微矣:谓供给自己的财物使用不加以节制,那么生财之道就会狭窄。 ⑧贪以不得,则善政必简矣:不知满足地追求而又无所获得,那么好的政治措施就会被忽视了。 ⑨苟:马虎,不严肃。 ⑩详以纳之,则规谏日至:对于建议,仔细审查并采纳,那么规劝进谏的人就会天天来。 ⑪言之善者在所日闻:好的言论在于天天听到。 ⑫有司:主管某部门的官吏。 ⑬迩臣便僻者,群仆之伦也:侍御之臣是众臣的纲纪。僻,通

"辟"。便辟,执事在君之左右者。伦,纪,为众之纪。 ⑭污:奸邪,贪污。 ⑮伦:类。

"君子修身反道,察里言而服之①,则身安誉至,终始在焉。故夫女子必自择丝麻,良工必自择貌材②,贤君必自择左右。劳于取人,佚于治事。君子欲誉,则必谨其左右。为上者,譬如缘木焉,务高而畏下滋甚。六马之乖离,必于四达之交衢③。万民之叛道,必于君上之失政。上者尊严而危,民者卑贱而神④。爱之则存,恶之则亡。长民者必明此之要。故南面临官,贵而不骄,富而能供⑤,有本而能图末,修事而能建业⑥,久居而不滞⑦,情近而畅乎远⑧,察一物而贯乎多,治一物而万物不能乱者,以身本者也。"

[注释]①服:行。 ②貌材:良好的材料。 ③衢:四通八达的道路。 ④神:即如神一样不可揣测。 ⑤供:通"恭",恭敬。 ⑥修事而能建业:谓既能修治旧事又能建功立业。 ⑦居:居于官位。 ⑧畅:畅通,无阻碍。

"君子莅民①,不可以不知民之性而达诸民之情。既知其性,又习其情,然后民乃从命矣。故世举则民亲之②,政均则民无怨③。故君子莅民,不临以高④,不导以远,不责民之所不为,不强民之所不能。廓之以明王之功⑤,不因其情,则民严而不迎⑥;笃之以累年之业⑦,不因其力,则民引而不从⑧。若责民所不为,强民所不能,则民疾,疾则僻矣⑨。"

[注释]①莅民:临民而治之,统治百姓。 ②世举:国家安定。 ③政

均:政策公正合理。 ④不临以高:指不要以高高在上的态度对待百姓。
⑤廓,开拓。 ⑥严而不迎:敬畏而不迎合。严,敬畏。迎,奉迎。 ⑦笃:坚定。 ⑧引:收敛,退避。 ⑨僻:不正,邪僻。

"古者圣主冕而前旒①,所以蔽明也;纮纩充耳②,所以掩聪也。水至清则无鱼,人至察则无徒。枉而直之,使自得之;优而柔之③,使自求之;揆而度之④,使自索之。民有小罪,必求其善,以赦其过;民有大罪,必原其故⑤,以仁辅化;如有死罪,其使之生,则善也。是以上下亲而不离,道化流而不蕴⑥。故德者,政之始也。政不和,则民不从其教矣;不从教,则民不习;不习,则不可得而使也。"

[注释]①旒(liú):古代帝王礼帽上前后悬垂的玉串。 ②纮(hóng)纩(dǎn):冠冕两旁悬瑱的带子。纮,系于颔下的帽带。纩,古代冠冕上用以系瑱(zhèn)的带子。 ③优而柔之,使自求之:使自求其宜。优,宽。柔,和。 ④揆(kuí):度量,考察。 ⑤原:探求根源。 ⑥蕴:郁结。

"君子欲言之见信也,莫善乎先虚其内①;欲政之速行也,莫善乎以身先之;欲民之速服也,莫善乎以道御之②。故虽服必强③,自非忠信,则无可以取亲于百姓者矣。内外不相应,则无已取信于庶民者矣④。此治民之至道矣,入官之大统矣⑤。"子张既闻孔子斯言,遂退而记之。

[注释]①虚其内:指内心谦虚。 ②御:治理。 ③虽服必强:指用强迫的方式即使能使百姓顺服。 ④庶民:平民,百姓。 ⑤统:纲要,纲领。

困誓第二十二

子贡问于孔子曰:"赐倦于学,困于道矣,愿息于事君,可乎?"孔子曰:"《诗》云:'温恭朝夕,执事有恪。'①事君之难也,焉可息哉!"曰:"然则赐愿息而事亲。"孔子曰:"《诗》云:'孝子不匮,永锡尔类。'②事亲之难也,焉可以息哉!"曰:"然赐请愿息于妻子。"孔子曰:"《诗》云:'刑于寡妻,至于兄弟,以御于家邦。'③妻子之难也,焉可以息哉!"曰:"然赐愿息于朋友。"孔子曰:"《诗》云:'朋友攸摄,摄以威仪。'④朋友之难也,焉可以息哉!"曰:"然则赐愿息于耕矣。"孔子曰:"《诗》云:'昼尔于茅,宵尔索绹,亟其乘屋,其始播百谷。'⑤耕之难也,焉可以息哉!"曰:"然则赐将无所息者也?"孔子曰:"有焉。自望其广,则羊如也⑥;视其高,则填如也⑦;察其从,则隔如也⑧。此其所以息也矣。"子贡曰:"大哉乎死也!君子息焉,小人休焉,大哉乎死也!"

[注释]①温恭朝夕,执事有恪(kè):语出《诗·商颂·那》。朝夕,早见君谓朝,暮见君谓夕。恪,谨慎,恭敬。此记载又见于《列子·天瑞篇》、《荀子·大略篇》、《韩诗外传》卷八。　②孝子不匮,永锡尔类:语出《诗·大雅·既醉》。匮,缺乏,不足。锡,通"赐",赏赐。　③刑于寡妻,至于兄弟,以御于家邦:语出《诗·大雅·思齐》。刑,法式,典范。　④朋友攸摄,摄以威仪:语出《诗·大雅·既醉》。攸,放在动词前面,组成名词性词组,相当于"所"。摄,佐助,说明。　⑤昼尔于茅,宵尔索绹(táo),亟其乘屋,其始播百谷:语出《诗·豳风·七月》。宵,夜。绹,绞。亟,疾。　⑥自望其广,则羊(gāo)如也:《荀子·大略》作"望其圹,皋如也"。广,通"圹",坟墓。羊,通"皋",高貌。　⑦视其高,则填如也:《荀子·大略》作"巅如也"。填,应为"巅"误,通"巅",山巅。　⑧则隔如也:《荀子·大略》作"鬲如也"。隔,应为"鬲"误。鬲(lì),像鼎一类的烹饪器,三足中空。

孔子自卫将入晋,至河,闻赵简子杀窦犨鸣犊及舜华①,乃临河而叹曰:"美哉水,洋洋乎!丘之不济此,命也夫!"子贡趋而进曰:"敢问何谓也?"孔子曰:"窦犨鸣犊、舜华,晋之贤大夫也。赵简子未得志之时,须此二人而后从政。及其已得志也,而杀之。丘闻之,刳胎杀夭②,则麒麟不至其郊③;竭泽而渔,则蛟龙不处其渊④;覆巢破卵,则凰凰不翔其邑,何则?君子违伤其类者也⑤。鸟兽之于不义,尚知避之,况于人乎。"遂还,息于邹,作《槃琴》以哀之⑥。

[**注释**]①赵简子杀窦犨(chōu)鸣犊及舜华:赵简子,即赵鞅,赵武之孙,晋定公时为卿,卒谥"简"。此记载又见于《说苑·权谋》、《新序》、《史记·孔子世家》、《孔丛子·记问》。窦犨鸣犊,春秋时晋国大夫,姓窦名犨,字鸣犊,或作"鸣铎"。舜华,亦晋国大夫。　②刳(kū)胎杀夭:剖胎残害幼小的生命。刳,剖,剖挖。夭,幼小的动物。　③麒麟:古代传说中代表吉祥的神兽,形如鹿,一角,体披鳞甲,牛尾。　④蛟龙:传说中的两种动物,居深水中。相传蛟能发洪水,龙能兴云雨。　⑤违:讳,忌讳。　⑥槃琴:琴曲名。

　　子路问于孔子曰:"有人于此,夙兴夜寐①,耕芸树艺②,手足胼胝③,以养其亲,然而名不称孝,何也?"孔子曰:"意者身不敬与④?辞不顺与?色不悦与?古之人有言曰:'人与己与,不汝欺⑤。'""今尽力养亲而无三者之阙⑥,何谓无孝之名乎?"孔子曰:"由,汝志之!吾语汝,虽有国士之力,而不能自举其身,非力之少,势不可矣。夫内行不修,身之罪也;行修而名不彰,友之罪也;行修而名自立。故君子入则笃行,出则交贤,何谓无孝名乎?"

[注释]①夙兴夜寐:早起晚睡。夙,早晨。寐,睡觉。此记载又见于《荀子·子道》、《韩诗外传》卷九。 ②耕芸树艺:耕地除草种植庄稼。芸,通"耘",除草。树,栽植。艺,播种。 ③胼(pián)胝(zhī):手脚上的老茧。 ④意者:想来大概是。 ⑤人与己与,不汝欺:人与己事实相通,不相欺也。 ⑥阙(què):缺点,过错。

孔子遭厄①于陈蔡之间,绝粮七日,弟子馁病②,孔子弦歌。子路入见曰:"夫子之歌,礼乎?"孔子弗应,曲终而曰:"由,来!吾语汝,君子好乐,为无骄也;小人好乐,为无慑也③。其谁之子,不我知而从我者乎④?"子路悦,援戚而舞⑤,三终而出。明日免于厄。子贡执辔曰:"二三子从夫子而遭此难也,其弗忘矣!"孔子曰:"善,恶何也⑥?夫陈蔡之间,丘之幸也。二三子从丘者,皆幸也。吾闻之,君不困不成王,烈士不困行不彰⑦。庸知其非激愤厉志之始于是乎在?"

[注释]①厄(è):穷困,灾难。此记载又可见于《说苑·杂言》。 ②馁(něi)病:饥饿困顿。馁,饥饿。病,筋疲力尽。 ③慑:恐惧,害怕。 ④其谁之子,不我知而从我者乎:意谓是谁不了解我却跟从我啊。 ⑤援戚而舞:拿着戚跳起舞来。援,拿,拿过来。戚,斧,古代一种兵器。 ⑥恶何也:为什么呢。 ⑦烈士:刚烈之士。

孔子之宋,匡人简子以甲士围之①。子路怒,奋戟将与战②。孔子止之曰:"恶有修仁义而不免世俗之恶者乎?夫《诗》、《书》之不讲,礼、乐之不习,是丘之过也。若以述先王③,好古法而为咎者④,则非丘之罪也,命之夫。歌,予和汝⑤。"子路弹琴而歌,孔子和之,曲三终,匡人解甲而罢。

[**注释**]①匡人简子:匡,地名,春秋时属宋国,在今河南睢县西。简子,未详,或许是匡人首领。此记载又见于《韩诗外传》卷六和《说苑·杂言》。②戟:古兵器,合戈、矛为一体,即可以直刺,又可以横击。　③述:遵循,依照。　④咎:归责,责备。　⑤和:应和,跟着唱。

孔子曰:"不观高崖,何以知颠坠之患①?不临深泉,何以知没溺之患?不观巨海,何以知风波之患?失之者其在此乎②?士慎此三者,则无累于身矣。"

[**注释**]①颠:通"巅",山巅。此记载又见于《说苑·杂言》。　②失之者其在此乎:造成过失的原因都在这些方面。

子贡问于孔子曰:"赐既为人下矣①,而未知为人下之道,敢问之。"子曰:"为人下者,其犹土乎。汩之之深则出泉②,树其壤则百谷滋焉,草木植焉,禽兽育焉,生则出焉,死则入焉。多其功而不意③,弘其志而无不容④。为人下者以此也。"

[**注释**]①下:谦下,为人谦虚。此记载又见于《荀子·尧问》、《韩诗外传》卷七和《说苑·杂言》。　②汩(gǔ):通"扣",掘,挖掘。　③多其功而不意:称赞它的功劳,它也毫不在意。多,称赞。不意,不在意,不放在心上。④弘:光大,扩大。

孔子适郑,与弟子相失,独立东郭门外①。或人谓子贡曰:"东门外有一人焉,其长九尺有六寸,河目隆颡②,其头似尧,其颈似皋繇,其肩似子产,然自腰已下,不及禹者三寸,累然如丧家之狗③。"子贡以告,孔子欣然而叹曰:"形状未也,如丧家之狗,然乎哉! 然乎哉!"

[注释]①郭:在城的外围加的一道城墙。《管子·度地》:"内为之城,城外为之郭。"此记载又见于《史记·孔子世家》、《韩诗外传》卷九。 ②河目隆颡:谓眼睛上下眶像河一样平正而直,额头高而突起。颡,音 sǎng,额。 ③累然:不得意的样子。

孔子适卫,路出于蒲①,会公叔氏以蒲叛卫,而止之②。孔子弟子有公良儒者③,为人贤长,有勇力④,以私车五乘从夫子行,喟然曰:"昔吾从夫子遇难于匡,又伐树于宋⑤,今遇困于此,命也夫! 与其见夫子仍遇于难,宁我斗死。"挺剑而合众,将与之战。蒲人惧,曰:"苟无适卫,吾则出子。"以盟孔子,而出之东门。孔子遂适卫。子贡曰:"盟可负乎?"孔子曰:"要我以盟⑥,非义也。"卫侯闻孔子之来,喜而于郊迎之。问伐蒲,对曰:"可哉!"公曰:"吾大夫以为蒲者,卫之所以恃晋楚也⑦。伐之,无乃不可乎?"孔子曰:"其男子有死之志⑧,吾之所伐者,不过四五人矣⑨。"公曰:"善!"卒不果伐。他日,灵公又与夫子语,见飞雁过而仰视之,色不悦。孔子乃逝⑩。

[注释]①蒲:春秋时卫地,在今河南长垣县。此记载又见于《史记·孔子世家》。 ②公叔氏:即公孙戍,卫国大夫。为人廉洁宁静,时人称其不言不笑不取,卒谥贞惠文子。 ③公良儒:亦作"公良孺",孔子弟子,字子正,陈国人。 ④贤长:贤能而有长者之风。 ⑤伐树于宋:指孔子与弟子行礼于大树之下,桓魋(tuí)欲害之,故先伐其树一事。可参见《史记·孔子世家》。 ⑥要(yāo):威胁,要挟。 ⑦恃:防备,抵御。 ⑧其男子有死之志:指蒲地男子宁死不愿随从叛乱。 ⑨四五人:指与叔孙共同作乱的人。 ⑩逝:

去,离去。

卫蘧伯玉贤而灵公不用①,弥子瑕不肖反任之②。史鱼骤谏而不从③。史鱼病将卒,命其子曰:"吾在卫朝,不能进蘧伯玉,退弥子瑕,是吾为臣不能正君也。生而不能正君,则死无以成礼。我死,汝置尸牖下④,于我毕矣。"其子从之。灵公吊焉,怪而问焉。其子以其父言告公。公愕然失容曰:"是寡人之过也。"于是命之殡于客位⑤,进蘧伯玉而用之,退弥子瑕而远之。孔子闻之曰:"古之列谏之者⑥,死则已矣。未有若史鱼死而尸谏,忠感其君者也,不可谓直乎?"

[注释]①蘧伯玉:名瑗,卫国贤大夫。事可参见《左传》襄公十四年、《左传》襄公二十六年。此记载又见于《新书·胎教》、《新序·杂事一》、《大戴礼记·保傅》和《韩诗外传》卷七。 ②弥子瑕(xiá):卫灵公之嬖大夫。事可参见《韩非子·说难》。 ③史鱼骤谏而不从:史鱼多次进谏,但卫灵公不听。史鱼,即史鳅(qiú),字子鱼,春秋时卫国大夫。骤,屡次,多次。 ④牖:窗。 ⑤殡:停放灵柩。 ⑥列谏:极力劝谏。列,通"烈",强烈,极力。

五帝德第二十三

宰我问于孔子曰:"昔者吾闻诸荣伊曰①:'黄帝三百年②。'请问黄帝者人也,抑非人也?何以能至三百年乎?"孔子曰:"禹、汤、文、武、周公,不可胜以观也③,而上世黄帝之问,将谓先生难言之故乎?"宰我曰:"上世之传,隐微之说,卒采之辩④,暗忽之意⑤,非君子之道者,则予之问也固矣⑥。"孔子曰:"可也,吾略闻其说。黄帝者,少昊之子⑦,曰轩辕。生而神灵,弱而能言,幼齐睿庄⑧,敦敏诚信⑨,长聪明⑩。治五气⑪,设五量⑫,抚万民,度四方⑬。服牛乘马,扰驯猛兽,以与炎帝战于阪泉之野⑭,三战而后克之。始垂衣裳,作为黼黻⑮。治民以顺天地之纪,知幽明之故⑯,达生死存亡之说。播时百谷⑰,尝味草木,仁厚及于鸟兽昆虫。考日月星辰⑱,劳耳目,勤心力,用水火财物以生民。民赖其利,百年而死;民畏其神,百年而亡;民用其教,百年而移⑲。故曰'黄帝三百年'。"

[注释]①荣伊:人名。　②黄帝:号轩辕氏,源出姬水,传说中的古代帝王。后被尊为华夏族的始祖。《史记·五帝本纪》说:"黄帝者,少典之子,姓公孙,名轩辕。"　③胜:尽。　④卒采之辩:谓事既终,而犹争辩之。　⑤暗忽:久远不明。　⑥则予之问也固矣:我的问题显得固陋。予,宰我的自称。　⑦少昊:当从《大戴礼记》作"少典"。《史记·五帝本纪》亦谓:"黄帝者,少典之子。"少典,《史记·索隐》曰:"少典者,诸侯国号,非人名也。"少昊,又作"少皞",名挚,号金天氏,源出东夷族,传说中的古代帝王。　⑧幼齐睿庄:齐,疾,迅速。睿,圣明。　⑨敦:厚。　⑩聪明:耳目明辨。　⑪五气:五行之气。　⑫五量:指权衡、升斛、尺丈、里步、十百等五种计量标准。　⑬度四方:安定四方。　⑭以与炎帝战于阪泉之野:炎帝,号烈山氏,又号神农氏,源出姜水,传说中的古代帝王。阪泉,古地名。一说在今河北涿鹿东南,一说在今山西运城解池附近。　⑮黼(fǔ)黻(fú):指古代礼服上绣的花纹。黼,黑白相间,作斧形。黻,黑青相间,作亚形。　⑯幽明:幽,夜。明,昼。　⑰时:是。　⑱考:观察。　⑲移:改变。

宰我曰:"请问帝颛顼①。"孔子曰:"五帝用说,三王有度②,汝欲一日遍闻远古之说,躁哉予也。"宰我曰:"昔予也闻诸夫子曰:'小子毋或宿③。'故敢问。"孔子曰:"颛顼,黄帝之孙,昌意之子④,曰高阳。渊而有谋⑤,疏通以知远⑥,养财以任地⑦,履时以象天⑧,依鬼神而制义⑨,治气性以教众⑩,洁诚以祭祀,巡四海以宁民。北至幽陵⑪,南暨交趾⑫,西抵流沙⑬,东极蟠木⑭,动静之神,小大之物,日月所照,莫不底属⑮。"

[注释]①颛(zhuān)顼(xū):黄帝之孙,号高阳氏,传说中的古代帝王。《大戴礼记·帝系》说:"黄帝产昌意,昌意产高阳,是为帝颛顼。" ②五帝用说,三王有度:五帝的事情靠传说,三王的事情有现成的法度。 ③毋或宿:指有问题不要隔夜以后再问。 ④昌意:黄帝之子,颛顼之父。 ⑤渊:深邃。 ⑥疏通:博古通今。 ⑦任地:即任土,因地制宜。 ⑧履时以象天:顺应时令,取法上天。 ⑨制义:决定是否适宜。 ⑩气性:性情。 ⑪幽陵:古地名,即古幽州,在今河北省北部及辽宁省西部一带。 ⑫交趾:在今越南北部,古人视为南方最远之地。后来汉代设置交趾郡。 ⑬流沙:古地名。沙漠被风吹而流动,故以流沙指称沙漠地区。《汉书·地理志》张掖郡居延县东北居延泽,古称流沙。古人亦常以流沙称不熟悉的西北广大沙漠地区。 ⑭蟠木:又作"扶木",即"扶桑",传说为神木,太阳出于其下,故扶桑又指日出之地。 ⑮底属:归属。

宰我曰:"请问帝喾①。"孔子曰:"玄枵之孙②,乔极之子③,曰高辛。生而神异,自言其名。博施厚利,不于其身。聪以知远,明以察微。仁以威,惠而信,以顺天地之义。知民所急,修身而天下服,取地之财而节用焉,抚教万民而诲利之④,历日月之生朔而迎送之⑤,明鬼神而敬事之。其色也和,其德也重,其动也时,其服也哀⑥。春夏秋冬,育护天下。日月所照,风雨所至,莫不从化。"

[注释]①喾(kù):黄帝曾孙,号高辛氏,传说中的古代帝王。《大戴礼记·帝系》说:"黄帝产玄器,玄器产蛴极,蛴极产高辛,是为帝喾。" ②玄枵

(xiāo):黄帝之子。 ③乔(jiāo)极:黄帝之孙。 ④诲利:教诲而使之有利。诲,教诲。利,使……有利。 ⑤历日月之生朔而迎送之:观察日月的运行而加以迎送。历,相,观察。朔,农历每月初一,月球运行到太阳和地球之间,跟太阳同时出没,地球上看不到月光,这种月相叫朔,这时的月亮叫新月。⑥服:服丧。

宰我曰:"请问帝尧①。"孔子曰:"高辛氏之子,曰陶唐。其仁如天,其智如神。就之如日②,望之如云。富而不骄,贵而能降。伯夷典礼③,夔、龙典乐④,舜时而仕,趋视四时,务元民始之⑤,流四凶而天下服⑥。其言不忒⑦,其德不回⑧。四海之内,舟舆所及,莫不夷说⑨。"

[注释]①尧:帝喾之子,名放勋,号陶唐氏,传说中的古代帝王。 ②就:接近,靠近。 ③伯夷典礼:伯夷,尧臣。《国语·郑语》说:"姜,伯夷之后也。"典,主管,执掌。 ④夔(kuí)龙典乐:夔、龙皆尧舜时的乐官。 ⑤务元民始之:务必把百姓的事情放在首位。 ⑥流四凶:流放四个凶恶的罪人。流,流放,即把犯人放逐到边远地区去。四凶,舜流放之四人。《尚书·舜典》说:"流共工于幽州,放驩兜于崇山,窜三苗于三危,殛鲧于羽山。" ⑦忒(tè):差错。 ⑧回:违背。 ⑨夷说:心悦诚服。夷,平心。说,古通以为悦字。

宰我曰:"请问帝舜①。"孔子曰:"乔牛之孙②,瞽瞍之子也③,曰有虞。舜孝友闻于四方,陶渔事亲④。宽裕而温良,敦敏而知时,畏天而爱民,恤远而亲近。承受大命,依于二女⑤。睿明智通⑥,为天下帝,命二十二臣,率尧旧职⑦,躬己而已。天平地成,巡狩四海⑧,五载一始。三十年在位,嗣帝五十载⑨,陟方岳⑩,死于苍梧之野而葬焉⑪。"

[注释]①舜:名重华,号有虞氏,传说中的古代帝王。《大戴礼记·帝系》说:"颛顼产穷蝉,穷蝉产敬康,敬康产句芒,句芒产蛴牛,蛴牛产瞽瞍,瞽瞍产重华,是为帝舜。"《史记·五帝本纪》说:"自从穷蝉以至帝舜,皆微为庶人。" ②乔牛:舜祖父。乔,一作"蛴"。 ③瞽(gǔ)瞍(sǒu):舜父。《尚书·尧典》孔传曰:"无目曰瞽,舜父有目不能分别好恶,故时人谓之瞽。配字曰瞍,瞍,无目之称。" ④陶渔事亲:指舜制作陶器、打鱼以赡养父母等事。 ⑤依于二女:舜得到两位妻子的帮助。二女,即娥皇、女英。 ⑥睿明智通:圣明、智能而又通达。睿,圣明。 ⑦率:遵循,遵行。 ⑧巡狩:亦称"巡守"。古时帝王五载一巡狩,巡查诸侯所守的地方。《尚书·舜典》:"岁二月,东巡守。" ⑨三十年在位,嗣帝五十载:谓被任用三十年,正式为帝五十年。《尚书·舜典》说:"舜生三十征,庸三十,在位五十载,陟方乃死。" ⑩陟(zhì)方岳:登临方岳,指巡狩而言。《尚书·周官》:"又六年,王乃时巡,考制度于四岳。诸侯各朝于方岳,大明黜陟。"陟,登高。方岳,四方之岳。岳,高大的山。 ⑪苍梧:古地名。九嶷山,今湖南宁远南。

宰我曰:"请问禹①。"孔子曰:"高阳之孙②,鲧之子也③,曰夏后。敏给克齐④,其德不爽⑤,其仁可亲,其言可信。声为律⑥,身为度⑦,亹亹穆穆⑧,为纪为纲。其功为百神之主⑨,其惠为民父母。左准绳,右规矩⑩,履四时⑪,据四海。任皋繇⑫、伯益⑬,以赞其治,兴六师以征不序⑭,四极之民⑮,莫敢不服。"

[注释]①禹:名文命,号夏后氏,传说中的古代帝王。《大戴礼记·帝系》说:"颛顼产鲧,鲧产文命,是为禹。"《史记·夏本纪》说:"禹之父曰鲧,鲧之父曰帝颛顼,颛顼之父曰昌意,昌意之父曰黄帝。禹者,黄帝之玄孙而帝颛顼之孙也。禹之曾大父昌意及父鲧皆不得在帝位,为人臣。" ②高阳:颛顼,禹祖父。 ③鲧(gǔn):禹父。曾奉尧命治水,他用防堵的办法治水,九年而

无功,被舜殛于羽山。 ④敏给克齐(jì):敏捷能成事。敏给,敏捷。克,能。齐,通"济",成。 ⑤爽:差错。 ⑥律:法则,规章。 ⑦身为度:行动成为准则。 ⑧亹(wěi)亹穆穆:勤勉不倦,恭敬严肃。亹亹,勤勉不倦。穆穆,恭敬、严肃。 ⑨其功为百神之主:王肃注:"禹治水,天下既平,然后百神得其所。" ⑩左准绳,右规矩:准绳,标准。规矩,规则。规、矩均为绘制工具,规绘圆形,矩绘方形。 ⑪履四时:不违四时之宜。 ⑫皋(gāo)繇(yáo):舜臣,主管刑狱。繇,通"陶"。 ⑬伯益:舜、禹时为臣。舜命他作虞,掌山林川泽。禹时被立为继承人,禹死后,启杀伯益夺得帝位。或说启贤,益避启,众举启承帝位。 ⑭兴六师以征不序:六师,指"六军",军天子统帅的军队。《尚书·周官》:"司马掌邦政,统六师,平邦国。"不序,不顺从。 ⑮四极:四方极远之地。极,顶点,尽头。

孔子曰:"予!大者如天,小者如言,民悦至矣。予也非其人也①。"宰我曰:"予也不足以戒敬承矣②。"他日,宰我以语子贡,子贡以复孔子。子曰:"吾欲以颜状取人也③,则于灭明改矣④;吾欲以言辞取人也,则于宰我改之矣;吾欲以容貌取人也,则于子张改之矣⑤。"宰我闻之,惧,弗敢见焉。

[注释]①予也非其人也:王肃注:"言不足以明五帝之德也。" ②予也不足以戒敬承矣:弟子我无能,还不能够谨慎恭敬地领会教诲。 ③颜状:容貌,外表。 ④灭明:姓澹台,名灭明,字子羽。孔子弟子,鲁国人。 ⑤子张:姓颛孙,名师,字子张。孔子弟子,陈国人。

卷 第 六

五帝第二十四

季康子问于孔子曰①:"旧闻五帝之名②,而不知其实,请问何谓五帝?"

孔子曰:"昔丘也闻诸老聃曰③:'天有五行:水、火、金、木、土。分时化育,以成万物④,其神谓之五帝⑤。'古之王者,易代而改号,取法五行。五行更王,终始相生,亦象其义⑥。故其为明王者,而死配五行。是以太皞配木⑦,炎帝配火⑧,黄帝配土⑨,少皞配金⑩,颛顼配水⑪。"

[注释]①季康子:季孙肥,鲁哀公时正卿,当时政治上最有权力的人。"康"是谥号。 ②五帝:传说中的古代帝王。"五帝"之说,至少有六种。此指太皞、炎帝、黄帝、少皞、颛顼五人。 ③老聃:即老子。《史记·老子韩非列传》说:"老子者,楚苦县厉乡曲仁里人也,姓李氏,名耳,字聃,周守藏室之史也。" ④分时化育,以成万物:谓五行在不同的季节化生孕育,从而产生万事万物。 ⑤其神谓之五帝:即五行之神就是五帝。 ⑥五行更王(wàng),终始相生,亦象其义:意谓依五行更换帝王,周而复始,也是按照五行更替的原则。 ⑦太皞(hào):号伏羲氏,传说中的古代帝王。以木德王天下,死后祀于东方,为木德之帝。 ⑧炎帝:号烈山氏,又号神农氏,传说中的古代帝

王。以火德王天下,死后祀于南方,为火德之帝。 ⑨黄帝:号轩辕氏,传说中的古代帝王。以土德王天下,死后托祀为中央之帝。 ⑩少皞:又作"少昊",名挚,号金天氏,传说中的古代帝王。以金德王天下,死配金,为西方金德之帝。 ⑪颛顼:黄帝之孙,号高阳氏,传说中的古代帝王。以水德王天下,死后祀于北方,为水德之帝。

康子曰:"太皞氏其始之木何如?"孔子曰:"五行用事①,先起于木。木东方,万物之初皆出焉。是故王者则之②,而首以木德王天下,其次则以所生之行转相承也③。"

[注释]①用事:主事。 ②则:效法。 ③首以木德王天下,其次则以所生之行转相承也:首先以木德称王于天下,然后以五行相生的顺序,依次转接。王肃注:"木生火,火生土之属。"

康子曰:"吾闻勾芒为木正①,祝融为火正②,蓐收为金正③,玄冥为水正④,后土为土正⑤,此五行之主而不乱,称曰帝者,何也?"孔子曰:"凡五正者,五行之官名。五行佐成上帝,而称五帝⑥。太皞之属配焉,亦云帝,从其号⑦。昔少皞氏之子有四叔,曰重、曰该、曰修、曰熙⑧,实能金、木及水。使重为勾芒,该为蓐收,修及熙为玄冥。颛顼氏之子曰黎⑨,为祝融。共工氏之子曰勾龙⑩,为后土。此五者,各以其所能业为官职⑪,生为上公⑫,死为贵神,别称五祀,不得同帝⑬。"

[注释]①勾芒为木正:勾芒,名重,少皞氏之后,佐木德之帝,死后为木官之神。正,官长。 ②祝融:颛顼帝之后,为高辛氏火正,死后为火官之神。《史记·楚世家》说:"重黎为帝喾高辛居火正,甚有功,能光融天下,帝喾命

曰祝融。共工氏作乱,帝喾使重黎诛之而不尽。帝乃以庚寅日诛重黎,而以其弟吴回为重黎后,复居火正,为祝融。" ③蓐(rù)收:即该,有金德,死后祀为金神。 ④玄冥:即修,死后祀为水神。 ⑤后土:即勾龙,土官之神。《左传》昭公二十九年说:"土正曰后土,共工氏有子曰勾龙为后土。" ⑥五行佐成上帝,而称五帝:五行辅佐天帝成就大事,所以称为五帝。 ⑦太皞之属配焉,亦云帝,从其号:太皞、炎帝等与五行相配,也称为帝,随五行之称。

⑧少皞氏之子有四叔,曰重、曰该、曰修、曰熙:《左传》昭二十九年作:"少皞氏有四叔,曰重、曰该、曰修、曰熙。" ⑨黎:颛顼时火正。《国语·楚语下》:"乃命南正重司天以属神,命火正黎司地以属民。" ⑩共工氏之子曰勾龙:共工氏,炎帝后,姜姓。《左传·昭公十七年》:"共工氏以水纪,故为水师而水名。"古代神话传说中,共工是一个破坏性很大的人物,他欲发动洪水,以害天下,结果被灭。但种种迹象表明,共工本意是想治水的,只不过方法不得当,反而造成更大的灾难。勾龙,共工氏之子。《国语·鲁语上》说:"共工氏之伯九有也,其子曰后土,能平九土。" ⑪各以其所能业为官职:各以自己所擅长的方面作为官职。 ⑫上公:百官为首。 ⑬别称五祀,不得同帝:另称为五祀,不能等同于帝。

康子曰:"如此之言,帝王改号于五行之德,各有所统①,则其所以相变者,皆主何事②?"孔子曰:"所尚则各从其所王之德次焉③。夏后氏以金德王,色尚黑,大事敛用昏④,戎事乘骊⑤,牲用玄⑥;殷人用水德王,色尚白⑦,大事敛用日中⑧,戎事乘翰⑨,牲用白;周人以木德王,色尚赤,大事敛用日出⑩,戎事乘骍⑪,牲用骍⑫。此三代之所以不同。"康子曰:"唐虞二帝⑬,其所尚者何色?"孔子曰:"尧以火德王,色尚黄。舜以土德王,色尚青。"

[注释]①统:管辖、执掌。 ②主:主管。 ③所尚则各从其所王之德次焉:崇尚的是遵循各自称王所依据的五行之德。 ④大事敛用昏:丧葬定在

黄昏之时。大事,指丧葬。昏,黄昏。 ⑤戎事乘骊:有战事时车乘用黑马。戎事,战事。骊,黑马。 ⑥牲用玄:祭祀用黑色的牲畜。牲,祭祀用的牛、羊、猪等。玄,黑色。 ⑦殷人用水德王,色尚白:殷人以水德称王,崇尚白色。殷,商王盘庚迁都到殷以后,商也称为殷。 ⑧日中:即中午之时。 ⑨翰:白色马。 ⑩日出:日出之时。 ⑪骠(yuán):白腹马。 ⑫驿:赤色。 ⑬唐虞:即唐尧、虞舜。传说中的古代帝王。

康子曰:"陶唐①、有虞②、夏后、殷、周独不配五帝,意者德不及上古耶?将有限乎③?"孔子曰:"古之平治水土,及播殖百谷者众矣,唯勾龙氏兼食于社④,而弃为稷神⑤,易代奉之,无敢益者⑥,明不可与等。故自太皞以降,逮于颛顼⑦,其应五行而王,数非徒五⑧,而配五帝,是其德不可以多也。"

[注释]①陶唐:指尧。尧初居于陶,后封于唐,所以又称陶唐。 ②有虞:有虞氏,指舜。 ③限:限制。 ④兼食于社:配享于社。兼,配享。社:土地神。 ⑤弃:后稷,名弃,周始祖。《史记·周本纪》说他"好耕农,相地之宜,宜谷者稼穑焉"。 ⑥益:增多、增加。 ⑦逮:至、到。 ⑧徒:止、仅。

执辔第二十五

闵子骞①为费②宰,问政于孔子。子曰:"以德以法③。夫德法者,御民之具,犹御马之有衔勒也④。君者,人也;吏者,辔⑤也;刑者,策⑥也。夫人君之政,执其辔策而已。"

[注释]①闵子骞:孔子弟子。姓闵,名损,字子骞(前536—前487)。鲁国人,在孔子弟子中以德行著称。 ②费:古地名,春秋时属鲁国。 ③以德

以法:用德治和礼法。这里的"法"非现代意义上的法制,而是法则、法度、规章。 ④犹御马之有衔勒也:就好像驾驭马要有马嚼子和马笼头一样。犹,如,同。御,驾驭,统治。衔,横在马口中以备抽勒用的铜或铁。勒,套在马头上带嚼口的笼头。 ⑤辔:驾驭牲口的缰绳。 ⑥策:马鞭子。

子骞曰:"敢问古之为政。"孔子曰:"古者天子以内史为左右手①,以德法为衔勒,以百官为辔,以刑罚为策,以万民为马,故御天下数百年而不失。善御马,正衔勒,齐辔策,均马力,和马心,故口无声而马应辔,策不举而极千里;善御民,壹②其德法,正其百官,以均齐民力,和安民心,故令不再③而民顺从,刑不用而天下治。是以天地德之④,而兆民怀之⑤。夫天地之所德,兆民之所怀,其政美,其民而众称之⑥。今人言五帝三王者,其盛无偶,威察若存⑦,其故何也?其法盛,其德厚⑧,故思其德必称其人,朝夕祝⑨之,升闻于天,上帝俱歆⑩,用永厥世⑪,而丰其年。"

[注释]①古者天子以内史为左右手:古时天子把内史当作自己最得力的助手。内史,官职名,西周时始置,协助天子管理爵、禄、废、置等政务。春秋时沿置。左右手,以左手和右手最易为自己支配,比喻二者相互配合、帮助,后用以比喻最得力的助手。 ②壹:统一。 ③再:重复,又一次。 ④天地德之:天地以为他有德行。 ⑤兆民怀之:众百姓纷纷归附他。兆,数词,百万为兆,旧时也以万万为亿,万亿为兆。兆民,众百姓,形容极多。怀,怀念,归顺。 ⑥其民而众称之:他的百姓也受到众人的赞誉。 ⑦其盛无偶,威察若存:(都认为)他们功德无人能比,其声威和清誉好像还存在。偶,双,成对。威,声威,功德。察,清高,清白。 ⑧厚:大,深。 ⑨祝:祈祷。 ⑩歆(xīn):飨。指祭祀时神灵先享受到其气。 ⑪用永厥世:使他们世系绵长。用,以。永,绵长。厥,其。

"不能御民者,弃其德法,专用刑辟①,譬犹御马,弃其衔勒而专用棰②策,其不制也,可必矣。夫无衔勒而用棰策,马必伤,车必败;无德法而用刑,民必流,国必亡。治国而无德法,则民无修③,民无修则迷惑失道。如此,上帝必以其为乱天道也。苟乱天道,则刑罚暴,上下相谀④,莫知念忠,俱无道故也。今人言恶者,必比之于桀纣,其故何也?其法不听⑤,其德不厚,故民恶其残虐,莫不吁嗟⑥,朝夕祝之,升闻于天。上帝不蠲⑦,降之以祸罚,灾害并生,用殄⑧厥世。故曰德法者御民之本。"

[注释]①刑辟(bì):刑法,刑律。 ②棰(chuí):鞭子。 ③修:循,遵循。 ④谀:谄谀。 ⑤听:处理,判断。 ⑥吁(xū)嗟(jiē,也读 juē):哀叹,叹息。 ⑦蠲(juān):通"捐",除去,减免。 ⑧殄(tiǎn):断绝,灭绝。

"古之御天下者,以六官总①治焉:冢宰之官以成道②,司徒③之官以成德,宗伯④之官以成仁,司马⑤之官以成圣,司寇⑥之官以成义,司空⑦之官以成礼。六官在手以为辔,司会均仁以为纳⑧,故曰:御四马者执六辔,御天下者正六官。是故善御马者正身以总⑨辔,均马力,齐马心,回旋曲折,唯其所之⑩,故可以取长道、可赴急疾⑪。此圣人所以御天地与人事之法则也。天子以内史为左右手,以六官为辔,已而与三公为执六官,均五教⑫,齐五法⑬。故亦唯其所引,无不如志,以之道则国治⑭,以之德则国安,以之仁则国和,以之圣则国平,以之礼则国安,以之义则国义,此御政之术。"

[注释]①以六官总治:以六官负责全面治理。六官,指下文提到的冢宰、

司徒、宗伯、司马、司寇、司空之官。总，全面。　②冢宰之官以成道：设置冢宰官职以成就道义。冢宰，官职名称，周代六卿之一，《周礼》天官之属，为辅佐天子之官。后世以冢宰为宰相之称。　③司徒：官职名称，相传少昊始置，唐虞因袭，周代六卿之一，曰地官大司徒，掌管国家的土地和人民的教化。
④宗伯：官职名称，周代六卿之一，掌管宗庙祭祀等事，即后世礼部之职。
⑤司马：官职名称，相传少昊始置，周代六卿之一，曰夏官大司马，掌管军旅之事。　⑥司寇：官职名称，夏殷时已设，周代六卿之一，曰秋官大司寇，掌管刑法。春秋各国多沿置。　⑦司空：官职名称，相传少昊始置，周代六卿之一，曰冬官大司空，掌管工程建筑。　⑧司会(kuài)均仁以为纳：司会实行仁义以作为总缆。司会，二字原本混入王肃注中，据备要本、陈本及《大戴礼记》改，官职名称，《周礼》天官之属，主管财政、经济及对百官政绩的考察。
⑨总：持，总揽。　⑩唯其所之：都可以想到达哪里就到达哪里。　⑪可以取长道、可赴急疾：可以到达很远的路程，也可以急速地奔驰。　⑫均五教：施行五教。均，调和，调节。五教，五常之教，指父义、母慈、兄友、弟恭、子孝五种伦理道德的教育。　⑬齐五法：整治五法。齐，使……齐，整顿，整治。五法，指仁、义、礼、智、信之法。　⑭以之道则国治：用道义引导则会使国家稳定。

"过失①，人之情莫不有焉，过而改之，是为不过②。故官属不理，分职不明③，法政不一，百事失纪曰乱，乱则饬④冢宰；地而不殖，财物不蕃⑤，万民饥寒，教训⑥不行，风俗淫僻⑦，人民流散曰危，危则饬司徒；父子不亲，长幼失序，君臣上下乖离⑧异志曰不和，不和则饬宗伯；贤能而失官爵，功劳而失赏禄，士卒疾怨⑨，兵弱不用曰不平，不平则饬司马；刑罚暴乱，奸邪不胜⑩曰不义，不义则饬司寇；度量⑪不审，举事失理，都鄙⑫不修，财物失所曰贫，贫则饬司空。故御者同是车马，或⑬以取千里，或不及数百里,其所谓进退缓急异也;夫治者同是官法,或以致平,或以致乱者,亦其所以为进退缓急异也。"

[注释]①过失:由于疏忽大意而犯的错误。 ②是为不过:这就如同没犯过错。 ③官属(shǔ)不理,分(fèn)职不明:官吏上下级关系不顺,职分不明确。官属,主要官吏的属官,也泛指各级官吏。理,顺。分职,犹职分。 ④饬:通"敕",告诫。 ⑤蕃:生息,繁殖。 ⑥教训:教导训诫。 ⑦淫僻:放纵而邪恶。 ⑧乖离:相互抵触,不一致。 ⑨疾怨:怨恨。 ⑩胜:制服。 ⑪度量:测量长短或多少的器具,这里指度量的标准。 ⑫都鄙:京都及边邑。 ⑬或:有的。

"古者,天子常以季冬①考德正法,以观治乱:德盛者治也,德薄者乱也。故天子考德,则天下之治乱,可坐庙堂②之上而知之。夫德盛则法修,德不盛则饬法,与政咸德而不衰③。故曰:王者又以孟春论吏之德及功能④,能德法者为有德,能行德法者为有行⑤,能成德法者为有功,能治德法者为有智。故天子论吏而德法行,事治而功成。夫季冬正法,孟春论吏,治国之要⑥。"

[注释]①季冬:冬季的最后一个月,即农历十二月。 ②庙堂:宗庙明堂,这里应该指朝廷。 ③与政咸德而不衰:使它与政教都合于德行而不衰败。 ④王者又以孟春论吏之德及功能:天子又在春季的第一个月考论官吏的德行及功劳、能力。吏,丛刊本原脱,据备要本、陈本及下文补。孟春,春季的第一个月,即农历正月。 ⑤行(xíng):品行。 ⑥要:根本。

子夏①问于孔子曰:"商闻易②之生人及万物、鸟兽、昆虫,各有奇耦,气分不同③。而凡人莫知其情,唯达德者能原其本焉。天一、地二、人三,三三如九④。九九八十一,一主日,日数十,故人十月而生⑤;八九七十二,偶以从奇,奇主辰,辰为月,月主马,故马十二月而生⑥;七九六十三,三主斗⑦,斗主狗,故狗三月而生;六九五十四,四主时,时主豕⑧,故豕四月而生;五九四十五,五为音,音主猿,故猿五月而生⑨;四九三十六,六为律⑩,律主鹿,故鹿六月而生;三九二十七,七主星⑪,星主虎,故虎七月而生;二九一十八,八主风,风为虫,故虫八月而生⑫。其余各从其类矣。鸟、鱼生阴而属于阳,故皆卵生。鱼游于水,鸟游于云,故立冬则燕雀入海化为蛤⑬。蚕食而不饮,蝉饮而不食,蜉蝣⑭不饮不食,万物之所以不同。介鳞夏食而冬蛰⑮,龁吞者八窍而卵生⑯,咀嚼者九窍而胎生⑰,四足者无羽翼,戴角者无上齿,无角无前齿者膏,无角无后齿者脂⑱。昼生者类父,夜生者似母,是以至阴主牝⑲,至阳主牡⑳。敢问其然乎?"孔子曰:"然,吾昔闻老聃亦如汝之言。"

[注释]①子夏:孔子弟子。姓卜,名商,字子夏(前507—前400)。卫国人,以文学见长,相传曾于西河讲学,序《诗》、传《易》,为魏文侯师。 ②易:指《易》中所蕴含的理念。 ③各有奇(jī)耦,气分(fèn)不同:奇耦,单数和双数。气分,指人或物所秉受元气的分限。分,分际,合适的界限。 ④三三如九:原本少一"三"字,据陈本加。九,阳数之极。下文中,其余的数字都与九相乘。 ⑤一主日,日数十,故人十月而生:一主象天干,天干数是十,所以人怀胎十个月后出生。 ⑥偶以从奇,奇主辰,辰为月,月主马,故马十二月而生:双数承接奇数,奇数主象地支,地支主象月份,月份主象马,所以马怀胎十二个月后出生。 ⑦三主斗:三主象北斗。 ⑧豕(shǐ):俗称猪。 ⑨五九四十五,五为音,音主猿,故猿五月而生:此句原本脱,据《大戴礼记》补。 ⑩六为律:古代乐律有阳律、阴律各六,阳律曰律,包括黄钟、太蔟、姑洗、蕤

宾、夷则、无射。 ⑪七主星:七主象星宿。 ⑫八主风,风为虫,故虫八月而生:八主象八风,八风主象虫,所以虫经过八个月衍化而成。风,八风,东方曰明庶风,东南曰清明风,南方曰景风,西南曰凉风,西方曰阊阖风,西北曰不周风,北方曰广莫风,东北曰融风。风动虫生,故虫八日而化。 ⑬立冬则燕雀入海化为蛤(gé):立冬时燕雀飞到海中,化而为蚌蛤。蛤,一种有介壳的软体动物,有各种类别,产于江河湖海中。古人认为它们是由燕雀转化而成,因为它们都是生于阴而属于阳,这种认识是不科学的。 ⑭蜉(fú)蝣(yóu):虫名,有数种。幼虫生活在水中,成虫体细狭,长数分,有四翅,后翅短,腹部末端有长尾须两条。生存期短者几小时,长者六、七天。 ⑮介鳞夏食而冬蛰(zhé,也读 zhī):长有鳞甲的动物夏天进食而冬天蛰伏。介鳞,甲虫与鳞虫,指龟鳖和鱼龙之类。蛰,动物冬眠时潜伏在土中或洞中既不食也不动的状态。 ⑯龁(hé)吞者八窍而卵生:不用咀嚼而吞食的动物长有八个器官而卵生。龁吞,不用咀嚼而吞食。窍,指耳目口鼻等器官之孔。 ⑰咀嚼者九窍而胎生:嚼碎食物的动物长有九个器官而胎生。 ⑱无角无前齿者膏,无角无后齿者脂:没有角而且前齿不发达的动物长得肥,没有角并且后齿不发达的动物身上多油脂。膏,脂,指油脂,凝结者为脂,呈液态者为膏。 ⑲牝(pìn):指禽兽的雌性。与牡相对。 ⑳牡:指禽兽的雄性。

子夏曰:"商闻《山书》①曰:地东西为纬,南北为经②;山为积德,川为积刑;高者为生,下者为死③;丘陵为牡,溪谷为牝;蚌蛤龟珠,与日月而盛虚④。是故坚土之人刚,弱土之人柔,墟土之人大⑤,沙土之人细⑥,息土之人美⑦,耗土之人丑⑧。食水者善游而耐寒,食土者无心而不息⑨,食木者多力而不治⑩,食草者善走而愚,食桑者有绪而蛾⑪,食肉者勇毅而捍⑫,食气者神明而寿⑬,食谷⑭者智惠而巧,不食者不死而神⑮。故曰:羽虫⑯三百有六十,而凤为之长⑰;毛虫三百有六十,而麟为之长;甲虫三百有六十,而龟为之长;鳞虫三百有六十,而龙为之长;倮⑱虫三百有六十,而人为之长。此乾坤⑲之美也,殊形异类之数⑳。王者动必以道动,静必以道静,必顺理以奉天地之性,而不害其所主,谓之仁圣焉。"

[注释]①《山书》:古代的一种山川地理之书,已佚。 ②地东西为纬,南北为经:大地东西方向为纬,南北方向为经。纬,横。经,纵。 ③山为积德,川为积刑;高者为生,下者为死:山是德行积累的表象,河是刑罚积累的表象;居高象征着生,处下象征着死。 ④丘陵为牡,溪谷为牝;蚌蛤龟珠,与日月而盛虚:丘陵代表着雄性,溪谷代表着雌性,蚌蛤龟珠随日月的变化而有时丰满,有时虚空。 ⑤墟土之人大:丘陵土地上生长的人高大。墟土,丘陵之地。 ⑥细:小,瘦小。 ⑦息土:肥沃之地。 ⑧耗土:疏薄之地。 ⑨食土者无心而不息:以泥土为食的动物没有心脏也不需呼吸。食土者,以泥土为食的动物,指蚯蚓之类。心,心脏。不息,不需呼吸。 ⑩不治:难以驯服。治,治理,管理,这里指驯服动物。 ⑪食桑者有绪而蛾:以桑叶为食的动物能够吐丝并能变成飞蛾。食桑者,以桑叶为食的动物,指桑蚕之类。绪,丝,这里指能吐丝。 ⑫捍:通"悍",勇猛,强悍。 ⑬食气者神明而寿:食用元气的动物神明而且长寿。食气者,食用元气的动物,指龟之类。 ⑭谷:泛指粮食。 ⑮不食者不死而神:不吃东西的动物长生不老而且神灵。 ⑯虫:泛指动物。 ⑰长:首。 ⑱倮(luǒ):通"裸",赤身。 ⑲乾坤:天地,指大自然。 ⑳数:数理,道理,礼数。

子夏言终而出,子贡进曰:"商之论也何如?"孔子曰:"汝谓何也?"对曰:"微①则微矣,然则非治世之待也。"孔子曰:"然,各其所能②。"

[注释]①微:精妙,精深。 ②然,各其所能:对啊,不过是各自发挥自己的才能罢了。

本命解第二十六

鲁哀公问于孔子曰:"人之命与性何谓也?"孔子对曰:"分于道①,谓之命;形于一②,谓之性;化于阴阳,象形而发③,谓之生;化穷数尽④,谓之死。故命者,性之始也;死者,生之终也。有始,则必有终矣。人始生而有不具者五焉⑤:目无见,不能食,不能行,不能言,不能化。及生三月而微煦⑥,然后有见;八月生齿,然后能食;三年顋⑦合,然后能言;十有六而精通,然后能化。阴穷反阳⑧,故阴以阳变;阳穷反阴,故阳以阴化。是以男子八月生齿,八岁而龀⑨;女子七月生齿,七岁而龀,十有四而化。一阳一阴,奇偶相配,然后道合化成。性命之端⑩,形于此也⑪。"

[注释]①分于道:天道决定赋予人的,称作命。分,制,决定。道,天地自然之理。 ②形于一:生来形成具有的。形,形成。一,最初,开始。 ③化于阴阳,象形而发:通过阴阳变化,根据它们的形体而产生。化,变化,化育。象形,依据形体。发,产生。 ④化穷数尽:变化和天数穷尽。穷,穷尽。数,天数。 ⑤具:全,具备。 ⑥及生三月而微煦(xǔ):到了出生三个月后眼睛能微微转动。煦,此处指眼睛转动。 ⑦三年顋(sāi)合:三年后腮颊长合。顋,同"腮",即腮颊。 ⑧阴穷反阳:阴到了穷尽便返归到阳。穷,极点。反,同"返",即返归。 ⑨龀(chèn):换牙,乳齿脱掉,恒齿长出。 ⑩性命之端:性命的开端。端,开始。 ⑪形:形成。

公曰:"男子十六精通,女子十四而化,是则可以生民矣。而礼,男子三十而有室①,女子二十而有夫也,岂不晚哉?"孔子曰:"夫礼言其极②,不是过也③。男子二十而冠④,有为人父之端;女子十五许嫁,有适人之道⑤。于此而往⑥,则自婚矣⑦。群生闭藏乎阴⑧,而为化育之始。故圣人因时以合偶男女⑨,穷天数也极。霜降而妇功成,嫁娶者行焉⑩;冰泮而农桑起,婚礼而杀于此⑪。男子者,任天道而长万物者也⑫。知可为,知不可为;知可言,知不可言;知可行,知不可行者。是故审其伦而明其别,谓之知,所以效匹夫之听也⑬。女子者,顺男子之教而长其理者也⑭。是故无专制之义,而有三从之道⑮:幼从父兄,既嫁从夫,夫死从子。言无再醮之端⑯,教令不出于闺门,事在供酒食而已。无阃外之非仪也,不越境而奔丧⑰。事无擅为,行无独成,参知而后动,可验而后言,昼不游庭,夜行以火,所以效匹妇之德也⑱。"

[注释]①室:家室,妻子。 ②极:极点,极限。 ③不是过:否定前置,即"不过是",不超过这个极限。 ④冠:举行冠礼。古代男子二十岁举行冠礼,表示已经成人。 ⑤适人:嫁人。 ⑥往:往上,向上。 ⑦自婚:自主确定结婚年龄。 ⑧群生闭藏乎阴:众多生物在冬天潜藏。群,各种,众多。生,生物。闭藏,潜藏。阴,冬天。 ⑨因时合偶男女:依据时节让男女成婚。因,依据,根据。时,时节。女,原作"子",误。 ⑩霜降而妇功成,嫁娶者行焉:霜降的时候妇人的工作结束了,嫁娶的人行动起来。霜降,农历二十四节气之一,在阳历十月二十三日或二十四日。妇功,即女功,中国古代社会妇女所作的家务及纺织等事情。成,完成。行,行动。 ⑪冰泮(pàn)而农桑起,婚礼而杀于此:冰雪消融后农桑之事开始,婚娶的事情到此就结束了。泮,消融。农桑,农桑之事。起,开始。杀,结束。 ⑫男子者,任天道而长万物者也:男子担任天道,长养万物。任,承担,担任。长,长养,抚养。 ⑬是故审其伦而明其别,谓之知,所以效匹夫之听也:所以男子详察人伦而明白其中的区别,可谓智慧,这是用来显明一般男子的美德。审,详究,明察。明,明白。别,区别,分别。效,显示。听,指品德。 ⑭女子者,顺男子之教而长其理者

也:女子顺从男子的教诲,增益其中的义理。顺,顺从。教,教诲。长,增益。
⑮是故无专制之义,而有三从之道:所以女子没有擅断的理由,而有三从的道德准则。从,听从。道,道德准则。 ⑯再醮(jiào):再嫁。醮,古代称妇女出嫁。 ⑰无阃(kǔn)外之非仪也,不越境而奔丧:在闺门之外举止没有不符合礼仪之处,不越过国境而参加丧礼。阃,原意指门槛,此处指妇女的居室。非仪,容止不符合礼仪。越境,越过国境。 ⑱事无擅为,行无独成,参知而后动,可验而后言,昼不游庭,夜行以火,所以效匹妇之德也:事情不擅自而为,出行不独自一人,领会理解后再行动,能够有所验证才说话,白天不在庭院游观,夜间行走用火照明,这是用来显明一般妇女的美德的。擅为,擅自而为。行,出行。动,行动。可验,可以验证。游庭,在庭院游观。以火,用火照明。

孔子遂言曰①:"女有五不取②:逆家子者,乱家子者,世有刑人子者,有恶疾子者,丧父长子者。③妇有七出、三不去④。七出者:不顺父母出者,无子者,淫僻者,嫉妒者,恶疾者,多口舌者,窃盗者。三不去者:谓有所取无所归⑤,与共更⑥三年之丧,先贫贱后富贵。凡此,圣人所以顺男女之际,重婚姻之始也⑦。"

[注释]①遂:于是。 ②取:同"娶"。 ③逆家子者,乱家子者,世有刑人子者,有恶疾子者,丧父长子者:家有逆德之人的女子,家中淫乱的女子,家中前几代有受过刑罚的女子,患有恶疾的女子,父亲去世而自己又是长女的女子。 ④妇有七出、三不去:出,遗弃(妻子)。去,抛弃(妻子)。妇人有七种情况应该休掉,三种情况不能抛弃。 ⑤有所取无所归:有人娶而无娘家可归。取,同"娶"。归,指出嫁女儿返回娘家。 ⑥更:经历。 ⑦圣人所以顺男女之际,重婚姻之始也:这些都是圣人为了和顺男女之间的关系,重视婚姻这一人伦的开始而制定的。顺,和顺,顺理。始,开始。

孔子曰："礼之所以象五行也，其义四时也。①故丧礼有举焉，有恩有义，有节有权。②其恩厚者其服重，故为父母斩衰三年，以恩制者也。③门内之治恩掩义，门外之治义掩恩。④资于事父以事君而敬同⑤。尊尊贵贵，义之大也。⑥故为君亦服衰三年⑦，以义制者也。三日而食，三月而沐，期而练，毁不灭性，不以死伤生；⑧丧不过三年，齐衰不补，坟墓不修；⑨除服之日鼓素琴，示民有终也。⑩凡此以节制者也。资于事父以事母而爱同⑪。天无二日，国无二君，家无二尊，以一治之⑫。故父在为母齐衰期者⑬，见⑭无二尊也。百官备，百物具，不言而事行者，扶而起；⑮言而后事行者，杖而起；⑯身自执事行者，面垢而已。⑰此以权制者也。亲始死，三日不怠，三月不懈，期悲号，三年忧，哀之杀也。⑱圣人因杀以制节也。⑲"

[注释]①礼之所以象五行也，其义四时也：礼节是用来效法五行的，道义则是效法四时的。象，效法。　②故丧礼有举焉，有恩有义，有节有权：所以举行丧礼，要有恩情的制约，有道义的制约，有礼节的制约，有通变的必要。举，举行。恩，恩情。义，道义。节，节制。权，权变，变通。　③其恩厚者其服重，故为父母斩衰（cuī）三年，以恩制者也：对恩情深厚的人丧服也要重，所以为父母服斩衰三年，这是根据恩情制定的。服，穿丧服。衰，同"缞"。斩衰，是丧礼五服中最重的一种丧服，用粗麻布做成，左右和下边不缝，服期三年。制，规定。　④门内之治恩掩义，门外之治义掩恩：在家庭之内恩情大于道义，在家庭之外道义大于恩情。门内，在家庭之内。掩，掩盖。门外，在家庭之外。　⑤资于事父以事君而敬同：按照侍奉父亲的原则用来侍奉国君，而且敬爱之心是相同的。资，按照。事，侍奉。敬，恭敬，敬爱。　⑥尊尊贵贵，义之大也：尊敬尊者，尊重贵者，这是道义中的重要原则。　⑦服衰：服斩缞。　⑧三日而食，三月而沐，期（jī）而练，毁不灭性，不以死伤生：父母双亲去世三天后孝子可以吃饭，三个月后可以沐浴，一周年后举行练祭，心情哀痛

过度但不要毁灭心性,不能因为死去的人而伤害活着的人。沐,沐浴。期,周年。练,在练祀时穿的练冠和练衣,用白色的布帛制成。毁,此处意谓哀痛过度。死,死去的人。伤,伤害。生,活着的人。 ⑨丧不过三年,齐(zī)衰不补,坟墓不修:丧期不超过三年,齐衰之服不缝补,坟墓也不修葺。齐衰,丧礼五服的一种,在斩缞之下,用粗麻布制成,因其辑边缝齐,故称齐缞。补,修补。修,修葺。 ⑩除服之日鼓素琴,示民有终也:除去丧服的那天要弹奏没有装饰的琴,是向人们显示三年之丧的结束。除服,除去丧服。鼓,弹奏。素琴,没有装饰的琴。示,显示。终,结束。 ⑪资于事父以事母而爱同:按照侍奉父亲的原则用来侍奉国君,而且敬爱之心是相同的。爱,敬爱。 ⑫以一治之:只能由一个最高权威来治理。 ⑬故父在为母齐衰期者:所以父亲在世只为母丧服齐缞一年。 ⑭见(xiàn):同"现",显示。 ⑮百官备,百物具,不言而事行者,扶而起:料理丧事的官员齐备,举行丧事的物品齐全,不用发话就可以办好丧事的人,要哀痛到自己站不起来而被人搀扶站起才行。⑯言而后事行者,杖而起:需要发话后丧事才可以办理的人,要哀痛到只能拄着丧杖站起为止。 ⑰身自执事行者,面垢而已:需要自己亲自料理丧事的人,只需要蓬头垢面的哭泣就可以了。 ⑱亲始死,三日不怠,三月不懈,期悲号,三年忧,哀之杀也:父母去世,三天内不懈怠,三个月内不松懈,周年时还悲痛哭号,三年丧服除后内心忧怀父母,这就到了哀痛结束的时候了。亲,父母。怠,懈怠。懈,懈慢。期悲号,父母周年时悲痛哭号。三年忧,三年丧服除后仍忧怀父母。哀之杀,哀痛结束。 ⑲圣人因杀以制节也:圣人们依据失去父母哀痛逐渐减弱最后到结束的过程来制定丧礼的节限。因,依据。制节,制定丧事的礼节。

论礼第二十七

孔子闲居,子张、子贡、言游侍,论及于礼。孔子曰:"居①!汝三人者,吾语汝以礼周流②无不遍也。"

[注释]①居:坐。 ②周流:普遍流传。

子贡越席①而对曰:"敢问如何?"子曰:"敬而不中②礼,谓之野;恭而不中礼,谓之给③;勇而不中礼,谓之逆。"子曰:"给夺慈仁④。"子贡曰:"敢问将何以为此中礼者?"子曰:"礼乎!夫礼,所以制中⑤也。"子贡退。

[**注释**]①越席:离开席位。 ②中(zhòng):符合。 ③给(jǐ):敏捷,这里用作贬义,巧言,谄媚。 ④给夺慈仁:谄媚容易混淆仁慈。夺,乱。 ⑤制中(zhōng):即"执中",指恪守中正之道,无过与不及。

言游进曰:"敢问礼也,领①恶而全好者与?"子曰:"然。"子贡问:"何也?"子曰:"郊社之礼②,所以仁鬼神也;禘尝之礼,所以仁昭穆③也;馈奠之礼,所以仁死丧也;射飨之礼④,所以仁乡党⑤也;食飨之礼⑥,所以仁宾客也。明乎郊社之义、禘尝之礼,治国其如指诸掌⑦而已。是故居家有礼,故长幼辨;以之闺门有礼,故三族⑧和;以之朝廷有礼,故官爵序;以之田猎有礼,故戎事闲⑨;以之军旅有礼,故武功成。是以宫室得其度,鼎俎得其象⑩,物得其时,乐得其节,车得其轼⑪,鬼神得其享⑫,丧纪得其哀,辩说得其党⑬,百官得其体⑭,政事得其施⑮。加于身而措于前,凡众之动,得其宜也。"言游退。

[**注释**]①领:治理。 ②郊社之礼:祭天地礼。周代在冬至日祭天于南郊称为"郊",夏至日祭地于北郊称为"社",合称为"郊社"。 ③禘(dì)尝之礼,所以仁昭穆:天子诸侯举行禘礼和尝礼,是用来表达对昭穆制度下祖先的思慕。禘尝之礼,指禘礼和尝礼。天子诸侯宗庙之祭,春曰礿,夏曰禘,秋曰尝,冬曰烝。仁,存念,表达思慕之心。昭穆,古代宗法制度,宗庙或宗庙中神

主的排列次序。始祖居中,以下父子(祖、父)左右排列,左为昭,右为穆。泛指秩序、次序或祖先。 ④射飨之礼:指乡射礼和乡饮酒礼。飨,用酒食招待人。 ⑤乡党:同乡,乡亲。 ⑥食飨之礼:指食礼和飨礼。 ⑦如指诸掌:等于说"了如指掌"。指,同"示",或曰同"视"。 ⑧三族:指父、子、孙三代。 ⑨闲:通娴。习,熟习。 ⑩象:形状、形象。 ⑪轼:车前横木,供手扶持。 ⑫享:神鬼享用祭品。 ⑬党:同类,同志。 ⑭体:原作"礼",据备要本及《礼记》改。 ⑮政事得其施:政事就能够顺利施行。

子张进曰:"敢问礼何谓也?"子曰:"礼者,即事之治也,君子有其事必有其治。治国而无礼,譬犹瞽之无相①,伥伥②乎何所之?譬犹终夜有求于幽室之中,非烛何以见?故无礼则手足无所措,耳目无所加,进退揖让③无所制。是故以其居处,长幼失其别,闺门④三族失其和,朝廷官爵失其序,田猎戎事失其策,军旅武功失其势,宫室失其度,鼎俎失其象,物失其时,乐失其节,车失其轼,鬼神失其享,丧纪失其哀,辩说失其党,百官失其体,政事失其施。加于身而措于前,凡动之众失其宜。如此,则无以祖洽四海⑤。"

[注释]①譬犹瞽之无相:好像盲人失去了扶助的人。譬犹,譬如。瞽,盲人。相,辅助,帮助。 ②伥(chāng)伥:迷茫不知所措的样子。 ③进退揖让:进退,举止行为。揖让,宾主相见的礼节。 ④闺门:宫苑、内室的门,借指宫廷、家庭。 ⑤无以祖洽四海:无法倡导协和天下。祖,初,开始。洽,合。

子曰:"慎听之,汝三人者!吾语汝:礼犹有九焉,大飨①有四焉。苟知此矣,虽在畎亩②之中,事之,圣人矣。

两君③相见,揖让而入门,入门而悬兴④;揖让而升堂,升堂而乐阕⑤;下管象舞,夏籥序兴⑥;陈其荐俎⑦,序其礼乐,备其百官。如此而后,君子知仁焉。行中规⑧,旋中矩⑨,銮和中《采荠》⑩,客出以《雍》⑪,彻以《振羽》⑫。是故君子无物而不在于礼焉。入门而金作,示情也⑬;升歌《清庙》,示德也⑭;下管象舞,示事也⑮。是故,古之君子,不必亲相与言也,以礼乐相示而已。夫礼者,理也;乐者,节也。无礼不动,无节不作。不能《诗》,于礼谬⑯;不能乐,于礼素⑰;薄于德⑱,于礼虚。"

[注释]①大飨:天子宴饮诸侯来朝者。 ②畎(quǎn)亩:土地,田间。 ③君:原作"军",据《礼记》改。 ④悬兴:悬挂的乐器开始演奏。悬,悬挂的钟磬等乐器。兴,起。 ⑤阕:停止,结束。 ⑥下管象舞,夏籥(yuè)序兴:堂下奏起管乐,跳起武舞,文舞也伴着籥声按照顺序出场。下管,堂下吹管。象,武舞。夏,文舞。籥,古代管乐器。 ⑦荐俎:进献祭品。俎,祭祀时盛牛羊等祭品的木制漆器。 ⑧规:画圆形的用具,即圆规,指法度,准则。 ⑨矩:画方形和直角的用具,即曲尺,指法度、常规。 ⑩銮和中《采荠(jì)》:车上的铃声伴着《采荠》的音乐。銮和,车上的铃铛。挂在车前横木上称和,挂在轭首或车架上称銮。《采荠》,乐曲名。 ⑪《雍》:乐曲名,在《周颂》。 ⑫彻以《振羽》:宴会结束时演奏《振羽》。彻,尽,完。《振羽》,乐曲名。 ⑬入门而金作,示情也:进门时敲击金属乐器,表示欢迎之情。金,指乐器钲,其声始终若一,故用以示情。 ⑭升歌《清庙》,示德也:登堂时演奏《清庙》,用来昭示德行。升,登,登上。《清庙》,乐曲名,歌颂文王之德行。 ⑮事:事业,功业。 ⑯不能《诗》,于礼谬:不懂得《诗》,礼节上就会出错。 ⑰素:质朴无饰,指不隆重。 ⑱薄于德:原作"于德薄",今据同文本改。

子贡作而问曰:"然则夔其穷与①?"子曰:"古之人与!上古之人也,达于礼而不达于乐,谓之素;达于乐而不达于礼,谓之偏②。夫夔达于乐而不达于礼,是以传于此名③也。古之人也!凡制度在礼,文④为在礼,行之其在人乎!"三子者,既得闻此论于夫子也,焕若发蒙⑤焉。

[注释]①夔(kuí)其穷与:夔精通礼吗?夔,舜时的乐官。穷,全,尽。②达于乐而不达于礼,谓之偏:精通音乐而不精通礼,叫做偏。达,通达,精通。 ③传于此名:流传下来乐官这个名称。 ④文:指礼乐制度。 ⑤焕若发蒙:好像眼睛一下子明亮起来。焕,明。发,启发,开启。蒙,盲,失明。

子夏侍坐于孔子,曰:"敢问《诗》云'恺悌君子,民之父母'①,何如斯可谓民之父母?"孔子曰:"夫民之父母,必达于礼乐之源,以致五至②而行三无③,以横于天下。四方有败④,必先知之。此之谓民之父母。"

[注释]①恺(kǎi)悌君子,民之父母:语出《诗·大雅·泂酌》。恺悌,原诗作"岂弟",平易近人,性情随和。 ②五至:指志、诗、礼、乐、哀所达到的最高境界。 ③三无:指下文所论的"无声之乐,无体之礼,无服之丧",以其皆内行于心,外无形状,故称"无"。 ④败:灾祸。

子夏曰:"敢问何谓五至?"孔子曰:"志之所至,诗亦至焉①;诗之所至,礼亦至焉;礼之所至,乐亦至焉;乐之所至,哀亦至焉。诗礼相成,哀乐相生。是以正明目②而视之,不可得而见;倾耳③而听之,不可得而闻。志气塞于天地,行之充于四海。此之谓五至矣。"

[注释]①志之所至,诗亦至焉:心意所要表达的,诗也应该有所反映。②正明目:正面睁大眼睛对着。 ③倾耳:侧着耳朵静心地听。

子夏曰:"敢问何谓三无?"孔子曰:"无声之乐,无体之礼①,无服之丧,此之谓三无。"子夏曰:"敢问三无何诗近之?"孔子曰:"'夙夜基命宥密'②,无声之乐也;'威仪逮逮,不可选也'③,无体之礼也;'凡民有丧,扶伏救之'④,无服之丧也。"

[注释]①无体之礼:没有仪式的礼义。 ②夙夜基命宥密:语出《诗·周颂·昊天有成命》。日夜谋政承接安邦定国的远大使命。夙夜,日夜,朝夕,指日夜从事。基命,承接使命。宥,宽大。密,宁静亲密。 ③威仪逮(dì)逮,不可选也:语出《诗·邶风·柏舟》。仪表庄严娴雅,却不用遴选。威仪,庄严的容止。逮逮,今本《毛诗》作"棣棣",娴雅的样子。选,铨选,量才授官。 ④凡民有丧,扶伏救之:语出《诗·邶风·谷风》。凡是百姓有丧事,竭尽全力去帮助。扶伏,今本毛诗作"匍匐",尽力,竭力。

子夏曰:"言则美矣大矣! 言尽于此而已?"孔子曰:"何谓其然? 吾语汝,其义犹有五起①焉。"子夏曰:"何如?"孔子曰:"无声之乐,气志不违;无体之礼,威仪迟迟②;无服之丧,内恕③孔④悲。无声之乐,所愿必从;无体之礼,上下和同;无服之丧,施及万邦。既然,而又奉之以三无私⑤而劳⑥天下,此之谓五起。"

[注释]①五起:谓阐释其义,其说有五。起,阐发,阐释。 ②迟迟:从容不迫的样子。 ③恕:用自己的心推想别人的心。 ④孔:大,非常。 ⑤无私:公正没有偏心。 ⑥劳:操劳,慰劳。

子夏曰:"何谓三无私?"孔子曰:"天无私覆,地无私载,日月无私照。其在《诗》曰:'帝命不违,至于汤齐。汤降不迟,圣敬日跻。昭假迟迟,上帝是祇,帝命式于九围。①',是汤之德也。"子夏蹶然②而起,负墙③而立,曰:"弟子敢不志④之?"

[注释]①"帝命不违"至"帝命式于九围":语出《诗·商颂·长发》。跻,升。齐,当为"济",成,成就。昭假,祷告祈福。迟迟,久久不息。祗,敬。式于九围,指以他为天下之王。式,效法,执法。九围,九个区域,九州,泛指天下,全中国。古人认为天下九分,各有其地,各区域界限分明,称九州或九围。但古籍中对九处的称呼有所差异,《尚书·禹贡》作"冀、兖、青、徐、扬、荆、豫、梁、雍"。围,区域。 ②蹶然:快速起身的样子。 ③负墙:背靠墙。 ④志:通"识",记录,记住。

卷第七

观乡射第二十八

孔子观于乡射①,喟然叹曰:"射之以礼乐也,何以射,何以听②?循声而发③,不失正鹄者④,其唯贤者乎?若夫不肖之人,则将安能以求饮⑤?《诗》云:'发彼有的,以祈尔爵。'⑥祈,求也。求所中,以辞爵。酒者,所以养老,所以养病也⑦。求中以辞爵,辞其养也。是故士使之射而弗能,则辞以病,悬弧⑧之义。"

[注释]①乡射:古代的射礼之一。 ②何以射,何以听:怎么做到边射箭边聆听音乐的节奏。听,聆听音乐的节奏,古时行射礼时都配以音乐。 ③循声而发:指射箭时依循音乐节奏而发射。循声,丛刊本、备要本等作"修身",此据四库本。 ④不失正鹄(gù):指射中靶心。正鹄,指箭靶的中心。丛刊本"不"前有"而",此据四库本。 ⑤将安能以求饮:怎么能祈求射中。安,疑问词,怎么。求饮,祈求射中。饮,指箭深入所射之物。 ⑥发彼有的,以祈尔爵:见《诗经·小雅·宾之初筵》。大意为,射箭对准那个靶心,祈求罚你把酒饮。发,发射,射箭。彼,那。有,语助词,无实义。的,靶心。爵,古酒器。 ⑦酒者,所以养老,所以养病也:酒,是用来奉养老人和病人的。养,奉养。老,老人。病,病人。 ⑧悬弧:古代习俗尚武,生男孩时在门左首挂弓。

后来称生男为悬弧。弧,弓。

于是,退而与门人习射于矍相之圃①,盖观者如堵墙焉。射至于司马,使子路执弓矢,出列延②,谓射之者曰:"奔军之将③,亡国之大夫④,与为人后者⑤,不得入,其余皆入。"盖去者半。又使公罔之裘、序点扬觯而语曰⑥:"幼壮孝悌,耆老好礼⑦,不从流俗⑧,修身以俟死者⑨,在此位。"盖去者半。序点又扬觯而语曰:"好学不倦,好礼不变,耄期称道而不乱者⑩,在此位。"盖仅有存焉。射既阕⑪,子路进曰:"由与二三子者之为司马,何如?"孔子曰:"能用命矣⑫。"

[注释]①矍(jué)相之圃:古地名,在今山东曲阜市内阙里西。圃,种植瓜果蔬菜的园地,周围常无篱笆。 ②射至于司马,使子路执弓矢,出列延:行射礼到了由司正转为司马时,孔子让子路拿着弓箭出列来邀请射箭的人。司马,此处不是官职之称,而是指乡射礼时监督礼仪之人。延,邀请。 ③奔军之将:败军之将。奔,与贲、偾通。 ④亡国之大夫:被灭亡诸侯国的大夫。 ⑤与为人后者:即不顾自己身份而甘愿做别人后嗣的人。 ⑥使公罔之裘、序点扬觯(zhì)而语:让公罔之裘、序点举着酒杯说道。公罔之裘、序点,皆孔子弟子。扬,举。觯,一种酒器。 ⑦耆(qí)老好礼:六七十岁仍能爱好礼仪。耆,古代六十岁为耆。 ⑧不从流俗:不盲从当时流行而不符合礼的风俗。 ⑨修身以俟死者:意指修养身心直至老死。俟,等待。 ⑩耄(mào)期称道而不乱者:八九十岁乃至百岁仍能称述王道而做事合乎礼仪的人。耄,九十岁,期,一百岁。称,称述,颂扬。道,王道。乱,不合礼仪。 ⑪射既阕(què):射礼结束。阕,终止,结束。 ⑫能用命:服从命令,效命。这里有胜任的意思。

孔子曰:"吾观于乡①,而知王道之易易也②。主人亲速宾及介③,而众宾从之④,至于正门之外,主人拜宾及介,而众自入,贵贱之义别矣。三揖至于阶⑤,三让,以宾升⑥。拜至⑦,献⑧,酬⑨,辞让之节繁。及介升,则省矣。至于众宾,升而受爵⑩,坐祭⑪,立饮⑫,不酢⑬。而降杀之义辨矣⑭。工入,升歌三终,主人献宾⑮。笙入,三终,主人又献之⑯。间歌三终,合乐三阕,工告乐备而遂出⑰。一人扬觯,乃立司正,焉知其能和乐而不流⑱。宾酬主人,主人酬介,介酬众宾,宾少长以齿,终于沃洗者,焉知其能弟长而无遗矣⑲。降,脱屦,升坐,修爵无算⑳。饮酒之节,旰不废朝,暮不废夕㉑。宾出,主人迎送,节文终遂,焉知其能安燕而不乱也㉒。贵贱既明,降㉓杀既辨,和乐而不流,弟长而无遗,安燕而不乱。此五者,足以正身安国矣,彼国安而天下安矣。故曰:'吾观于乡,而知王道之易易也。'"

[注释]①乡:乡饮酒礼。 ②易易:甚易。 ③主人亲速宾及介:主人亲自去主宾和副宾的家里邀请。速,敦促,敦请。宾,主宾,正宾。介,宾的副手。 ④众宾:从宾,地位低于主宾及副宾。 ⑤三揖至于阶:指主人和主宾彼此三揖而到堂阶前。揖,古代宾主相见的礼节。 ⑥三让,以宾升:宾主相互三让,然后主人与宾上堂。让,谦让。以,同"与"。升,上堂。 ⑦拜至:拜谢宾客的到来。 ⑧献:主人向宾献酒。 ⑨酬:主人先自饮,劝宾饮酒。 ⑩升而受爵:指众宾登上西阶接受主人献酒。 ⑪坐祭:指众宾在西阶坐下用酒行祭礼。祭,指祭酒,古时饮酒之前必先以酒敬神。 ⑫立饮:站着饮酒。 ⑬不酢:客人不以酒回敬主人。 ⑭降杀(shài)之义:礼节该隆重与该减轻的原则。降,应为"隆"字之讹,隆重之义。杀,减,降。 ⑮工入,升歌三终,主人献宾:乐工进来,升堂唱三首歌,然后主人向宾献酒。 ⑯笙入,三终,主人又献之:笙工进来,(在堂下)吹奏三支乐曲,然后主人再向宾献酒。

⑰间歌三终,合乐三阕,工告乐备而遂出:意思是,歌唱和吹笙交替进行,唱三支歌,吹三支曲,最后歌唱和乐器配合,演唱三首。乐正禀告乐歌演唱完毕,乐工们便出去。间,相间代。 ⑱一人扬觯,乃立司正,焉知其能和乐而不流:一人举起觯,主人设立司正负责旅酬礼的监礼,从这里可知,乡饮酒礼能使人和谐欢乐而不放纵。司正,行礼时负责监督的人。焉,于是。和,和谐。乐,欢乐。流,放肆失礼。 ⑲宾酬主人,主人酬介,介酬众宾,宾少长以齿,终于沃洗者,焉知其能弟长而无遗矣:宾向主人进酬酒,主人向介进酬酒,介又向众宾进酬酒,从宾则按年龄大小依次递相进行酬酒,一直到负责沃洗的人。从这里可知乡饮酒礼能使年少和年长的人都受惠而不会遗漏。沃洗者,指负责浇水供主人和宾洗手洗觯的人。弟,年纪小。 ⑳降,脱屦,升坐,修爵无算:主人和宾都走下堂来,脱掉鞋子,然后再升堂就座,彼此敬酒,不计杯数。修爵,即互相劝酒。无算,指不记杯数。 ㉑旰(gàn)不废朝,暮不废夕:早上不耽误早朝,晚上不耽误夕见。旰,早上。朝,早朝。暮,傍晚。夕,傍晚朝见君王。 ㉒宾出,主人迎送,节文终遂,焉知其能安燕而不乱也:宾客离去,主人要拜送,乡饮酒的礼仪就此结束,从这里可知乡饮酒礼能使人安乐而不乱。节文,指礼仪。终遂,结束。安,安闲。燕,安。 ㉓降杀:降,应作"隆"。

子贡观于蜡①。孔子曰:"赐也,乐乎?"对曰:"一国之人皆若狂②,赐未知其为乐也。"孔子曰:"百日之劳,一日之乐,一日之泽,非尔所知也。张而不弛,文武弗能③;弛而不张,文武弗为。一张一弛,文武之道也。"

[注释]①蜡(zhà):祭祀名称,周代每年十二月举行,祭百神。 ②一国之人皆若狂:全国的人都像喝醉了酒发疯似的。狂,醉乱。 ③张而不弛,文武弗能:紧张而不放松,周文王和周武王都做不到。张,拉开弓弦,引申为紧张;弛,放开弓弦,引申为放松。文武,指周文王、武王。

郊问第二十九

定公问于孔子曰①:"古之帝王,必郊祀其祖以配天②,何也?"孔子对曰:"万物本于天,人本乎祖。郊之祭也,大报本反始也③,故以配上帝④。天垂象⑤,圣人则之⑥,郊所以明天道⑦也。"

[注释]①定公:鲁国国君,名宋。襄公之子,昭公之弟。前509年—前495年在位。 ②必郊祀其祖以配天:一定要在郊祭时,以先祖配享祭天。郊祀,古代祭礼,在郊外祭天或祭地。配天,祭祀时以先祖配享祭天。 ③大报本反始:盛大地报答根本,回顾本源的活动。报,报答。本,事物的根源或根基。反始,回返本源,反思由来。反,同"返"。 ④上帝:现代学者多以为"上帝"与"天"有同一性也有相异性,就同一性而言,天与上帝可以说是二位一体的。就相异性来说,在人格化方面、权限方面差别很大。 ⑤垂象:悬垂天象。垂,悬垂,垂下。象,天象,指天文、气象等方面的现象或表现。 ⑥则:效法。 ⑦明天道:显明天道。明,显明,表明。天道,与"人道"相对,指日月星辰等天体运行现象和过程。在古代,一般认为天道是神的意志的体现。

公曰:"寡人闻郊而莫同,何也?"孔子曰:"郊之祭也,迎长日之至也①。大报天而主日②,配以月③,故周之始郊,其月以日至④,其日用上辛⑤;至于启蛰之月⑥,则又祈谷于上帝⑦。此二者,天子之礼也。鲁无冬至大郊之事,降杀于天子⑧,是以不同也。"公曰:"其言郊,何也?"孔子曰:"兆丘于南⑨,所以就阳位也⑩,于郊,故谓之郊焉。"曰:"其牲器何如⑪?"孔子曰:"上帝之牛角茧栗⑫,必在涤三月⑬,后稷之牛唯具⑭,所以别事天神与人鬼也。牲用骍⑮,尚赤也⑯;用犊,贵诚也。扫地而祭,于其质也。器用陶匏⑰,以象天地之性也。万物无可称之者⑱,故因其自然之体也⑲。"

[注释]①长日:指冬至日。 ②主日:把日作为祭祀的主神。 ③配以月:把月作为祭祀的配享者。 ④日至:指冬至日这一天。 ⑤上辛:农历每月上旬的辛日。 ⑥启蛰:节气名,今称惊蛰。 ⑦祈谷:祈求庄稼丰收。祈,求。谷,丰收。 ⑧降杀(shài):指鲁国为周王室诸侯国,礼节上不能和周天子相同,应有所减损。降,降低。杀,降等,减少。 ⑨兆丘于南:在国都南郊划定区域设坛祭祀。兆,祀神祭坛的界域。此处作动词用,划定区域设坛祭祀。丘,小山,土堆。南,南面的郊区。 ⑩就:靠近。 ⑪牲器:祭祀用的牺牲和器具。 ⑫茧栗:谓小牛的角初生时状如蚕茧和栗子。茧栗之牛是祭祀昊天上帝用牲的标准。 ⑬涤(dí):古指养祭牲之室。 ⑭后稷之牛唯具:后稷的牛只要形体、毛色完备即可。后稷,周人的始祖,名弃。具,完备。 ⑮骍(xīn):赤色马,亦指祭祀用的赤色牲。此处指赤色牛。 ⑯尚:崇尚。 ⑰陶匏(páo):陶器和匏瓜做成的器皿。 ⑱称:适合,相符。 ⑲自然之体:自然的本性,天性。

公曰:"天子之郊,其礼仪可得闻乎?"孔子对曰:"臣闻天子卜郊①,则受命于祖庙②,而作龟于祢宫③,尊祖亲考之义也④。卜之日,王亲立于泽宫⑤,以听誓命,受教谏之义也⑥。既卜⑦,献命库门之内⑧,所以诫百官也⑨。将郊,则天子皮弁以听报⑩,示民严上也⑪。郊之日,丧者不敢哭⑫,凶服者不敢入国门⑬,氾埽清路⑭,行者必止,弗命而民听,敬之至也。天子大裘以黼之⑮,被衮象天⑯,乘素车⑰,贵其质也。旂十有二旒⑱,龙章而设以日月⑲,所以法天也。既至泰坛[20],王脱裘矣,服衮以临燔柴[21],戴冕,璪十有二旒[22],则天数也。臣闻之,诵《诗》三百,不足以一献[23];一献之礼,不足以大飨[24];大飨之礼,不足以大旅[25];大旅具矣,不足以飨帝。是以君子无敢轻议于礼者也。"

[注释]①卜郊:用占卜的方式确定郊祭的具体时间。卜,古人用火灼龟甲取兆,据以推测吉凶。 ②受命:接受使命或任务。 ③作龟于祢(nǐ)宫:灼龟甲问卜于父庙。作龟,用火灼龟甲,依据裂纹,以卜吉凶。祢,为亡父在宗庙中立主之称。祢宫,父庙。 ④考:对死去父亲的称呼。 ⑤泽宫:古习射选士之所。 ⑥教谏:教导劝谏。 ⑦既:已经,已然。 ⑧库门:以王周城而言,有五门,库门为第三门。以宫门而言,则库门为外门,入库门则至于庙门外。此指鲁之库门,其制如天子皋门。 ⑨诫:警告或告诫。 ⑩皮弁(biàn):古代贵族的一种帽子,以白鹿皮为之,较华丽。 ⑪示民严上:教导百姓要严格遵守上面的命令。示民,告示民众。严上,严格听从天子的命令。 ⑫丧者:指有丧事的人家。 ⑬凶服者:指穿戴丧服的人。 ⑭汜埽:洒水打扫。埽,同"扫"。 ⑮大裘:天子祭天所服之皮裘,黑羔皮为之。 ⑯衮:古代帝王及上公的礼服。 ⑰素车:王所乘丧车五乘之一。车身涂白土,以麻编成车蔽,犬皮覆于车笭上,用素缯作边缘。 ⑱旂(qí)十有二旒:旗帜上垂着十二条飘带的饰物。旂,古代旗帜的一种,旗上画有龙形,竿头系有铜铃。旒,旌旗下面悬垂的饰物。 ⑲龙章:指旌旗上绘有龙形的图案。 ⑳泰坛:古时祭天之坛,在都城南郊。 ㉑燔柴:古时祭祀仪式之一,把玉帛、牺牲同置于积柴之上,焚之以祭天。 ㉒璪(zǎo):古代冕旒用以贯玉的彩色丝绦,言其如水藻之文。 ㉓献:以酒进祭。 ㉔飨:通"享",祭献。 ㉕旅:祭名,祭五帝也。

五刑解第三十

冉有①问于孔子曰:"古者三皇、五帝②不用五刑③,

信乎?"孔子曰:"圣人之设防,贵其不犯也④;制五刑而不用,所以为至治也。

[注释]①冉有:孔子弟子。姓冉,名求,也称冉求,字子有。鲁国人,曾为鲁国贵族季孙氏的家臣。 ②三皇、五帝:我国上古时期的帝王。五帝在三皇之后。具体指哪些人,说法很多,据《史记》,三皇指天皇、地皇、泰皇;五帝指黄帝、颛顼、帝喾、唐尧、虞舜。 ③五刑:我国古代五种主要刑罚的概括,各个朝代都有所改革,早期五刑指墨(在犯人的额头上刺字后,染上黑色)、劓(割掉犯人的鼻子)、剕(又称刖,斩去犯人的足部)、宫(男子割去生殖器,女子幽闭)、大辟(死刑),见于《尚书·吕刑》;而《周礼·秋官·司刑》的记载略有差别,指墨、劓、宫、刖、杀。 ④圣人之设防,贵其不犯也:圣人设法防范,看重的是让人不去犯法。

凡夫之为奸邪、窃盗、靡法①、妄行②者,生于不足,不足生于无度。无度则小者偷盗,大者侈靡,各不知节。是以上有制度,则民知所止,民知所止则不犯。故虽有奸邪、贼盗、靡法、妄行之狱③,而无陷刑之民④。

[注释]①靡法:无法,非法。靡,无。下文"侈靡"之"靡"是"奢侈"的意思。 ②妄行:胡作非为。 ③狱:罪名。 ④而无陷刑之民:却不会有遭此刑罚的百姓。

不孝者生于不仁,不仁者生于丧祭之无礼①,明丧祭之礼所以教仁爱也。能教仁爱,则丧思慕祭祀,不解人子馈养之道②。丧祭之礼明,则民孝矣。故虽有不孝之狱,而无陷刑之民。

[注释]①丧祭之无礼:丧祭,指丧礼和祭礼。丧礼,指处理死者殓殡奠馔和拜踊哭泣的礼节。无,原本缺,据陈本及上下文意思加。 ②不解(xiè)人

子馈养之道:如同双亲在世时对他们恪尽奉养的义务一样,毫不懈怠。解,通"懈",懈怠,松弛。

杀①上者生于不义,义,所以别贵贱、明尊卑也。贵贱有别、尊卑有序,则民莫不尊上而敬长。朝聘之礼②者,所以明义也,义必明则民不犯。故虽有杀上之狱,而无陷刑之民。

[注释]①杀(shài):贬抑、减损、不尊重,与"尊"相对。 ②朝聘之礼:古代诸侯定期朝见天子的礼仪。而春秋时诸侯自相朝见也叫朝聘。聘,问。

斗变者生于相陵①,相陵者生于长幼无序而遗②敬让。乡饮酒之礼③者,所以明长幼之序,而崇敬让也。长幼必序,民怀敬让,故虽有斗变之狱,而无陷刑之民。

[注释]①斗变者生于相陵:发生争斗是由于互相欺侮造成的。斗变,私斗。变,乱,突然发生的非常事件。陵,欺侮。 ②遗:忘。 ③乡饮酒之礼:乡人以时聚会宴饮的礼仪,其意义在于序长幼,别贵贱,以敦养风俗,达到德治教化的目的。此种礼仪可以分为四类:第一,三年大比,诸侯之乡大夫向其君举荐贤能之士,在乡学中与之宴饮,待以宾礼;第二,乡大夫以宾礼宴饮国中贤者;第三,州长于春、秋会民习射,射前饮酒;第四,党正于季冬蜡祭饮酒。

淫乱①者生于男女无别,男女无别,则夫妇失义。礼聘享②者,所以别男女、明夫妇之义也。男女既别,夫妇既明,故虽有淫乱之狱,而无陷刑之民。

[注释]①淫乱:指风气不正,道德败坏,男女关系混乱。 ②礼聘享:婚聘宴享的礼仪。

此五者,刑罚之所以生,各有源焉。不豫①塞其源,而辄绳之以刑,是谓为民设阱②而陷之。刑罚之源,生于嗜欲不节。夫礼度者,所以御民之嗜欲,而明好恶,顺天之道。礼度既陈,五教毕修,而民犹或未化,尚必明其法典,以申固之③。其犯奸邪、靡法、妄行之狱者,则饬制量之度④;有犯不孝之狱者,则饬丧祭之礼;有犯杀上之狱者,则饬朝觐之礼;有犯斗变之狱者,则饬乡饮酒之礼;有犯淫乱之狱者,则饬婚聘之礼。三皇五帝之所化民者如此,虽有五刑之用,不亦可乎?"

[注释]①豫:通"预",事先有所准备。 ②阱:为防御或猎取野兽而设置的地坑,比喻陷害人的圈套。 ③尚必明其法典,以申固之:也还一定要向他们重申,以阐明法典的实质,加以强化。尚,犹,还。 ④饬(chì)制量之度:整治制度标准方面的规定。饬,整治,整顿。

孔子曰:"大罪有五,而杀人为下。逆①天地者罪及②五世,诬文武者罪及四世,逆人伦者罪及三世,谋鬼神者罪及二世,手杀人者罪及其身。故曰大罪有五,而杀人为下矣。"

[注释]①逆:违反,违背。 ②及:牵连,牵涉。

冉有问于孔子曰:"先王制法,使刑不上于大夫,礼不下于庶人。然则大夫犯罪,不可以加刑;庶人之行事,不可以治于礼乎?"孔子曰:"不然。凡治君子,以礼御其心,所以属①之以廉耻之节也。故古之大夫,其有坐②不廉污秽而退放③之者,不谓之不廉污秽而退放,则曰'簠簋不饬'④；有坐淫乱男女无别者，不谓之淫乱男女无别，则曰'帷幕⑤不修'也；有坐罔上⑥不忠者，不谓之罔上不忠，则曰'臣节未著'；有坐罢软⑦不胜任者，不谓之罢软不胜任，则曰'下官不职'⑧；有坐干⑨国之纪者，不谓之干国之纪，则曰'行事不请'⑩。此五者，大夫既自定有罪名矣，而犹不忍斥，然正以呼之也，既而为之讳，所以愧耻之。是故大夫之罪，其在五刑之域者，闻而谴发⑪，则白冠厘缨⑫，盘水加剑⑬，造乎阙而自请罪，君不使有司执缚牵掣而加之⑭也；其有大罪者，闻命则北面再拜，跪而自裁，君不使人捽引⑮而刑杀，曰：'子大夫自取之耳，吾遇子有礼矣。'以刑不上大夫，而大夫亦不失其罪者，教使然也。所谓礼不下庶人者，以庶人遽其事而不能充礼⑯，故不责之以备礼也。"冉有跪然免席⑰，曰："言则美矣！求未之闻。"退而记之。

[注释]①属(zhǔ)：通"嘱"，托付，请托。 ②坐：犯罪，犯法。 ③不廉污秽而退放：因不廉洁、贪赃而被放逐。污秽，指贪赃。退放，斥退，放逐。④簠(fǔ)簋(guǐ)不饬："簠、簋不整齐"，这里是一种委婉的说法，后世常用"簠簋不饬"作为弹劾贪官的用语。簠、簋，古代食器，后主要用作礼器，放黍、稷、稻、粱。饬，整齐。 ⑤帷幕：帐幕，在旁的称"帷"，在上的称"幕"。⑥罔上：欺骗君上。 ⑦罢(pí)软：软弱无能。罢，通"疲"。 ⑧下官不职：下属官吏不称职。 ⑨干：犯，违犯。 ⑩行事不请：没有请示而擅自行事。⑪谴发：即罪行暴露。谴，罪责，罪过。发，揭露，暴露，掀开。 ⑫白冠厘缨：戴着用兽毛作缨的白帽子。白冠，丧服。厘，整理，厘定，这里是"插"的意思。 ⑬盘水加剑：盘中加水，放上剑。盘水，盘中加水，喻以公平。加剑，放上剑，用以自刎。 ⑭君不使有司执缚(zhuàn)牵掣(chè)而加之：君主不让官吏捆绑牵引而凌辱他们。有司，古代设置官吏，区分职责，各有所司，所

称官吏为"有司"。牵掣,牵引,拽。加,凌驾,凌辱。 ⑮捽(zuó)引:这里是"揪、扭"的意思。捽,揪着头发。 ⑯以庶人遽(jù)其事而不能充礼:因为平民百姓忙于事务就不能充分地遵行礼仪。庶人,平民。遽其事,即遽于其事,指忙于事务。遽,惶恐,窘急。充礼,充分地遵行礼仪。充,充实。 ⑰跪然免席:跪,崇拜,倾倒。跪然,崇拜的样子。免席,离开坐席或跪、起。古人坐在小腿与脚上,起立时挺直大腿与腰肢,是为挺直,挺直为跪。跪是起立的第一步。跪然免席,即起立。

刑政第三十一

仲弓①问于孔子曰:"雍闻至刑②无所用政,至政③无所用刑。至刑无所用政,桀、纣之世是也④;至政无所用刑,成、康⑤之世是也。信乎?"孔子曰:"圣人之治,化⑥也,必刑政相参⑦焉。太上⑧以德教民,而以礼齐之;其次以政焉导民,以刑禁之,刑不刑⑨也。化之弗变,导之弗从,伤义以败俗,于是乎用刑矣。颛五刑必即天伦⑩。行刑罚则轻无赦⑪,刑,俪⑫也;俪,成也,壹⑬成而不可更,故君子尽心焉。"

[注释]①仲弓:孔子弟子,姓冉,名雍。鲁国人,以德行著称。 ②至刑:一味地施行惩罚。至,极,最。刑,惩罚,刑罚。 ③至政:成功的政治教化。政,政治,教化。 ④桀、纣之世是也:夏桀和商纣王的时代就是这样。 ⑤成、康:指周成王、周康王。 ⑥化:教化。 ⑦参:参互使用。 ⑧太上:最高,最上或太古,上古。 ⑨刑不刑:惩治那些不遵守刑法的人。 ⑩颛(zhuān)五刑必即天伦:专用刑罚也必须符合天道。颛,通"专",专擅,专用。五刑,古代的五种重刑。即,就,接近。 ⑪行刑罚则轻无赦:施行刑罚时,即使轻罪也不能赦免。 ⑫俪(xíng):通"型",原指铸造器物的模型,引申为"定型"、"完成"的意思。 ⑬壹:一旦,一经。

仲弓曰:"古之听讼①,尤罚丽于事,不以其心②。可得闻乎?"孔子曰:"凡听五刑之讼,必原③父子之情,立君臣之义,以权之;意论轻重之序,慎测浅深之量,以别之;悉其聪明,正其忠爱,以尽之。大司寇正刑明辟以察狱,狱必三讯④焉。有指无简,则不听也⑤;附从轻,赦从重⑥;疑狱则泛与众共之,疑则赦之,皆以小大之比成也⑦。是故爵人⑧必于朝,与众共之⑨也;刑人必于市,与众弃之也。古者公家⑩不畜刑人,大夫弗养也,士遇之途,以弗与之言,屏⑪诸四方,唯其所之,不及与政,弗欲生之也。"

[注释]①听讼:处理诉讼,审案。听,处理,判断。 ②尤罚丽于事,不以其心:特别注重判刑要和事实相符,不能只考虑犯罪动机。尤,尤其,特别。丽,附,依附。 ③原:推究,考虑。 ④狱必三讯:审理案件必须实行"三讯"制度。狱,讼事,案件,此指审理案件。讯,询问,征求意见。三讯,指一讯群臣,二讯群吏,三讯万民。 ⑤有指无简,则不听也:对于那些有作案动机,无作案事实的,不应判刑。指,意,指犯罪动机。简,诚,指犯罪事实。 ⑥附从轻,赦从重:施刑时依从"从轻"的原则,赦免时依从"从重"的原则。 ⑦皆以小大之比成也:这些都依据以往大小案例来制定。小大,指罪之轻重。比,已行故事。 ⑧爵人:封人爵位。 ⑨与众共之:为了让众人都褒奖他。 ⑩公家:指公卿之家。 ⑪屏(bǐng):拒绝,摒弃。

仲弓曰:"听狱,狱之成,成何官?"孔子曰:"成狱成于吏,吏以狱成告于正①。正既听之,乃告大司寇。听之,乃奉于王。王命三公卿士参听棘木之下②,然后乃以狱之成疑③于王。王三宥之,以听命而制刑焉④,所以重之也⑤。"

[**注释**]①成狱成于吏,吏以狱成告于正:判决定案先由狱吏负责,狱吏把判决结果报告给狱正。成,判决定案。吏,正,官员。 ②王命三公卿士参听棘木之下:天子命令三公卿士参与审理,协助断案。参听,参与审理,协助断案。棘木,据《周礼·朝士》说,外朝左(东)边种有九棵棘树,是孤卿大夫之位;右(西)边种有九棵棘树,是公侯伯子男之位;南边种有三棵槐树,是三公之位。因外朝主要用棘树标位,故曰"听于棘木之下"。 ③疑(níng):通"凝",汇集,聚集。 ④王三宥(yòu)之,以听命而制刑焉:天子再参照可以减刑的三种犯罪情况,议减其刑,最后根据各种审理意见,才能判定其相应的罪刑。宥,宽恕,赦罪。三宥,指的是三种可以从轻处理的犯罪:一是无知而犯罪,二是偶然的而不是预谋的犯罪,三是精神错乱而犯罪。 ⑤所以重之也:这体现了审理案件、判决定案的慎重。

仲弓曰:"其禁何禁①?"孔子曰:"巧言破律②,遁名改作③,执左道④与乱政者,杀;作淫声⑤,造异服⑥,设伎奇器,以荡上心者⑦,杀;行伪而坚⑧,言诈而辩,学非而博,顺非而泽⑨,以惑众者,杀;假于鬼神、时日、卜筮,以疑众者,杀。此四诛者,不以听⑩。"

[**注释**]①其禁何禁:禁令,禁止的是什么。 ②巧言破律:花言巧语曲解法律,指贪赃受贿、舞文枉法。巧言,花言巧语。破律,指曲解法律。 ③遁(xún)名改作:假名偏私擅改法度。遁名,假借名目偏私徇情。遁。通"循",曲从,偏私。改作,指擅改法度。 ④左道:邪道,邪术。 ⑤淫声:古称郑、卫之音等俗乐曰淫声,以别于传统的雅乐。后泛指浮靡不正派的乐调乐曲。 ⑥异服:不平常、特殊的服装。 ⑦设伎(jì)奇器,以荡上心者:设计怪异奇特的器械,以此惑乱君王的。伎,通"技",技巧,技艺。荡,动。 ⑧行伪而坚:行为诡诈而又顽固坚持。 ⑨顺非而泽:参见《孔子家语·始诛》第2章注⑥。 ⑩不以听:无需再经过审理。

仲弓曰:"其禁尽于此而已?"孔子曰:"此其急者,其余禁者十有四焉:命服命车,不粥于市①;圭璋璧琮②,不粥于市;宗庙之器,不粥于市;兵车旍旗③,不粥于市;牺牲秬鬯④,不粥于市;戎器兵甲⑤,不粥于市;用器不中⑥度,不粥于市;布帛精粗不中数,广狭不中量,不粥于市;奸色⑦乱正色,不粥于市;文锦珠玉之器,雕饰靡丽,不粥于市;衣服饮食,不粥于市⑧;果实不时⑨,不粥于市;五木⑩不中伐,不粥于市;鸟兽鱼鳖不中杀,不粥于市。凡执此禁以齐众者,不赦过也⑪。"

[注释]①命服命车,不粥(yù)于市:天子颁赐的衣服、车子,不得在市场出售。命服命车,天子按官职等级赏赐的衣服和车子。粥,通"鬻",卖。 ②圭璋璧琮(cóng):圭、璋、璧、琮,是四种尊贵的玉器名称,常用作朝聘、祭祀等的礼器。 ③旍(jīng)旗:旗帜的总称。旍,通"旌",古代旗的一种,主要用于指挥或开道,缀旄牛尾于竿头,下有五彩析羽。 ④牺牲秬(jù)鬯(chàng):祭祀用的牺牲、祭酒。牺牲,古代宗庙祭祀用牲的总称。秬鬯,以黑黍和香草酿造的酒,用于祭祀降神。 ⑤戎器兵甲:兵器铠甲。戎器,军器。兵,兵器,军械。甲,铠甲。 ⑥中(zhòng):符合,适合,恰好对上。 ⑦奸色:色不正者。古代以青、黄、赤、白、黑为正色,其余两色相杂者为奸色。 ⑧衣服饮食,不粥于市:现成的衣服和饮食,不得在市场出售。 ⑨不时:指不到时令。时,时令,时节。 ⑩五木:五类取火的树木。 ⑪凡执此禁以齐众者,不赦过也:凡用这些禁令来治理民众时,不能赦免违犯者的罪过。齐,整治。不赦过,不赦免罪过,即没有例外。

礼运第三十二

孔子为鲁司寇①,与于蜡②。既宾③事毕,乃出游于观④之上,喟然而叹。言偃⑤侍,曰:"夫子何叹也?"孔子曰:"昔大道⑥之行,与三代之英⑦,吾未之逮也,而有记⑧焉。大道之行,天下为公,选贤与能⑨,讲信修睦。故人不独亲其亲,不独子其子⑩,老有所终,壮有所用,矜寡孤疾⑪,皆有所养。货恶⑫其弃于地,不必藏于己;力恶其不出于身,不必为⑬人。是以奸谋闭而不兴,盗窃乱贼不作,故外户而不闭⑭。谓之大同⑮。"

[注释]①司寇:见《孔子家语·相鲁》第3节注⑦。 ②与(yù)于蜡(zhà,也读chà):主持蜡祭活动。与,参预,在其中。蜡,祭祀名称,周代每年十二月举行,祭百神。 ③宾:通"傧",引导,相礼。 ④观(guàn):宫殿或宗庙门前的大观楼,也称魏阙。 ⑤言偃:孔子学生,姓言,名偃,字子游。 ⑥大道:指夏商周三代圣王时期治理天下的准则,即是下文孔子所描述的大同社会,是儒家宣扬的理想社会。 ⑦与三代之英:与,这里是"谓"、"说的是"的意思。与,一般认为是连词"和"的意思,其实不然。三代,指夏商周三代。英,精英,杰出的人物,这里指下文提到的禹、汤、文、武、成王、周公等圣人。 ⑧记:记载。 ⑨选贤与能:选举贤能的人。与,通"举",选拔。 ⑩人不独亲其亲,不独子其子:人们不只亲爱自己的亲人,不只爱护自己的子女。前一个"亲"和"子"均为动词,亲,像对亲人那样对待,亲爱的意思;子,像对子女那样对待,爱护的意思。 ⑪矜(guān)寡孤疾:矜,通"鳏",无妻的人。寡,老而无夫的人。孤,少而失亲的人。疾,废疾之人。 ⑫恶(wù):痛恨。 ⑬为:求取。 ⑭外户而不闭:外出也不必关门闭户。 ⑮大同:见注⑥。

"今①大道既隐,天下为家②,各亲其亲,各子其子,货则为己,力则为人,大人③世及④以为常⑤,城郭沟池以为固⑥。禹、汤、文、武、成王、周公由此而选⑦,未有不谨⑧于礼。礼之所兴,与天地并⑨。如有不由礼而在位者,则以为殃。"

[注释]①今:指事之词。　②家:特指卿大夫或卿大夫的封地采邑,与"公"相对,后泛指家族、家庭。　③大人:指诸侯。　④世及:世袭,代代相传。父子相继称世,兄弟相继称及。　⑤常:伦常,纲常。　⑥固:坚固,特指地形险要或城池坚固,此指屏障、保障。　⑦由此而选:用礼仪治理天下而成为杰出的人物。由,用。选,被选拔出来的人才。　⑧谨:慎重小心,表示态度郑重或恭敬。　⑨并:并列,一齐。

言偃复问曰:"如此乎,礼之急也?"孔子曰:"夫礼,先王所以承天之道,以治人之情,列①其鬼神,达于丧祭、乡射、冠婚、朝聘②。故圣人以礼示之,则天下国家可得以礼正矣。"

[注释]①列:陈列,排列,这里指祭祀。　②丧祭、乡射、冠婚、朝聘:周代礼仪的名称,分别指丧礼、祭礼、射礼、冠礼、婚礼、诸侯定期朝见天子之礼。

言偃曰:"今之在位莫知由礼,何也?"孔子曰:"呜呼,哀哉!我观周道,幽、厉伤也①。吾舍鲁何适②?夫鲁之郊及禘皆非礼③,周公其已衰④矣。杞之郊也禹⑤,宋之郊也契⑥,是天子之事守⑦也,天子以杞、宋二王之后⑧。周公摄政⑨致太平,而与天子同是礼也。诸侯祭社稷宗庙⑩,上下皆奉其典,而祝⑪嘏⑫莫敢易其常法,是谓大嘉。"

[注释]①幽、厉伤也:从幽王、厉王时就被破坏了。幽、厉,指西周国王周幽王、周厉王。伤,伤害,破坏。　②吾舍鲁何适:除了鲁国,我还能到哪里去考察?舍,舍弃,除了。适,到……去。　③鲁之郊及禘皆非礼:指鲁国行郊祭及禘祭都不合于礼制。郊,禘,古代祭祀名称。周代,天子在冬至日祭天于南郊称为"郊",嫡系子孙行祭祀宗庙之礼称为禘,因此只有天子才有资格行

郊、禘之礼。　④周公其已衰：周公制订的礼制，到了子孙这里就衰微了。周公，西周初期政治家，鲁国的始封者。辅武王灭商，成王幼年摄政，东征平叛，厘定典章制度，营东都洛邑，被后人奉作圣贤的典范。其，大概。衰，衰落，衰微。　⑤禹：夏朝始祖。　⑥契：商朝始祖。　⑦事守：指应当遵守的法度。　⑧天子以杞、宋二王之后：周天子把杞国、宋国作为禹、契二王的后裔。　⑨摄政：代国君处理国政。　⑩社稷宗庙：社稷，古代帝王、诸侯祭祀的土神和谷神，也用以代称国家。社指土地神，稷指谷神。宗庙，古代帝王、诸侯祭祀祖先的庙宇。　⑪祝：祭祀时司告鬼神的人。　⑫嘏（gǔ 又读 jiǎ）：福，这里指替人向鬼神祈福的人。

"今使祝嘏辞说，徒藏于宗祝巫史，①非礼也，是谓幽②国；醆斝及尸君，非礼也③，是谓僭君④；冕弁⑤兵车，藏于私家，非礼也，是谓胁⑥君；大夫具官，祭器不假，声乐皆具，非礼也⑦，是为乱国；故仕于公曰臣，仕于家曰仆。三年之丧，与新有婚者，期不使也。以衰裳入朝，与家仆杂居齐齿⑧，非礼也，是谓臣与君共国；天子有田以处其子孙，诸侯有国以处其子孙，大夫有采⑨以处其子孙，是谓制度。天子适诸侯，必舍其宗庙，而不礼籍⑩入，是谓天子坏法乱纪；诸侯非问疾吊丧而入诸臣之家，是谓君臣为谑⑪；夫礼者，君之柄⑫，所以别嫌、明微⑬、傧⑭鬼神、考⑮制度、列仁义、立政教、安君臣上下也。故政不正则君位危，君位危则大臣倍⑯、小臣窃，刑肃而俗弊则法无常，法无常则礼无别，礼无别则士不仕、民不归，是谓疵⑰国。"

[注释]①今使祝嘏辞说，徒藏于宗祝巫史：如果把祝祷和祈福的言辞，只保存在宗、祝、巫、史那里。今，若，如果。辞说，言辞，这里指记录。宗，宗伯，官职名，掌管祭祀之礼。祝，祭祀时司礼仪的人。巫，古代从事祈祷、卜筮、星

占,并兼用药物为人求福、却灾、治病的人。史,官职名,随王左右,担任祭祀、星历、卜筮、记事等职。 ②幽:幽暗,昏暗,指不明于礼。 ③醆(zhǎn)斝(jiǎ)及尸君,非礼也:先王所用的重器,被诸侯国用来向尸君献酒,是不合礼制的。醆("盏"的异体字)斝,酒器名,极其贵重。尸君,指祭祀时代先世的君王受祭的人。醆是夏代的酒杯,斝是商代的酒杯,只有夏商的后代即杞、宋二国的国君祭祀时,才能用以献尸,其他的诸侯国君不得用之,用之则不合礼仪。 ④是谓僭君:这称作僭越君王。僭,假冒名位超越自己的本分,旧指下级冒用上级的名义、礼仪或器物。这里指超越自己的本分,冒用君王的器物。 ⑤冕弁(biàn):大夫之服。 ⑥胁:胁迫。 ⑦大夫具官,祭器不假,声乐皆具,非礼也:大夫配有完备的执事官吏,祭器自备而不用假借,各种乐器齐备,是不合礼制的。具官,指各种执事皆备。古代大夫常兼数职,不得备置各种执事之官,今皆具备,所以不合礼制。祭器不假,指没有田禄的大夫(应该是"支子"),不得制备祭器,用时要向宗子假借,今不用假借,所以不合礼制。 ⑧齐齿:并列,此指没上没下。 ⑨采:采邑,古时卿大夫的封地。 ⑩礼籍:记载礼的简策,指太史所职掌的典章礼簿,上面记载其国忌讳恶。 ⑪谑:戏。 ⑫柄:根本。 ⑬所以别嫌、明微:是用来辨别是非、阐明精微道理。别嫌,辨别淆乱的事物。明微,阐明精微的道理。 ⑭侯:见本篇1章③注。 ⑮考:完成,制成。 ⑯倍:通"背"。 ⑰疵:损害,祸害。

"是故夫政者,君之所以藏身①也,必本之天,效以降命②。命,降于社之谓教地③,降于祖庙之谓仁义④,降于山川之谓兴作⑤,降于五祀⑥之谓制度。此圣人所以藏身之固也。圣人参于天地,并⑦于鬼神,以治政也。处其所存,礼之序也;玩其所乐,民之治也。天生时,地生财,人其父生而师教之。四者君以政用之,所以立于无过⑧之地。"

[注释]①藏身:安身立命。 ②效以降命:取法自然以制定政令。命,命令,政令,这里应该指广义的礼。 ③命,降于社之谓教地:政令、礼制,取法大地而制定的,是它的等级原则。社,古代指土神或祭祀土神的场所。

教,通"效",效法,取法。大地以及下文的祖庙、山川、五祀,都有体现自然的法则在其中,所以应根据其理而制定政令。地有高低之分,故礼有尊卑等级。 ④降于祖庙之谓仁义:取法祖庙而制定的,是它的仁义原则。指祖庙中存在着亲尊的区别,血缘关系越近越亲,而不尊;越远则不甚亲,而甚尊。亲出于"仁"而尊以"义"立。所以祖庙之礼有仁义的涵义。 ⑤兴作:兴造制作,兴建。 ⑥五祀:五行之神。 ⑦并:比照。 ⑧过(huò):通"祸",灾祸。

"君者,人所明①,非明人者也;人所养,非养人者也;人所事,非事人者也。夫君者,明人则有过,养人则不足②,事人则失位。故百姓明君以自治,养君以自安,事君以自显,是以礼达而分③定。人皆爱其死,而患其生④,是故用人之智去其诈,用人之勇去其怒,用人之仁去其贪。国有患,君死社稷为之义,大夫死宗庙为之变⑤。凡圣人能以天下为一家,以中国为一人,非意之⑥,必知其情,从于其义,明于其利,达于其患,然后为之。"

[注释]①明:当"则"字,"取则"、"仿效",即给人做榜样的意思。 ②养人则不足:指君王如果奉养别人,就会出现不足,即供养不过来。养前原有"故"字,据《礼记·礼运》删。 ③分(fēn):名分,位分,指上尊下卑的界限。 ④人皆爱其死,而患其生:人人都爱惜能够为义而死,担心生而无礼。爱,爱惜,吝惜。 ⑤大夫死宗庙为之变:大夫为宗庙而死,是正义的,是正当的。变,当读为"辩",正。 ⑥非意之:不是凭空想象出来的。

"何谓人情?喜、怒、哀、惧、爱、恶、欲,七者弗学而能;何谓人义?父慈、子孝、兄良、弟悌、夫义、妇听、长惠、幼顺、君仁、臣忠,十者谓之人义;讲信修睦,谓之人利;争夺相杀,谓之人患。圣人之所以治人七情,修十义,讲信修睦,尚辞让,去争夺,舍礼何以治之?饮食男女①,人之大欲存焉;死亡贫苦,人之大恶存焉。欲、恶者,人之大端②,人藏其心,不可测度,美、恶皆在其心,不见其色③,欲一以穷④之,舍礼何以哉?"

[注释]①饮食男女:饮食,食欲。男女,性欲。 ②人之大端:指人的本性。 ③不见(xiàn)其色:外表显现不出来。见,现的古字,显现,显露。色,外表,外貌。 ④穷:彻底探求,深入钻研。

"故人者,天地之德,阴阳①之交,鬼神之会,五行之秀②。天秉阳,垂日星;地秉阴,载于山川。播五行于四时,和四气而后月生③。是以三五而盈,三五而缺④,五行之动,共相竭也⑤。五行、四气、十二月,还相为本⑥;五声、五律、十二管,还相为宫⑦;五味、六和、十二食,还相为质⑧;五色、六章、十二衣,还相为主⑨。故人者,天地之心,而五行之端⑩,食味、别声、被色而生者。"

[注释]①阴阳:中国哲学的一对范畴。 ②五行之秀:是万物中的精华。五行,原指用金、木、水、火、土五种物质称代世间万物,后被古代思想家们援用,成为中国哲学范畴。秀,最杰出的。 ③播五行于四时,和四气而后月生:五行分布于一年四季,四季之气和顺而后出现十二个月。四时,指春、夏、秋、冬四季。四气,指四时中的温、热、冷、寒之气,五日为"一候",三候为"一气",一气为三个五日。 ④三五而盈,三五而缺:十五天月亮趋于盈满,又十五天月亮趋于亏缺。 ⑤五行之动,共相竭也:五行的运转,互为更始。竭,举,竖起,引申为"更始"的意思。 ⑥还相为本:交替运行。 ⑦五声、五律、十二管,还相为宫:五声、五律、十二管,轮换成为确定音高的宫调。五声,指宫、商、角、徵、羽五个声高音阶,宫是第一音阶。五律,《礼记·礼运》为"六律",即十二律,因十二律分阴阳两类,处于奇数位的六律叫阳律,处于偶数位

的六律叫六吕,合称"律吕",古书中常以"六律"包举阴阳各六的十二律。十二管,指十二律管。宫,指宫调,中国古代音乐中,以五声中的任何一声为主,均可构成一种调式,其中以宫声为主组成的就称为"宫"(即宫调式),而以其他声为主组成的就称为"调",统称"宫调"。而五声又只有相对的音高,没有绝对的音高,它们的音高要靠十二律来确定。 ⑧五味、六和、十二食,还相为质:五种味道、六种调味品、各种食物,交替作为本味。五味,甜、酸、苦、辣、咸五种味道。六和,六种调味品。十二食,十二个月的食物,指各种食物。 ⑨五色、六章、十二衣,还相为主:五种正色、六种彩色、各种衣物,轮流作为主色。五色,青、赤、黄、白、黑五种颜色。古代以此五者为正色,其余为间色。章,彩色,花纹。 ⑩故人者,天地之心,而五行之端:因此,人是天地的核心,万物的领袖。端,头、首的意思。

"圣人作则①,必以天地为本,以阴阳为端②,以四时为柄③,以日星为纪④,月以为量⑤,鬼神以为徒⑥,五行以为质,礼义以为器,人情以为田,四灵以为畜⑦。以天地为本,故物可举⑧;以阴阳为端,故情可睹;以四时为柄,故事可劝;以日星为纪,故业可别;月以为量,故功有艺⑨;鬼神以为徒,故事有守⑩;五行以为质,故事可复也⑪;礼义以为器,故事行有考⑫;人情以为田,故人以为奥也⑬;四灵以为畜,故饮食有由⑭。"

[注释]①圣人作则:圣人制定法则。 ②端:端点,开端。 ③以四时为柄:以四季所应推行的政令作为权衡。柄,权衡的意思。根据《礼记·月令》的记述,四时各有所应当推行的政令,应当据以权衡所制定的典则。 ④纪:纪时的单位,若干年循环一次为一纪。 ⑤量:区分,指区分的标准。 ⑥徒:同类,同类的人。 ⑦四灵以为畜:以四灵为家畜,意把实现天下大治作为制定典则的目标。四灵,指下节所说的麟、凤、龟、龙四种动物,古人以之为祥瑞的象征。 ⑧以天地为本,故物可举:以天地的德性为根本,所以能孕

育万物。举,养育,抚养。 ⑨艺:法度,限度。 ⑩守:职守。 ⑪复:循环往复。 ⑫考:成就,成全。 ⑬故人以为奥(yù)也:所以就可以使人感到温暖。此句原本脱,据同文本补。奥,通"燠",暖。 ⑭故饮食有由:所以就可以使生活饮食有来源。此句原本脱,据同文本补。

"何谓四灵?麟、凤、龟、龙谓之四灵。故龙以为畜,而鱼鲔不淰①;凤以为畜,而鸟不狘;麟以为畜,而兽不狘②;龟以为畜,而人情不失③。先王秉蓍龟,列祭祀,瘗缯④,宣祝嘏,设制度,祝嘏辞说,故国有礼,官有御⑤,职有序。"

[注释]①鱼鲔(wěi)不淰(shěn):鱼类就不会受惊而潜藏。鱼鲔,泛指鱼类。淰,通"渗",鱼惊骇的样子。 ②凤以为畜,而鸟不狘(chī);麟以为畜,而兽不狘(xuè):养凤作为家畜,鸟类就不会受惊而飞开;养麟作家畜,兽类也不会受惊而跑掉。狘、狘,鸟兽惊慌疾走的样子。 ③龟以为畜,而人情不失:蓄养龟作为家畜,由于龟甲可用于占卜,因此人情真伪、善恶的判断就不会出现过失。 ④瘗(yì)缯:一种祭祀的方式,把写有祝辞的布帛埋入地下,以求得神的福佑。瘗,埋,埋葬。特指祭祀中的埋埋仪式。缯,应该指祭祀中埋埋的布帛。 ⑤御:统治,治理。

"先王患礼之不达于下,故飨①帝于郊,所以定天位也;祀社于国,所以列地利也;禘②祖庙,所以本仁也;旅山川,所以傧鬼神也;祭五祀,所以本事也。故宗祝在庙,三公在朝,三老在学③,王前巫而后史,卜筮瞽侑④,皆在左右,王中心无为也,以守至正。是以礼行于郊,而百神受职;礼行于社,而百货可极⑤;礼行于祖庙,而孝慈服焉⑥;礼行于五祀,而正法则焉。故郊社、宗庙、山川、五祀,义之修而礼之藏⑦。"

[注释]①飨(xiǎng):祭献。 ②禘(dì):古代祭祀名称,这里指大禘之祭。 ③三公在朝,三老在学:三公在朝廷,三老在太学。三公,共同负责军政的最高长官的统称,周代指司马、司徒、司空或太师、太傅、太保。三老,古时指上寿、中寿、下寿,凡指年纪大,后举年高且有修行的人为三老,掌教化。王肃注:"王养三老在学。" ④卜筮(shī)瞽(gǔ)侑(yòu):筮,指古人卜筮用的蓍草茎,也作为占卦的代称,这里指卜筮者。瞽,瞎眼,因古时乐官常以瞽者担任,因此成为乐官的代称。侑,四辅,辅佐君王的谏官。 ⑤极:至,到,得到。 ⑥孝慈服焉:孝敬慈爱的德行就会施行于天下。 ⑦义之修而礼之藏(zàng):体现了仁义的思想,而成为礼制的宝藏。修,装饰,修饰,这里指的是外在的表现。藏,宝藏。

"夫礼必本于太一①,分而为天地,转而为阴阳,变而为四时,列而为鬼神。其降曰命②,其官③于天也,协于分艺④,其居于人也曰养⑤:所以讲信修睦,而固人之肌肤之会、筋骸之束者;所以养生送死、事鬼神之大端;所以达天道、顺人情之大窦⑥。唯圣人为知礼之不可以已也,故破国、丧家、亡人,必先去其礼。"

[注释]①太一:这里指创造天地万物的元气。 ②其降曰命:其气运降临叫做命。 ③官:效法、效仿。 ④分(fèn)艺:分,职分,职责。艺,准则,法度。 ⑤养:教化,熏陶。 ⑥窦:孔穴,这里是比喻通达天道、顺应人情的孔道。

"礼之于人,犹酒之有糵①也,君子以厚,小人以薄。圣人修义之柄、礼之序,以治人情。人情者,圣王之田也,修礼以耕之,陈义以种之,讲学以耨②之,本仁以聚之,播乐以安之。故礼者,义之实也,协诸义而协则礼,虽先王未有,可以义起焉;义者,艺之分,仁之节,协于艺,讲于仁,得之者强,失之者丧;仁者,义之本,顺之体,得之者尊。故治国不以礼,犹无耜③而耕;为礼而不本于义,犹耕之而弗种;为义④而不讲于学,犹种而弗耨;讲之以学而不合以仁,犹耨而不获;合之以仁而不安之以乐,犹获而弗食;安之以乐而不达于顺,犹食而不肥。四体既正,肤革充盈⑤,人之肥也;父子笃,兄弟睦,夫妇和,家之肥也;大臣法,小臣廉,官职相序⑥,君臣相正,国之肥也;天子以德为车,以乐为御,诸侯以礼相与⑦,大夫以法相序,士以信相考,百姓以睦相守,天下之肥也。是谓大顺。顺者,所以养生送死,事鬼神之常也。故事大积焉而不苑⑧,并行而不谬,细行而不失,深而通,茂而有间⑨,连而不相及⑩,动而不相害,此顺之至也。明于顺,然后乃能守危⑪。"

[注释]①糵(niè):酒曲,酿酒用的发酵剂,这里比喻有礼能使人情醇厚。 ②耨(nòu):原义除草,引申为除去污秽。 ③耜(sì):古代农具名。常"耒耜"连用,泛指农具。 ④义:原本无,据陈本补。 ⑤四体既正,肤革充盈:四肢健全,肌体丰满。四体,四肢。肤、革,都指人体的皮肤。充盈,丰满,充足。 ⑥序:次第,秩序,这里是按次第区分、排列。 ⑦与:亲附。 ⑧事大积焉而不苑(yù,也读yǔn):即使事务堆积如山,也不会产生积压。大积,指积压的范围或程度广而深。苑,积压,蕴结。 ⑨茂而有间(jiàn):事情繁杂而有条理。茂,草木繁盛,这里指事务繁杂。间,缝隙,空隙。 ⑩连而不相及:各种事情相互关联而不牵扯。 ⑪乃能守危:才能保持居高位而警惕。守,保持。危,高耸。

"夫礼之不同,不丰不杀①,所以持情而合危②也。山者不使居川,渚③者不使居原;用水、火、金、木,饮食必时④;冬合男女,春颁爵位,必当年德⑤,皆所顺也,用民必顺⑥。故无水旱昆虫之灾,民无凶饥妖孽之疾⑦。天不爱其道,地不爱其宝,人不爱其情,是以天降甘露,地出醴泉⑧,山出器车⑨,河出马图⑩,凤凰麒麟,皆在郊掫⑪,龟龙在宫沼,其余鸟兽及卵胎,皆可俯而窥也。则是无故,先王能循礼以达义,体信以达顺。此顺之实也。"

[注释]①不丰不杀(shài):不能使它丰厚,也不能给它降等。丰,增加,扩大,使丰厚。杀,减少,降等。第二个"不",原本无,据陈本补。 ②合危:居安思危、保持警惕。合,符合。 ③渚(zhǔ):水中可居住的小块陆地。 ④用水、火、金、木,饮食必时:使用金、木、水、火等生活资源,以及调节饮食,都要顺应时节。 ⑤必当年德:合男女一定要年龄相当,颁爵位一定要德行相称。 ⑥用民必顺:治理百姓更应合天时,顺民心。 ⑦民无凶饥妖孽之疾:百姓免除了忍受饥饿和反常物候的痛苦。凶,谷物不收,年成坏。饥,饥馑,荒年无收。妖孽,古代称物类反常的现象。疾,痛苦,疾苦。 ⑧醴(lǐ)泉:甘美的泉水。醴,甜酒。 ⑨山出器车:山里发现器具和象车。车,即象车或山车,古人认为太平盛世,山林中会自然产生一种圆曲之木,可以制车,这是福瑞的象征。 ⑩马图:也称龙图或河图,古代传说中龙马从河水中背出的图。 ⑪郊掫(zōu):郊外的草泽地带。掫,字误,应为椒(sǒu),草泽。

卷第八

冠颂第三十三

邾隐公既即位①,将冠②,使大夫因孟懿子问礼于孔子③。子曰:"其礼如世子之冠④。冠于阼者,以著代也⑤,醮于客位,加其有成⑥,三加弥尊,导喻其志⑦。冠而字之,敬其名也。虽天子之元子,犹士也,其礼无变,天下无生而贵者故也。行冠事必于祖庙,以祼享之礼以将之⑧,以金石之乐节之⑨。所以自卑而尊先祖,示不敢擅。"

[注释]①邾(zhū)隐公既即位:邾隐公刚刚继承国君之位。邾隐公,春秋时邾国国君。邾,周武王时所封曹姓国,后为鲁国附庸,在今山东邹城境。即位,君主登位。 ②冠(guàn):古代男子的成人礼。 ③使大夫因孟懿子问礼于孔子:派大夫通过孟懿子向孔子询问相关礼仪。因,依靠,通过。孟懿子,鲁国卿,三桓之一,曾跟随孔子学习。 ④世子:太子,帝王和诸侯的嫡长子。 ⑤冠于阼(zuò)者,以著代也:意思是,加冠时要站在主人站的东阶,以表示他将要以继承人身份替代其父亲为一家之主。阼,堂前东面的台阶。著,表明,彰明。 ⑥醮(jiào)于客位,加其有成:意思是,加冠之后,主持者站在门户西边的客位上向他敬酒,嘉勉其有所成就。醮,古代冠礼、婚礼时举行

的一种仪节,即尊者为卑者酌酒,卑者接受敬酒后,无需回敬。加,通"嘉",嘉勉。　⑦三加弥尊,导喻其志:意思是,三次加冠,一次比一次隆重,以教导他有远大的志向。三加,三次加冠,始加缁布冠,再加皮弁冠,最后加爵弁冠。弥,更加。导喻,教导,晓谕。　⑧以祼(guàn)享之礼以将之:用祼享之礼来进行,表示开始。祼,以圭瓒酌郁鬯灌地以降神,常用于宗庙祭祀。将,此处为进行的意思。　⑨以金石之乐节之:用钟磬之乐加以节制。金石,指钟磬。

懿子曰:"天子未冠即位,长亦冠也?"孔子曰:"古者王世子虽幼,其即位则尊为人君。人君,治成人之事者①,何冠之有?"

[注释]①人君,治成人之事者:意思是,君主是做成年人该做的事的。治,做。

懿子曰:"然则诸侯之冠异天子与①?"孔子曰:"君薨而世子主丧②,是亦冠也已,人君无所殊也。"

[注释]①与,通"欤"。　②薨,古代诸侯去世曰薨。

懿子曰:"今邾君之冠非礼也?"孔子曰:"诸侯之有冠礼也,夏之末造也①,有自来矣,今无讥焉②。天子冠者③,武王崩,成王年十有三而嗣立。周公居冢宰,摄政以治天下。明年夏六月④,既葬,冠成王而朝于祖⑤,以见诸侯亦有君也⑥。周公命祝雍作颂⑦曰:'祝王达而未幼。'⑧祝雍辞⑨曰:'使王近于民,远于年,啬于时,惠于财,亲贤而任能。'⑩其颂曰:'令月吉日,王始加元服。去王幼志,服衮职,钦若昊命,六合是式,率尔祖考,永永无极。'⑪此周公之制也。"

[注释]①夏之末造:夏之末世。末造,末世。 ②有自来矣,今无讥焉:意思是,诸侯举行冠礼是有渊源来历的,不要讥讽。无,同"毋",不要。 ③天子冠者:此句语义不全,似有脱字。根据上下文,其义大概是说,天子举行冠礼的事,可能开始于周成王。 ④明年:次年,第二年。 ⑤冠成王而朝于祖:为成王举行冠礼并让他在祖庙接见诸侯的朝见。 ⑥亦:四库本作"示",若此则"以见诸侯"当单独为句。 ⑦祝雍作颂:祝雍,周代大夫。颂,古代的一种文体。 ⑧祝王达而未幼:祝福我王通达而渐渐长大。 ⑨辞:作祝辞。 ⑩使王近于民,远于年,啬(sè)于时,惠于财,亲贤而任能:希望我王接近百姓,健康长寿,不夺民时,惠赐财物,亲近贤人而任用有才能的人。远于年,长寿之义。啬于时,不夺民时的意思。啬,爱。 ⑪令月吉日,王始加元服。去王幼志,服衮职,钦若昊命,六合是式,率尔祖考,永永无极:在大吉大利的日子里,为我王举行冠礼,要除去君王幼稚的念头,穿上有礼文的盛服,敬顺天命,为天下四方的法式。伟大的祖先啊,你们将永远享有祭祀。令月吉日,泛言大吉大利之日。令,美好。元服,冠,帽子。古称行冠礼为加元服。服衮职之"服",四库本作"心"。衮职,有礼文的盛服。钦,敬。若,顺。昊命,天命,四库本作"昊天"。六合,天地四方。式,法式。率,语辞。尔,你,你们。祖考,祖先。永永,犹永远。

懿子曰:"诸侯之冠,其所以为宾主,何也?"孔子曰:"公冠则以卿为宾,无介,公自为主,迎宾揖,升自阼,立于席北。其醴也,则如士,飨之以三献之礼①。既醴,降自阼阶。诸侯非公而自为主者,其所以异,皆降自西阶,玄端与皮弁异②。朝服素毕③,公冠四加玄冕祭④。其酬币于宾,则束帛乘马⑤。王太子、庶子之冠拟焉⑥,皆天子自为主⑦,其礼与士无变,飨食宾也皆同。"

[注释]①其醴也,则如士,飨之以三献之礼:敬甜酒的礼节,和士的冠礼一样,向宾客行三献礼。醴,甜酒。这是指尊者对卑者较简单的一种敬酒礼

节。飨,飨宾。三献,古时祭祀时献酒三次,即初献爵、亚献爵、终献爵,合称三献。 ③玄端与皮弁(biàn)异:玄端,士之常服,一说为诸侯之朝服,或谓即缁布冠之服。皮弁,天子之朝服,或谓武冠,以鹿皮制成。 ④朝服素毕:穿着朝服和白色的护膝。毕,通"韠",朝服上用皮革做成的护膝。 ⑤公冠四加玄冕祭:公要四次加冠,加黑色冠,着祭服。祭,祭服。 ⑥其酬币于宾,则束帛乘马:礼成后要酬赠宾客一束帛和四匹马。酬币,指酬送宾客礼物。束帛,一束帛。乘马,驷马,四匹马。 ⑦拟:比效,以之为准则。 ⑧天子自为主:意指天子亲自作为主人主持冠礼。主,丛刊本作"三",据备要本、四库本、同文本改。

懿子曰:"始冠必加缁布之冠①,何也?"孔子曰:"示不忘古。太古冠布,斋则缁之,其緌也,吾未之闻。今则冠而币之可也③。"

[注释]①缁(zī)布之冠:一种黑色的冠。缁,黑色。 ②緌(ruí):帽带的下垂。 ③币:酬赠宾客以礼物。

懿子曰:"三王之冠①,其异何也?"孔子曰:"周弁,殷冔,夏收,一也②。三王共皮弁素緌③。委貌,周道也;章甫,殷道也;毋追,夏后氏之道也④。"

[注释]①三王:指夏、商、周三代君主。 ②周弁,殷冔(xǔ),夏收:周代、商代、夏代的祭祀时所戴的冠的名称。 ③緌,四库本、同文本作"绩"。 ④夏后氏之道:这里指夏代时平时通行的冠。夏后氏,夏代。

庙制第三十四

卫将军文子将立先君之庙于其家①,使子羔访于孔子②。子曰:"公庙设于私家③,非古礼之所及,吾弗知。"子羔曰:"敢问尊卑上下立庙之制,可得而闻乎?"孔子曰:"天下有王,分地建国,设祖宗④,乃为亲疏贵贱多少之数。是故天子立七庙,三昭三穆,与太祖之庙七。太祖近庙⑤,皆月祭之。远庙为祧⑥,有二祧焉⑦,享尝乃止⑧。诸侯立五庙,二昭二穆,与太祖之庙而五,曰祖考庙⑨,享尝乃止。大夫立三庙,一昭一穆,与太庙而三,曰皇考庙⑩,享尝乃止。士立一庙,曰考庙⑪。王考无庙⑫,合而享尝乃止。庶人无庙,四时祭于寝⑬。此自有虞以至于周之所不变也。凡四代帝王之所谓郊者⑭,皆以配天;其所谓禘者⑮,皆五年大祭之所及也。应为太祖者,则其庙不毁;不及太祖,虽在禘郊,其庙则毁矣。古者祖有功而宗有德,谓之祖宗者,其庙皆不毁。"

[注释]①卫将军文子将立先君之庙于其家:卫将军文子,卫灵公之孙,公子郢之子,曾立悼公,集卫国军政大权于一身。先君,原误作"三军",今据四库本、同文本改。 ②子羔:孔子弟子,高柴,字子羔。 ③公庙:国家的祭庙。 ④祖宗:古代帝王的世系中,始祖称祖,继祖者为宗。通常以"祖宗"为祖先的通称。 ⑤近庙:指高祖庙。 ⑥远庙:指高祖之父和祖的庙。 ⑦二祧:一昭一穆,依其世代分别藏置。祧,高祖以上远祖的庙。 ⑧享尝:指宗庙四时祭,又称时享。是春夏秋冬四季用新物荐享祖先。时享的名称旧说不一,一般是春祭曰祠,夏祭曰礿,秋祭曰尝,冬祭曰烝。 ⑨祖考庙:也称太祖庙。周制即后稷之庙。 ⑩皇考庙:即曾祖庙。 ⑪考庙:父庙。 ⑫王考:对去世祖父的尊称。 ⑬寝:内堂,卧室。 ⑭郊:祭名。广义的郊祭是指在郊举行的各种祭祀。狭义的郊祭仅指郊天之礼。文中此处为狭义的郊祭。 ⑮禘:祭名。传统的说法,禘分三类:其一,祀天地于郊,以其始祖配之,此为大禘。其二,四时享先王,夏、商称夏享曰禘,周改称礿。其三,四时之祭外,祭于群庙为禘,五年一次。此应为第三类。

子羔问曰:"祭典云①:'昔有虞氏祖颛顼而宗尧②,夏后氏亦祖颛顼而宗禹③,殷人祖契而宗汤④,周人祖文王而宗武王。'此四祖四宗,或乃异代,或其考祖之有功德,其庙可也。若有虞宗尧,夏祖颛顼,皆异代之有功德者也,亦可以存其庙乎?"孔子曰:"善,如汝所闻也。如殷周之祖宗,其庙可以不毁,其他祖宗者,功德不殊⑤,虽在殊代,亦可以无疑矣。《诗》云:'蔽芾甘棠,勿翦勿伐','邵伯所憩'⑥。周人之于邵公也,爱其人,犹敬其所舍之树,况祖宗其功德而可以不尊奉其庙焉?"

[注释]①祭典:祭祀礼仪法度一类书籍的合称。 ②有虞氏祖颛(zhuān)项(xū)而宗尧:有虞氏庙祭中以颛顼为祖,以尧为宗。有虞氏,传说中远古部落名,居于蒲阪(今山西永济西蒲州镇),舜是其首领。祖,作动词用,以……为祖。颛顼,号高阳氏,传说中古代部落首领,五帝之一。宗,作动词用,以……为宗。 ③夏后氏:即夏朝。 ④契(xiè):传说中商的始祖,子姓,相传契母有娀氏简狄吞玄鸟卵而生契,又称玄王。助禹治水有功,舜任为司徒,掌管教化。居于商(今河南商丘南),一说居于藩(今山东滕州)。⑤殊:不同。 ⑥蔽芾(fèi)甘棠,勿翦勿伐,邵伯所憩:语出《诗·召南·甘棠》。蔽芾,茂盛的样子。甘棠,即棠梨树。邵,今本《毛诗》作"召",邵伯,即召公姬奭。朱熹注:"召伯巡行南国,以布文王之政,或舍甘棠之下。其后人,思其德,故爱其树,而不忍伤也。"后世因用"甘棠"称颂地方官之有惠政于民者。

辩乐解第三十五

孔子学琴于师襄子①。襄子曰:"吾虽以击磬为官,然能于琴。今子于琴已习,可以益矣②。"孔子曰:"丘未得其数也③。"

有间④,曰:"已习其数,可以益矣。"孔子曰:"丘未得其志也⑤。"

有间,曰:"已习其志,可以益矣。"孔子曰:"丘未得其为人也⑥。"

有间,孔子有所谬然思焉⑦,有所睪然高望而远眺⑧,曰:"丘迨得其为人矣⑨。近黮而黑⑩,颀然长⑪,旷如望羊⑫,奄有四方⑬,非文王其孰能为此?"师襄子避席叶拱而对曰⑭:"君子圣人也,其传曰《文王操》。"

[注释]①师襄子:春秋时鲁国乐官。 ②可以益矣:可以改弹其他曲子了。益,增加。 ③丘未得其数也:孔丘我还没有掌握弹奏这首曲子的技巧呢。数,技巧。 ④有间:过了一段时间。 ⑤志:乐曲的内在思想。 ⑥未得其为人也:还没有弄清楚这首曲子的作者是一个怎样的人呢。 ⑦有间,孔子有所谬(mù)然深思焉:原文作"有间,曰,孔子有所谬然深思焉",联系上下文义,据"陈本"改。谬,通"穆"。谬然,穆然深思的样子。 ⑧有所睪(gāo)然:一副志向高远的样子。睪,通"皋"。睪然,高貌。 ⑨迨(dài):等到,已经。 ⑩近黮(dǎn)而黑:他的皮肤黝黑。黮,黑。 ⑪颀然长:他的身材修长。颀,修长。 ⑫旷如望羊:他的志向广远。旷,用志广远。望羊,远视也。 ⑬奄有四方:统有四方。奄,覆盖、统一。 ⑭叶拱:古时行礼的一种形式,即两手环拱靠近胸口。

子路鼓琴,孔子闻之,谓冉有曰:"甚矣!由之不才也。夫先王之制音也,奏中声以为节①,流入于南,不归于北②。夫南者,生育之乡③;北者,杀伐之域④。故君子之音温柔居中,以养生育之气。忧愁之感,不加于心也⑤;暴厉之动,不在于体也⑥。夫然者,乃所谓治安之风也。小人之音则不然,亢丽微末⑦,以象杀伐之气。中和之感,不载于心;温和之动,不存于体。夫然者,乃所以为乱之风⑧。昔者舜弹五弦之琴,造《南风》之诗,其诗曰:'南风之熏兮⑨,可以解吾民之愠兮;南风之时兮,可以阜吾民之财兮⑩。'唯修此化,故其兴也勃焉⑪,德如泉流,至于今,王公大人述而弗忘。殷纣好为北鄙之声⑫,其废也忽焉,至于今,王公大人举以为诫。夫舜起布衣,积德含和,而终以帝。纣为天子,荒淫暴乱,而终以亡,非各所修之致乎?由,今也匹夫之徒,曾无意于先王之制,而习亡国之声,岂能保其六七尺之体哉?"

冉有以告子路,子路惧而自悔,静思不食,以至骨立⑬。夫子曰:"过而能改,其进矣乎。"

[注释]①奏中声以为节:奏中和之声来作为节制。中声,中和之声,指和谐、适中的音乐。节,节制。　②流入于南,不归于北:这种音乐流传到南方,没再返归北方。　③夫南者,生育之乡:南方是有利于生存繁育的地方。④北者,杀伐之域:北方是充满杀戮征战的地方。"域"原作"城",据"陈本"和《说苑》改。　⑤加:产生。　⑥暴厉之动,不在于体也:粗暴的举动,不在身上出现。　⑦亢丽微末,以象杀伐之气:音调激烈尖细,用以象征杀戮征伐之气。　⑧夫然者,乃所以为乱之风:这种情况,就是引起动乱不安定的风气。　⑨熏:暖,和柔。　⑩南风之时兮,可以阜吾民之财兮:南风是多么得及时啊,可以增加我百姓的财富。时,及时。阜,增加。　⑪唯修此化,故其兴也勃焉:正是因为实施这种教化,所以他的兴起非常的迅速。勃,突然、迅速。　⑫北鄙之声:一种粗俗放荡的音乐,盛于商都朝歌北边的鄙野,故称。　⑬骨立:形容人极为消瘦。

周宾牟贾侍坐于孔子①。孔子与之言,及乐,曰:"夫《武》之备诫之以久②,何也?"对曰:"病疾不得其众③。"

"咏叹之,淫液之④,何也?"对曰:"恐不逮事⑤。"

"发扬蹈厉之已蚤⑥,何也?"对曰:"及时事⑦。"

"《武》坐致右而轩左⑧,何也?"对曰:"非《武》坐⑨。"

"声淫及商⑩,何也?"对曰:"非《武》音也。"

孔子曰:"若非《武》音,则何音也?"对曰:"有司失其传也⑪。"

孔子曰:"唯,丘闻诸苌弘⑫,亦若吾子之言是也⑬。若非有司失其传,则武王之志荒矣⑭。"

[注释]①宾牟贾:孔子弟子。宾牟,姓。贾,名。 ②夫《武》之备诫之以久:《武》舞开始前长时间地击鼓警戒。《武》,周朝的一种舞蹈,模仿武王伐纣故事而作。备诫,击鼓警众。 ③病疾不得其众:这是表现周武王出征前担心得不到士众的支持,所以需要长时间的准备。病疾,担心。 ④咏叹之,淫液之:声音拉的长长的,绵延不绝。 ⑤逮:达到,完成。 ⑥发扬蹈厉之已蚤:乐舞一开始就猛烈地手足舞蹈。厉,疾。蚤,通"早"。 ⑦及时事:这是象征周武王在寻找征伐的最好时机。 ⑧《武》坐致右而轩左:《武》舞中右膝跪地,左膝抬起。《武》坐,《武》舞跪地的姿势。轩,起。 ⑨非《武》坐:那不是《武》舞的跪姿。 ⑩声淫及商:歌乐中过多地涉及表示杀伐之气的商调。商,商声,主杀伐。 ⑪有司失其传也:这是乐官们传授中出现的失误。有司,主管某部门的官吏,这里指乐官,乐师。 ⑫苌弘:春秋周敬王时的大夫。相传孔子曾向他学习雅乐。 ⑬亦若吾子之言是也:原文作"若非吾子之言是也",联系上下文义,据"四库本"改。 ⑭则武王之志荒矣:那么就是武王心志迷乱了。

宾牟贾起,免席而请曰①:"夫《武》之备诫之以久,则既闻命矣。敢问迟矣而又久立于缀②,何也?"

子曰:"居,吾语尔。夫乐者,象成者也③。总干而山立④,武王之事也。发扬蹈厉,太公之志也⑤。《武》乱皆坐⑥,周、邵之治也。且夫《武》,始成而北出⑦,再成而灭商,三成而南反⑧,四成而南国是疆⑨,五成而分陕,周公左、邵公右⑩,六成而复缀,以崇其天子焉⑪。众夹振焉而四伐⑫,所以盛威于中国。分陕而进,所以事蚤济⑬。久立于缀,所以待诸侯之至也。"

[注释]①免席而请:离开坐席,向孔子请教。免席,避席,离席。古人席地而坐,离席而起,表示尊敬。 ②迟(zhì)矣而又久立于缀:表演者站在舞位上久久不动。迟,等待。缀,指表演者所处的位置。 ③夫乐者,象成者也:乐舞是来表现事业成功的。 ④总干而山立:手执盾牌,如山般站立。总,统领,统管。干,盾牌。 ⑤发扬蹈厉,太公之志也:忽然猛烈地手舞足蹈,这是象征姜太公的雄心壮志。 ⑥《武》乱皆坐,周、邵之治也:在《武》舞的末章,全体表演者整齐跪坐,这是象征周公姬旦、邵公姬奭辅佐武王治理国家的成功。乱,乐曲的最后一章。 ⑦始成而北出:第一章表示武王出征北上。成,乐曲一终为一成,指乐曲的一个段落。 ⑧三成而南反:第三章表示灭商成功后南下。 ⑨四成而南国是疆:第四章表示收复南方诸国。 ⑩五成而分陕,周公左、邵公右:第五章表示以陕为界,将国家分而治之,周公治理东方,邵公治理西方。 ⑪六成而复缀,以崇其天子焉:在第六章中,表演者都回到原来的舞位,表示天下诸侯前来朝拜,尊崇周天子。 ⑫众夹振焉而四伐:有表演者在舞者的两边摇动金铎,舞者则挥动矛戈随着铎声有节奏地向四方刺击。夹振,指舞队两边有人夹着舞者摇动金铎(古代用来传布命令的大铃),表示周武王伐纣时鼓动士气的情节。四伐,指舞者按铎声的节奏向四方击刺,以表示周武王东讨西伐,南征北战,威震四方。伐,一刺一击叫一伐。 ⑬蚤济:蚤,通"早"。济,成,成功。

"今汝独未闻牧野之语乎①?武王克殷而反商之

政②,未及下车,则封黄帝之后于蓟,封帝尧之后于祝,封帝舜之后于陈;下车,又封夏后氏之后于杞,封殷之后于宋,封王子比干之墓③,释箕子之囚④,使人行商容之旧,以复其位⑤,庶民弛政⑥,庶士倍禄。既济河西⑦,马散之华山之阳而弗复乘,牛散之桃林之野而弗复服,车甲则衅之而藏之诸府库⑧,以示弗复用。倒载干戈而包之以虎皮,将率之士使为诸侯⑨,命之曰鞬櫜⑩,然后天下知武王之不复用兵也。散军而修郊射⑪,左射以《狸首》,右射以《驺虞》⑫,而贯革之射息也⑬;裨冕搢笏⑭,而虎贲之士脱剑⑮;郊祀后稷,而民知尊父焉;配明堂⑯,而民知孝焉;朝觐,然后诸侯知所以臣;耕籍⑰,然后民知所以敬亲。六者天下之大教也。食三老五更于太学⑱,天子袒而割牲⑲,执酱而馈⑳,执爵而酳㉑,冕而总干㉒,所以教诸侯之弟也㉓。如此,则周道四达,礼乐交通㉔。夫《武》之迟久,不亦宜乎?"

[注释]①语:传说。 ②武王克殷而反商之政:周武王攻克了殷都,就宣布要把当地的统治权交还给殷商的后裔。 ③封:聚土筑坟。 ④释箕子之囚:释放了被囚禁的箕子。 ⑤使人行商容之旧,以复其位:让人找到商容,并恢复了他的官职。商容,商朝的礼官,当时的贤人。行,寻找。 ⑥庶民弛政:弛,解除、废弛。解除百姓在殷朝时所担负的苛政。 ⑦既济河西:周武王灭商之后,率军渡过黄河,西还镐京。济,渡过。河,黄河。 ⑧衅(xìn):古时新制器物成,杀牲以祭,遂用其血涂缝隙,称为衅。 ⑨率:通"帅",主将。 ⑩鞬(jiān)櫜(tuó):盛弓箭的器具,在此指闭藏兵甲。 ⑪散军而修郊射:武王解散军队而在郊区的学宫里学习射礼。修,学习、练习。郊,郊外的学宫。射,射礼。 ⑫左射以《狸首》,右射以《驺虞》:在东郊学宫习射的时候,奏《狸首》乐来节射。在西郊学宫习射的时候,奏《驺虞》乐来节射。

左,东郊学宫。右,西郊学宫。《狸首》、《驺虞》,皆为射礼中用来表示节奏的乐章。⑬而贯革之射息也:从而贯穿皮革盔甲的杀射就停止了。 ⑭裨冕搢(jìn)笏:臣子们身穿礼服,头戴官帽,腰插笏版。裨,古代祭祀时穿的次等礼服。搢,插。笏,古代朝见时大臣所执的手板。 ⑮虎贲(bēn)之士:勇猛的战士。 ⑯明堂:古代帝王宣明政教的地方,凡朝会、祭祀、庆赏、选士、养老、教学等大典,均在此举行。 ⑰耕籍:天子或诸侯亲自参加耕籍之礼。籍,籍田,古时天子、诸侯征用民力耕种的田。案每逢春耕前,由天子、诸侯执耒耜在籍田上三推或一拨,称作"籍礼",以示重农。 ⑱食三老五更于太学:在太学中宴请三老五更。案古代朝廷设三老五更之位,天子以父兄之礼养之,以示敬老。 ⑲天子袒而割牲:天子袒露左臂,亲自切割牲肉。 ⑳酱:肉酱。㉑执爵而酳(yìn):天子亲自端着酒爵请三老五更们饮酒净口。爵,酒爵。酳,古代的酒器,在此指饮酒。案古代礼节,在宴会或祭祀时,食毕以酒漱口。 ㉒冕而总干:戴上帽子,手持盾牌跳舞。 ㉓弟:通"悌",敬重兄长。 ㉔周道四达,礼乐交通:周朝的政策畅通四方,礼乐各处通行。

问玉第三十六

子贡问于孔子曰:"敢问君子贵玉而贱珉①,何也?为玉之寡而珉多欤?"孔子曰:"非为玉之寡故贵之,珉之多故贱之。夫昔者君子比德于玉:温润而泽,仁也;缜密以栗②,智也;廉而不刿③,义也;垂之如坠,礼也;叩之,其声清越而长,其终则诎然④,乐矣;瑕不掩瑜⑤,瑜不掩瑕,忠也;孚尹旁达⑥,信也;气如白虹,天也;精神见于山川,地也⑦;圭璋特达⑧,德也;天下莫不贵者,道也。《诗》云:'言念君子,温其如玉。'⑨故君子贵之也。"

[注释]①珉(mín):指像玉的石头。 ②缜密以栗:细致精密而坚实。 ③廉而不刿:有棱角而不伤人。廉,有棱角。刿,割伤。 ④诎(qū)然:断

绝貌,似乐之息。诎,形容声音突然停止。 ⑤瑕不掩瑜:玉的斑点不掩盖玉的光彩。瑕,玉上面的斑点。瑜,玉的光彩。 ⑥孚尹(yún)旁达:晶莹剔透,通达于四方。孚,通"浮"。尹,通"筠",竹上的青色。 ⑦精神见于山川,地也:玉的精气本来自于山川,所以具有地的品性。 ⑧圭璋特达:玉做的圭璋作为朝聘的信物特别通达。 ⑨言念君子,温其如玉:语出《诗·秦风·小戎》。言,发语词。

孔子曰:"入其国,其教可知也①。其为人也,温柔敦厚②,《诗》教也;疏通知远③,《书》教也;广博易良④,《乐》教也;洁静精微⑤,《易》教也;恭俭庄敬⑥,《礼》教也;属辞比事⑦,《春秋》教也。故《诗》之失愚⑧,《书》之失诬⑨,《乐》之失奢⑩,《易》之失贼⑪,《礼》之失烦⑫,《春秋》之失乱⑬。其为人也,温柔敦厚而不愚,则深于《诗》者矣;疏通知远而不诬,则深于《书》者矣;广博易良而不奢,则深于《乐》者矣;洁静精微而不贼,则深于《易》者矣;恭俭庄敬而不烦,则深于《礼》者矣;属辞比事而不乱,则深于《春秋》者矣。天有四时者,春夏秋冬,风雨霜露,无非教也。地载神气⑭,吐纳雷霆,流形庶物⑮,无非教也。清明在躬,气志如神⑯,有物将至,其兆必先⑰。是故,天地之教与圣人相参⑱。其在《诗》曰:'嵩高惟岳,峻极于天。惟岳降神,生甫及申。惟申及甫,惟周之翰。四国于蕃,四方于宣。'⑲此文、武之德。'矢其文德,协此四国'⑳。此文王之德也。凡三代之王,必先其令问㉑。《诗》云:'明明天子,令问不已。'㉒三代之德也。"

[注释]①教:教化。 ②温柔敦厚:温和柔顺忠厚。 ③疏通知远:博古通今而有远见。 ④广博易良:豁达、平易而又善良。 ⑤洁静精微:内心洁

净,精察隐微。 ⑥恭俭庄敬:恭敬、节俭而又端庄。 ⑦属辞比事:连缀文辞,排比史实。 ⑧愚:愚钝、不知变通。 ⑨诬:即失实之意。 ⑩奢:奢侈。 ⑪贼:谓入于怪诞,害于正理。 ⑫烦:烦琐。 ⑬乱:谓混乱之意。 ⑭神气:五行之精气。 ⑮流形庶物:万物在自然的滋润下而生长繁育。 ⑯清明在躬,气志如神:王肃注:"清明之德在身也,则其气志如神也。" ⑰有物将至,其兆必先:王肃注:"物,事也。言有事将至,必先有兆应之者也。" ⑱参:配合。 ⑲"嵩高惟岳至四国于蕃":语出《诗·大雅·崧(嵩)高》。今本《毛诗》嵩作"崧",峻作"骏"。惟,《毛诗》及《礼记》、《韩诗外传》所引作"维"。"嵩高惟岳"至"生甫及申",嵩,山大而高。岳,高大的山。甫,即甫侯。申,即申伯。惟申及甫,惟周之翰,王肃注:"翰,干。美其宗族世有大功于周。甫侯相穆王、制祥刑,申伯佐宣王、成德教。"四国于蕃,四方于宣,王肃注:"言能藩屏四国,宣王德化于天下也。" ⑳矢其文德,协此四国:语出《诗·大雅·江汉》。王肃注:"《毛诗》:'矢其文德。'矢,陈。协,和。"协,今本《毛诗》作"洽"。文德,文治之德。四国,四方之国。 ㉑令问:美誉。令,美好。问,通"闻",声誉。 ㉒明明天子,令问不已:见《诗·大雅·江汉》。问,今本《毛诗》及《礼记》、《韩诗外传》所引作"闻"。明明,犹勉勉,勤勉。

　　子张问圣人之所以教。孔子曰:"师乎,吾语汝。圣人明于礼乐,举而措之而已①。"子张又问。孔子曰:"师,尔以为必布几筵②、揖让升降、酌献酬酢③,然后谓之礼乎?尔以必行缀兆④、执羽籥⑤、作钟鼓,然后谓之乐乎?言而可履⑥,礼也;行而可乐,乐也。圣人力此二者,以躬己南面。是故天下太平,万民顺伏,百官承事,上下有礼也。夫礼之所以兴,众之所以治也;礼之所以废,众之所以乱也。目巧之室则有奥阼⑦,席则有上下,车则有左右,行则并随,立则有列序,古之义也。室而无奥阼,则乱于堂室矣;席而无上下,则乱于席次矣⑧;车而无左右,则乱于车上矣;行而无并随,则乱于阶涂矣⑨;列而无次序,则乱于著矣⑩。昔者明王圣人,辩贵贱长幼,正男女内外,序亲疏远近,而莫敢相逾越者⑪,皆由此涂出也。"

[注释]①措:施行。 ②几筵:几,案几。筵,古人席地而坐时铺的席。 ③酌献酬酢(zuò):酌酒献客,相互敬酒。酌,斟酒。献,献酒。酬,主人向客人敬酒。酢,客人向主人敬酒。 ④缀兆:舞者的行列位置。 ⑤羽籥(yuè):舞者所持的舞具和乐器。 ⑥履:实行。 ⑦目巧之室则有隩(ào)阼(zuò):目测巧思建造之房屋,则有内室与台阶之分。目巧之室,指用目测巧思建造的房子。隩,室中的西南角,是尊贵的位置。阼,东面的台阶,主人迎接宾客的地方。 ⑧乱于席次:乱于席上之次序。 ⑨涂:即"途"。 ⑩著:门屏之间。 ⑪逾越:超越。

屈节解第三十七

子路①问于孔子曰:"由闻丈夫居世,富贵不能有益于物②,处贫贱之地而不能屈节③以求伸④,则不足以论乎人之域⑤矣。"孔子曰:"君子之行己⑥,期于必达⑦于己,可以屈则屈,可以伸则伸。故屈节者所以有待,求伸者所以及时⑧。是以虽受屈而不毁⑨其节,志达而不犯⑩于义。"

[注释]①子路(前542-前480):参见《孔子家语·相鲁》第八章注④。 ②富贵不能有益于物:富贵时不能对万物有利。 ③屈节:原意"弯曲体节",这里是"降低身份以服从"的意思。 ④伸:原义伸展、挺直,引申为"施展、伸展"的意思。 ⑤不足以论乎人之域:不应该算作人。论,按照某种单位或类别区分。 ⑥行己:立身行事。 ⑦达:通达。 ⑧及时:逢时,得到有利时机。 ⑨毁:改变。 ⑩犯:违背,违犯。

孔子在卫,闻齐国田常①将欲为乱,而惮鲍、晏②,因欲移其兵以伐鲁。孔子会诸弟子而告之曰:"鲁,父母之国③,不可不救,不忍视其受敌。今吾欲屈节于田常以救鲁,二三子谁为使?"于是子路曰:"请往齐。"孔子弗许。子张请往,又弗许。子石④请往,又弗许。三子退,谓子贡曰:"今夫子欲屈节以救父母之国,吾三人请使而不获往。此则吾子用辩⑤之时也,吾子盍请行焉?"子贡请使,夫子许之。

[注释]①田常:春秋时齐国大臣。名恒,或作常,也称陈成子或田成子。②鲍、晏:指鲍氏、晏氏,齐之卿大夫。　③父母之国:自己出生的国家,祖国。　④子石:春秋卫人(一说楚人),姓公孙,名龙,字子石,孔子学生。⑤用辩:施展辩才。

遂如齐,说①田常曰:"今子欲收功于鲁,实难,不若移兵于吴,则易。"田常不悦。子贡曰:"夫忧在内者攻强,忧在外者攻弱。吾闻子三封②而三不成,是则大臣不听令。战胜以骄主,破国以尊臣③,而子之功不与④焉,则交日疏于主⑤,而与大臣争。如此,则子之位危矣。"田常曰:"善!然兵甲⑥已加鲁矣,不可更,如何?"子贡曰:"缓师,吾请于吴,令救鲁而伐齐,子因⑦以兵迎之。"田常许诺⑧。

[注释]①说:说服,劝说。　②三封:三,多次。封,帝王以爵位、土地、名号等赐人,这里指受封。　③战胜以骄主,破国以尊臣:打胜仗会使君主骄纵,毁灭别国会使大臣尊贵。　④与:参与,在其中。　⑤交日疏于主:与君主的交往会一天比一天疏远。　⑥兵甲:指士兵、军队。　⑦因:趁机,趁势。⑧许诺:答应。

子贡遂南,说吴王曰:"王者不灭国,霸者无强敌。千钧之重,加铢两而移①。今以齐国而私千乘之鲁②,与吾③争强,甚为王患之。且夫救鲁以显名,以抚泗上④诸侯,诛⑤暴齐以服晋,利莫大焉。名存亡鲁,实困强齐⑥,智者不疑。"吴王曰:"善!然吴常困越,越王今苦身养士,有报吴之心。子待我先越,然后乃可。"子贡曰:"越之劲不过鲁,吴之强不过齐,而王置齐而伐越,则齐必私鲁矣。王方以存亡继绝⑦之名,弃齐而伐小越,非勇也。勇而不避难,仁者不穷约⑧,智者不失时,义者不绝世。今存越,示天下以仁,救鲁伐齐,威加晋国,诸侯必相率⑨而朝,霸业盛矣。且王必恶越,臣请见越君,令出兵以从,此则实害越而名从诸侯以伐齐。"吴王悦,乃遣子贡之⑩越。

[注释]①千钧之重,加铢两而移:千钧的重量,即使加上一铢一两,重量也会发生变化。钧、两、铢,古代重量单位,二十四铢为两,十六两为斤,三十斤为钧,四钧为石。铢、两,常用来表示极轻的重量。 ②今以齐国而私千乘(shèng)之鲁:现在凭借齐国的强盛,再侵吞拥有千辆战车的鲁国。以,凭借。私,把……据为私有,侵吞的意思。乘,车子,春秋战国时多指战车,一车四马。按周制,天子地方千里,兵车万乘;诸侯地方百里,兵车千乘。 ③吾:联系文意及参考《史记·仲尼弟子列传》、《吴越春秋·夫差内传》当为"吴"字。 ④泗上:泛指泗水北岸的广大地域。泗,水名,源于今山东省泗水县东,由于四源并发,故名泗水。 ⑤诛:讨伐。 ⑥名存亡鲁,实困强齐:名义上保全了危亡的鲁国,实际上遏制了强齐的扩张。 ⑦存亡继绝:使灭亡之国得以复存,使断绝之祀得以延续。 ⑧穷约:困窘。 ⑨相率(shuài):相继,一个接一个。 ⑩之:到……去。

越王郊迎,而自为子贡御,曰:"此蛮夷①之国,大夫何足俨然②辱而临之?"子贡曰:"今者,吾说吴王以救鲁伐齐,其志欲之,而心畏越,曰:'待我伐越而后可。'则破越必矣。且无报人之志而令人疑之,拙矣;有报人之意而使人知之,殆③乎;事未发而先闻者,危矣。三者,举事④之患矣。"勾践顿首⑤曰:"孤尝不料力而兴吴难,受困会稽,痛于骨髓,日夜焦唇干舌,徒欲与吴王接踵⑥而死,孤之愿也。今大夫幸告以利害。"子贡曰:"吴王为人猛暴,群臣不堪,国家疲弊⑦,百姓怨上,大臣内变,申胥⑧以谏死,大宰嚭⑨用事,此则报吴之时也。王诚能发卒佐之,以邀射⑩其志,而重宝以悦其心,卑辞以尊其礼,则其伐齐必⑪矣。此圣人所谓屈节求其达者也。彼战不胜,王之福;若胜,则必以兵临晋。臣还北请见晋君共攻之,其弱吴必矣。锐兵尽于齐,重甲困于晋⑫,而王制其弊焉。"越王顿首许诺。

[注释]①蛮夷:古代对边远地区少数民族的泛称,有时也专指南方少数民族,这里是越王谦称自己地方落后偏远。 ②俨然:严肃庄重的样子。 ③殆(dài):危险,不安全。 ④举事:行事,办事。 ⑤顿首:周代九礼之一,头叩地而拜。 ⑥接踵:足踵相接,接连不断,这里是相继、一块儿的意思。踵,脚后跟。 ⑦国家疲弊:齐国衰败,腐朽。弊,衰落,疲困。 ⑧申胥:春秋末期吴国大夫,军事谋略家。即伍员,字子胥。封于申地,故又称申胥。 ⑨嚭(pǐ):伯嚭,吴国太宰。 ⑩邀射:追求,谋取。 ⑪必:一定,必定。 ⑫锐兵尽于齐,重甲困于晋:精锐部队都消耗在齐国,重兵又被晋国围困。

子贡返五日,越使大夫文种①顿首言于吴王曰:"越悉②境内之士三千人以事吴。"吴王告子贡曰:"越王欲身从寡人,可乎?"子贡曰:"悉人之率众,又从其君,非义也。"吴王乃受越王卒,谢留勾践③。遂自发国内之兵以伐齐,败之。子贡遂北见晋君,令承其弊④。吴、晋遂遇于黄池⑤。越王袭吴之国,吴王归与越战,灭焉。

[注释]①大夫文种:大夫,古代官职名。周代,在国君之下设卿、大夫、士三等,每等中又分上、中、下三级。文种,春秋末年越国的大夫。字会、少禽,一作伯禽、子禽,楚国郢(今湖北江陵附近)人,即大夫种。 ②悉:尽其所有。 ③谢留勾践:辞谢勾践,让他留了下来。 ④令承其弊:意思是希望晋国趁吴军的疲弊而予以打击。 ⑤黄池:春秋时古地名,在今河南封丘西南。

孔子曰:"夫其乱齐存鲁,吾之始愿①。若②能强晋以弊吴,使吴亡而越霸者,赐之说③之也。美言伤信④,慎言哉!"

[注释]①乱齐存鲁,吾之始愿:使齐国混乱以保全鲁国,是我最初的心愿。 ②若:至于。 ③说(shuì):游说。 ④美言伤信:好听的话对诚信有害。

孔子弟子有宓子贱①者,仕于鲁,为单父②宰。恐鲁君听谗言,使己不得行其政,于是辞行,故请君之近史③二人,与之俱至官。宓子戒其邑吏,令二史书④,方书辄掣其肘⑤,书不善则从而怒⑥之,二史患之,辞请归鲁。宓子曰:"子之书甚不善,子勉⑦而归矣。"

[注释]①宓子贱:春秋鲁国人,孔子弟子,姓宓,字子贱,名不齐,性情仁爱,有才智。 ②单(shàn)父:单父,春秋鲁国邑名,故城在今山东单县南。 ③史:古代官名,指下级佐吏。 ④宓子戒其邑吏,令二史书:宓子贱在训诫邑中官吏时,让两位佐吏书写记录。 ⑤方书辄掣其肘:刚开始写就每每牵拽他们的胳膊肘。 ⑥怒:谴责,责备。 ⑦勉:赶快。

二史归报于君,曰:"宓子使臣书而掣肘,书恶而又怒臣,邑吏皆笑之。此臣所以去①之而来也。"鲁君以问孔子,子曰:"宓不齐,君子也。其才任霸王之佐,屈节治单父,将以自试也。意者以此为谏乎?"公寤②,太息③而叹曰:"此寡人之不肖。寡人乱宓子之政而责其善者,非矣。微④二史,寡人无以知其过;微夫子,寡人无以自寤。"遽发所爱之使,告宓子曰:"自今已往,单父非吾有也,从子之制,有便于民者,子决为之。五年一言其要⑤。"宓子敬奉诏,遂得行其政,于是单父治⑥焉。躬敦厚,明亲亲⑦,尚笃敬,施至仁,加恳诚,致忠信,百姓化之。

[注释]①去:离开。 ②寤(wù):通"悟",觉醒,觉悟,认识到。 ③太息:长长地叹息。 ④微:无,如果没有。 ⑤五年一言其要:每五年汇报一次为政的要点。 ⑥治:治理地好,与"乱"相对。 ⑦亲亲:敬爱自己的亲属。

齐人攻鲁,道由单父①。单父之老请曰:"麦已熟矣,今齐寇至,不及人人自收其麦。请放民出,皆获傅郭②之麦,可以益粮,且不资于寇。"三③请而宓子不听。俄而④,齐寇逮于麦。季孙⑤闻之,怒,使人以让⑥宓子曰:"民寒耕热耘⑦,曾⑧不得食,岂不哀哉?不知犹可,以告者而子不听,非所以为民也。"宓子蹴然⑨曰:"今兹⑩无麦,明年可树⑪。若使不耕者获,是使民乐有寇。且得单父一岁之麦,于鲁不加⑫强,丧之不加弱。若使民有自取之心,其创⑬必数世不息。"季孙闻之,赧然⑭而愧曰:"地若可入,吾岂忍见宓子哉!"

[注释]①道由单父:取道经过单父。 ②傅郭:傅,近,靠近。郭,外城,古代在城的外围加筑的一道城墙。 ③三:多次。 ④俄而:不久。 ⑤季孙:指季孙氏。 ⑥让:责备,埋怨。 ⑦寒耕热耘:寒冬翻土犁地,暑天除草,形容一年辛苦劳作。 ⑧曾:竟然。 ⑨蹴(cù)然:恭敬的样子。 ⑩兹:年,岁。 ⑪树:种,种植。 ⑫加:增益,更加。 ⑬创:创伤,伤口。 ⑭赧(nǎn)然:形容因难为情或羞愧而脸红的样子。

三年,孔子使巫马期①远观政焉。巫马期阴免衣,衣弊裘②,入单父界。见夜渔者,得鱼辄舍之。巫马期问焉,曰:"凡渔者为得,何以得鱼即舍之?"渔者曰:"鱼之大者名为鱏③,吾大夫爱之;其小者名为鳎④,吾大夫欲长之⑤。是以得二者,辄舍之。"巫马期返,以告孔子曰:"宓子之德至,使民暗行若有严刑于旁⑥。敢问宓子何行而得于是?"孔子曰:"吾尝与之言曰:'诚于此者刑乎彼。'宓子行此术于单父也。"

[注释]①巫马期:孔子弟子。姓巫马,名施,字子期,也称子旗。陈国人。 ②阴免(wèn)衣,衣弊裘:偷偷地用布缠起头来,披着破旧的皮衣。阴,暗暗地,偷偷地。免衣,去冠括发,用布缠头。 ③鱏(chóu):大鱼。 ④鳎(yìng):小鱼。 ⑤长之:让它长大。 ⑥使民暗行若有严刑于旁:使得百姓暗中做事也好像身旁有严刑峻法监督着。

孔子之旧①曰原壤②,其母死,夫子将助之以沐椁③。子路曰:"由也昔者闻诸夫子曰:'无友不如己者,过则勿惮改④。'夫子惮矣,姑已⑤若何?"孔子曰:"'凡民有丧,匍匐救之'⑥。况故旧乎?非友也,吾其往⑦。"及为椁,原壤登木曰:"久矣,予之不托于音也。"⑧遂歌曰:"狸首之班然,执女手之卷然。⑨"夫子为之隐,佯不闻以过之。子路曰:"夫子屈节而极于此,失其与⑩矣,岂未可以已乎?"孔子曰:"吾闻之,亲者不失其为亲也,故者不失其为故也。"

[**注释**]①旧:老朋友。 ②原壤:春秋时鲁国人,孔子朋友。 ③沐椁:治理已成之椁。 ④无友不如己者,过则勿惮改:不和不如自己的人交朋友,犯了过错就不要害怕改正。 ⑤姑已:姑,且。已,止。 ⑥凡民有丧,匍匐救之:凡是百姓有丧葬事宜,尽心竭力去帮助。语出《诗经·邶风·谷风》。匍匐,趴伏在地爬行,指竭尽全力。 ⑦非友也,吾其往:你说的不是表示友好的做法,我还得前去。 ⑧原壤登木曰:"久矣,予之不托于音也。":原壤敲着棺木说:"我不用歌声来寄托感情,已经很长时间了。"登木,敲打棺木。托,托付,寄托。 ⑨狸首之班然,执女手之卷(quán)然:这是原壤赞美沐椁之美的歌词,以"狸首之班然",喻木椁之纹理清晰;以"女手之卷然",喻木材肌理之柔润。班,通斑。卷然,柔弱的样子。 ⑩与:亲与,亲附,这里是交往的意思。

卷 第 九

七十二弟子解第三十八

颜回,鲁人,字子渊①。年二十九而发白,三十一早死。孔子曰:"自吾有回,门人日益②。"回以德行著名③,孔子称其仁焉。

[注释]①四库本、同文本此句后有"少孔子三十岁"。 ②原作"门人日益亲",今据四库本、同文本删。 ③以,丛刊本作"之",今据四库本、同文本改。

闵损,鲁人,字子骞①。以德行著名,孔子称其孝焉。

[注释]①四库本、同文本此句后有"少孔子五十岁"。

冉耕,鲁人,字伯牛。以德行著名。有恶疾①,孔子曰:"命也夫!"

[注释]①恶疾:指痛苦难治的疾病。恶,坏,引申为严重,厉害。

冉雍,字仲弓,伯牛之宗族。生于不肖之父①。以德行著名。

[注释]①不肖:没出息。

宰予,字子我,鲁人。有口才著名①。

端木赐,字子贡,卫人。有口才著名②。

冉求,字子有,仲弓之族③。有才艺,以政事著名④。

[注释]①此句四库本、同文本作"有口才,以言语著名。"后有一段文字:"仕齐为临菑大夫,与田常作乱,夷其三族。孔子耻之,曰:'不在利病,其在宰予。'" ②四库本、同文本此句前有:"少孔子三十一岁"数字,后又一段文字:"孔子每诎其辩。家富累千金,常结驷连骑以造原宪,宪居蒿庐蓬户之中,与之言先王之义。原宪衣敝衣冠,并日蔬食,衎然有自得之志。子贡曰:'甚矣,子如何之病也。'原宪曰:'吾闻无财者谓之贫,学道不能行者谓之病。吾贫也,非病也。'子贡惭,终身耻其言之过。子贡好贩,与时转货,历相鲁、卫,而终齐。" ③族:四库本、同文本作"宗族",后有"少孔子二十九岁"数字。 ④四库本、同文本后有一段文字:"仕为季氏宰,进则理其官职,退则受教圣师。为性多谦退,故子曰:'求也退,故进之。'"

仲由,弁人①,字子路②。有勇力才艺,以政事著名③。

[注释]①弁:春秋鲁邑。应为卞,据《史记·仲尼弟子列传》,子路是鲁国卞人。 ②四库本、同文本后有"少孔子九岁"数字。 ③四库本、同文本此后有:"为人果烈而刚直,性鄙而不达于变通。仕卫为大夫,遇蒯聩与其子辄争国,子路遂死辄难。孔子痛之曰:'自吾有由,而恶言不入于耳。'"

言偃,鲁人,字子游①。以文学著名②。

[注释]①四库本、同文本此后有"少孔子三十五岁,时习于礼"数字。

②文学：古代文献。四库本、同文本此句后有"仕为武城宰。尝从孔子适卫，与将军子兰相善，使之受学于夫子"数句。

卜商，卫人①。无以尚之②。尝返卫，见读史志者云："晋师伐秦，三豕渡河。"子夏曰："非也！己亥耳。"读史志者问诸晋史③，果曰"己亥"。于是卫以子夏为圣。孔子卒后，教于西河之上④。魏文侯师事之⑤，而谘国政焉⑥。

[注释]①四库本、同文本此后有"字子夏，少孔子四十四岁，习于《诗》，能通其义，以文学著名。为人性不弘，好论精微"数句。　②尚：超过。四库本、同文本此句前有"时人"。　③者，原作"曰"，据陈本改。　④西河：战国魏地。在今河南安阳，其实黄河流经安阳之东，西河意即河西。一说在今晋、陕间黄河左右，又分为生息大荔、合阳、韩城和山西汾阳等说。　⑤魏文侯师事之：魏文侯以子夏为师。魏文侯：战国时期魏国的建立者。名斯。公元前445—前396在位。　⑥谘：询问，商量。

颛孙师，陈人，字子张，少孔子四十八岁。为人有容貌资质①，宽冲博接②，从容自务③，居不务立于仁义之行④，孔子门人友之而弗敬。

[注释]①资质：人的天资、禀赋。　②宽冲博接：宽厚淡泊，结交广泛。冲，谦和，淡泊。谓人的胸怀冲和淡泊。博，广博，广泛。接，接受，接纳。　③从容自务：从容不迫地从事自己的事业。从容，舒缓，不急迫。务，从事，致力于。　④居不务立于仁义之行：平时并不致力于仁义之行。居，平居，平时。

曾参，南武城人①，字子舆，少孔子四十六岁。志存孝道②，故孔子因之以作《孝经》。齐尝聘③，欲与为卿而不就④,曰:"吾父母老,食人之禄,则忧人之事,故吾不忍远亲而为人役⑤。"参后母遇之无恩,而供养不衰⑥。及其妻以藜烝不熟⑦,因出之⑧。人曰:"非七出也⑨。"参曰:"藜烝,小物耳。吾欲使熟,而不用吾命,况大事乎?"遂出之⑩,终身不娶妻。其子元请焉,告其子曰:"高宗以后妻杀孝己⑪,尹吉甫以后妻放伯奇⑫。吾上不及高宗,中不比吉甫,庸知其得免于非乎⑬?"

[注释]①南武城:春秋鲁地。在今山东嘉祥。 ②志存孝道:一心遵行孝道。存,心中怀有或拥有。 ③聘:聘请、聘用。 ④就:从,接受。 ⑤故吾不忍远亲而为人役:因而我不忍心远离亲人而去被人差使。远亲,远离亲人。 ⑥衰:衰落;衰弱;衰退。 ⑦藜烝:采藜的嫩叶蒸熟为食。藜是植物名,亦称"灰菜"。藜科。一年生草木。嫩叶可食;种子可榨油;全草入药。烝,后作"蒸"。 ⑧出:休弃。 ⑨七出:指古代休弃妻子的七种理由。 ⑩遂:竟;终于。 ⑪高宗以后妻杀孝己:孝己为殷高宗武丁太子,有至孝之行。其母早死,高宗惑于后妻之言,将他放逐。结果孝己死于野外。 ⑫尹吉甫以后妻放伯奇:伯奇为西周大臣尹吉甫之子。母早死,因为吉甫后妻设计陷害,伯奇被放逐于野外。后由于宣王干预而得救,吉甫感悟,射杀其后妻。 ⑬吾上不及高宗,中不比吉甫,庸知其得免于非乎:我上不及高宗贤能,中不及吉甫能干,哪能知道娶了后妻又能避免做错事呢?

澹台灭明,武城人①,字子羽,少孔子四十九岁②。有君子之姿,孔子尝以容貌望其才③。其才不充孔子之望④,然其为人公正无私,以取与去就以诺为名⑤,仕鲁为大夫也⑥。

[注释]①武城:春秋鲁地。在今山东平邑。 ②四十九岁:《史记》作"三十九岁"。 ③有君子之姿,孔子尝以容貌望其才:有君子的姿容,孔子曾

经依据他的容貌来期望他的才能。姿,四库本、同文本作"资"。 ④充:充足,满足,达到。 ⑤以取与去就以诺为名:因为受取或赠与、离去或归从都能遵守诺言而闻名。诺,承诺。 ⑥大夫:古代统治阶级,在国君之下有卿、大夫、士三级。又为一般任官职者之称。

高柴,齐人,高氏之别族,字子羔,少孔子四十岁①。长不过六尺,状貌甚恶②。为人笃孝而有法正③。少居鲁,知名于孔子之门④。仕为武城宰。

[注释]①四十岁:《史记》作"三十"。 ②状貌甚恶:长相很丑陋。为人笃孝而有法正:他为人十分孝顺并且讲究礼法。笃,忠厚。法正,标准、规范。 ④四库本、同文本"知"字前有"见"字。

宓不齐①,鲁人,字子贱,少孔子四十九岁②。仕为单父宰。有才智,仁爱百姓,不忍欺。孔子大之③。

[注释]①宓(fú)不齐:孔子弟子。 ②四十九岁:四库本、同文本作"四十岁"。 ③孔子大之:孔子对他很器重。大,尊敬;注重。大,四库本、同文本作"美"。

樊须,鲁人,字子迟,少孔子四十六岁①。弱仕于季氏②。

[注释]①四十六:《史记》作"三十六"。 ②弱:弱冠。《礼记·曲礼上》:"二十曰弱,冠。"弱,年少。古代男子二十岁行冠礼,故用以指男子二十岁左右的年龄。

有若,鲁人,字子有,少孔子三十六岁。为人强识①,好古道②。

[注释]①强识:强记,博闻强识。指记忆力好。 ②好古道:指崇尚古代的节操风义。古道,指古代所崇尚的节操风义。原有"也"字,据四库本、同文本删。

公西赤,鲁人,字子华,少孔子四十二岁。束带立朝①,闲宾主之仪②。

[注释]①束带立朝:指他(公西赤)腰束大带立于朝廷。四库本、同文本"立"后有"于"字。 ②闲宾主之仪:对宾主之间的礼仪非常娴熟。闲,通"娴",娴熟。

原宪,宋人,字子思,少孔子三十六岁。清净守节①,贫而乐道②。孔子为鲁司寇③,原宪尝为孔子宰④。孔子卒后,原宪退隐,居于卫。

[注释]①清净守节:内心清净,遵守节操。清净,指不烦扰。 ②贫而乐道:指安贫乐道。道,指一定的人生观、世界观、政治主张或思想体系。此指孔子的学说。 ③司寇:官名。西周始设,春秋、战国时沿用。掌管刑狱、纠察等事。 ④宰:家宰,管家。

公冶长,鲁人,字子长。为人能忍耻①。孔子以女妻之②。

[注释]①为人能忍耻:为人能忍受耻辱。 ②孔子以女妻之:孔子把自己的女儿许配给他做妻子。妻,动词,以女嫁人。

南宫韬①,鲁人,字子容。以智自将②,世清不废③,世浊不洿④。孔子以兄子妻之⑤。

[注释]①南宫韬(tāo):陈本作"韬",《史记》作"括"。 ②以智自将(jiāng):依靠智慧能够自我约束。将,控制,约束。 ③世清不废:世道清平时能够不遭废弃。 ④世浊不洿(wū):世道昏暗时却不同流合污。洿,同"污",玷污。 ⑤孔子以兄子妻之:孔子把哥哥的女儿嫁给他做妻子。子,这里指女儿。

公析哀①,齐人,字季沉②。鄙天下多仕于大夫家者③,是故未尝屈节人臣④。孔子特叹贵之⑤。

[注释]①公析哀:《史记》作"公皙哀"。 ②季沉:《史记》作"季次"。 ③鄙天下多仕于大夫家者:鄙视天下很多人在大夫家做家臣。鄙,鄙视,看不起。 ④是故未尝屈节人臣:因而未曾屈节去做别人的家臣。屈节,折节。 ⑤孔子特叹贵之:孔子特别赞叹和看重他。

曾点,曾参父,字子晳①。疾时礼教不行②,欲修之③。孔子善焉④。《论语》所谓"浴乎沂,风乎舞雩之下⑤"。

[注释]①子晳:《史记》无"子"字。 ②疾时礼教不行:痛心于当时的礼教不能施行。疾,痛心,痛恨。 ③修:修理,整顿。 ④善:赞扬,称道。 ⑤浴乎沂,风乎舞雩(yú)之下:此语见《论语·先进》,曾点语。今本《论语》无"之下"二字。沂,沂水,河名。源出山东邹城东北,西流经曲阜与洙水合,入于泗水。舞雩,即舞雩台,祈雨时举行歌舞仪式之处。

颜由①,颜回父,字季路②。孔子始教学于阙里③,而受学。少孔子六岁。

[注释]①颜由:《史记》作"颜无繇"。 ②季路:《史记》作"路"。 ③阙里:孔子居住地名。在今山东曲阜内阙里街。因有两石阙,故名。四库本、同文本作"间里"。

商瞿,鲁人,字子木,少孔子二十九岁。特好《易》,孔子传之,志①焉。

[注释]①志:通"记"。

漆雕开,蔡人,字子若①,少孔子十一岁。习《尚书》,不乐仕②。孔子曰:"子之齿可以仕矣,时将过③。"子若报其书曰④:"吾斯之未能信⑤。"孔子悦焉。

[注释]①子若:《史记》作"子开"。 ②乐:愿意,喜欢。 ③子之齿可以仕矣,时将过:你这个年龄应该从政了,否则将错过时机。齿,指年龄。 ④子若报其书:子若回信答复孔子。报,回答,回复。 ⑤吾斯之未能信:我对此还没有把握。斯,此指出仕。信,有把握。

公良儒①,陈人,字子正。贤而有勇②,孔子周行③,常以家车五乘从④。

[注释]①公良儒:陈本及《史记》作"公良孺"。 ②贤而有勇:贤能而又勇敢。 ③周行:周游列国。 ④常以家车五乘从:他曾经用家里的五辆车跟从。常,通"尝",曾经。乘,古时一车四马为一乘。

秦商,鲁人,字不慈①,少孔子四岁。其父堇父②,与孔子父叔梁纥俱以力闻③。

[注释]①不慈:《史记》作"子丕"。 ②堇(jǐn)父:即秦堇父。春秋时鲁国孟献子家臣。 ③与孔子父叔梁纥俱以力闻:堇父与孔子的父亲叔梁纥都以勇力闻名。叔梁纥,鲁国大夫,孔子的父亲。名纥,字叔梁,治陬邑(在今山东曲阜东南),故又称陬大夫。俱,都,全。以,据四库本、同文本补。

颜刻①,鲁人,字子骄,少孔子五十岁。孔子适卫②,子骄为仆。卫灵公与夫人南子同车出③,而令宦者雍梁参乘④,使孔子为次乘⑤,游过市。孔子耻之。颜刻曰:"夫子何耻之?"孔子曰:"诗云:'觏尔新婚,以慰我心。'⑥"乃叹曰:"吾未见好德如好色者也⑦。"

　　[注释]①刻:《史记》作"高"。司马贞《索隐》:"《家语》名产。"其所见《家语》与今本不尽相同。　②适:到,去。　③卫灵公与夫人南子同车出:卫灵公和夫人南子同车出宫。卫灵公,春秋卫国国君,名元,卫襄公之子。南子,卫灵公的夫人,宋女。　④令宦者雍梁参乘:命令宦官雍梁作参乘。参乘,亦作"骖乘",即陪乘。古时乘车,尊者在左,御者在中,一人在右陪乘,称为参乘或车右。雍梁,四库本、同文本作"雍渠"。　⑤次乘:从车。　⑥觏(gòu)尔新婚,以慰我心:见《诗·小雅·车舝》。与你合亲喜新婚,从而安慰我的心。婚,今本《毛诗》用古字"昏"。觏,遇见。此指合婚,合亲。　⑦吾未见好德如好色者也:我怎么没见到喜好品德像喜欢美色那样的人呢。

　　司马耕①,宋人,字子牛。牛为人性躁②,好言语。见兄桓魋行恶③,牛常忧之。

　　[注释]①原作"司马黎耕",据四库本、同文本删。　②原脱"人"字,据陈本补。　③桓魋(tuí):春秋时宋国大夫。曾任司马,为人凶恶。孔子周游列国路经宋国时,欲加害孔子。后来作乱,败而奔齐。

　　巫马施①,陈人,字子期②,少孔子三十岁。孔子将近行,命从者皆持盖③。已而果雨。巫马期问曰:"旦无云④,既日出,而夫子命持雨具。敢问何以知之?"孔子曰:"昨暮月宿毕⑤,《诗》不云乎:'月离于毕,俾滂沱矣⑥。'以此知之。"

[注释]①原作"巫马期",据四库本、同文本及《史记》改。 ②子期:《史记》作"子旗"。 ③盖:古时用于遮阳障雨的用具。 ④旦:早晨,早上。 ⑤昨暮月宿毕:昨晚月亮处在毕宿星座。 ⑥月离(lí)于毕,俾滂沱矣:见《诗·小雅·渐渐之石》。月亮靠近那毕宿,滂沱大雨跟着来。离,通"丽",附着,靠近。毕,星名。二十八星宿之一。古人以为此星主兵、主雨。俾,犹"则",于是,就。滂沱,大雨倾泻的样子。

梁鳣①,齐人,字叔鱼,少孔子三十九岁②。年三十,未有子,欲出其妻。商瞿谓曰:"子未也。昔吾年三十八无子,吾母为吾更取室③。夫子使吾之齐④,母欲请留吾。夫子曰:'无忧也。瞿过四十,当有五丈夫⑤。'今果然。吾恐子自晚生耳,未必妻之过。"从之,二年而有子。

[注释]①梁鳣(zhān):《史记》集解:"一作鲤。" ②三十九岁:《史记》作"二十九"。 ③取室:续娶妻室。取,通"娶"。 ④之:前往;去到。 ⑤丈夫:此指男孩。

琴牢,卫人,字子开,一字张。与宗鲁友。闻宗鲁死,欲往吊焉①。孔子弗许②,曰:"非义也③。"

[注释]①吊:悼念死者。 ②弗许:不允许。 ③非义也:不合乎道义。

冉孺①,鲁人,字子鱼②,少孔子五十岁。

[注释]①原作"冉儒",据四库本、同文本、陈本及《史记》改。 ②子鱼:四库本、陈本及《史记》作"子鲁"。

颜辛,鲁人,字子柳,少孔子四十六岁。
伯虔,字楷①,少孔子五十岁。

公孙龙②,卫人,字子石,少孔子五十三岁。

曹恤,少孔子五十岁。

陈亢,陈人,字子亢③,一字子禽,少孔子四十岁。

[注释]①楷:《史记》作"子析"。四库本、同文本作"揩",陈本作"子皙"。　②原作"宠",据四库本、同文本、陈本及《史记》改。　③子亢:四库本、同文本作"子元"。

叔仲会,鲁人,字子期,少孔子五十岁。与孔琁年相比①。每孺子之执笔记事于夫子,二人迭侍左右②。孟武伯见孔子而问曰③:"此二孺子之幼也于学,岂能识于壮哉④?"孔子曰:"然!少成则若性也,习惯若自然也⑤。"

[注释]①与孔琁(xuán)年相比:和孔琁年纪差不多。孔琁,孔子弟子。琁,同"璇"。　②每孺子之执笔记事于夫子,二人迭侍左右:每当有学童在孔子身边执笔记事,必定有他两个在左右轮流侍奉。孺子,儿童,后生。迭,轮流。　③孟武伯:春秋时鲁国大夫。即孟孺子。　④此二孺子之幼也于学,岂能识于壮哉:这两个小孩年龄这么小就来学习,怎么能知道他们长大以后的情况呢?　⑤少成则若性也,习惯若自然也:年少时养成的好像天性,习惯了就好像自然如此。

秦祖,字子南。

奚葳①,字子偕②。

公祖兹③,字子之。

[注释]①奚葳(diǎn):四库本、同文本作"奚箴",《史记》作"奚容箴"。　②子偕:四库本、同文本作"楷",陈本及《史记》作"子皙"。　③公祖兹:《史记》作"公祖句兹"。

廉洁,字子曹①。

公西与②,字子上。

宰父黑,字子黑③。

[注释]①子曹:《史记》作"庸"。 ②公西与:四库本、陈本及《史记》作"公西舆"。 ③子黑:四库本、同文本作"子索"。

公西减①,字子尚②。

穰驷赤③,字子从④。

冉季,字子产。

[注释]①公西减:四库本及《史记》作"公西葴"。 ②子尚:《史记》作"子上"。 ③穰(rǎng)驷赤:陈本及《史记》作"壤驷赤"。 ④子从:《史记》作"子徒"。

薛邦①,字子从②。

石处③,字里之④。

悬亶,字子象。

[注释]①薛邦:《史记》作"郑国"。 ②子从:陈本及《史记》作"子徒"。 ③石处:陈本及《史记》作"后处"。 ④里之:四库本、同文本、《史记》作"子里"。

左郢①,字子行②。

狄黑,字哲之③。

商泽,字子秀。

[注释]①左郢:《史记》作"左人郢"。 ②子行:《史记》无"子"字。 ③哲之:陈本作"晢之",《史记》作"晢"。

任不齐,字子选①。

荣祈②,字子祺③。

颜哙,字子声。

[注释]①子选:《史记》无"子"字。　②荣祈:《史记》作"荣旗"。③子祺:《史记》作"子祈"。

原亢①,字子籍。

公肩定②,字子仲③。

秦非,字子之。

[注释]①亢(kāng):原作"桃",据陈本改。四库本作"忼",同文本作"抗",《史记》作"亢籍",经前人考证,乃"籍"前脱一"字"字。　②公肩定:"定"字原脱,据陈本、文献集本及《史记》补。四库本、同文本作"公宾"。③子仲:《史记》作"子中"。

漆雕从①,字子文。

燕伋②,字子思③。

公夏守④,字子乘⑤。

[注释]①从:《史记》作"徒父"。　②伋:原作"级",据四库本、同文本、备要本、陈本及《史记》改。　③子思:《史记》无"子"字。　④守:《史记》作"首"。　⑤子乘:《史记》无"子"字。

勾井疆,字子疆①。

步叔乘,字子车。

石子蜀②,字子明。

邽选③,字子敛④。

[注释]①字子疆:四库本、同文本无。　②子蜀:《史记》作"作蜀"。③邽选:四库本、同文本作"邽巽",《史记》作"邦巽",司马贞索隐:"《家语》'巽'作'选'"。　④原作"子饮",据四库本、同文本、陈本及《史记》改。

施之常,字子恒①。
申绩②,字子周③。
乐欬④,字子声。

[注释]①子恒:原作"子常",据四库本、同文本及《史记》改。　②申绩:《史记》作:"申党"。③子周:《史记》无"子"字。　④原作"乐欣",据四库本、同文本及《史记》改。

颜之仆,字子叔①。
孔忠②,字子蔑。
漆雕哆③,字子敛。

[注释]①子叔:《史记》无"子"字。　②原作"孔弗",据四库本、同文本及《史记》改。　③漆雕哆(chǐ):原作"漆雕侈",据四库本、同文本及《史记》改。

悬成①,字子横②。
颜相③,字子襄④。

[注释]①悬成:《史记》作"县成"。　②子横:《史记》作"子祺"。③颜相:《史记》作"颜祖。"　④子襄:《史记》无"子"字。

右夫子弟子七十二人①,皆升堂入室者②。

[注释]①此句原作"右件夫子七十二人","弟子"下属。据四库本、同文本改。 ②升堂入室：比喻学习所达到的境地有程度深浅的差别。后用以赞扬人在学问或技能方面有高度的造诣。

本姓解第三十九

孔子之先，宋之后也。微子启①，帝乙之元子②，纣之庶兄。以圻内诸侯③，入为王卿士。微，国名，子爵。初，武王克殷，封纣之子武庚于朝歌④，使奉汤祀⑤。武王崩，而与管、蔡、霍三叔作难⑥。周公相成王，东征之。二年⑦，罪人斯得，乃命微子于殷后，作《微子之命》⑧，由之与国于宋⑨，徙殷之子孙。唯微子先往仕周，故封之贤⑩。其弟曰仲思，名衍，或名泄，嗣微之后⑪，故号微仲，生宋公稽。胄子虽迁爵易位⑫，而班级不及其故者⑬，得以故官为称。故二微虽为宋公，而犹以微之号自终，至于稽乃称公焉。宋公生丁公申，申⑭生缗公共及襄公熙，熙生弗父何及厉公方祀，方祀以下，世为宋卿。

[注释]①微子启：殷纣王的同母庶兄，封于微，纣王淫乱，数谏不从，出奔，殷亡后投周朝，封于宋。 ②帝乙之元子：帝乙，殷代帝王，为微子与纣王之父。元子，天子或诸侯的长子。 ③圻(qí)：畿，京畿。古称天子直辖之地。 ④封纣之子武庚于朝(zhāo)歌：武庚，殷纣王之子，名禄父。周武王灭商，封其于殷故地，以奉殷祀。武王死后，武庚与管、蔡等叛，被周公所灭。朝歌，殷代末期的别都，在今河南淇县。为武乙所建，纣因之。武王灭商，封康叔于此，是为卫国。 ⑤奉汤祀：供奉商汤的祭祀。 ⑥管、蔡、霍三叔作难：管叔、蔡叔、霍叔皆为周文王之子，武王、周公之弟。灭商后，武王封管、蔡、霍于殷故地，以监视武庚，号称"三监"。武王崩，成王嗣立，年幼，周公摄政。三监散发流言，谓周公有篡位之心，并与武庚发动叛乱。后周公东征，武

庚、管叔被杀,蔡叔流放。 ⑦二年:周成王二年。 ⑧《微子之命》:《古文尚书》中的一篇,此篇记载周公东征杀武庚以后,命微子代武庚为殷后裔之辞。 ⑨与国:此指分封建国。与,立。 ⑩封之贤:封赏多。此指受封为诸侯。 ⑪嗣微之后:继承了微国的君主之位。嗣,继承国君之位。后,国君。 ⑫胄子:古代帝王或贵族的长子。 ⑬班级:官位、爵位的等级。 ⑭申:原作"申公",应为衍字,据陈本删。

弗父何生宋父周,周生世子胜,胜生正考甫,考甫生孔父嘉。五世亲尽,别为公族①,故后以孔为氏焉。一曰②,孔父者,生时所赐号也,是以子孙遂以氏族③。孔父生子木金父,金父生睪夷,睪夷生防叔,避华氏之祸而奔鲁④。防叔生伯夏,伯夏生叔梁纥。曰:"虽有九女,是无子。"其妾生孟皮,孟皮一字伯尼,有足病。于是乃求婚于颜氏。颜氏有三女,其小曰徵在。颜父问三女曰:"陬大夫虽父祖为士⑤,然其先圣王之裔。今其人身长十尺,武力绝伦,吾甚贪之⑥,虽年长性严,不足为疑⑦,三子孰能为之妻?"二女莫对,徵在进曰:"从父所制⑧,将何问焉?"父曰:"即尔能矣。"遂以妻之。

[注释]①五世亲尽,别为公族:古代行嫡长子继承制、五服之制,五世之后,血缘关系渐疏,故分出别为一族,另立氏号。 ②一曰:另一种说法。 ③氏族:以之为其族之氏号。 ④华氏之祸:孔父嘉为宋大司马,其妻貌美,太宰华督欲夺之,后遂杀孔父嘉。其子木金父降为士,孔氏受排压,不容于华氏,防叔遂奔鲁。 ⑤陬大夫:即叔梁纥。陬,鲁国邑,在今山东曲阜东南五十里,叔梁纥因功封陬邑大夫。 ⑥贪:欲,希望。《广雅·释诂一》:"贪,欲也。" ⑦虽年长性严,不足为疑:虽然他年纪大,性子急,但是无需担心迟疑。 ⑧制:裁断。

徵在既往①,庙见②,以夫之年大,惧不时有男③,而私祷尼丘之山以祈焉④。生孔子,故名丘,字仲尼。孔子三岁,而叔梁纥卒,葬于防⑤。至十九,娶于宋之并官氏⑥。一岁而生伯鱼。鱼之生也,鲁昭公以鲤鱼赐孔子。荣君之贶,故因以名曰鲤,而字伯鱼。鱼年五十,先孔子卒。

　　[注释]①既往:嫁过去之后。　②庙见:古婚礼,妇到夫家,次日天明,始见夫之父母;若夫之父母已死,则于三月后到庙中参拜,称庙见,始成为夫家之妇。然后择日而祭。　③惧不时有男:担心不能及时生育男孩。不时,不及时。　④私祷尼丘之山以祈焉:偷偷地到尼丘山进行祷告祈求。尼丘之山,即尼丘山,今称尼山,在今山东曲阜东南约五十里。有夫子洞,传为孔子出生地。　⑤防:即防山,在曲阜东三十里,有梁公林,为孔子父母葬处。⑥并官氏:一作"亓官氏"、"上官氏",为明清以来传抄致误。　⑦荣君之贶(kuàng):以国君的恩赐而荣耀。荣,以……为荣。贶,赠送,恩赐。

　　齐太史子与适鲁,见孔子。孔子与之言道①。子与悦,曰:"吾鄙人也②,闻子之名,不睹子之形久矣,而未知宝贵也③。乃今而后知泰山之为高,渊海之为大。惜乎,夫子之不逢明王,道德不加于民,而将垂宝以贻后世④。"

　　[注释]①道:学说、主张。　②鄙人:粗浅鄙薄的人,乃自谦之辞。③闻子之名,不睹子之形久矣,而未知宝贵也:很久以来只是听说过您的大名,却见不到您的容貌,因而不知道珍惜重视。未知,原作"求知之",据四库本改。　④夫子之不逢明王,道德不加于民,而将垂宝以贻后世:先生您没有遇到圣明的君王,您的道德教化无法推行到民众之中,但却必将给后世留下珍贵的财富。明王,圣明的君主。加,施行。贻,遗留,流传。

　　遂退而谓南宫敬叔①曰:"今孔子先圣之嗣②,自弗父何以来,世有德让③,天所祚也④。成汤以武德王天下,其配在文⑤。殷宗以下⑥,未始有也。孔子生于衰周,先王典籍,错乱无纪,而乃论百家之遗记,考正其义,祖述尧舜⑦,宪章文武⑧,删《诗》述《书》,定《礼》理《乐》,制作《春秋》,赞明《易》道⑨,垂训后嗣,以为法式,其文德著矣。然凡所教诲,束脩已上⑩,三千余人。或者天将欲与素王之乎⑪,夫何其盛也。"敬叔曰:"殆如吾子之言⑫,夫物莫能两大⑬,吾闻圣人之后,而非继世之统,其必有兴者焉。今夫子之道至矣,乃将施之无穷。虽欲辞天之祚,故未得耳。"

子贡闻之,以二子之言告孔子。子曰:"岂若是哉?乱而治之,滞而起之,自吾志,天何与焉⑭。"

[注释]①南宫敬叔:鲁国贵族孟僖子之子,孔子弟子,尝与孔子一起适周问礼于老聃。 ②今孔子先圣之嗣:意指孔子为商汤后裔宋微子的后代。汤为古圣王,微子为古贤人,仁人。今,发语词。 ③世有德让:孔子先祖弗父何本襄公太子,辞王位,让于厉公。 ④天所祚也:上天的赐福。祚:赐福、保佑。 ⑤其配在文:与之相配的是文德。文,文德,即文命德教,礼乐仁义。 ⑥殷宗:泛指殷商王朝各代君主。宗,宗庙,借指王朝。 ⑦祖述:师法前人,加以继承。 ⑧宪章:效法。 ⑨赞明:阐明。 ⑩束脩:十条干肉。古代用于上下亲友间相互酬赠,后多指致送老师的酬金,以正式拜师。礼很菲薄。脩,即脯。一说,指学童十五岁入学所行束脩礼,后指十五岁的年纪。 ⑪素王:指有帝王之德而无帝王之位的人,后专指孔子。素,空,指有名无实或有实无名。 ⑫殆:大概。 ⑬夫物莫能两大:任何事物都不能两头占优势。 ⑭乱而治之,滞而起之,自吾志,天何与焉:混乱的予以治理,停滞的予以疏导,本是我的志向,上天哪里赐予我什么啊。

终记解第四十

孔子蚤晨作①,负手曳②杖,逍遥③于门,而歌曰:"泰山其④颓乎!梁木⑤其坏乎!哲人其萎⑥乎!"既歌而入,当户⑦而坐。

[注释]①蚤(zǎo)晨作:早晨起床。蚤,通"早"。作,兴,起,这里是起床的意思。 ②曳:拖。 ③逍遥:悠闲的样子。 ④其:副词,表推测、估计,大概,也许。 ⑤梁木:栋梁,也喻为可委以重任的人才。 ⑥萎:植物枯槁,引申为人的死亡。 ⑦当户:对着门户。

子贡闻之,曰:"泰山其①颓,则吾将安仰?梁木其坏,吾将安杖②?哲人其萎,吾将安放③?夫子殆将病也。"遂趋而入。夫子叹而言曰:"赐,汝来何迟?予畴昔梦坐奠于两楹之间④。夏后氏殡于东阶之上则犹在阼⑤,殷人殡于两楹之间即与宾主夹之,周人⑥殡于西阶之上则犹宾之,而丘也即殷人。夫明王不兴,则天下其孰能宗余⑦,余逮将死。"遂寝病⑧,七日而终,时年七十二矣。

[注释]①其:连词,表假设,如果,假如。 ②杖:通"仗",依靠,靠托。 ③放(fǎng):通"仿",效仿,效法。 ④予畴昔梦坐奠于两楹之间:昨夜我梦见自己坐在堂屋的两柱之间接受祭奠。畴昔,日前,往昔。两楹之间,堂屋正中的位置。楹,厅堂前部的柱子。 ⑤夏后氏殡(bìn)于东阶之上则犹在阼(zuò):夏人停放灵柩在东边的台阶,那还是放在主位上。夏后氏,部落名。禹相传是其领袖,后来他的儿子启建立了我国历史上的第一个朝代——夏朝。殡,殓而未葬。阶,台阶。阼,堂前东阶,主人的位置。古代宾主相见,宾自西阶上,主人立于东阶。 ⑥周人:原本无,据陈本补。 ⑦明王不兴,则

天下其孰能宗余:圣明的君王不出现,那么天下谁能尊崇我的学说呢。兴,起,出现。宗,尊崇,取法。 ⑧寝病:病卧在床。

哀公诔①曰:"昊天不吊!不憖遗一老②,俾屏③余一人以在位,茕茕余在疚④,於乎哀哉,尼父!无自律⑤。"子贡曰:"公其不没⑥于鲁乎!夫子有言曰:'礼失则昏,名失则愆。失志为昏,失所为愆⑦。'生⑧不能用,死而诔之,非礼也;称一人,非名⑨。君两失之矣。"

[注释]①诔(lěi):古时用来表彰死者的德行并表示哀悼的文辞,只能用于上对下,后来演化成哀祭文体的一种。 ②昊天不吊,不憖(yìn)遗一老:昊天,苍天,老天。吊,通"淑",善,仁。憖,愿,宁。 ③俾(bǐ)屏(bǐng):俾,使。屏,通"摒",除去,放弃,放逐。 ④茕(qióng)茕余在疚:茕茕,本指没有兄弟,泛指孤单无靠。疚,指久病。 ⑤於乎哀哉,尼父!无自律:呜乎哀哉,老先生!我从此没有了效法的榜样。父,古时对男子的尊称。律,法。 ⑥没(mò):通"殁",死亡。 ⑦失所为愆:不讲身份就会僭越。所,指不在其应处之所。愆,超过。 ⑧生:活着,在世。 ⑨称一人,非名:以诸侯身份自称"一人",这不合名分。

既卒,门人疑所以服夫子者①,子贡曰:"昔夫子之丧②颜回也,若丧其子而无服,丧子路亦然。今请丧夫子如丧父而无服。"于是弟子皆吊服而加麻③。出有所之④,则由绖⑤。子夏曰:"入宜绖可居,出则不绖。"子游曰:"吾闻诸夫子:丧朋友,居则绖,出则否;丧所尊,虽绖而出,可也。"

[注释]①门人疑所以服夫子者:弟子们不知道该为先生穿什么丧服。疑,丛刊本原脱,句子似不完整,据陈本补。 ②丧:办理丧事,服丧。 ③吊

服而加麻:穿上吊丧之服,系上麻带。吊服,吊丧之服。麻,指丧服中用的麻带。　④之:到。　⑤由绖(dié):由,用。绖,古代丧服中的麻带,扎于头上或腰间,在头上的叫首绖,在腰间的叫腰绖。

孔子之丧,公西掌殡葬①焉。啥以疏米三贝②,袭衣十有一称③,加朝服一,冠章甫之冠④,佩象环⑤,径五寸而綦组绶⑥,桐棺四寸,柏棺五寸。饬庙置翣⑦。设披,周也;设崇,殷也;绸练、设旐,夏也⑧。兼用三王礼,所以尊师,且备⑨古也。

[**注释**]①公西掌殡葬:公西赤负责殓埋葬事宜。公西,指公西赤,姓公西,名赤,字子华。孔子学生。　②啥(hàn)以疏米三贝:口含粳米和三贝。啥,古时纳珠、玉、贝、米等入死者口中。疏米,粳米。　③袭衣十有一称(chèn):穿着十一套衣服。袭衣,全套的衣服。称,量词,指配合齐全的一套衣服。　④加朝服一,冠章甫之冠:朝服,周代玄冠服之一,专门指玄冠、缁衣、素裳的服饰。第一个"冠"是"戴"的意思,第二个"冠"是"帽子"的意思。章甫,商代的一种帽子。由于孔子喜欢戴过,后世用"章甫"特指儒者之冠。　⑤佩象环:佩,佩带。象环,象牙环。　⑥径五寸而綦(qí)组绶:直径五寸,用苍艾色的丝带系着。綦,苍艾色。组绶,古代玉佩上系玉用的丝带,这里指系象环用的丝带。　⑦饬庙置翣(shà):停放灵柩的宫室作了装饰,棺柩外也设了翣扇。饬,装饰。庙,停放灵柩的地方。翣,古时出殡时棺木的装饰。　⑧设披,周也;设崇,殷也;绸(tāo)练、设旐(zhào),夏也:设置了披具,这是周人的礼仪;设置了崇牙,这是殷人的礼仪;用布帛缠绕旗杆、设置了魂幡,这是夏人的礼仪。披,用布帛做成的丧具,先用它拴着棺木,再结于柩车两旁,供送葬的人或牵或挽,以防倾侧。崇,崇牙,旌旗四周的齿状装饰物。绸,通"韬",缠裹,套。练,白色的布帛。旐,旧时出丧时为棺柩引路的旗,俗称魂幡。　⑨备:使……齐备、完备,保全。

葬于鲁城北泗水上,藏入地,不及泉①。而封为偃斧之形,高四尺,树松柏为志②焉。弟子皆家于墓,行心丧之礼。既葬,有自燕来观者,舍于子夏氏。子贡谓之曰:"吾亦人之葬圣人,非圣人之葬人。子奚观焉?昔夫子言曰:'见吾封若夏屋者③,见若斧矣。'从若斧者④也,马鬣封之谓⑤也。今徒一日三斩板而以封⑥,尚⑦行夫子之志而已。何观乎哉!"

[注释]①藏(zàng)入地、不及泉:棺木埋入地下,但不到地下水的位置。藏,储存物体的地方,这里指安放灵柩的地方。泉,地下水。 ②封为偃斧之形,高四尺,树松柏为志:坟墓封土为仰斧的形状,高四尺,种植松柏作为标志。封、树,参见《孔子家语·相鲁》第1章注⑨。偃,仰。 ③吾见封若夏屋者:我见过筑坟像夏屋的。吾见,丛刊本原为"见吾",据文献集本及文意改。夏屋,指中间高四周低的形状。 ④从若斧者:我赞同那种像斧子的。 ⑤马鬣(liè)封之谓:也就是民间俗称的马鬣封。马鬣,马鬃,马颈上的长毛。指坟墓封土的形状像马鬃。 ⑥今徒一日三斩板而以封:现在我们为先生筑坟,一天中也只换了三次板来封土。是指为孔子筑坟是用的板筑法,板长六尺,宽二尺,围成要求的形状,以绳子捆扎(即缩),当中置土,垒实后,砍断绳索、抽去木板,即固定为要求的形状。三斩板,如上连做三次。 ⑦尚:庶几,差不多。

二三子三年丧毕,或①留或去,惟子贡庐于墓②六年。自后群弟子及鲁人处于墓如家③者,百有余家,因名其居曰孔里④焉。

[注释]①或:有的。 ②庐于墓:服丧期间,为守护坟墓,在墓旁搭建小屋居住。庐,临时搭建小屋。 ③家:安家落户,定居。 ④因名其居曰孔里:因此命名他们居住的这个地方叫"孔里"。

正论解第四十一

孔子在齐,齐侯出田①,招虞人以旌②,不进,公使执之。对曰:"昔先君之田也,旌以招大夫,弓以招士,皮冠以招虞人。臣不见皮冠,故不敢进。"乃舍之。孔子闻之曰:"善哉!守道不如守官③。君子韪之④。"

[注释]①出田:进行田猎。 ②招虞人以旌:用旌旗招引虞人前来。虞人,掌山泽之官。旌,用旄牛尾和彩色鸟羽作竿饰的旗子。按古代礼节,君有所命,召唤大夫用旌。 ③守道不如守官:守着恭敬之道不如守着职责。道,恭敬之意。官,职责。 ④韪(wěi):是,肯定。

齐国师伐鲁①,季康子使冉求率左师御之②,樊迟为右③。师不逾沟,樊迟曰:"非不能也,不信子④。请三刻而逾之⑤。"如之,众从之。师入齐军,齐军遁⑥。冉有用戈,故能入焉。孔子闻之曰:"义也。"

既战,季孙谓冉有曰:"子之于战,学之乎?性达之乎⑦?"对曰:"学之。"季孙曰:"从事孔子,恶乎学?"冉有曰:"即学之孔子也。夫孔子者,大圣,无不该⑧,文武并用兼通。求也适闻其战法,犹未之详也。"季孙悦。樊迟以告孔子。孔子曰:"季孙于是乎可谓悦人之有能矣。"

[注释]①国师:齐国正卿。一说为齐国军队,误。《左传》哀公十一年记载:"国书、高无丕帅师伐我。"很明显,国书与高无丕均为齐国国卿,尽管其记载与《家语》有一字之差,但国师为齐国国卿是没有疑义的。王肃亦注:"国师,齐卿。" ②季康子:鲁国贵族,执掌鲁国朝政。 ③樊迟为右:樊迟做车右。孔子弟子。名须,字子迟。春秋时鲁国人。右,车右。古时战车,将在

左,驾车者在中,武士在右,负责护卫。 ④不信子:不信任您(冉有)。
⑤请三刻而逾之:请您号令三次后,带头跨越。刻,一说此处解释为古代计时单位,以铜漏计时,一昼夜分为一百刻。至清代方用时钟,以十五分钟为一刻,四刻为一小时,误。此处应为限定之意,引申为命令,申令。 ⑥遁:逃。
⑦性达之:天生就会。性,天赋,本性。 ⑧无不该:没有不懂得的。该,通"赅",完备。

南容说、仲孙何忌既除丧①,而昭公在外②,未之命也③。定公即位,乃命之。辞曰④:"先臣有遗命焉⑤,曰:'夫礼,人之干也,非礼则无以立。'嘱家老⑥,使命二臣,必事孔子而学礼,以定其位。"公许之。二子学于孔子。孔子曰:"能补过者,君子也。《诗》云:'君子是则是效⑦。'孟僖子可则效矣。惩己所病⑧,以诲其嗣⑨。《大雅》所谓'诒厥孙谋,以燕翼子'⑩是类也夫。"

[注释]①南容说、仲孙何忌既除丧:南容说、仲孙何忌已经为父亲服丧完毕。南容说即南宫阅,又称南宫敬叔。仲孙何忌即孟懿子。二人皆为孟僖子之子。 ②昭公在外:昭公为季孙氏逼迫逃亡国外。 ③未之命也:没有任命二人为大夫。 ④辞:推辞。 ⑤先臣:指孟僖子。孟僖子是鲁国大臣,故南、仲二人对鲁定公称自己父亲为先臣。 ⑥家老:大夫家中的宰臣。
⑦君子是则是效:君子是被仿效的楷模。诗句见《诗·小雅·鹿鸣》。是则是效,以此为典则,以此为仿效的楷模。效,仿效。 ⑧惩己所病:对自己所犯的错误引以为戒。 ⑨嗣:子孙。 ⑩诒厥孙谋,以燕翼子:诗见《诗·大雅·文王有声》。让子孙知道自己的过失并以此为借鉴因而有更好的计谋,使子孙得到安定和别人的敬重。诒,传给。厥,过失。

卫孙文子得罪于献公,居戚①。公卒,未葬,文子击钟焉。延陵季子适晋②,过戚,闻之,曰:"异哉!夫子之在此,犹燕子巢于幕也③,惧犹未也,又何乐焉④?君又在殡⑤,可乎?"文子于是终身不听琴瑟。

孔子闻之曰:"季子能以义正人,文子能克己服义,可谓善改矣。"

[注释]①卫孙文子得罪于献公,居戚:孙文子,卫国大夫。献公,指卫献公。戚,地名,为孙文子采邑,在今河南濮阳北。 ②延陵季子:即季札。春秋时吴国贵族,吴王诸樊之弟,封于延陵(今江苏常州),故称延陵季子。③燕子巢于幕:如同燕子在帷幕上做巢,非常危险。 ④惧犹未也,又何乐焉:害怕还来不及呢,怎么还击钟作乐啊。 ⑤殡:停柩。

孔子览《晋志》①,晋赵穿杀灵公②,赵盾亡③,未及山而还④。史书⑤:"赵盾弑君。"盾曰:"不然。"史曰:"子为正卿,亡不出境,返不讨贼,非子而谁?"盾曰:"呜呼!'我之怀矣,自诒伊戚⑥',其我之谓乎!"孔子叹曰:"董狐,古之良史也,书法不隐⑦。赵宣子,古之良大夫也,为法受恶。受恶惜也,越境乃免⑧。"

[注释]①《晋志》:即晋国史书。 ②晋赵穿杀灵公:赵穿,春秋时晋国大夫,赵盾从弟,曾为将军。灵公,即晋灵公。晋国国君,名夷皋,在位14年(前620—前607年)。 ③赵盾亡:赵盾避害出逃。赵盾即赵宣子,晋国正卿,曾执掌国政。为避灵公杀害而出走,但还未出境,灵公就为赵穿所杀,赵盾于是返回,拥立成公,并继续执政。 ④山:指温山。 ⑤史:太史,春秋时管法典和记事的官,掌建邦之六典。 ⑥我之怀矣,自诒伊戚:见《诗·邶风·雄雉》。我心中的忧愁是我自己引起的。伊,犹"是"、"这"、"此"。戚,忧,忧愁。今本《毛诗》作"阻",《左传》引作"戚"。 ⑦书法:古代史官修史,对材料处理、史事评论、人物褒贬,各有体例,谓之书法。 ⑧受恶惜也,越境乃免:赵宣子受到恶名真是可惜啊,他当时如果走出国境就能免于恶名了。

郑伐陈,入之,使子产献捷于晋①。晋人问陈之罪焉,子产对曰:"陈亡周之大德②,介恃楚众③,冯陵敝邑④,是以有往年之告⑤。未获命⑥,则又有东门之役⑦。当陈隧者,井堙木刊⑧,敝邑大惧。天诱其衷⑨,启敝邑心,知其罪,授首于我⑩,用敢献功⑪。"

晋人曰:"何故侵小?"对曰:"先王之命,惟罪所在,各致其辟⑫。且昔天子一圻,列国一同,自是以衰,周之制也⑬。今大国多数圻矣,若无侵小,何以至焉。"晋人曰:"其辞顺⑭。"

孔子闻之,谓子贡曰:"《志》有之⑮:'言以足志⑯,文以足言⑰。'不言,谁知其志?言之无文,行之不远⑱。晋为伯,郑入陈⑲,非文辞不为功。小子慎哉!"

[注释]①郑伐陈,入之,使子产献捷于晋:郑国讨伐陈国,攻入陈国境内,派子产到晋国进献战利品。子产,春秋时郑国人。名侨,字子产,穆公之孙。执掌郑国国政,善外交。献捷,打胜仗后进献所获的俘虏及战利品。 ②陈亡周之大德:陈国攻打同为周朝藩属之臣的郑国是忘记了周王的恩德。亡,通"忘",忘记。 ③介恃楚众:依仗楚国人多势众。介,凭借、依靠。 ④冯(píng)陵弊邑:侵犯我国。冯陵,进迫,侵凌。敝邑,对自己国家的谦称。敝原作"弊",据四库本改。 ⑤有往年之告:陈国曾经攻打郑国,郑国告诉了晋国。告,告诉,上报。 ⑥未获命:郑国欲攻打陈国征求晋国意见,而晋国没有同意。 ⑦东门之役:指陈与楚共同伐郑,陈至其东门。 ⑧当陈隧者,井堙(yīn)木刊:凡是陈国经过的地方,把井都填塞了,树木都砍了。隧,道路。堙,塞。刊,通砍。 ⑨天诱其衷:上天引导陈国人从善,使陈国人认识到自己攻打郑国不对,自愿受郑国的惩罚。这是子产为郑国攻打陈国辩解的外交辞令。 ⑩授首于我:罪人得到惩罚,投降或被杀。授,原作"校",据四库本、同文本改。 ⑪用敢献功:因此我才敢来汇报战功。 ⑫辟:法。这里引申为惩罚。 ⑬天子一圻(qí),列国一同,自是以衰,周之制也:天子的土地一

千里,诸侯的土地一百里。依次递减,这是周代的礼制。地方千里曰圻。同,方百里曰同。衰,递减,递降。 ⑭辞顺:说得有道理。 ⑮志:古时记事的书。 ⑯言以足志:言辞用来表达意愿。足,成。志,志向,意愿。 ⑰文以足言:文采用来补充语言使之完备。 ⑱言之无文,行之不远:言语没有文采,就不会传播久远。 ⑲晋为伯,郑入陈:伯,通"霸","伯"、"郑"二字原误倒,据同文本、陈本改。

楚灵王汰侈①。右尹子革侍坐②,左史倚相趋而过③。王曰:"是良史也,子善视之。是能读《三坟》、《五典》、《八索》、《九丘》④。"对曰:"夫良史者,记君之过,扬君之善。而此子以润辞为官,不可为良史。"曰:"臣又乃尝闻焉,昔周穆王欲肆其心⑤,将过行天下,使皆有车辙并马迹焉。祭公谋父作《祈昭》⑥,以止王心⑦,王是以获殁于文宫⑧。臣闻其诗焉而弗知,若问远焉,其焉能知。"王曰:"子能乎?"对曰:"能,其诗曰:'《祈昭》之愔愔乎,式昭德音⑨,思我王度,式如玉,式如金⑩。刑民之力,而无有醉饱之心⑪。'"灵王揖而入,馈不食,寝不寐,数日,则固不能胜其情,以及于难。

孔子读其志⑫,曰:"古者有志:'克己复礼为仁⑬。'信善哉⑭!楚灵王若能如是,岂期辱于乾溪⑮?子革之非左史,所以风也⑯,称诗以谏,顺哉⑰。"

[注释]①楚灵王汰侈:楚灵王骄汰奢侈。楚灵王,春秋时楚国国君。名围,在位12年(前540—前529年)。 ②右尹子革:右尹,官名。子革,郑丹。 ③左史倚相趋而过:左史倚相快步走过。左史,史官。周代史官分左史和右史,左史记行动,右史记言语。 ④《三坟》、《五典》、《八索》、《九丘》:相传皆为远古典籍,今佚。 ⑤肆其心:随心所欲。肆,纵恣,放肆。 ⑥祭公谋

父作《祈昭》:谋父,周卿士。《祈昭》,诗名。据《左传》记载,穆公将征犬戎,祭公谋父谏,以为先王"耀德不观兵",作《祈昭》之诗。 ⑦以止王心:劝止王的纵恣之心。止,劝止。 ⑧获殁于文宫:穆王得以在文宫善终。获殁,谓寿终正寝,未被篡弑。文宫,宫名。为周穆王所居。《左传》作"祗宫",原址在南郑,即今陕西华县北。 ⑨《祈昭》之愔愔乎,式昭德音:《祈昭》之乐和悦安舒,足以昭显德者的声音。愔,和谐,安详。式,语助词。 ⑩思我王度,式如玉,式如金:想起我们君王的风范,像金玉般纯美。 ⑪刑民之力,而无有醉饱之心:现在却无节制地滥用民力,而没有任何满足。 ⑫志:记载。 ⑬克己复礼为仁:克,能,胜。克己,言能胜己私情。复礼,行为符合礼的规范。 ⑭信善哉:说得确实好啊。诚,确实。善,好。 ⑮岂期辱于乾溪:怎么会有在乾溪受辱而死的结果呢。期,助词,表示疑问,犹"其"。《左传》作"其"。 ⑯子革之非左史,所以风也:子革批评左史,就是为了讽劝他啊。风,通"讽",用含蓄的言语进行劝告。 ⑰顺哉:合乎道义。

叔孙穆子避难奔齐①,宿于庚宗之邑②。庚宗寡妇通焉,而生牛③。穆子返鲁,以牛为内竖④,相家⑤。牛谗叔孙二人,杀之⑥。叔孙有病,牛不通其馈⑦,不食而死。牛遂辅叔孙庶子昭而立之⑧。昭子既立,朝其家众曰:"竖牛祸叔孙氏,使乱大从⑨,杀适立庶⑩,又披其邑,以求舍罪⑪,罪莫大焉,必速杀之。"遂杀竖牛。

孔子曰:"叔孙昭子之不劳,不可能也⑫。周任有言曰⑬:'为政者不赏私劳,不罚私怨。'《诗》云:'有觉德行,四国顺之⑭。'昭子有焉。"

[注释]①叔孙穆子避难奔齐:叔孙穆子,叔孙豹之兄,春秋时鲁国大夫。因侨如淫乱,故避之而出奔齐。 ②庚宗之邑:即庚宗邑,鲁地,在今山东泗水东。 ③牛:即所生子名为牛。 ④竖:宫中传达命令的小吏。 ⑤相家:负责家政。 ⑥牛谗叔孙二人,杀之:竖牛对叔孙穆子说他两个嫡子的坏话,

并把二人杀了。二人指叔孙穆子嫡子孟丙、仲壬。然《左传》谓仲壬被逐奔齐,后为穆子返鲁奔丧时被季孙氏家臣司空所射杀。与此异。谗,说别人的坏话。　⑦牛不通其馈:牛不给叔孙穆子送吃的。馈,食。　⑧叔孙庶子昭:据下文及《左传》,"昭"下当有"子"字。　⑨使乱大从:使得正常的秩序大乱。从,和顺,安顺。此指各安其位,各守其职的局面或秩序。　⑩杀適(dí)立庶:杀了嫡子而拥立庶子。適,通"嫡",指正妻和正妻所生子女。此指孟丙、仲壬。　⑪又被(pī)其邑,以求舍罪:又分割封邑以行贿,以求逃脱罪责。被,通"披",析,分开。舍,通"赦"。　⑫叔孙昭子之不劳,不可能也:叔孙昭子不把拥立自己看作竖牛的功劳,这是一般人所做不到的。不劳,不以立己为功。　⑬周任:古之贤人。　⑭有觉德行,四国顺之:见《诗·大雅·抑》。有了真正的德行,四方都来归顺。觉,正,直。四国,犹"四方"。

晋邢侯与雍子争田①,叔鱼摄理②,罪在雍子。雍子纳其女于叔鱼③,叔鱼弊狱邢侯④。邢侯怒,杀叔鱼与雍子于朝。韩宣子问罪于叔向⑤,叔向曰:"三奸同坐⑥,施生戮死⑦,可也。雍子自知其罪而赂以置直⑧,鲋也鬻狱⑨,邢侯专杀,其罪一也。己恶而掠美为昏⑩,贪以败官为默⑪,杀人不忌为贼⑫。《夏书》曰⑬:'昏、默、贼,杀。'皋陶之刑也⑭。请从之。"乃施邢侯,而尸雍子、叔鱼于市。

孔子曰:"叔向,古之遗直也。治国制刑,不隐于亲。三数叔鱼之罪,不为末⑮,或曰义⑯,可谓直矣。平丘之会,数其贿也,以宽卫国,晋不为暴⑰;归鲁季孙,称其诈也,以宽鲁国,晋不为虐⑱;邢侯之狱,言其贪也,以正刑书,晋不为颇⑲。三言而除三恶,加三利⑳,杀亲益荣,由义也夫。"

[注释]①邢侯与雍子:二人皆为春秋时晋国大夫。邢侯之父申公巫臣,

本为楚国贵族,后奔晋,为邢(今河南温县东北)大夫。雍子本亦为楚大夫,后奔晋。　②叔鱼摄理:叔鱼即羊舌鲋,又称叔鲋,与兄叔向即羊舌肸同为晋国大夫。叔向曾任太傅。摄理,即代理狱官之职。　③纳:贡献,送。　④弊狱邢侯:把罪责判在邢侯身上。　⑤韩宣子问罪于叔向:韩宣子向叔向询问应当如何治罪。韩宣子,晋正卿韩起。　⑥三奸同坐:三人共同治罪。奸,犯。此作名词。坐,获罪。　⑦施生戮死:活着的判刑,死了的曝尸。施生,行生者之罪,给活着的判刑。戮,陈列尸体,曝尸。　⑧置直:行贿以求胜诉。置,买。直,正当,有理。　⑨鬻狱:贪赃枉法,司法官吏受贿而不以情理判断曲直。鬻,卖。　⑩己恶而掠美为昏:自己有罪恶而想掠夺美名就是昏。昏,抢劫。　⑪贪以败官为墨:贪赃枉法败坏官风就是墨。败官,败坏官风。墨,贪污。　⑫杀人不忌为贼:杀人而无所忌惮就是贼。忌,惮,害怕。　⑬《夏书》:夏代之书。已佚。　⑭咎(gāo)陶(yáo):即皋陶。传说为舜之臣,掌刑狱之事。　⑮三数叔鱼之罪,不为末:三次指出叔鱼的罪恶不予减轻。末,轻。　⑯或:《左传》作"咸"。此恐为"咸"之误,意为"都"。　⑰平丘之会,数其贿也,以宽卫国,晋不为暴:平丘之会时,谴责叔鱼贪财,从而宽免了卫国,晋国没有凶暴的表现。贿,贪图财物。　⑱归鲁季孙,称其诈也,以宽鲁国,晋不为虐:让鲁国季孙氏回去,讲出叔鱼的欺诈,从而宽免鲁国,晋国也没有凌虐别国的表现。季孙,指季平子。　⑲颇:偏颇。　⑳三言而除三恶,加三利:三次说话而免除了三次罪恶,并增加三种利益。三恶,此指暴、虐、颇。

郑有乡校①,乡校之士非论执政②。嬲明欲毁乡校③。子产曰:"何以毁为也?夫人朝夕退而游焉,以议执政之善否④。其所善者,吾则行之;其所否者,吾则改之。若之何其毁也?我闻忠言以损怨,不闻立威以防怨⑤。防怨犹防水也,大决所犯,伤人必多,吾弗克救也⑥。不如小决使导之,不如吾所闻而药之⑦。"

孔子闻是言也,曰:"吾以是观之,人谓子产不仁,吾不信也。"

[注释]①乡校:乡学。 ②非论执政:议论批评时政。 ③繇(zōng)明:繇明打算废除乡校。繇明,字然明,郑国大夫。毁,废除,除去。 ④善否(pǐ):好与坏。 ⑤我闻忠言以损怨,不闻立威以防怨:我听说听取忠言可以减少怨恨,没听说树立威权来防止怨恨。 ⑥大决所犯,伤人必多,吾弗克救也:大规模决堤冲击,受灾的人必定很多,那么我就没有能力挽救了。犯,冲击。克,能。 ⑦药:治疗。

晋平公会诸侯于平丘①,齐侯及盟。郑子产争贡赋之所承②,曰:"昔日天子班贡③,轻重以列,列尊贡重④,周之制也。卑而贡重者,甸服⑤。郑伯,南也⑥,而使从公侯之贡,惧弗给也,敢以为请。"自日中争之,以至于昏,晋人许之。

孔子曰:"子产于是行也,是以为国基也。《诗》云:'乐只君子,邦家之基⑦。'子产,君子之于乐者⑧。"且曰:"合诸侯而艺贡事⑨,礼也。"

[注释]①平丘:地名,在今河南封丘东。 ②承:承担。 ③班贡:制定贡献的标准和次序。 ④列尊贡重:地位尊贵的贡赋就重。原作"尊卑贡",据陈本及《左传》增改。四库本、同文本作"列尊卑而贡",句意重叠,故不取。 ⑤甸服:甸,古代称都城郊外的地方。 ⑥郑伯,南也:郑伯是南服。南,按周制,以土地距国都远近分为五服,南方称南服。此字上原有"男"字,当属后人窜入,据四库本、同文本删。 ⑦乐只君子,邦家之基:见《诗·小雅·南山有台》。君子能为国家作贡献而感到快乐。乐只君子,即"君子乐只"。只,语助词。基,本。 ⑧子产,君子之于乐者:子产(通过为郑国争取在贡赋上的利益从而为郑国奠定了根本),成为君子乐于效仿的榜样。 ⑨艺贡事:区分确定贡赋的标准。艺,区分。

郑子产有疾,谓子太叔曰①:"我死,子必为政。唯有德者能以宽服民,其次莫如猛②。夫火烈,民望而畏之,故鲜死焉;水懦弱,民狎而玩之,则多死焉③,故宽难。"子产卒,子太叔为政,不忍猛而宽,郑国多掠盗④。太叔悔之曰:"吾早从夫子,必不及此。"

孔子闻之,曰:"善哉!政宽则民慢⑤,慢则纠于猛⑥。猛则民残⑦,民残则施之以宽。宽以济猛,猛以济宽,宽猛相济,政是以和。《诗》曰:'民亦劳止,汔可小康。惠此中国,以绥四方⑧。'施之以宽。'毋纵诡随,以谨无良。式遏寇虐,憯不畏明⑨。'纠之以猛也。'柔远能迩,以定我王⑩',平之以和也。又曰:'不竞不絿,不刚不柔。布政优优,百禄是遒。'⑪和之至也。"

子产之卒也,孔子闻之,出涕曰:"古之遗爱。"

[注释]①子太叔:春秋时郑国卿。游氏,名吉。　②唯有德者能以宽服民,其次莫如猛:只有有德行的人才能用宽柔的政策使民服从,其次就不如实行严厉的政策了。猛,严厉。　③水懦(ruǎn)弱,民狎而玩之,则多死焉:水性柔弱,百姓会轻视而在其中玩耍,因此溺水而死的很多。懦弱,柔弱,懦弱。狎,轻慢。玩,习。　④掠:抢掠。　⑤政宽则民慢:政策过于宽柔,百姓就会散漫。　⑥慢则纠于猛:散漫就要用严厉的政策予以纠正。　⑦猛则民残:政策过于严厉,民众就会受到伤害。　⑧民亦劳止,汔可小康。惠此中国,以绥四方:见《诗·大雅·民劳》。百姓够辛苦了,差不多应该让他们休养生息了。使中原各国受到恩惠,就可以安抚天下四方。汔,接近,庶几。可,近。止,语助词。　⑨毋纵诡随,以谨无良。式遏寇虐,憯不畏明:见《诗·大雅·民劳》。切莫放纵欺诈小人,要防止不良行为的发生。要制止残忍凶暴,那些人不怕天理的威严。纵,放纵。诡随,欺诈的小人。憯,乃。明,权威,威严。　⑩柔远能迩,以定我王:见《诗·大雅·民劳》。绥定远方,安抚近处,使君王的地位得到稳固。迩,近。　⑪不竞不絿(qiú),不刚不柔。布政优优,百禄是遒:见《诗·商颂·长发》。不争不急,不刚不柔,坚持中和之道。施政平

和宽柔,各种福禄都会聚集而来。绿,急。布,今本《毛诗》作"敷"。意为发布。优优,和。逎,聚。

孔子适齐,过泰山之侧,有妇人哭于野者而哀。夫子式而听之①,曰:"此哀一似重有忧者②。"使子贡往问之。而曰:"昔舅死于虎③,吾夫又死焉,今吾子又死焉。"子贡曰:"何不去乎?"妇人曰:"无苛政④。"子贡以告孔子。子曰:"小子识之,苛政猛于暴虎。"

[注释]①式:通"轼",车前用为扶手的横木。以手扶轼,表示敬意的一种礼节。 ②一似重有忧者:这哀痛好像有好几重忧伤。一,助词,表示程度深。重,几重。 ③舅:丈夫的父亲。 ④苛政:赋税繁重,法令苛刻。

晋魏献子为政①,分祁氏及羊舌氏之田②,以赏诸大夫及其子成③,皆以贤举也④。又谓贾辛曰⑤:"今汝有力于王室⑥,吾是以举汝,行乎⑦,敬之哉⑧,毋堕乃力⑨。"

孔子闻之曰:"魏子之举也,近不失亲⑩,远不失举⑪,可谓义矣⑫。"又闻其命贾辛,以为忠:"《诗》云:'永言配命,自求多福⑬',忠也。魏子之举也义,其命也忠,其长有后于晋国乎⑭。"

[注释]①魏献子:即魏舒,春秋时晋国卿,继韩宣子之后执政。 ②分祁氏及羊舌氏之田:祁氏和羊舌氏因作乱被灭族,其封地被分为十个县。荀栎,古国名,为晋所灭。原王肃注文中"荀栎灭"三字窜入正文,今据四库本、同文本改。 ③成:人名,即魏献子之子。《左传》作"戊"。 ④举:推荐,选用。
⑤又谓贾辛:谓,原作"将",据四库本、备要本、同文本改。贾辛,晋国大夫。
⑥有力于王室:指周子朝之乱,贾辛帅师救周一事。详参《左传》昭公二十二年。 ⑦行乎:意为好好干吧! ⑧敬:谨慎,不怠慢。 ⑨毋堕乃力:不

要损坏了你的功劳。堕,损,损毁。力,功,功劳。 ⑩近不失亲:近的不忘记亲戚。亲,关系亲密的人。 ⑪远不失举:关系疏远的也不会失去被举用的机会。远,关系疏远的人。 ⑫可谓义矣:可以说是合乎道义了。陈本、《左传》作"义",据下文作"义"是。 ⑬永言配命,自求多福:见《诗·大雅·文王》。永久配合天命,自己求多福分。 ⑭其长有后于晋国乎:恐怕他的后代会在晋国长享禄位吧。

赵简子赋晋国一鼓钟①,以铸刑鼎②,著范宣子所为刑书③。孔子曰:"晋其亡乎,失其度矣。夫晋国将守唐叔之所受法度④,以经纬其民者也⑤。卿大夫以序守之⑥,民是以能遵其道而守其业,贵贱不愆⑦,所谓度也⑧。文公是以作执秩之官⑨,为被庐之法⑩,以为盟主。今弃此度也,而为刑鼎,铭在鼎矣,何以尊贵⑪?何业之守也⑫?贵贱无序,何以为国?且夫宣子之刑,夷之蒐也⑬。晋国乱制⑭,若之何其为法乎?"

[注释]①赵简子赋晋国一鼓钟:赵简子从晋国百姓中征得一鼓重的钟。赵简子,晋国正卿,名鞅。赋,征敛。鼓,古制三十斤为一钧,四钧为一石,四石为一鼓。钟,乐器或酒器。 ②以铸刑鼎:用来铸造刑鼎。 ③著范宣子所为刑书:铸上范宣子所制定的刑书。范宣子,晋国大夫,士氏,长期执掌国政。 ④晋国将守唐叔之所受法度:晋国应当遵守唐叔传下来的法度。唐叔,成王同母弟,为晋国始封之君。 ⑤以经纬其民:以之作为民众的准则。 ⑥卿大夫以序守之:卿大夫按照等级位次来维护它。 ⑦贵贱不愆:贵贱的差别没有错乱。愆,错乱。 ⑧度:法制,法度。 ⑨文公是以作执秩之官:晋文公因此设置了负责官职位次的官员。秩,官吏的职位或品级。 ⑩被庐,地名。 ⑪铭在鼎矣,何以尊贵:铭文铸在鼎上,百姓如何还能尊敬高贵的人。 ⑫何业之守:在上位的人还有什么家业可以保守? ⑬宣子之刑,夷之蒐(sōu)也:范宣子的刑书是在夷地阅兵时制定的。夷,地名,今址

不详。蒐,检阅,阅兵。详参《左传》文公六年。　⑭乱制:范宣子之法于夷地阅兵时制定,而当时一次阅兵却三次撤换中军主帅,结果引起贾季等人作乱,故云。

　　楚昭王有疾,卜曰①:"河神为祟②。"王弗祭,大夫请祭诸郊。王曰:"三代命祀,祭不越望③。江、汉、沮、漳④,楚之望也。祸福之至,不是过乎?不谷虽不德⑤,河非所获罪也。"遂不祭。
　　孔子曰:"楚昭王知大道矣⑥,其不失国也宜哉⑦。《夏书》曰:'维彼陶唐,率彼天常,在此冀方。今失厥道,乱其纪纲,乃灭而亡⑧。'又曰:'允出兹在兹⑨',由己率常⑩,可矣。"

　　[注释]①卜:古人用火灼龟甲去兆,以预测吉凶,叫卜。《韩诗外传》记载为楚庄王。　②河神为祟:黄河之神在作祟。河,古时单称"河"专指黄河。　③祭不越望:诸侯举行望祭不能越出国境。望,古代祭祀山川的专名,望而祭之,故曰望。　④江、汉、沮、漳:沮,沮水。漳,漳水。二水均在今湖北中部偏西,在当阳境内汇合,今称沮漳河,南流入长江。　⑤不谷:古代诸侯的谦称。　⑥知大道矣:意谓孔子赞扬楚昭王做事合乎礼制,所以能够复国。　⑦不失国也宜哉:指昭王出奔及复国事。宜,应当。详参《左传》定公四年、五年。　⑧"维彼陶唐"至"乃灭而亡":见于《古文尚书·五子之歌》,文字略有不同。那位君王陶唐,遵循天道纲常,据有中国这个地方。而今失掉了大道,败坏了纪纲,因而走向灭亡。陶唐,尧。率,遵循。天常,天之常道。冀方,古称,指今中原一带地方。厥,其。　⑨允出兹在兹:见于《书·大禹谟》中。付出什么就会得到什么样的结果。允,信,确实,果真。　⑩率常:率,遵循。常,法典,伦常。

　　卫孔文子使太叔疾出其妻,而以其女妻之①。疾诱其初妻之娣②,为之立宫,与文子女,如二妻之礼③。文子怒,将攻之。孔子舍璩伯玉之家④,文子就而访焉。孔子曰:"簠簋之事⑤,则尝闻学之矣。兵甲之事,未之闻也。"退而命驾而行曰:"鸟则择木,木岂能择鸟乎?"文子遽自止之,曰:"圉也岂敢度其私哉⑥?亦访卫国之难也。"

将止⑦,会季康子问冉求之战。冉求既对之,又曰:"夫子播之百姓⑧,质诸鬼神而无憾⑨,用之则有名。"康子言于哀公,以币迎孔子⑩,曰:"人之于冉求,信之矣,将大用之。"

[注释]①卫孔文子使太叔疾出其妻,而以其女妻之:孔文子,春秋时卫国卿,名圉。太叔疾,即世叔齐,卫国大夫。出,休弃。 ②娣(dì):妹妹。古时女子出嫁,常以娣随嫁。 ③如:依照。 ④璩(qú)伯玉:即蘧伯玉。璩,同"蘧"。 ⑤簠(fǔ)簋(guǐ)之事:指祭祀之事。簠簋,古代祭祀用的礼器。 ⑥圉也岂敢度其私哉:我孔圉怎么敢为自己谋私利呢?圉,孔文子的名。度,谋。 ⑦止:留下来。 ⑧夫子播之百姓:孔子的学说传播到百姓中间。 ⑨质诸鬼神而无憾:就算是询问鬼神它也无可挑剔。质,询问。憾,不满意。 ⑩币:财物,礼品。

齐陈恒弑其简公①。孔子闻之,三日沐浴而适朝②,告于哀公,曰:"陈恒弑其君,请伐之。"公弗许,三请,公曰:"鲁为齐弱久矣③,子之伐也,将若之何?"对曰:"陈恒弑其君,民之不与者半④,以鲁之众,加齐之半,可克也。"公曰:"子告季氏。"孔子辞⑤,退而告人曰:"以吾从大夫之后,吾不敢不告也⑥。"

[注释]①齐陈恒弑其简公:齐国的田常杀了齐简公。陈恒,即田常。简公,即齐简公。春秋时齐国国君。在位四年(前484—前481)。 ②沐浴:斋

戒形式,指洗发洗身。濯发曰沐,澡身曰浴。此处孔子上朝前沐浴以示严肃慎重。　③弱:削弱。　④与:依附,支持。　⑤辞:推辞。　⑥不敢不告:不敢不禀告哀公。

子张问曰:"《书》云:'高宗三年不言,言乃雍①'。有诸?"孔子曰:"胡为其不然也？古者天子崩,则世子委政于冢宰三年②。成汤既没,太甲听于伊尹③；武王既丧,成王听于周公,其义一也。"

[注释]①高宗三年不言,言乃雍:高宗三年没有议论政事,一旦议论,政事就变得和谐欢顺。高宗,指殷高宗武丁。"三年不言,言乃雍",原文见《书·无逸》。雍,和谐欢顺。　②世子委政于冢宰三年:太子就把国家政事交付冢宰管理三年。冢宰,周代官名。为六卿之首。一称大宰。　③太甲听于伊尹:太甲,殷汤之孙。伊尹,商初大臣,名伊,一说名挚,尹为官名。助汤灭夏,后又历佐汤之子卜丙、仲壬合汤孙(太丁子)太甲三王。

卫孙桓子侵齐,遇,败焉①。齐人乘之②,执③。新筑大夫仲叔于奚以其众救桓子④,桓子乃免。卫人以邑赏仲叔于奚,于奚辞,请曲悬之乐⑤,繁缨以朝⑥。许之,书在三官⑦。子路仕卫,见其故⑧,以访孔子。

孔子曰:"惜也！不如多与之邑,惟器与名,不可以假人⑨,君之所司⑩。名以出信,信以守器,器以藏礼⑪,礼以行义,义以生利,利以平民,政之大节也。若以假人,与人政也。政亡,则国家从之,不可止也。"

[注释]①卫孙桓子侵齐,遇,败焉:卫国孙桓子伐齐,与齐军交战,被打败了。桓子,即孙良夫,春秋时卫国大夫。　②乘:追击。　③执:抓捕。④新筑大夫仲叔于奚:新筑,春秋卫地,在今河北魏县南。仲叔于奚,或作"叔

叔于奚"。 ⑤曲悬之乐:悬,指钟、磬等乐器悬挂于架。古时天子乐器四面悬挂,以像宫室四面有墙,谓之"宫悬";诸侯去其南面乐器,三面悬挂,称"轩悬",也称"曲悬"。以下卿大夫、士亦依次递减。此处仲叔于奚请曲悬之乐,是以大夫而用僭用诸侯之礼。 ⑥繁(pán)缨以朝:繁缨,为天子、诸侯所用辂马的带饰,而仲叔于奚请求用繁缨装饰的马匹上朝,是僭越礼制的行为。 ⑦书在三官:由大司徒、大司马、大司空把这件事记录了下来。三官,古代三种官的合称,共有三种:一种指辅佐君主的三种官,大乐正、大司寇、司市,或大司徒、大司马、大司空,见《礼记·王制》;一种为军中执掌鼓、金、旗以发布军令的三种官,见《管子·兵法》;一种指管理农、商、工的田师、市师、器师,见《荀子·解蔽》。此处指第一种用法。 ⑧故:旧典,以往的文书记录。 ⑨惟器与名,不可以假人:只有礼器和名号是不可以借给别人的。器,礼乐之器。名,名号,爵号。 ⑩司:掌管。 ⑪名以出信,信以守器,器以藏礼:名号用来显示威信,威信用来保守礼器,礼器用来体现礼制。

公父文伯之母纺绩不解①,文伯谏焉。其母曰:"古者王后亲织玄纮②,公侯之夫人加之纮綖③,卿之内子为大带④,命妇成祭服⑤,列士之妻⑥,加之以朝服。自庶士已下,各衣其夫。社而赋事,烝而献功⑦,男女纺绩,愆则有辟⑧,圣王之制也。今我寡也,尔又在下位⑨,朝夕恪勤,犹恐忘先人之业,况有怠堕⑩,其何以避辟?"

孔子闻之曰:"弟子志之,季氏之妇,可谓不过矣。"

[注释]①公父文伯之母纺绩不解:公父文伯的母亲不停地亲自纺丝缉麻。公父文伯,鲁国大夫,名公父歜。文伯母,即敬姜,春秋时鲁国大夫公父穆伯之妻,季康子从叔祖母。穆伯早死,敬姜守寡养孤。纺绩,把丝麻等纤维纺成纱或丝。纺指纺丝,绩指缉麻。解,通"懈",懈怠。 ②玄纮(dǎn):冠冕前后的黑色丝织物。 ③纮(hóng)綖(yán):纮,系于颔下的帽带。綖,冠之上覆谓之綖。 ④卿之内子为大带:内子,妻子。大带,祭祀用带,有革带

和大带。革带用以系佩绶,大带置于革带之上,以丝织的素合练织成。 ⑤命妇:受有封号的妇女。 ⑥列士:上士。古称天子之上士为元士,以别于诸侯之上士。 ⑦社而赋事,烝而献功:春分祭祀土地神,从事桑麻之事;冬祭献上五谷布帛。社,春分祭祀土地神。赋事,从事农桑之事。烝,冬祭。《礼记·祭统》:"凡祭有四时:春祭曰礿,夏祭曰禘,秋祭曰尝,冬季曰烝。"献功,献上五谷、布帛等。 ⑧男女纺绩,愆则有辟:人们争相创立功业,犯错就会受到法律的惩罚。纺绩,此处引申为建功立业。愆,过错。 ⑨下:原无此字。据燕山本补。 ⑩堕:通"惰",懈怠。

樊迟问于孔子曰:"鲍牵事齐君,执政不挠,可谓忠矣①,而君刖之②,其为至暗乎③?"孔子曰:"古之士者,国有道则尽忠以辅之,国无道则退身以避之。今鲍庄子食于淫乱之朝④,不量主之明暗⑤,以受大刖,是智之不如葵,葵犹能卫其足⑥。"

[注释]①鲍牵事齐君,执政不挠,可谓忠矣:鲍牵,即鲍庄子,春秋时齐国大夫,鲍叔牙曾孙。挠,曲,不正。 ②刖(yuè):古代砍掉脚的酷刑称"刖",也作"跀"。 ③暗:愚昧不明。 ④今鲍庄子食于淫乱之朝:现在鲍庄子在淫乱的朝廷做官。庄,原作"疾",据同文本、《左传》改。食,指鲍庄子在当朝任职。 ⑤量:思量。 ⑥葵犹能卫其足:葵倾叶随日转,故曰葵尚能保护住自己的脚。

季康子欲以一井田出法赋焉①,使访孔子。子曰:"丘弗识也。"冉有三发,卒曰:"子为国老②,待子而行,若之何子之不言?"孔子不对,而私于冉有曰:"求,汝来。汝弗闻乎,先王制土,籍田以力③,而底其远近④;赋里以入,而量其无有⑤;任力以夫,而议其老幼⑥。于是鳏、寡、孤、疾、老者,军旅之出则征之,无则已⑦。其岁收⑧,田一井出获稯禾、秉刍、缶米⑨，不是过，先王以为之足。君子之行，必度于礼，施取其厚⑩，事举其中⑪，敛从其薄⑫。若是其已，丘亦足矣⑬。不度于礼，而贪冒无厌⑭，则虽赋田，将有不足。且子孙若以行之而取法，则有周公之典在。若欲犯法，则苟行之，又何访焉？"

[注释]①一井田出法赋焉：据《左传》贾逵注，意谓令一井土地出一丘土地的常赋，即田亩税。井，井田，周代的一种土地制度，方九百亩的地方为一里，地方一里为井，四井为邑，四邑为丘。法赋，法定的田赋，常赋，即田亩税。　②国老：古代告老退休的卿大夫。　③籍田以力：周朝实行井田制，按劳力进行分配，公田由农户无偿耕种作为税收。籍，税。　④底其远近：意谓俱用什一之税为宜。底，平衡。　⑤赋里以入，而量其无有：在市廛进行征税，要考虑商贾财力的多少。里，即城邑的市廛，为商贾所居住之区域。　⑥任力以夫，而议其老幼：征发徭役，要考虑年龄的大小。夫，古代井田，一夫受田百亩，故称田百为夫。　⑦鳏、寡、孤、疾、老者，军旅之出，则征之，无则已：对于鳏、寡、孤、疾和上了年纪的人，有军事行动就征税，没有军事行动，就对他们免税。　⑧其岁：指军旅之年。　⑨稯（zōng）禾，秉刍（chú）、缶（fǒu）米：原作"获禾、秉、缶米，刍藁"，今据《国语》改。稯，计算禾把的单位，四十把为一稯。秉，量词，十六斛。刍，饲草。缶，量器名，一缶为十六斗。　⑩施取其厚：博施于人。　⑪事举其中：做事把握分寸。　⑫敛：征收赋税。　⑬丘：征收赋税的单位。十六井为一丘。　⑭贪冒无厌：贪得无厌。

　　子游问于孔子曰："夫子之极言子产之惠也①，可得闻乎？"孔子曰："惠在爱民而已矣。"子游曰："爱民谓之德教，何翅施惠哉②？"孔子曰："夫子产者，犹众人之母也，能食之，弗能教也。"子游曰："其事可言乎？"孔子曰："子产以所乘之舆济冬涉者，是爱无教也③。"

[注释]①惠：仁惠。　②翅：通"啻"，但，仅，止。　③子产以所乘之舆

济冬涉者,是爱无教也:子产用自己的车子帮助冬天过河的人,这就是只爱民而无教化。

哀公问于孔子曰:"二三大夫皆劝寡人,使隆敬于高年①,何也?"

孔子对曰:"君之及此言,将天下实赖之,岂唯鲁哉!"

公曰:"何也?其义可得闻乎?"

孔子曰:"昔者,有虞氏贵德而尚齿②,夏后氏贵爵而尚齿,殷人贵富而尚齿,周人贵亲而尚齿。虞、夏、殷、周,天下之盛王也,未有遗年者焉。年者,贵于天下久矣,次于事亲,是故朝廷同爵而尚齿。七十杖于朝,君问则席;八十则不仕朝,君问则就之,而悌达乎朝廷矣③。其行也,肩而不并④,不错则随⑤,斑白者不以其任于道路⑥,而悌达乎道路矣;居乡以齿,而老穷不匮,强不犯弱,众不暴寡,而悌达乎州巷⑦矣;古之道,五十不为甸役,颁禽隆之长者⑧,而悌达乎蒐狩矣⑨;军旅什伍,同爵则尚齿,而悌达乎军旅矣。夫圣王之教,孝悌发诸朝廷,行于道路,至于州巷,放于蒐狩⑩,循于军旅,则众感以义,死之而弗敢犯。"

公曰:"善哉,寡人虽闻之,弗能成。"

[注释]①隆敬于高年:多多地尊敬年老的人。隆,多,大。 ②贵德而尚齿:重视道德而尊敬年龄大的人。 ③悌:敬爱兄长。此处意为敬爱兄长的道理。 ④肩而不并:与长者一起走路,不能跟他并肩。 ⑤不错则随:斜错跟在后面,或者直接跟在身后。 ⑥斑白者不以其任于道路:不让年龄大的人担负重物行路。任,负。斑白者,指老人。 ⑦居乡以齿,而老穷不匮,强不犯弱,众不暴寡,而悌达乎州巷矣:居住在乡党要论年龄,年老的贫穷的不至于生活匮乏,强者不欺负弱者,人多的不欺负人少的,这样敬爱年长的悌道

就通达于州闾之间了。州巷,州闾。州与闾皆为古时地方基层行政单位,泛指乡里。　⑧五十不为甸役,颁禽隆之长者:五十岁就不用担任田猎的差事了,分发猎物时厚待长者。甸役,指田猎。天子田猎则征发徒役,故称。甸,通"田"、"畋"。颁,颁发,分发。　⑨蒐狩:春猎称蒐,冬猎称狩。　⑩放:至,到。

哀公问于孔子曰:"寡人闻东益不祥①,信有之乎?"孔子曰:"不祥有五,而东益不与焉。夫损人自益,身之不祥;弃老而取幼②,家之不祥;释贤而任不肖③,国之不祥;老者不教,幼者不学,俗之不祥;圣人伏匿,愚者擅权,天下不祥。不祥有五,东益不与焉。"

[注释]①东益:向东扩展房屋。益,增加。　②弃老而取幼:一家之中,老者与幼者共处,遗弃老人而不尽为子的责任,相反,却只是过于溺爱子女。　③释:放弃。原作"择",据四库本、同文本改。

孔子适季孙,季孙之宰谒曰①:"君使求假于马②,将与之乎?"季孙未言,孔子曰:"吾闻之,君取于臣,谓之取;与于臣,谓之赐。臣取于君,谓之假;与于君,谓之献。"季孙色然悟曰③:"吾诚未达此义。"遂命其宰曰:"自今已往,君有取之,一切不得复言'假'也。"

[注释]①季孙之宰谒:宰,家臣。谒,禀告,陈说。　②君使求假于马:国君派人来借用马。假,借。　③色然:脸色大变。

卷第十

曲礼子贡问第四十二

子贡问于孔子曰:"晋文公实召天子而使诸侯朝焉①。夫子作《春秋》②,云:'天王狩于河阳③',何也?"孔子曰:"以臣召君,不可以训④。亦书其率诸侯事天子而已⑤。"

[注释]①天子:指周襄王,因王子带之乱而出奔在外,借晋文公之力,于僖公二十五年平定叛乱。 ②《春秋》:我国第一部编年体史书,为孔子根据鲁国国史《春秋》整理删订而成,记录了从鲁隐公元年(前722年)到鲁哀公十四年(前481年)共242年的历史。 ③天王狩于河阳:天子在河阳打猎。狩,打猎。河阳,晋邑,在今河南孟县西。 ④训:典式,法则。 ⑤书:书写,记载。

孔子在宋,见桓魋自为石椁①,三年而不成,工匠皆病②。夫子愀然曰③:"若是其靡也④,死不如速朽之愈⑤。"冉子仆⑥,曰:"礼,凶事不豫⑦,此何谓也?"夫子曰:"既死而议谥⑧,谥定而卜葬⑨,既葬而立庙,皆臣子之事,非所豫属也,况自为之哉?"

[注释]①见桓魋(tuí)自为石椁:看到司马桓魋亲自为自己设计石制的套棺。桓魋,即向魋,宋国的司马,因为是宋桓公的后代,所以又叫桓魋。椁,棺材外面的套棺。 ②病:疲惫,困乏。 ③愀(qiǎo)然:忧戚变色貌。 ④靡:奢侈。 ⑤速朽之愈:原作"朽之速愈",据四库本、同文本改。 ⑥仆:驾车。 ⑦凶事不豫:丧事不事先做准备。凶事,丧事。豫,通"预",事先有所准备。 ⑧谥:古代帝王、贵族、大臣等死后,依其生前事迹所给予的称号。 ⑨卜葬:指卜葬日。

南宫敬叔以富得罪于定公,奔卫。卫侯请复之,载其宝以朝。夫子闻之曰:"若是其货也①,丧不若速贫之愈。"子游侍,曰:"敢问何谓如此?"孔子曰:"富而不好礼,殃也。敬叔以富丧矣②,而又弗改,吾惧其将有后患也。"敬叔闻之,骤如孔氏,而后循礼施散焉③。

[注释]①货:贿赂。 ②丧:失位。 ③施:散布,此指散布财物。

孔子在齐,齐大旱,春饥。景公问于孔子,曰:"如之何?"孔子曰:"凶年则乘驽马①,力役不兴,驰道不修②,祈以币玉,祭祀不悬③,祀以下牲④。此贤君自贬以救民之礼也。"

[注释]①凶年则乘驽马:遇到荒年,国君则应乘御劣马。凶年,荒年。驽马,劣马。 ②驰道:驰车的大道。 ③悬:悬挂钟、磬等乐器,即奏乐。 ④祀以下牲:指祭祀时用牲降一等级。

孔子适季氏①,康子昼居内寝②。孔子问其所疾,康子出见之。言终,孔子退。子贡问曰:"季孙不疾,而问诸疾,礼与?"孔子曰:"夫礼,君子不有大故③,则不宿于外;

非致齐也④,非疾也,则不昼处于内。是故夜居外,虽吊之,可也;昼居于内,虽问其疾,可也。"

[注释]①适:往,到。 ②内寝:内堂,卧室。 ③大故:指大的变故,如父母之丧、灾祸等。 ④致齐:祭祀先人之前的一种仪式,谓集中精力,想象先人的音容笑貌和行为意志,以示虔诚。齐,通"斋"。

孔子为大司寇①,国厩焚②。子退朝而之火所③,乡人有自为火来者,则拜之,士一,大夫再。子贡曰:"敢问何也?"孔子曰:"其来者,亦相吊之道也④。吾为有司⑤,故拜之。"

[注释]①大司寇:掌管司法的最高长官。司寇,官名,西周始置,春秋战国时期沿用,掌管刑狱、纠察等事。 ②厩(jiù):马房。 ③之:此作动词用,到,前往。 ④吊:哀悼死者,慰问丧家或遭遇不幸者。 ⑤有司:主管的官员。司,旧时官署的名称。

子贡问曰:"管仲失于奢①,晏子失于俭②。与其俱失矣③,二者孰贤?"孔子曰:"管仲镂簋而朱纮④,旅树而反坫⑤,山节藻棁⑥。贤大夫也,而难为上⑦。晏平仲祀其先祖,而豚肩不揜豆⑧,一狐裘三十年。贤大夫也,而难为下⑨。君子上不僭下⑩,下不逼上。"

[注释]①管仲:齐国大夫,字夷吾,辅佐齐桓公成就霸业。 ②晏子:即晏婴,字平仲,齐国贤大夫,历仕齐灵公、庄公、景公三朝。 ③与其:犹如其,连词。常与"孰若"、"宁"、"不若"等词连用,在比较取舍时用于舍弃的方面。
④镂簋而朱纮(hóng):盛粮食的簋雕刻花纹,系冕的带子使用朱红色。镂,雕刻。纮,古时冠冕上的帽带,由颔下挽上而系在笄的两端。 ⑤旅树而反坫(diàn):大门前树立影壁,堂上两楹之间设置放回空酒杯的土台。旅,

施,用。树,屏障。坫,古代设在两楹之间的土台,低者供诸侯相会饮酒时置放空杯,高者用以置放来会诸侯所馈赠的玉圭等物。反坫,在两楹之间,人君好会,献酢礼毕,反爵于其上。 ⑥山节藻棁(zhuō):屋顶上有雕刻成山形的斗拱和绘有水草纹的梁上短柱。山节,刻成山形或伴有云彩的斗拱,即柱顶上支撑屋梁的方木。藻棁,绘有水草花纹的梁上短柱。 ⑦上:居于上位的人,此处指国君。 ⑧豚肩不揜(yǎn)豆:供奉的猪腿不能掩盖祭祀用具。豚肩,猪腿。揜,掩盖,遮蔽。豆,古代食器,形似高足盘,或有盖。 ⑨下:居下位的人,此处指下属。 ⑩僭:超越本分,指下级冒用上级的名义、礼仪或器物。

冉求曰:"昔文仲知鲁国之政①,立言垂法②,于今不亡,可谓知礼矣。"孔子曰:"昔臧文仲安知礼?夏父弗綦逆祀而不止③,燔柴于灶以祀焉④。夫灶者,老妇之所祭,盛于瓮⑤,尊于瓶⑥,非所柴也。故曰礼也者,由体也⑦,体不备,谓之不成人。设之不当,犹不备也。"

[注释]①文仲知鲁国之政:臧文仲主持鲁国国政。文仲,鲁国大夫臧孙臣,历仕于庄、闵、僖、文四世,以立言垂世著称。知,主持。 ②立言垂法:指制定礼法制度。立言,著书立说。垂,流传,留存。法,法则。 ③夏父弗綦(qí)逆祀:指夏父弗綦违反昭穆制度,升僖公之神位于闵公一事。夏父弗綦,或作夏父弗忌、夏父不忌,春秋时鲁国大夫。鲁文公时曾任宗伯,主持祭祀先公的庙祭,尊崇僖公,升其享祀之位于闵公之上。僖公入继闵公,依据传统礼制,闵公当在上。这种失礼行为,时人称之为逆祀。 ④燔柴:祭火神。 ⑤盛(chéng)于瓮:盛放到瓮中。盛,以器受物。瓮,一种陶制的盛器。 ⑥尊于瓶:以瓶置酒。尊,这里作动词,置酒。瓶,一般指腹大颈长的容器。 ⑦由:通"犹",好似。

子路问于孔子曰:"臧武仲率师与邾人战于狐鲐①,

遇②,败焉,师人多丧而无罚。古之道然与?"孔子曰:"凡谋人之军③,师败则死之;谋人之国,邑危则亡之,古之正也④。其君在焉者,有诏则无讨⑤。"

[注释]①臧武仲率师与邾(zhū)人战于狐骀(tái):臧武仲率领军队和邾国人在狐骀交战。臧武仲,即臧孙纥。臧孙许(臧宣叔)之子,臧文仲之孙。鲁襄公四年,狐骀之战败,未受处罚,后因出谋为季武子废长立幼,而于鲁襄公二十三年出奔齐国。邾,古国名,即邹国,曹姓,陆终后裔。周灭商后,封曹侠于邾,邾国遂成为周王朝的一个诸侯国,战国时被楚国所灭。狐骀,或作狐骀,邾地,今山东滕州东南。　②遇:相逢,不期而遇。　③谋:谋划,指挥。　④正:同"政",政令制度。　⑤讨:惩治有罪者。

晋将伐宋,使人觇之①。宋阳门之介夫死②,司城子罕哭之哀③。觇之反,言于晋侯曰:"阳门之介夫死,而子罕哭之哀,民咸悦。宋殆未可伐也④。"孔子闻之曰:"善哉,觇国乎!《诗》云:'凡民有丧,匍匐救之⑤。'子罕有焉。虽非晋国,其天下孰能当之?是以周任有言曰⑥:'民悦其爱者,弗可敌也。'"

[注释]①觇(chān):察看,窥看。　②介夫:被甲御门者。　③司城子罕:司城,即司空,宋国避宋武公讳而改称司城。子罕,宋戴公之后,宋六卿之一乐吕之孙,名乐喜,字子罕,任司城期间,以其贤而有才主持国政。　④殆:大概,恐怕。　⑤凡民有丧,匍匐救之:语出《诗经·邶风·谷风》。意思是凡是百姓有灾难,急急忙忙去救助。　⑥周任:上古史官。

楚伐吴,工尹商阳与陈弃疾追吴师①。及之②,弃疾曰:"王事也,子手弓而可③。"商阳手弓。弃疾曰:"子射诸!"射之,毙一人,韔其弓④。又及,弃疾谓之。又及,弃疾复谓之。毙二人。每毙一人，辄掩其目。止其御，曰："吾朝不坐，燕不与⑤，杀三人亦足以反命矣⑥。"孔子闻之曰："杀人之中，又有礼焉。"子路怫然进曰⑦："人臣之节，当君大事，唯力所及，死而后已。夫子何善此？"子曰："然，如汝言也。吾取其有不忍杀人之心而已。"

[注释]①工尹商阳与陈弃疾追吴师：工尹，春秋楚官名，掌百工之官。商阳，人名。陈弃疾，楚共王幼子，楚灵王七年（前534年）奉命率师灭陈，得楚人称誉，遂号陈弃疾。后领有陈、蔡，成为最有实力的楚公子，后继位而为楚王，即楚平王。②及：至，到。③手弓：以手执弓。④韔(chàng)：弓袋。此处作动词用，谓装弓于弓袋。⑤朝不坐，燕不与：朝见时没有座位，宴会时没有席次，意即地位卑下。燕，同"宴"。⑥反命：复命。⑦怫(fú)然：发怒变色貌。

孔子在卫，司徒敬之卒①，夫子吊焉。主人不哀，夫子哭不尽声而退。璩伯玉请曰："卫鄙俗，不习丧礼，烦吾子辱相焉②。"孔子许之。掘中霤而浴③，毁灶而缀足④，袭于床⑤。及葬，毁宗而躐行也⑥，出于大门。及墓，男子西面⑦，妇人东面，既封而归。殷道也，孔子行之。子游问曰："君子行礼，不求变俗，夫子变之矣。"孔子曰："非此之谓也，丧事则从其质而已矣⑧。"

[注释]①司徒敬之：春秋时期卫国贵族，司徒乃因官为氏。②相：赞礼。③中霤(liù)：屋室正中处。远古穴居，在穴顶开洞取明，雨水从洞口滴下，故谓之"中霤"。④毁灶而缀(chuò)足：毁炉灶，用上面的砖坯支起并拘住死者的双脚。缀足，丧礼，始死，用燕几拘住尸足，使不变形，便于为尸穿鞋。⑤袭于床：在床上以衣敛尸。袭，作名词，指全套衣服，在此作动词，谓以衣敛尸。⑥毁宗而躐(liè)行：毁掉宗庙门西边墙，越过行神之位。毁宗，

指毁掉宗庙门西边墙。躐行,谓灵柩经过行神之位。躐,超越,逾越。
⑦面:向。　⑧质:质朴。

宣公八年六月辛巳,有事于太庙①,而东门襄仲卒②,壬午犹绎③。子游见其故,以问孔子曰:"礼与?"孔子曰:"非礼也,卿卒不绎。"

[注释]①有事于太庙:在太庙里举行禘祖的大祭。有事,举行禘祭。太庙,始祖之庙。鲁以周公为始祖,故周公庙称太庙。　②东门襄仲:即公子遂,亦称仲遂。春秋时期鲁国卿,曾主持国政,在文公十八年杀嫡立庶,立宣公。　③绎:天子、诸侯于祭祀之明日又祭,并行傧尸之礼。

季桓子丧①,康子练而无衰②。子游问于孔子曰:"既服练服,可以除衰乎?"孔子曰:"无衰衣者,不以见宾,何以除焉?"

[注释]①季桓子:季孙斯,季平子之子。鲁国自定公到哀公初年的执政上卿。"桓"为谥号。　②康子练而无衰(cuī):康子在练祭后就除去了衰衣。康子,季孙肥,季桓子庶子,继桓子位为鲁国正卿。自哀公四年到二十七年执鲁政。"康"为谥号。练,练祭,丧祭名。一周年祭为练祭,亦称小祥。衰,丧服,以一方布缀于上衣当心之处,谓之衰。衰分等级,此处指斩衰。

邾人以同母异父之昆弟死,将为之服①,因颜克而问礼于孔子②。子曰:"继父同居者,则异父昆弟从为之服;不同居,继父且犹不服,况其子乎?"

[注释]①服:作动词用,穿丧服。　②颜克:孔子弟子,即颜刻,或作颜高,字子骄,鲁人,少孔子五十岁。

齐师侵鲁,公叔务人遇人入保①,负杖而息。务人泣曰:"使之虽病②,任之虽重③,君子弗能谋④,士弗能死,不可也。我则既言之矣,敢不勉乎?"与其邻嬖童汪锜乘往⑤,奔敌,死焉。皆殡⑥,鲁人欲勿殇童汪锜⑦,问于孔子,曰:"能执干戈以卫社稷,可无殇乎?"

[注释]①公叔务人遇人入保:公叔务人,召公之子公为,因昭公欲去季氏,失败而出奔于外。昭公卒,季氏以昭公弟即位而为定公,公为及其兄公衍皆不得立。保,"堡"的古字,即城堡。 ②使之虽病:谓徭役使百姓疲惫不堪。 ③任之虽重:谓赋税繁重。 ④君子:此处指卿大夫。 ⑤与其邻嬖(bì)童汪锜(qí)乘往:嬖,宠爱,宠幸。汪锜,人名。乘,驾车。 ⑥殡:敛而未葬。 ⑦勿殇:不用殇者之礼,而用成人之礼为之治丧。殇,未成年而死。为殇者举行的丧礼亦称殇,较成人原服制降,比较简略。

鲁昭公夫人吴孟子卒①,不赴于诸侯②。孔子既致仕③,而往吊焉。适于季氏④,季氏不绖⑤,孔子投绖而不拜。子游问曰:"礼与?"孔子曰:"主人未成服,则吊者不绖焉,礼也。"

[注释]①鲁昭公夫人吴孟子卒:鲁昭公,名裯,襄公庶子,继襄公而为君。在位二十五年,因谋去季氏失败而出奔国外,寄居于齐、晋八年,卒于乾侯。吴孟子,鲁昭公夫人,昭公娶于吴,根据当时国君夫人的称号惯例应称为吴姬,为避讳同姓不婚的礼法,因此改称"吴孟子"。 ②赴:同"讣",报丧。 ③致仕:辞去官职。 ④季氏:指季康子。 ⑤绖(dié):丧服所系之带,以麻为之。在首为首绖,在腰为腰绖。

公父穆伯之丧①,敬姜昼哭②;文伯之丧③,昼夜哭。孔子曰:"季氏之妇,可谓知礼矣!爱而无私④,上下有章⑤。"

[注释]①公父穆伯:鲁国贵族。季悼子之子,季康子的祖父季平子的弟弟。　②敬姜:公父穆伯之妻,公父文伯之母,季康子之从祖叔母,以明礼守礼知名。　③文伯:公父歜,即公父文伯,公父穆伯之子。　④私:原脱,据备要本、四库本等补。　⑤章:区别。

南宫绦之妻,孔子兄之女。丧其姑①,而诲之髽②,曰:"尔毋从从尔③,毋扈扈尔④。盖榛以为笄⑤,长尺,而总八寸⑥。"

[注释]①姑:丈夫的母亲,婆婆。　②髽(zhuā):古代妇人的丧髻,即用麻和头发合打成的发髻。　③从从:崇高。　④扈扈:广大。　⑤笄(jī):簪子,古代用来插住挽起的头发或弁冕。　⑥总八寸:指即在发髻上的带子下垂八寸。总,束发。

子张有父之丧,公明仪相焉①。问启颡于孔子②。孔子曰:"拜而后启颡,颓乎其顺③;启颡而后拜,颀乎其至也④。三年之丧,吾从其至也。"

[注释]①公明仪:曾子弟子,又为子张弟子,鲁国人。　②启颡(sǎng):即稽颡。古时一种跪拜礼,屈膝下拜,以额触地,居丧答拜宾客时行之,表示极度的悲痛和感谢。　③颓:恭顺貌。　④颀(kěn):诚恳貌。颀,通"恳"。

孔子在卫,卫之人有送葬者,而夫子观之,曰:"善哉,为葬乎!足以为法也①。小子识之②!"子贡问曰:"夫子何善尔?"曰③:"其往也如慕④,其返也如疑。"子贡曰:"岂若速返而虞哉⑤?"子曰:"此情之至者也。小子识之!我未之能也。"

[注释]①法:效法。　②识(zhì):通"志",记住。　③曰:原脱,据备要本、四库本等补。　④慕:依恋,思念。　⑤虞:丧祭名。

卞人有母死而孺子之泣者①,孔子曰:"哀则哀矣,而难继也②。夫礼,为可传也③,为可继也。故哭踊有节④,而变除有期⑤。"

[注释]①卞:鲁邑,在今山东泗水东。　②继:连续,继续。　③传:传布,流传。　④哭踊有节:踊,丧礼中最哀恸的表示,顿足,跳跃。节,节度,法度。　⑤除:除丧服。

孟献子禫①,悬而不乐②,可御而不处内③。子游问于孔子曰:"若是则过礼也?"孔子曰:"献子可谓加于人一等矣④。"

[注释]①孟献子禫(dàn):孟献子,即仲孙蔑。公孙敖之孙,文伯谷之子。春秋时鲁国大夫,历仕宣公、成公、襄公三朝。禫,除丧服之祭。　②悬而不乐:将乐器悬挂起来而不奏乐。悬,悬挂,此指悬挂钟、磬等乐器。③可御而不处内:可以和妻妾同房共寝,却没有心思住进内寝。根据礼制,君子有父母之丧,则应宿于外,禫祭之后方可宿于内,所以说,孟献子是"可御而不处内"。原无"不"字,据四库本、同文本补。　④加:逾,超过。

鲁人有朝祥而暮歌者①,子路笑之。孔子曰:"由!尔责于人终无已。夫三年之丧,亦以久矣②。"子路出,孔子曰:"又多乎哉!逾月则其善也。"

[注释]①祥:祥祭,如果为三年之丧,父母死后十三个月而祭叫小祥,二十五个月而祭叫大祥。如果为一年之丧,则十一个月而小祥,十三个月而大祥。这里指三年之丧的大祥。　②以:通"已",太,甚。

子路问于孔子曰:"伤哉贫也! 生而无以供养,死则无以为礼也。"孔子曰:"啜菽饮水①,尽其欢心,斯为之孝乎②。敛手足形③,旋葬而无椁④,称其财⑤,为之礼⑥,贫何伤乎?"

[注释]①啜(chuò)菽饮水:以豆为食,以水为饮,谓生活清苦。 ②斯为之孝乎:四库本、同文本作"斯谓之孝"。 ③敛手足形:死后,以衣、棺收殓尸体,所用的衣被可以盖住肢体,没有外露。敛,通"殓",为死者加衣衾,将尸体装入棺材谓之殓。 ④旋葬而无椁:随即加以安葬,也不用椁。椁,棺材外的套棺。 ⑤称(chèn):适合,相符。 ⑥为之礼:四库本、同文本作"斯谓之礼"。

吴延陵季子聘于上国①,适齐。于其返也,其长子死于嬴、博之间②。孔子闻之,曰:"延陵季子,吴之习于礼者也。"往而观其葬焉。其敛以时服而已③;其圹掩坎④,深不至于泉;其葬无盟器之赠⑤。既葬,其封广轮掩坎⑥,其高可肘隐也⑦。既封,则季子乃左袒,右还其封⑧,且号者三,曰:"骨肉归于土,命也! 若魂气则无所不之,则无所不之!"而遂行。孔子曰:"延陵季子之礼,其合矣。"

[注释]①吴延陵季子聘于上国:延陵季子,即吴公子季札,吴王寿梦第四子,有让国美德,初封延陵,故称之为延陵季子。聘,古代国与国之间遣使访问。上国,春秋时期,对吴楚诸国而言,齐晋等中原诸侯国称为"上国"。②嬴博:嬴、博皆为春秋时齐邑。嬴,故城在今山东莱芜西北,有延陵季子长子墓。博,故城在今山东泰安东南。后世以"嬴博"为葬于异乡的代称。③时服:指日常穿的衣服。 ④其圹(kuàng)掩坎:挖的墓穴正好和放棺材的墓坑一样大。圹,墓穴,亦指坟墓。坎,此处指墓坑。 ⑤盟器:即明器、冥

器,古代随葬的器物,一般用陶或木、石制成。 ⑥其封广轮掩坎:坟头封土正好掩盖住墓坑。封,古代士以上的葬礼,堆土为坟,叫"封",庶人卑微,不积土为坟。广轮,犹广袤,此处指坟头的宽度与长度。 ⑦肘隐(yìn):肘,原作"时",据备要本等改。隐,凭依,依据。 ⑧还:通"环",环绕。

子游问丧之具①。孔子曰:"称家之有亡焉②。"子游曰:"有亡恶于齐③?"孔子曰:"有也,则无过礼。苟亡矣,则敛手足形,还葬④,悬棺而封⑤。人岂有非之者哉?故夫丧亡,与其哀不足而礼有余,不若礼不足而哀有余也;祭祀,与其敬不足而礼有余,不若礼不足而敬有余也。"

[注释]①具:器具,用具。 ②称家之有亡(wú):与家资的多少、丰薄相称。 ③恶(wū)于齐(jì):怎么定限呢? 恶,疑问代词,何,怎么。齐,定限。 ④还(xuán)葬:随即安葬。还,同"旋",速,立刻。 ⑤悬棺而封:用绳子兜住棺材,悬起下放到墓坑中下葬。

伯高死于卫,赴于孔子。子曰:"吾恶乎哭诸? 兄弟,吾哭诸庙;父之友,吾哭诸庙门之外;师,吾哭之寝;朋友,吾哭之寝门之外;所知,吾哭之诸野。今于野则已疏,于寝则已重。夫由赐也而见我①,吾哭于赐氏。"遂命子贡为之主,曰:"为尔哭也来者,汝拜之;知伯高而来者,汝勿拜。"既哭,使子张往吊焉。未至,冉求在卫,摄束帛、乘马而以将之②。孔子闻之,曰:"异哉! 徒使我不成礼于伯高者③,是冉求也。"

[注释]①夫由赐也而见我:伯高是通过子贡结识我的。由,通过,经过。赐,指端木赐,即子贡。见,会见,相识。 ②摄束帛、乘(shèng)马而以将之:代替孔子准备一束帛、四匹马,装作奉孔子之命前去吊丧。摄,代理。乘,

古时一车四马为一乘。将,将命,奉命。　④徒:徒然,白白地。

　　子路有姊之丧①,可以除之矣,而弗除。孔子曰:"何不除也?"子路曰:"吾寡兄弟,而弗忍也。"孔子曰:"行道之人皆弗忍②。先王制礼,过之者俯而就之③,不至者企而及之④。"子路闻之,遂除之。

　　[注释]①有姊之丧:指为姐姐服丧。礼制规定,姊妹已嫁而死,作为兄弟的应该为她服大功九月。　②道:指仁义之道。　③俯而就:即俯就,降格相就。　④企而及:即企及,勉力达到,企望赶上。

　　伯鱼之丧母也①,期而犹哭②。夫子闻之曰:"谁也?"门人曰:"鲤也。"孔子曰:"嘻!其甚也,非礼也。"伯鱼闻之,遂除之。

　　[注释]①伯鱼之丧母:伯鱼为母亲服丧。伯鱼即孔鲤,孔子的独子。伯鱼之母为并官氏。据礼制,父在,其子为母服齐衰为期一年之服。　②期(jī):一周年。

　　卫公使其大夫求婚于季氏,桓子问礼于孔子。子曰:"同姓为宗,有合族之义,故系之以姓而弗别①,缀之以食而弗殊②。虽百世,婚姻不得通,周道然也③。"桓子曰:"鲁、卫之先,虽寡兄弟④,今已绝远矣。可乎?"孔子曰:"固非礼也。夫上治祖祢⑤,以尊尊之⑥;下治子孙,以亲亲之;旁治昆弟,所以敦睦也⑦。此先王不易之教也⑧。"

　　[注释]①系:联系,联结。　②缀之以食而弗殊:缀,联结,拼合。食,动词,给……吃。殊,差异。　③然:如是,这样。　④寡兄弟:指嫡出兄弟。

⑤祢(nǐ):为亡父在宗庙中立主之称。　⑥尊尊:前"尊"为动词,尊敬,敬重。后"尊"为名词,尊长,尊亲。　⑦敦:丛刊本、备要本作"教",此据四库本、同文本改。　⑧易:更改,改变。

有若问于孔子曰:"国君之于百姓①,如之何?"孔子曰:"皆有宗道焉②。故虽国君之尊,犹百世不废其亲③,所以崇爱也。虽以族人之亲,而不敢戚君④,所以谦也。"

[注释]①百姓:平民、民众曰百姓,《论语·颜渊》:"百姓足,君孰与不足?百姓不足,君孰与足?"百姓也用作对贵族的总称,指百官,如《诗·小雅·天保》:"群黎百姓。"《毛传》:"百姓,百官族姓也。"王、公之子弟称百姓应为百姓的本义,此处应指国君疏远的族众。百姓,四库本、同文本作"同姓"。　②宗道:宗族法则。道,法则,准则。　③废:废弃,断绝。　④不敢戚君:指不以国君之亲自居。

曲礼子夏问第四十三

子夏问于孔子曰:"居父母之仇①,如之何?"孔子曰:"寝苫枕干②,不仕,弗与共天下也。遇于朝市,不返兵而斗③。"

曰:"请问居昆弟之仇,如之何?"孔子曰:"仕,弗与同国,衔君命而使④,虽遇之不斗。"

曰:"请问从昆弟之仇如之何?"曰:"不为魁⑤,主人能报之,则执兵而陪其后⑥。"

[注释]①居父母之仇:对待杀害自己父母的仇人。居,处于。此处意为对待。　②寝苫(shān)枕干(gān):睡在草席上,枕着盾牌。苫,草。干,盾牌。　③遇于朝市,不返兵而斗:在朝廷或街市上遇到他,立即拿出身上的兵

器与之决斗。不返兵,指兵器平常就带在身边。兵,兵器。 ④衔君命而使:接受国君的命令而出使他国。衔,接受、奉受。 ⑤不为魁:不自己带头。魁,首,首领,引申为带头。 ⑥主人能报之,则执兵而陪其后:如果死者的家人能去报仇,就要拿着武器跟在后面。主人,此指死者的家人。

子夏问:"三年之丧既卒哭①,金革之事无避②,礼与?初有司为之乎③?"孔子曰:"夏后氏之丧三年,既殡而致仕,殷人既葬而致事,周人既卒哭而致事④。《记》曰:'君子不夺人之亲,亦不夺故也⑤。'"

子夏曰:"金革之事无避,非与?"孔子曰:"吾闻诸老聃曰:'鲁公伯禽有为为之也⑥。'公以三年之丧从利者⑦,吾弗知也。"

[注释]①三年之丧既卒哭:三年之丧,父母之丧。卒哭,古时丧礼,百日缌后,止无时之哭为朝夕一哭,名"卒哭"。 ②金革之事无避:不能回避兵役征战之事。金革,犹言兵甲。金,兵戈之属;革,甲胄之属。 ③有司:官吏。古代设官分职,故称。 ④夏后氏之丧三年,既殡而致仕,殷人既葬而致事,周人既卒哭而致事:夏代的时候,守三年之丧,是在出殡之后就向国君提出辞职;殷代人是在安葬完毕后就辞职,周人则是在卒哭之后才辞职。致仕,辞官告老。致事,义同致仕。卒哭,古时候丧礼的一种。 ⑤君子不夺人之亲,亦不夺故也:君子不能剥夺别人的亲情,也不能剥夺别人守丧的权利。故,病故,此指父母之丧。 ⑥鲁公伯禽有为为之也:鲁公伯禽当时卒哭之后就出兵征讨东夷,是有特定背景的。有为为之,指做事是有原因的。 ⑦从利者:指企图通过战争谋取私利。

子夏问于孔子曰:"《记》云,周公相成王,教之以世子之礼。有诸?"孔子曰:"昔者成王嗣立,幼,未能莅阼①,周公摄政而治,抗世子之法于伯禽,欲王之知父子、君臣之道②,所以善成王也③。夫知为人子者,然后可以为人父;知为人臣者,然后可以为人君;知事人者,然后可以使人。是故抗世子法于伯禽,使成王知父子、君臣、长幼之义焉。凡君之于世子,亲则父也,尊则君也,有父之亲,有君之尊,然后兼天下而有之,不可不慎也。行一物而三善皆得④,唯世子齿于学之谓也⑤,世子齿于学,则国人观之。曰:'此将君我,而与我齿让,何也?'曰:'有父在,则礼然。'然而众知父子之道矣。其二曰:'此将君我,而与我齿让,何也?'曰:'有君在,则礼然。'而众知君臣之义矣。其三曰:'此将君我,而与我齿让,何也?'曰:'长长也⑥,则礼然。'然而众知长幼之节矣。故父在斯为子,君在斯为臣,居子与臣之位,所以尊君而亲亲也⑦。在学,学之为父子焉,学之为君臣焉,学之为长幼焉。父子、君臣、长幼之道得,而后国治。语曰⑧:'乐正司业⑨,父师司成⑩。一有元良,万国以贞⑪。'世子之谓。闻之曰:为人臣者,杀其身而有益于君则为之,况于其身以善其君乎⑫?周公优为也⑬。"

[注释]①莅(lì)阼:临朝治理政事。莅,治理、统治、管理。阼,东阶。②周公摄政而治,抗世子之法于伯禽,欲王之知父子、君臣之道:周公代为主持国政、治理天下,把做太子的规则礼仪施用于伯禽,想让成王知道为父为子、作君作臣的道理。摄政,代君主处理国政。抗,举。 ③善:美,好。此处为使动用法,意为使……美好。 ④行一物而三善皆得:做好一件事而得到三种好的结果。三善,指上文的父子、君臣、长幼之义。 ⑤齿于学:在学校按年龄长幼而不按尊卑、等级为序。 ⑥长长:尊敬比自己年长的人。前"长"字,意为尊崇、尊敬,后"长"字,年长。 ⑦亲亲:亲爱父母。前"亲"字,亲爱之意。后"亲"字,双亲,父母。 ⑧语:古语。 ⑨乐正司业:乐正负责学业。据周礼,大乐正掌大学,小乐正掌小学。 ⑩父师司成:太子的师傅负

责德行的养成。　⑪一有元良,万国以贞:有一位大善的太子,国家就可以端正安定了。元良,大善。后元良为太子代称。贞,正。　⑫况于其身以善其君乎:何况能光大自身而有益于国君呢。于,光大。　⑬优为:做得最好。

子夏问于孔子曰:"居君之母与妻之丧,如之何?"孔子曰:"居处、言语、饮食衎尔①。于丧所,则称其服而已②。"

"敢问伯母之丧,如之何?"孔子曰:"伯母、叔母疏衰期③,而踊不绝地④。姑、姊、妹之大功⑤,踊绝于地。若知此者,由文矣哉⑥。"

[注释]①衎(kàn)尔:和乐、安定的样子。　②称其服:穿着合适相称的衣服。称,相称,得体,合适。　③疏衰期:服齐衰丧服一年。疏衰,即齐衰。期,一周年。　④踊不绝地:哭踊时脚不离开地。踊,顿脚,跳跃,是丧礼中最哀恸的表示。绝,离开。这表明为伯母、叔母服丧礼重而情浅。而下文是说为姑、姊妹服丧礼轻而情深。　⑤姑、姊、妹之大功:大功,丧服五服之一,服期九个月。其服用熟麻布做成,比齐衰稍细,较小功为粗。故称大功。　⑥由文:遵从礼文。由,从。文,礼文,礼法。

子夏问于夫子曰:"凡丧小功已上①,虞、祔、练、祥之祭皆沐浴②?于三年之丧,子则尽其情矣?"孔子曰:"岂徒祭而已哉。三年之丧,身有疡则浴③,首有疮则沐,病则饮酒食肉。毁瘠而病④,君子不为也。毁则死者,君子为之无子⑤,则祭之沐浴,为齐洁也⑥,非为饰也。"

[注释]①小功:古代丧服五服之一,用较粗的熟布做成,服期五个月。　②虞、祔(fù)、练、祥之祭:虞祭,父母葬后,迎魂安于殡宫的祭礼。祔祭,新死者与祖先合享之祭。止哭之次日,奉死者之神主祭于祖庙,谓之祔祭。祭毕,

仍奉神主归家,待大祥后,始入庙。练祭,即小祥,父母死后周年(十三月)之祭,此日以练布为冠服,因以名祭。祥祭,分"大祥"、"小祥"。　③疡(yáng):疮、痈、疽、疖等的通称,创伤。　④毁瘠(jí)而病:过度哀伤憔悴而致病。毁,旧指居丧时因悲哀过度而损害健康。瘠,因疾病而憔悴瘦弱。⑤君子为之无子:君子认为会绝嗣。为,与"谓"同义,以为,认为。　⑥齐(zhāi)洁:即斋戒。

子夏问于孔子曰:"客至无所舍,而夫子曰:'生,于我乎馆。'客死无所殡矣,夫子曰:'于我乎殡。'①敢问礼与?仁者之心与?"孔子曰:"吾闻诸老聃曰:'馆人,使若有之,恶有有之而不得殡乎?'夫仁者,制礼者也。故礼者不可不省也②。礼不同不异,不丰不杀,称其义以为之宜③。故曰:'我战则克,祭则受福',盖得其道矣。"

[注释]①"客至"至"于我乎殡":本句《礼记·檀弓上》作"宾客至,无所馆。夫子曰:'生于我乎馆,死于我乎殡。'"　②省:省察。　③礼不同不异,不丰不杀(shài),称其义以为之宜不丰不杀:意谓礼是不能随便混同与别异,也不能随便增加与减损,只有合乎其主旨才算适宜。丰,增加。杀,减少。义,礼的本质。

孔子食于季氏,食祭,主人不辞①。不食亦不饮而餐②。子夏问曰:"礼也?"孔子曰:"非礼也,从主人也。吾食于少施氏而饱③,少施氏食我以礼,吾食祭,作而辞曰④:'疏食,不足祭也。'吾餐,而作辞曰:'疏食,不敢以伤吾子之性。'主人不以礼,客不敢尽礼;主人尽礼,则客不敢不尽礼也。"

[注释]①孔子食于季氏,食祭,主人不辞:孔子在季氏家吃饭,先进行了

食祭,季氏不行推辞礼。食祭,古时,依礼凡饮食必祭。饮食之前,取所食之物祭祖先,表示不忘本,同时有表示感谢主人饭菜丰盛的意思。辞,主人在客人进行食祭后要自谦饭菜粗疏,不值得祭。　②餐:客人吃饱后,再多吃几口,以表示赞美主人的饭菜好吃。　③少施氏:春秋时期鲁国贵族,为鲁惠公之子施父之后。　④作:站起来。

子夏问曰:"官于大夫①,既升于公②,而反为之服③,礼与?"孔子曰:"管仲遇盗,取二人焉,上之为公臣④,曰:'所以游,僻者⑤,可人也⑥。'公许。管仲卒,桓公使为之服。官于大夫者为之服,自管仲始也,有君命焉。

[注释]①官于大夫:在大夫手下做官,即做大夫的家臣。　②既升于公:又被大夫推荐于诸侯为家臣。升,进献,引申为推荐。　③反为之服:这个被推荐于诸侯的人又反过来为原来的主子服丧。服,服丧。　④上之为公臣:进献给齐桓公做家臣。上,进献,送上。　⑤所以游,僻者:和他交游的是一些邪僻之人。以,同"与"。　⑥可人:令人满意的人,能干的人。

子贡问居父母丧。孔子曰:"敬为上,哀次之,瘠为下,颜色称情,戚容称服①。"

曰:"请问居兄弟之丧。"孔子曰:"则存乎书策已②。"

[注释]①敬为上,哀次之,瘠为下,颜色称情,戚容称服:敬重是最重要的,哀伤是次要的,只是弄的面目憔悴是最下等的。脸色要合乎真实的情感,悲伤的表情要符合丧服的等次。戚容,哀戚的表情。　②存乎书策已:已经写到书册上了。已,语辞。

子贡问于孔子曰:"殷人既窆而吊于圹①,周人反哭而吊于家②,如之何?"孔子曰:"反哭之吊也,丧之至也,反而亡矣,失之矣,于斯为甚,故吊之③。死,人卒事也。殷以悫④,吾从周。殷人既练之明日而祔于祖,周人既卒哭之明日祔于祖。祔,祭神之始事也⑤。周以戚⑥,吾从殷。"

[注释]①既窆(biǎn)吊于圹(kuàng):下葬后就在墓地进行吊唁。窆,下葬;棺椁入葬于墓穴。吊,悼念死者,引申为慰问。圹,墓穴,亦指坟墓。②反哭而吊于家:在入葬后返回家中到祖庙痛哭时才进行吊唁。③反哭之吊也,丧之至也,反而亡矣,失之矣,于斯为甚,故吊之:在送葬回到家中祖庙痛哭时前去吊唁,这是在丧事最为悲痛的时候。回来后先人再也见不到了,一切都已经消失,感到哀痛极了,所以在此时去吊唁。④悫(què):朴实,谨慎。⑤祔,祭神之始事也:祔祭是祭祀神明的头等大事。始事,根本、首要大事。"始"有树木之根的意思,本句用引申义。⑥戚(cù):假借为促。促迫,仓促。

子贡问曰:"闻诸晏子,少连、大连善居丧①,其有异称乎②?"孔子曰:"父母之丧,三日不怠③,三月不解④,期悲哀⑤,三年忧。东夷之子⑥,达于礼者也。"

[注释]①少连、大连善居丧:少连、大连皆人名,按下文应为东夷人。善居丧,能居丧尽哀。②异称:特别的名声。③三日不怠:服丧头三天沐浴、穿衣、小敛、大敛,毫不怠慢。④三月不解(xiè):指停殡的三个月期间,朝夕哭奠,悲至则哭,毫不松懈。解,通"懈"。懈怠。⑤期(jī)悲哀:居丧周年时仍然心怀悲哀。期,一周年。⑥东夷:古代华夏族对东方诸民族的称呼。

子游问曰:"诸侯之世子,丧慈母如母①,礼与?"孔子曰:"非礼也。古者男子外有傅父②,内有慈母,君命所使教子者也。何服之有？昔鲁孝公少丧其母③，其慈母良。及其死也，公弗忍，欲丧之。有司曰：'礼，国君慈母无服，今也君为之服，是逆古之礼，而乱国法也。若终行之，则有司将书之，以示后世，无乃不可乎④？'公曰：'古者天子丧慈母，练冠以燕居⑤。'遂练以丧慈母。丧慈母如母，始则鲁孝公之为也。"

[注释]①丧慈母如母：为慈母服丧要像给生母服丧一样。慈母，古时称抚育自己成长的庶母或保姆为慈母。　②古者男子外有傅父：男子，此处指国君之子。傅父，古时称保育、辅导贵族子女的老年男子为傅父。　③鲁孝公：西周时期的鲁国第十二位国君，于公元前796—前769年在位。《礼记》记为鲁昭公。　④无乃不可乎：恐怕不行吧？无乃，不是；岂不是，表示委婉反问。　⑤练冠以燕居：在日常生活中戴着练冠为亲人服丧。练冠，丧周年小祥祭之冠。冠用练治之布为之，故称。燕居，即闲居。避人独居，又指退朝而处。

孔子适卫①，遇旧馆人之丧②，入而哭之哀。出，使子贡脱骖以赠之③。子贡曰："于所识之丧④，不能有所赠。赠于旧馆，不已多乎⑤？"孔子曰："吾向人哭之⑥，遇一哀而出涕⑦。吾恶夫涕而无以将之⑧。小子行焉。"

[注释]①适：之，到。　②旧馆人：从前孔子在卫国时的馆舍的主人。　③骖(cān)：驾车时在两边的马。　④于所识：丛刊本作"所于识"，据四库本改。所识，认识但交情一般的人。　⑤多：重。　⑥向：刚才。　⑦遇一哀而出涕：赶上触动了哀情而流下了眼泪。　⑧恶夫涕而无以将之：讨厌那种只流泪而没有任何表示的做法。将，奉送，赠送。

子路问于孔子曰："鲁大夫练而杖①，礼也？"孔子曰：

"吾不知也。"

子路出,谓子贡曰:"吾以为夫子无所不知,夫子亦徒有所不知也②。

子贡曰:"子所问何哉?"子路曰:"由问:'鲁大夫练而杖,礼与?'夫子曰:'吾不知也。'"子贡曰:"止③,吾将为子问之。"遂趋而进④,曰:"练而杖,礼与?"孔子曰:"非礼也。"

子贡出,谓子路曰:"子谓夫子而弗知之乎?夫子徒无所不知也。子问,非也。礼,居是邦,则不非其大夫⑤。"

[注释]①杖:守丧时所用的丧棒,有苴杖与削杖之分。孝子守丧用杖,意在悲哀过度,以扶病体。此处用作动词,指手持丧杖。 ②徒:犹"乃",意为却、可是。 ③止:等一下。 ④趋:小步快走。这是古代的一种礼节,表示恭敬。 ⑤非:非议,非难,讥讽,诋毁。

叔孙武叔之母死①,既小敛②,举尸者出户,武叔从之③,出户,乃袒④,投其冠而括发⑤。子路叹之⑥。孔子曰:"是礼也。"子路问曰:"将小敛则变服,今乃出户,而夫子以为知礼。何也?"孔子曰:"由,汝问非也。君子不举人以质士⑦。"

[注释]①叔孙武叔:名州仇,春秋末期鲁国大夫。武,原作"毋",据同文本改。 ②小敛:丧礼,死之第二日,于室中为死者加衣衾,谓之小敛。小敛加衣十九称,外加绞,扎紧。 ③武叔:原作"武孙",据四库本改。 ④袒:脱去左袖,露出胳膊。是古代哀悼死者的一种表示。 ⑤投其冠而括发:将素冠扔掉,用麻绳把头发束起来。投,扔。冠,丧冠。括发,在小敛时后,紧接着用麻绳束发,以示服丧。 ⑥子路:《礼记》记为子游事。 ⑦质:质正,就正。

齐晏桓子卒①,平仲粗衰斩②,苴绖、带、杖③,以菅屦④,食粥⑤,居傍庐⑥,寝苫枕草。其老曰⑦:"非大夫丧父之礼也。"晏子曰:"唯卿大夫⑧。"曾子以问孔子。孔子曰:"晏平仲可谓能远害矣。不以己之是驳人之非,逊辞以避咎⑨,义也夫。"

[注释]①晏桓子:晏弱,春秋时期齐国卿,晏婴之父。 ②平仲粗衰斩:晏婴服用粗布做成的斩衰。平仲,即晏婴,齐国大夫,历仕灵公、庄公、景公三世。衰斩,即斩衰。古时,子为父服斩衰三年。 ③苴绖(dié)、带、杖:苴绖、苴带、苴杖皆服丧时所用。苴绖,即首绖,古代丧服上的麻带,系在头上;苴带,系在腰间的麻带;苴杖,丧棒,用竹做成。 ④菅(jiān)屦:服丧时穿的草鞋。 ⑤食粥:按丧礼,未葬之前孝子食粥。 ⑥傍庐:居丧时,临时所搭的草棚。 ⑦老:指晏婴家中总管家务的家臣。 ⑧唯卿大夫:只有诸侯之卿才相当于天子的大夫,而晏婴此时非卿。郑玄以为此乃晏氏自谦之辞。 ⑨逊辞以避咎:用谦逊的言辞来避免别人的责难。

季平子卒①,将以君之玙璠敛②,赠以珠玉③。孔子初为中都宰④,闻之,历级而救焉⑤。曰:"送而以宝玉,是犹曝尸于中原也⑥,其示民以奸利之端,而有害于死者,安用之?且孝子不顺情以危亲,忠臣不兆奸以陷君⑦。"乃止。

[注释]①季平子:季孙意如。春秋时期鲁国大夫,季桓子之父。曾逐鲁昭公。其卒在鲁定公五年。 ②玙(yú)璠(fán):美玉。 ③赠以珠玉:用珠宝玉器予以随葬。赠,指以物送入死者棺中随葬。 ④孔子初为中都宰:孔子刚刚做了中都的长官。中都,春秋鲁邑,在今山东汶上县西。宰,地方长官。 ⑤救:阻止;纠正。 ⑥曝(pù)尸于中原:暴露尸骸于原野之中。中原,原野,平原。 ⑦孝子不顺情以危亲,忠臣不兆奸以陷君:孝子不会放纵自己的性情以危害双亲,忠臣不放任奸行以陷害君主。

孔子之弟子琴张①,与宗鲁友②。卫齐豹见宗鲁于公子孟絷③,孟絷以为参乘焉④。及齐豹将杀孟絷,告宗鲁使行。宗鲁曰:"吾由子而事之,今闻难而逃,是僭子也⑤。子行事乎,吾将死以周事子⑥,而归死于公孟可也。"齐氏用戈击公孟,宗鲁以背蔽之,断肱⑦,中公孟、宗鲁,皆死。琴张闻宗鲁死,将吊之。孔子曰:"齐豹之盗,孟絷之贼也,汝何吊焉?君子不食奸⑧,不受乱⑨,不为利病于回⑩,不以回事人,不盖非义⑪,不犯非礼,汝何吊焉?"琴张乃止。

[注释]①琴张:即琴牢,孔子弟子。　②宗鲁:人名,有勇力。事迹不详。　③卫齐豹见(xiàn)宗鲁于公子孟絷:齐豹,春秋时卫国大夫,曾为卫司寇。齐恶之子。见,通"现",介绍,推荐。絷孟,又称公孟絷、公孟。卫灵公之兄。　④参乘:又作"骖乘",陪乘或陪乘的人。古时乘车,尊者在左,御者在中,又一人在右,称车右或骖乘。由武士充任,负责警卫。　⑤僭(jiàn):不信。这里是使失信的意思。　⑥周事:原作"事周",据陈本、《左传》改。周,《左传》杜预注曰:"周犹终竟也。"意为使齐豹杀公孟之事成功。俞樾《诸子平议》以"周"为密。意为不泄露此事。亦通。　⑦肱(gōng):胳膊由肘至肩的部分。　⑧君子不食奸:君子不食用奸邪之人的俸禄。　⑨受乱:允许、应和暴乱。受,应,承。　⑩不为利病于回:不为私利而自堕于邪恶。回,邪恶。　⑪不盖非义:不掩盖隐藏不义的事情。

郕人子蒲卒①,哭之,呼灭②。子游曰:"若是哭也,其野哉③!孔子恶野哭者。"哭者闻之,遂改之。

[注释]①郕(chéng)人子蒲:鲁孟氏邑。本古国,在今山东东平县。蒲,丛刊本、备要本皆误作"革",据王肃注及四库本等改。　②呼灭:犹今语要我的命啊。　③野:不合于礼制。

公父文伯卒,其妻妾皆行哭失声。敬姜戒之,曰:"吾闻好外者①,士死之;好内者②,女死之。今吾子早夭,吾恶其以好内闻也。二三妇人之欲供先祀者③,请无瘠色,无挥涕,无拊膺④,无哀容,无加服,有降服,从礼而静⑤,是昭吾子也⑥。"孔子闻之,曰:"女智无若妇,男智莫若夫⑦。公父氏之妇,智矣。剖情损礼⑧,欲以明其子为令德也⑨。"

[注释]①好外:喜欢结交朋友。 ②好内:喜欢女色。 ③欲供先祀者:欲留下不改嫁,供奉先人祭祀。 ④无挥涕,无拊膺:挥涕,痛哭流涕以手挥之。拊膺,捶胸,以示哀痛。 ⑤从礼而静:依从礼仪,安安静静。 ⑥昭:昭明;显扬。 ⑦女智无若妇,男智莫若夫:女人中没有比年长的妇女更智慧的,男子中没有比年长的男人更聪明的。 ⑧剖情损礼:分析了人情世故而减损礼仪。剖,剖析,分析。情,人情世故。 ⑨明其子为令德:明,彰明,显明。令德,美好的德行。令,美善。

子路与子羔仕于卫,卫有蒯聩之难①。孔子在鲁,闻之,曰:"柴也其来,由也死矣。"既而卫使至②,曰:"子路死焉③。"夫子哭之于中庭④。有人吊者,而夫子拜之。已哭,进使者而问故⑤,使者曰:"醢之矣⑥。"遂令左右皆覆醢⑦,曰:"吾何忍食此!"

[注释]①蒯(kuǎi)聩(kuì)之难:蒯聩原为卫灵公太子,因与灵公夫人有恶,出奔,灵公死后,蒯聩之子辄被立为出公。后蒯聩回国发动政变,出公奔鲁,蒯聩即位为庄公。其时,孔子弟子子路(仲由)和子羔(高柴)在卫国做官。 ②卫使:卫国派来报丧的使者。 ③子路死焉:子路时为卫大夫孔悝邑宰。蒯聩之乱时,子路为救孔悝而入城。然其时孔悝已被蒯聩胁迫立盟,子路欲杀蒯聩及孔悝,结果被杀。后孔悝立蒯聩为君,是为卫庄公。 ④中

庭:正室的厅堂。　⑤进使者而问故:进,招进。故,事故,变故。此指当时的详情。　⑥醢(hǎi):肉酱。此为动词,意为把人杀死,剁成肉酱。　⑦覆:倾倒,倒掉。

季桓子死,鲁大夫朝服而吊。子游问于孔子曰:"礼乎?"夫子不答。他日,又问①。子曰:"始死则矣,羔裘、玄冠者,易之而已②,汝何疑焉?"

[注释]①又问:此下原有"墓而不坟……十日过禫而成笙歌。"据四库本、同文本移补至《曲礼公西赤问第四十四》"孔子之母既丧,……遂合葬于防。曰:'吾闻之'"后。"子曰:……汝何疑焉"原在本篇第25段末,据四库本、同文本移此。原脱"曰",据补。　②始死则矣,羔裘、玄冠者,易之而已:据《礼记·檀弓上》,"则矣"似为衍字。那么全句意思就是,人刚死的时候,穿着皮衣、黑帽这种吉服的人,改穿素服深衣就可以了。看来孔子是反对穿朝服吊唁的。羔裘、玄冠,古时诸侯、卿、大夫所穿的朝服。羔裘,用紫羔皮做成的皮衣。玄冠,黑色的冠。

孔子有母之丧,既练,阳虎吊焉,私于孔子曰:"今季氏将大飨境内之士①,子闻诸?"孔子答曰:"丘弗闻也。若闻之,虽在衰绖,亦欲与往。"阳虎曰:"子谓不然乎:季氏飨士,不及子也。"阳虎出,曾点问曰:"语之何谓也?"孔子曰:"己则衰服,犹应其言,示所以不非也②。"

[注释]①飨:设盛宴待宾客。四库本、同文本本段在第四十四篇。②己则衰服,犹应其言,示所以不非也:我自己在服丧期间,还回答他的话,是为了表示我没有责怪他的非礼的言行。

颜回死,鲁定公吊焉①,使人访于孔子。孔子对曰:

"凡在封内②,皆臣子也。礼,君吊其臣,升自东阶③,向尸而哭④,其恩赐之施,不有算也⑤。"

[注释]①鲁定公:春秋时期鲁国国君,前509—495年在位。据《史记·仲尼弟子列传》《家语·七十二弟子解》,颜回少孔子30岁,死时41岁,应在鲁哀公五年。此作定公误。四库本、同文本本段在第四十四篇。 ②封内:天子或诸侯的领地之内。 ③东阶:阼阶,主人之阶。 ④向:面朝、面对。 ⑤不有算也:没办法计算啊。

原思言于曾子曰①:"夏后氏之送葬也,用盟器②,示民无知也③;殷人用祭器,示民有知也;周人兼而用之,示民疑也④。"曾子曰:"其不然矣,夫以盟器,鬼器也;祭器,人器也。古之人胡为而死其亲也?"子游问于孔子,子曰:"之死而致死乎⑤,不仁,不可为也;之死而致生⑥乎,不智,不可为也。凡为盟器者,知丧道也。备物而不可用也⑦。是故竹不成用,而瓦不成膝⑧,琴瑟张而不平⑨,笙竽备而不和⑩,有钟磬而无簨簴⑪。其曰盟器,神明⑫之也。哀哉!死者而用生者之器,不殆而用殉乎?"

[注释]①原思:即原宪,字子思,又称仲宪。四库本、同文本此段在第四十四篇。 ②盟器:古代陪葬的器物。 ③示:指示。 ④示民疑也:让百姓知道他们对死者有无知觉疑惑不定。 ⑤之死而致死:之死,送葬死者。致死,以死者之礼待死者,即确认其毫无知觉。 ⑥致生:以生者之礼对待死者,即认为死者像活着时一样,仍有知觉。 ⑦备物而不可用也:此句至本章末原窜入四十四篇"孔子之母既丧"段末,今依四库本、《礼记》移此,上下文意方得贯通。本句意思是备置了很多器物而不能实用。 ⑧膝:当作"漆",意为未曾上漆,没有光泽。 ⑩琴瑟张而不平:琴和瑟张弦而没有调平,没法弹。 ⑨笙竽备而不和:笙和竽徒具外形而不和音律,没法吹。 ⑪有钟磬

而无簨(sǔn)簴(jù):有钟有磬却没有悬挂钟磬的木架。 ⑫神明:此处用为动词,意为奉若神明。

子罕问于孔子曰①:"始死之设重也②,何为?"孔子曰:"重,主道也③,殷主缀重焉④,周人彻重焉⑤。""请问丧朝⑥。"子曰:"丧之朝也,顺死者之孝心,故至于祖考庙而后行。殷朝而后殡于祖⑦,周朝而后遂葬。"

[注释]①子罕:春秋末年宋国执政。 ②重(chóng):古丧礼中暂时替代木主来依神的木架。 ③重,主道也:重,与神主的道理是一样的。主,神主,木主,为死者立的牌位。 ④殷主缀重焉:殷人做了神主后还要将之与重连放在一起。缀,连。 ⑤彻重:做了神主就将重撤掉。 ⑥丧朝:在即将下葬的时候,还要在祖庙祭拜。 ⑦殡于祖:灵柩停放在祖庙。殡,停放灵柩或把灵柩送到墓地去。祖,此指祖庙。

孔子之守狗死①,谓子贡曰:"路马死②,则藏之以帷,狗则藏之以盖③。汝往埋之。吾闻弊帏不弃④,为埋马也;弊盖不弃,为埋狗也。今吾贫,无盖。于其封也⑤,与之席,无使其首陷于土焉⑥。"

[注释]①守狗:看家的狗。 ②路马:为国君驾车的马。 ③盖:车盖,车篷。 ④弊帏:破旧的帷幔。帏,同"帷",帷帐、帷幔。 ⑤封:埋后封土筑坟,这里是埋葬的意思。 ⑥陷于土:直接埋在土里。

曲礼公西赤问第四十四

公西赤问于孔子曰:"大夫以罪免①,卒;其葬也,如之何?"孔子曰:"大夫废其事,终身不仕,死则葬之以士礼。

老而致仕者,死则从其列②。"

[注释]①免:罢免,免职。 ②列:位次,行列,引申为等级。

公仪仲子嫡子死①,而立其弟②。檀弓问子服伯子曰③:"何居④？我未之前闻也。"子服伯子曰:"仲子亦犹行古人之道。昔者文王舍伯邑考而立武王,微子舍其孙腯⑤,立其弟衍。"子游以问诸孔子,子曰:"否！周制立孙。"

[注释]①公仪仲子嫡子死:公仪仲子,春秋时期鲁国宗室,公仪氏,字仲子。嫡子,正妻所生的儿子,有时也指正妻所生的长子。 ②立其弟:立嫡子的弟弟。 ③檀弓问子服伯子:檀弓,鲁国士人,以精通礼仪著称。子服伯子,即子服景伯,子服氏,名何。鲁国宗室,孟孙氏的支系,时为鲁国大夫。 ④居:表语气,同"乎"。 ⑤微子舍其孙腯(tú):宋国的始祖,商纣的庶兄,封于微。

孔子之母既丧,将合葬焉,曰:"古者不祔葬①,为不忍先死者之复见也。《诗》云:'死则同穴②。'自周公已来祔葬矣。故卫人之祔也,离之③,有以间焉。鲁人之祔也,合之④,美夫！吾从鲁。"遂合葬于防⑤。曰:"吾闻之⑥,古墓而不坟。今丘也,东西南北之人⑦,不可以弗识也。吾见封之若堂者矣⑧,又见若坊者矣⑨,又见若覆夏屋者矣⑩,又见若斧形者矣。吾从斧者焉。"于是封之,崇四尺⑪。孔子先反虞⑫,门人后,雨甚至,墓崩,修之而归。孔子问焉,曰:"尔来何迟？"对曰:"防墓崩。"孔子不应,三云,孔子泫然而流涕⑬,曰:"吾闻之,古不修墓。"及二十五月而大祥⑭,五日而弹琴不成声,十日过禫而成笙歌。

[注释]①祔(fù):合葬。 ②死则同穴:语出《诗·王风·大车》:"谷则异室,死则同穴。"穴,墓穴。 ③离之:指夫妻合葬时,棺椁分为两个墓穴下葬,但两个墓穴并排。 ④合之:指夫妻合葬防时,棺椁葬在同一个墓穴。 ⑤防:即防山,位于山东曲阜市东二十里。 ⑥此下原有"有备物而不可用也……"一段,已据四库本、同文本移至第四十三篇"原思言于曾子曰"一段中。"古者墓而不坟"一段原在第四十三篇,今据四库本、同文本移至此。原作"墓而不坟,孔子曰",今据文义改。 ⑦东西南北之人:意谓居无定所的人。 ⑧若堂:像厅堂的样子。 ⑨坊:同"防",堤防。 ⑩若履夏屋者:若,据四库本、同文本补。夏屋,大屋。 ⑪崇:高。 ⑫虞:古时既葬而祭称作虞。 ⑬泫然:伤心流泪的样子。 ⑭大祥:父母死后二十五月而祭称为大祥,表示丧服期已满。

子游问于孔子曰:"葬者涂车刍灵①,自古有之。然今人或有偶②,是无益于丧。"孔子曰:"为刍灵者善矣,为偶者不仁,不殆于用人乎?"

[注释]①涂车刍灵:泥做的车,草扎的人马。涂车,泥土做的车。刍灵,用草扎的假人。 ②偶:即土、木制成的偶像。

颜渊之丧,既祥①,颜路馈祥肉于孔子②。孔子自出而受之,入,弹琴以散情,而后乃食之。

[注释]①祥:此处指大祥之祭,凡礼,对小祥不单言祥。 ②馈祥肉:赠送祥祭时所供的肉。馈,泛指赠送。祥肉,祥祭时所供之肉。

孔子尝①,奉荐而进②,其亲也悫③,其行也趋趋以数④。已祭,子贡问曰:"夫子之言祭也,济济漆漆焉⑤。

今夫子之祭⑥,无济济漆漆,何也?"孔子曰:"济济者⑦,容也远也;漆漆者,自反⑧。容以远,若容以自反⑨,夫何神明之及交?必如此,则何济济漆漆之有?反馈乐成⑩,进则燕俎⑪,序其礼乐,备其百官,于是君子致其济济漆漆焉。夫言岂一端而已哉?亦各有所当也。"

[注释]①尝:秋祭。 ②荐:祭品。 ③悫(què):诚笃,忠厚。 ④趋(cù)趋以数(shuò):即匆忙貌。数,密,指举步频繁,步履急速。 ⑤济(qí)济漆(qiè)漆:庄敬貌。济济,庄严恭敬貌。漆漆,恭谨貌。 ⑥"子之祭"至段末,原无,据四库本、同文本补。 ⑦四库本、同文本作"济济漆漆",据义删"漆漆"二字。 ⑧自反:回过来要求自己,反躬自问。 ⑨若:而,又。 ⑩反馈乐成:返于庙室中举行馈食礼,一时间,乐舞合成。反馈,天子诸侯的宗庙大祭,先在庙堂之上荐血腥,向尸主献酒,再返于庙室举行馈食礼。乐成,指乐舞合成,音乐由舞蹈伴随着奏响。 ⑪进则燕俎:进献宴飨用的肉俎。燕,通"宴"。俎,古代祭祀、设宴时用以载牲的礼器。

子路为季氏宰①。季氏祭,逮昏而奠②,终日不足,继以烛。虽有强力之容,肃敬之心,皆倦怠矣。有司跛倚以临祭③,其为不敬也大矣。他日祭④,子路与焉。室事交于户⑤,堂事当于阶⑥。质明而始行事⑦,晏朝而彻⑧。孔子闻之,曰:"以此观之⑨,孰谓由也而不知礼⑩?"

[注释]①宰:官名。殷代始置,掌管家务和家奴。西周时沿置,掌王家内外事物,有在王的左右而赞王命者。春秋时期各国沿用,多称"太宰",卿大夫总管家务的家臣,卿大夫所属私邑的长官,也都称"宰"。 ②逮(dài)昏而奠:逮,及,到。奠,祭,向鬼神献上祭品。 ③跛(bì)倚:靠着它物歪斜地站立,一种不庄重的样子。 ④祭,据同文本补。 ⑤室事交于户:室事,在室内举行的正祭,有充当祖先神像的尸。交,授受。户,本指单扇的门,引申为出入口的通称。 ⑥堂事:指正祭过后,在厅堂举行的款待尸的祭祀。

⑦质明:犹黎明,天刚亮时。　⑧晏朝而彻:傍晚就结束。晏,晚。晏朝,黄昏。彻,完,结束。　⑨原无此四字,据四库本、同文本补。　⑩由,原作"土",据四库本等改。四库本、同文本此下尚有三段文字。

参考文献

王肃注:《孔子家语》,上海:上海古籍出版社,1990年版。
陈士珂:《孔子家语疏证》,上海:上海书店,1987年版。
孙志祖:《家语疏证》,北京:中华书局,1991年版。
张涛:《孔子家语注译》,西安:三秦出版社,1998年版。
杨朝明:《孔子家语通解》,台北:万卷楼,2005年版。
司马迁:《史记》,北京:中华书局,1982年版。
班固:《汉书》,北京:中华书局,1962年版。
郑樵:《通志》,北京:中华书局,1987年版。
周秉钧:《尚书易解》,长沙:岳麓书社,1984年版。
程树德:《论语集释》,北京:中华书局,1990年版。
王先谦:《荀子集解》,北京:中华书局,1986年版。
孙希旦:《礼记集解》,北京:中华书局,1986年版。
王聘珍:《大戴礼记解诂》,北京:中华书局,1983年版。
崔述:《崔东壁遗书》,上海:上海古籍出版社,1983年版。
皮锡瑞:《经学历史》,北京:中华书局,2004年版。
杨伯峻:《春秋左传注》,北京:中华书局,1990年版。
张心澂:《伪书通考》,上海:上海书店,1991年版。
纪昀:《四库全书总目提要》,北京:中华书局,1992年版。

李启谦:《孔门弟子研究》,济南:齐鲁书社,1987年版。

梁玉绳:《史记志疑》,北京:中华书局,1981年版。

崔适:《史记探源》,北京:中华书局,1986年版。

韩兆琦:《史记笺证》,南昌:江西人民出版社,2004年版。

程金造:《史记索隐引书考实》,北京:中华书局,1998年版。

顾实:《汉书艺文志讲疏》,上海:上海古籍出版社,1987年版。

刘汝霖:《汉晋学术编年》,北京:中华书局,1987年版。

王引之:《经义述闻》,南京:江苏古籍出版社,2000年版。

李零:《郭店楚简校读记》,北京:北京大学出版社,2002年版。

马承源主编:《上海博物馆藏战国楚竹书》(第二册),上海:上海古籍出版社,2002年版。

李学勤:《走出疑古时代》,沈阳:辽宁大学出版社,1994年版。

李学勤:《简帛佚籍与学术史》,南昌:江西教育出版社,2001年版。

杨朝明:《儒家文献与早期儒学研究》,济南:齐鲁书社,2002年版。

王汎森:《古史辨运动的兴起》,台北:允晨丛刊,1987年版。

张京华等:《二十世纪疑古思潮》,北京:学苑出版社,2003年版。

王子今:《二十世纪历史文献研究》,北京:清华大学出版社,2002年版。

郑良树:《诸子著作年代考》,北京:北京图书馆出版社,2001年版。

郭沂:《郭店竹简与先秦学术思想》,上海:上海教育出版社,2001年版。

蒋伯潜等:《经与经学》,台北:世界书局,1948年版。

简博贤:《今存三国两晋经学遗籍考》,台北:三民书局,1986年版。

王志平:《中国学术史·魏晋南北朝卷》,南昌:江西教育出版社,2001年版。

唐晏:《两汉三国学案》,北京:中华书局,1986年版。

马国翰:《玉函山房辑佚书》,上海:上海古籍出版社,1990年版。

韩自强:《阜阳汉简〈周易〉研究》(附:《儒家者言》章题、《春秋事语》章题及相关竹简),上海:上海古籍出版社,2004年版。

后　　记

　　《孔子家语》向被视为伪书,有学者认为,此书虽是记载孔子的专书,实际上却"无取信之价值",以其为"赝之中又有赝焉"。然而,从古至今,历代学人研究中却出现了"知其伪而不能废"的怪现象。人们研究早期思想文化,常常发现该书的价值不同一般。当我们认真反思《孔子家语》的成书、传流及历代的研究时,发现《孔子家语》伪书说的确不能成立。

　　更有说服力的是,新的出土材料证实了《孔子家语》非同寻常的价值,"轰然打破"了人们既有的"成见"。要知道,此书与其他典籍不同,它专门记录孔子及其弟子等人的相关言语行迹,关涉重大,与认识中国传统文化息息相关。笔者长期从事孔子儒学研究,认为该书的价值实在不可低估,完全称得上"孔子研究第一书"或者"儒学第一书",与传统的"四书"相比,《孔子家语》应当价值更高,将其视为伪书弃而不用,实在丧失了许多极为宝贵的资料。

　　基于以上认识,笔者借助前人时哲的研究,尤其结合新出土文献对《孔子家语》进行了认真思考。笔者承担了山东省古籍整理与研究课题"《孔子家语》综合研究",并与我的朋友们共同完成了《孔子家语通解》一书,该书于2005年在台湾的万卷楼正式出版。《〈孔子家语〉注说》就是在《孔子家语通解》研究工作的基础上,进一步完善修正、转换体例而成。

　　本书《通说》由我撰写,各篇的注释分工以《孔子家语通解》为基础,个别有所变更。各篇注释的分工,按《家语》的顺序分别是:杨朝明:《相鲁》、《始诛》、《王言解》、《大婚解》、《观周》、《辩政》、《六本》、《执辔》、《论礼》;化涛:《儒行解》;王青:《问礼》、《哀公问政》、《郊问》、《庙制》、《曲礼子贡问》、《曲礼公西赤问》;李燕:《五仪》、《辩物》;张磊:《致思》、《本命解》;刘淑强:《三恕》、《好生》、《颜回》、《五刑解》、《刑政》、《礼运》、《屈节解》、《终记解》;刘萍:《弟子行》、《七十二弟子解》;陈霞:《贤君》、《子路初见》、《在厄》、《辩乐解》;崔冠华:《入官》、《困誓》、《五帝德》、《五帝》、《问玉》;宋立林:《观乡射》、《冠颂》、《本姓解》、《曲礼子夏问》;王政之:《正论解》。

　　在本书的撰写过程中,大家认真细致,精诚协作,给我留下了美好的回忆。本书的研究、注释还包含了孙海辉、孔德立、王红霞、刘义峰、魏玮的许多劳动,谨此,一并致谢!

杨朝明

2006 年 12 月 31 日

于曲阜师范大学孔子文化学院

近期国学读物要目

国学新读本
诗经　梁锡锋　注说
论语　臧知非　注说
尚书　姜建设　注说
国语　曹建国　张玖青　注说
孔子家语　杨朝明　注说
山海经　郑慧生　注说
墨子　苏凤捷　程梅花　注说
孟子　何晓明　周春健　注说
庄子　曹础基　注说
荀子　杨朝明　注说
韩非子　赵沛　注说
孙子兵法　赵国华　注说
楚辞　李中华　邹福清　注说
潜夫论　王健　注说
文心雕龙　戚良德　注说
商君书　徐莹　注说
战国策　张彦修　注说
淮南子　杨有礼　注说
老子　曹峰　注说
礼记　杨天宇　注说
吕氏春秋　张福祥　注说
世说新语　赵成林　陈艳　注说
史通　李振宏　注说
春秋繁露　曾振宇　注说

百年河大国学旧著新刊
河洛方言诠诂　王广庆　著
三统历表　邵瑞彭　著
中国戏剧概论　卢前　著
晚明思想史论　嵇文甫　著
论语新探　赵纪彬　著

天问研究　孙作云　著
汉魏六朝文学史　李嘉言　著
金艺文志　金登科记考　万曼　著
唐集叙录　万曼　著
中国文学史新编　张长弓　著
汉碑集释　高文　著
袁中郎研究　任访秋　著
东夷杂考　李白凤　著
宋会要辑稿考校　王云海　著
长江集新校　李嘉言　著
高适岑参选集　高文　王刘纯　选著
花间集注　华锺彦　著
庆湖遗老诗集校注　王梦隐　著
曾瑞散曲集校注　李春祥　著
辛弃疾选集　佟培基　选著

于安澜书画学四种
画论丛刊
画史丛书
画品丛书
书学名著选

元典文化丛书
中华第一经——《周易》与中国文化　宋会群　苗雪兰　著
教化百科——《诗经》与中国文化　孙克强　张小平　著
经国治民之典——《周礼》与中国文化　郝铁川　著
哲人的智慧——《老子》与中国文化　高秀昌　龚力　著
圣人箴言录——《论语》与中国文化　李振宏　著
武学圣典——《孙子兵法》与中国文化　龚留柱　著
亚圣思辨录——《孟子》与中国文化　何晓明　著
逍遥之祖——《庄子》与中国文化　白本松　王利锁　著
外王之学——《荀子》与中国文化　张曙光　著
中国帝王术——《韩非子》与中国文化　王宏斌　著
史家绝唱——《史记》与中国文化　邓鸿光　著
诸经总龟——《春秋》与中国文化　涂文学　周德钧　著
管理宝典——《管子》与中国文化　袁闯　著
纵横家书——《战国策》与中国文化　张彦修　著
人仙之间——《抱朴子》与中国文化　徐仪明　冷天吉　著

医学圣典——《黄帝内经》与中国文化　王庆宪　梁晓珍　著
礼乐渊薮——《礼记》与中国文化　黄宛峰　著
词章之祖——《楚辞》与中国文化　李中华　著
星学宝典——《历书天官书》与中国文化　郑慧生　著
天人衡中——《春秋繁露》与中国文化　曾振宇　范学辉　著
王政全书——《吕氏春秋》与中国文化　张富祥　著
神话之源——《山海经》与中国文化　高有鹏　孟芳　著
新道鸿烈——《淮南子》与中国文化　杨有礼　著
史家龟鉴——《史通》与中国文化　曾凡英　著
政事纲纪——《尚书》与中国文化　姜建设　著
春秋弦歌——《左传》与中国文化　龚留柱　著
平民理想——《墨子》与中国文化　苏凤捷　程梅花　著
人伦本原——《孝经》与中国文化　臧知非　著
法典之王——《唐律疏议》与中国文化　徐永康　吉霁光　郑取　著
文论巨典——《文心雕龙》与中国文化　戚良德　著

宋代研究丛书

北宋诗学　张海鸥　著
宋代东京研究　周宝珠　著
宋代地域经济　程民生　著
宋代监察制度　贾玉英　著
宋代官员选任和管理制度　苗书梅　著
宋代地域文化　程民生　著
宋代文学通论　王水照　主编
宋代司法制度　王云海　主编
宋代教育　苗春德　主编
清明上河图与清明上河学　周宝珠　著
宋代文化史　姚瀛艇　主编
黄庭坚与宋代文化　杨庆存　著
宋代交通管理制度研究　曹家齐　著
岳飞和南宋前期政治与军事研究　王曾瑜　著
成圣之道——北宋二程修养工夫论之研究　温伟耀　著
宋代绘画研究　邓乔彬　著

汉语史专书语法研究丛书

《三朝北盟会编》语法研究　刁晏斌　著
《荀子》虚词研究　黄珊　著
《晏子春秋》词类研究　姚振武　著

《聊斋俚曲》语法研究　冯春田　著
《孟子》词类研究　崔立斌　著
《朱子语类辑略》语法研究　吴福祥　著
敦煌变文12种语法研究　吴福祥　著
《吕氏春秋》句法研究　殷国光　著
《尚书》语法论稿　钱宗武　著
《左传》语法研究　何乐士　著
《元典章·刑部》语法研究　李崇兴　祖生利　著
汉语语法史断代专书比较研究　何乐士　著

图书在版编目（CIP）数据

孔子家语/杨朝明注说．—开封：河南大学出版社，2008.3(2015.1重印)
（国学新读本）
ISBN 978-7-81091-737-7

Ⅰ.孔… Ⅱ.杨… Ⅲ.①孔丘（前551～前479）—生平事迹②孔子家语—注释 Ⅳ.B222.25

中国版本图书馆CIP数据核字（2008）第002872号

责任编辑	程新晓
	张自然
封面设计	马 龙

出版发行	河南大学出版社
	地址：河南省开封市明伦街85号　邮编：475001
	电话：0371—22825003（营销部）　网址：www.hupress.com
排　版	河南第一新华印刷厂
印　刷	开封智圣印务有限公司
版　次	2008年3月第1版　　印　次　2015年1月第2次印刷
开　本	650mm×960mm　1/16　印　张　24
字　数	301千字　　　　　　　印　数　2001—3000册
定　价	43.00元

（本书如有印装质量问题请与河南大学出版社营销部联系调换）